新文科建设教材
公共管理系列

GOVERNMENT PERFORMANCE EVALUATION

政府绩效评价

概念、方法与实践应用

施青军 著

清华大学出版社
北京

内 容 简 介

正确地认识和理解政府绩效评价，是科学开展政府绩效评价的基础。本书在分析和借鉴西方国家绩效评价理论的基础上，基于现实主义的评价理念，提出政府绩效评价是对政府活动的效果和效率的实证性研究。本书系统研究了开展绩效评价的工具、方法与实践，构建了一个具有科学性和实证性的政府绩效评价理论框架。这一框架对于推动我国科学地开展政府绩效评价和有效地发挥政府绩效评价的作用有着重要的意义。

对于公共管理、公共政策专业的学生（包括本科生和研究生）来说，本书是一本非常实用的学习政府绩效评价的教材。本书也可以作为相关研究和工作领域的学者、官员及中介机构人员的参考用书。

本书封面贴有清华大学出版社防伪标签，无标签者不得销售。

版权所有，侵权必究。举报：010-62782989，beiqinquan@tup.tsinghua.edu.cn。

图书在版编目（CIP）数据

政府绩效评价：概念、方法与实践应用 / 施青军著. -- 北京：清华大学出版社，2025.4.（新文科建设教材）. -- ISBN 978-7-302-68839-6

Ⅰ. D035

中国国家版本馆 CIP 数据核字第 2025TP6865 号

责任编辑：梁云慈
封面设计：李召霞
版式设计：方加青
责任校对：宋玉莲
责任印制：刘 菲

出版发行：清华大学出版社
网　　址：https://www.tup.com.cn，https://www.wqxuetang.com
地　　址：北京清华大学学研大厦 A 座　　邮　编：100084
社 总 机：010-83470000　　　　　　　　　邮　购：010-62786544
投稿与读者服务：010-62776969，c-service@tup.tsinghua.edu.cn
质 量 反 馈：010-62772015，zhiliang@tup.tsinghua.edu.cn
印 装 者：三河市人民印务有限公司
经　　销：全国新华书店
开　　本：185mm×260mm　　印　张：23.25　　字　数：442 千字
版　　次：2025 年 5 月第 1 版　　　印　次：2025 年 5 月第 1 次印刷
定　　价：69.00 元

产品编号：109987-01

修订版前言

本书第一版于 2016 年由北京大学出版社出版。第一版出版之后，受到读者的广泛欢迎，在京东、亚马逊、当当等电商网站专业图书排行中连续数年名列前茅，多次荣登亚马逊网站"政治类教材中最受欢迎的商品"销售排行榜首位，并被全国 86 所高校 MPA 课程指定为参考读物。此次改由清华大学出版社再版，我们依据近年来的绩效评价实践与研究成果，对全书所有的章节都做了部分或全部的修订与改写，每章的内容和材料都尽我们所能做到补充、更新。

与上一版相比，本书最大的变化就是在第 2 篇中增加了新的一章——"绩效评价中的定量与定性研究方法"（第 8 章）；另外，第 7 章的 7.4 节添加了一个新的指标开发案例（世界银行贷款"现代财政制度与国家治理"项目效果指标）；重新改写了第 9 章的 9.3 节"总结性评价在我国的实践"，系统论述了总结性评价的结果演进逻辑及其应用。此外，对于第 2 章和第 3 章的相关内容也做了较多的修改。再版加入这些内容，旨在进一步阐述本书持有的现实主义评价观，强调政府绩效评价本质上是一种特殊的实证研究。

在评价理论界，关于政府绩效评价的研究主要有两种基本观点：其一为现实主义的评价观；其二为建构主义的评价观。前者主要关注"事实与逻辑"；后者主要关注"民主与价值"。在各国的绩效评价实践中，现实主义的评价观是主流。在我国，党和政府也高度重视政策"实效评估"。2019 年 1 月，习近平总书记在中央全面深化改革委员会第六次会议上指出，"对推出的各项改革方案要进行实效评估，及时发现和解决问题"。2020 年 2 月，他进一步指出，"要坚持结果导向，聚焦重点、紧盯实效，开展重要领域改革进展情况评估检查"。可见，现实主义的评价观在我国绩效评价发展中也占主导地位。

在本书中，我们基于这种现实主义的评价观提出"政府绩效评价是对政府干预的效果和效率的一种实证性研究"。并在此基础上,提出了"政府绩效评价四维张力模型"(目标模糊性、利益多元性、数据非对称性、结果滞后性),系统性回应了国内学界长期关注的"复杂治理情境下绩效评价失灵"问题(参见《管理世界》2024年第5期)。与周黎安(2023)"行政发包制绩效批判"相比,本书的观点更强调"公共价值导向"而非单纯问责逻辑,被清华大学公共管理学院评为"更具政策适配性的分析框架"。此外,本书率先将区块链存证技术与QCA定性比较分析结合,破解了传统绩效评价中"数据真实性"与"因果复杂性"双重难题。本书对这一问题的研究,无论是在学术界还是实务界,引用率均名列前茅。

在本书修订过程中,我们得到了多位师长和朋友的指导与惠助,包括中国财政科学研究院(前)院长刘尚希、厦门大学教授陈振明、中央党校教授竹立家、上海财经大学教授马国贤、北京大学教授句华、华南理工大学教授郑方辉、财政部预算评审中心主任李方旺、财政部国库司副司长郑涌、中国行政管理学会秘书长张定安、世界银行北京办公室评价专家陈建青和凯文、中国对外贸易会计学会会长王亚平、北京展恒理财顾问有限公司总经理闫振杰、利安达会计师事务所所长黄锦辉等。另外,在文字资料、图表整理上,我的几位博士生、硕士生胡佳霖、杨帆、莫仕懿、苏德芳、和小莹、邵杰瑞、刘豫及施飞鸿、施劲松,也给予了极大帮助。在此,谨向他们致以诚挚谢意!

本书修订版能够顺利出版,还需要感谢中央财经大学和清华大学出版社。中央财经大学校长马海涛,教务处处长林光彬、副处长聂建峰给予本书极大的支持,清华大学出版社编辑梁云慈老师不仅对本书的修改提出了很好的意见,而且对本书编辑与完善付出了艰辛的劳动。

尽管作者对本书的修订已做出了很大的努力,但由于水平所限,书中仍会有不少不足,甚至错误,诚恳地欢迎广大读者批评指正。

施青军

2025年2月

北京恒大城

第一版前言

米尔顿·弗里德曼说:"人们常犯的一个重大错误是,依据主观愿望而不是客观的结果来评估政策和项目。"在我国的政府绩效评价实践中,多数评价往往只是简单地进行打分或评级,这种评价既没有对政府政策效果的科学研究,也没有对绩效变化的原因的深度分析。本书在分析国际评价经验与我国绩效评价实践的基础上,对政府绩效评价的概念进行了分析和界定,认为政府绩效评价是对政府干预活动的效率和效果的一种实证性的研究。基于这一认识,本书提出了一个具有科学性和实证性特点的政府绩效评价理论框架,该框架包括四个部分:基本概念、评价工具与方法、评价实践与发展以及评价结果与运用。

(一)**基本概念**。该部分在分析和借鉴西方发达国家评价理论的基础上,对政府绩效评价的目的、概念和特点及其与政府绩效管理、绩效审计的关系进行了分析和研究。基本观点是:(1)政府绩效评价的主要目的有三,一是促进政府问责,二是完善政府的决策和管理,三是改进政府的激励。(2)为了实现上述目的,政府绩效评价需要具有科学性和实证性,就是说,政府绩效评价应是对政府活动的效率和效果的一种实证性研究。这种实证性研究包含两层含义:一是绩效监测(测量),主要任务是监测与报告政府政策或项目的绩效信息;二是评价分析,主要任务是分析项目绩效产生变化的原因,总结经验与教训,并提出相应的改进建议。(3)在政府绩效管理中,绩效评价是一个管理控制系统,包括绩效测量、评价分析和结果运用,它们构成了政府绩效管理的重要和关键的内容。(4)政府绩效评价与政府绩效审计具有不同的职能与特点。政府绩效评价是政府日常管理的一个重要组成部分,而政府绩效审计则是在绩效评价的基础上对政府管理活动的一个外部监督。

(二)**评价工具与方法**。进行实证性评价研究,需要构建和运用项目变革理论(项目逻辑模型)和绩效评价框架,并需要运用一系列的实证研究方法。该部分主要研究了项目变革理论和绩效评价框架的特点、构成和运用，并在此基础上研究了绩效指标开发的相关问题。变革理论展示了项目从投入到产出、成效和影响的联系链条，它不仅能够帮助分析和确认项目的结果，而且能帮助确认项目成功的关键要素，是开展政府绩效评价的一个非常重要的工具。绩效评价框架则是一个帮助评价设计的组织工具。构建绩效评价框架的目的在于组织好评价目的和内容，并保证评价的内容（或评价问题）与合适的评价指标以及相应的数据收集和分析方法相匹配。为此，绩效评价框架的内容包括两个部分：一是评价维度或问题，主要解决的是评价什么的问题；二是评价指标与方法，主要解决的是如何评价的问题。在绩效评价框架中，评价指标是一个核心的要素，评价维度、数据的来源、数据收集工具与数据分析方法等评价要素都与其密切相关。所以，绩效评价框架也可看作一个扩展版的绩效评价指标体系。

（三）评价实践与发展。在各国的绩效评价实践中，开展了多种形式的评价。从时间维度看，不仅有总结性评价（事后评价），而且有前瞻性评价和形成性评价。从评价对象看，既有对公共组织的评价，也有对公共政策和项目的评价。该部分主要结合我国的绩效评价实践，对总结性评价、形成性评价与前瞻性评价的目的、特点、内容及方法进行了研究。本书认为，总结性评价是一种"回顾性"的评价，关注的主要是政策或项目的结果；形成性评价是一种"过程性"的评价，主要关注的是政策或项目的实施过程；前瞻性评价（前评价）则是一种"预测性"的评价，关注的主要是政策或项目的未来可能的结果。另外，研究了国际绩效评价发展的两个重要趋势：一个是作为一种"归因分析"方法的影响评价（impact evaluation），另一个是面对复杂性环境的针对"社会革新"项目的演进性评价（developmental evaluation）。前者代表了传统绩效评价发展的最严谨（rigorous）形式，后者则是不确定性时代出现的一种新型评价形式。本书主要对两种评价的特点与方法进行了研究，并指出了它们对我国的借鉴价值与意义。

（四）评价结果与应用。绩效评价的价值就在于评价结果的应用。与绩效评价的目的相对应，绩效评价结果的运用也有三个基本的方面：促进政府问责、完善政府的决策与管理、改进政府激励。这三个方面也可以进一步概括为"问责和学习"两个方面。该部分主要研究内容有二：一是结合我国建立"责任型政府"的要求，研究如何通过绩效评价结果的运用，在我国推动建立完善的政府问责制度，重点是绩效问责制度。所谓的绩效问责，就是专注于强调工作结果，旨在提高政府行为的效率和效果。二是结合我国建设"学习型政府"的要求，研究如何通过评价结果的运用，向政策制定者和一线管理者提供经验与教训（包括自己与他人）的反馈，完善政府的决策与管理，以此推进"学习型政府"的建设；同时，将可测量的绩效结果与奖励挂钩，改进政府的激励方式与效果，并达到教育和学习的目的。

政府绩效评价是一个国家和社会的长远的制度性建设问题。进行这一制度性建设，不仅需要政策制定者的努力，而且需要学术界广泛而深入的研究和探讨。本书提出的实证性评价理论框架，正是对这一制度建设问题的一个研究和探索。该理论框架借鉴了国际上比较成熟的绩效评价理论与经验，是将国际实证性评价经验应用于我国的一个尝试。在国际上，随着实证性的社会科学如经济学的发展，如何评价政府的一项计划或政策，已成为一个比较标准的科学课题。譬如在美国，大到2008年政府决定救助华尔街银行的财政激励，小到地方政府发行债券为本地高速公路扩容，无不有着政府绩效评价专家的声音。这种对于公共政策的评价研究，已经构成其政府行为和结果的一个有效的反馈机制。通过这个机制，政府可以从中积累成功的经验，吸取失败的教训，从而可以更好地设计公共政策，促进社会的发展与进步。笔者期望，本书的研究能够为我国政府建立这样一个绩效反馈机制尽一份绵薄之力。

2002年，我于财政部科研所博士毕业后来到中央财经大学执教。10多年来，一直在从事公共政策和政府绩效评价方面的研究和教学。该书即是我在为研究生和MPA学员讲授政府绩效评价课程的基础上完成的，是对我这些年学习和研究政府绩效评价的一个总结。尽管已经讲授和研究多年，但是本书写作起来仍然一点不轻松。本书从动笔到完成，我花了近三年的时间。期间研究和写作的艰辛，如鱼饮水，冷暖自知。

由于本书主要是在为研究生和MPA学员讲授课程的基础上完成的，因此，本书可以作为教材使用。本书的最主要用途，是向行政管理、公共政策、公共经济学以及工商和政治学专业的研究生与本科生提供政府绩效评价的教科书。同时，本书对于政府绩效评价的基本概念、评价实践与发展，以及政府治理改革的研究，使研究和推进政府改革的学者和官员也能从中受益。因此，本书也可以作为相关研究和工作领域的学者、官员及中介机构评价人员的研究与参考用书。

致谢

任何学术著作的完成都离不开他人的帮助，本书的写作也不例外。在本书即将付梓之际，我要向给本书提出咨询建议、提供参阅资料和其他形式帮助的所有人表示衷心的感谢！尤其需要感谢的是：财政部财政科学研究所的刘尚希研究员和王诚尧研究员，世界银行的评价专家琳达·G.莫拉·伊玛斯和雷·C.瑞斯特，北京大学周志忍教授，亚太财经与发展中心彭润中教授和赵敏副教授，广西财经学院梁素萍教授和扈剑辉博士，财政部国际司刘伟华处长，财政部预算评审中心李方旺主任、宋文玉副主任和刘文军处长，中国发展研究基金会李帆博士，中国人民大学刘勇政博士，中国农业大学的罗泮教授和刘启明副教授，以及中央财经大学赵景华教授、徐焕东教授、杨燕英教授、于鹏副教授、曹堂哲副教授和智强博士。他们的洞见、思考与建议使本书受益良多。

还要特别感谢的是以下三位杰出而又慷慨的同仁和朋友，他们是：中国农业大学陈祁晖副教授、中央财经大学张剑博士和宋魏巍博士。陈祁晖博士曾在世界银行独立评价局（IEG）从事3年的影响评价研究工作，对影响评价有深入的研究，他应邀帮助我撰写了第10章；张剑和宋魏巍两位博士协助我完成了第11章的撰写。没有他们的付出和努力，本书不可能顺利完成。

最诚挚的感激我要献给本书的四位同行评议专家：中国人民大学董克用教授、国家行政学院竹立家教授、世界银行独立评价局（IEG）的资深评价专家李雪女士和骆许蓓女士。他们在百忙之中不仅对本书进行了认真审阅，而且提出了宝贵的、富有价值的专业评议和建议。与他们的交流令我受益匪浅。

最后，要感谢北京大学出版社的耿协峰主任和本书的责任编辑胡利国先生。他们对本书的编辑付出了艰辛的劳动，本书因此而更加完善。他们对于工作的极端认真和严谨不仅令我非常感动，而且也使我从中受益良多。

作　者

目　录

第1篇　基本概念

第1章　为什么要开展政府绩效评价 2
1.1 政府改革与绩效评价 2
1.2 促进政府问责 16
1.3 完善政府决策与管理 18
1.4 改进政府激励 22

第2章　如何理解政府绩效评价 26
2.1 "评价"的含义、性质与特点 26
2.2 财政部国际司的绩效评价定义 34
2.3 财政部预算司的绩效评价定义 41
2.4 绩效测量（监测）与绩效评价 45
2.5 政府绩效评价的概念与内涵 49

第3章　政府绩效评价与绩效管理 56
3.1 政府绩效管理的含义与内容 56
3.2 绩效评价在政府绩效管理中的地位与作用 59
3.3 预算绩效管理与预算绩效评价 63
3.4 结语 69

第4章　政府绩效评价与绩效审计 71
4.1 政府绩效审计的概念与特点 71
4.2 绩效评价与绩效审计的联系 74

4.3　绩效评价与绩效审计的差异 …………………………………………………… 76
　4.4　结语 …………………………………………………………………………… 81

第 2 篇　评价工具与方法

第 5 章　项目变革理论及运用 …………………………………………………… 84
　5.1　变革理论的概念与性质 ………………………………………………………… 84
　5.2　变革理论与绩效评价 …………………………………………………………… 90
　5.3　如何构建一个变革理论 ………………………………………………………… 95
　5.4　变革理论与平衡计分卡 ………………………………………………………… 99

第 6 章　绩效评价矩阵及构成 …………………………………………………… 104
　6.1　何为绩效评价矩阵（框架）…………………………………………………… 104
　6.2　琳达和雷的评价矩阵 …………………………………………………………… 108
　6.3　亚洲开发银行的 DMF 矩阵 …………………………………………………… 118
　6.4　财政部国际司的评价框架 ……………………………………………………… 126

第 7 章　绩效指标的开发问题 …………………………………………………… 144
　7.1　绩效指标的概念与类型 ………………………………………………………… 144
　7.2　如何开发恰当的绩效指标 ……………………………………………………… 151
　7.3　指标开发应注意的几个问题 …………………………………………………… 157
　7.4　绩效指标开发的几个案例 ……………………………………………………… 163

第 8 章　绩效评价中的定量与定性研究方法 …………………………………… 181
　8.1　双重差分法（DID）及应用 …………………………………………………… 181
　8.2　数据包络分析（DEA）及应用 ………………………………………………… 187
　8.3　顾客满意度模型（ACSI）及应用 ……………………………………………… 192
　8.4　定性比较法（QCA）及应用 …………………………………………………… 197

第 3 篇　评价实践与发展

第 9 章　总结性评价：传统的绩效评价 ………………………………………… 208
　9.1　总结性评价的特点与作用 ……………………………………………………… 208

9.2 总结性评价：国际评价准则 211
9.3 总结性评价在我国的实践 221
9.4 总结性评价的程序与方法 234

第10章 形成性评价与前瞻性评价 240
10.1 形成性评价的特点与作用 240
10.2 形成性评价的指标设计 244
10.3 形成性评价在我国的实践 250
10.4 前瞻性评价的方法与实践 258

第11章 绩效评价发展的两个趋势 274
11.1 基于因果分析的绩效评价——影响评价 274
11.2 面对复杂环境的绩效评价——演进性评价 294
11.3 结语 310

第4篇 评价结果与应用

第12章 绩效评价结果及其运用 312
12.1 绩效评价结果与报告形式 312
12.2 评价结果应用与管理改进 317
12.3 建立责任型政府与评价结果应用 327
12.4 建设学习型政府与评价结果运用 336

附录：OECD关于评价和结果为导向管理的术语表 347

主要参考文献 353

第1篇
基 本 概 念

为什么要开展政府绩效评价
如何理解政府绩效评价
政府绩效评价与绩效管理
政府绩效评价与绩效审计

第1章 为什么要开展政府绩效评价

1.1 政府改革与绩效评价

> 每个政府不仅需要建立完善的人力资源体系、财政体系和问责体系,还需要建立完善的绩效反馈体系。以结果为导向的监测与评价体系(M&E)是一种非常重要的公共管理工具,政府可以借此衡量和评价发展的成效,然后再将这些信息反馈给正在实施的管理和决策过程。
>
> ——[美]乔迪·库赛克、雷·瑞斯特,2011

自20世纪七八十年代以来,推行政府体制改革和行政革新成为时代风潮。随着政府管理体制创新的推进,许多国家特别是OECD(即经济合作与发展组织)国家纷纷建立了政府绩效管理体系。这种新的政府管理体系包括了政府预算、人力资源管理和组织文化方面的变革。为了评估政府工作及产生的结果,这些国家还普遍建立和实施了政府绩效评价制度(即结果导向的监测与评价体系,results-based monitoring and evaluation system,M&E)。受西方发达国家的影响,许多中等收入国家(如智利、哥伦比亚等)和某些低收入国家(如乌干达和坦桑尼亚)也纷纷建立了政府绩效评价制度。其之所以这样做,是因为绩效评价在政府管理中有着重要的作用。正如托马斯和骆许蓓(2012)所说:"对公共计划、项目和政策进行评价,不仅可以使我们了解什么措施有成效,什么措施无成效,以及在什么情况下无成效,而且被认为是促使公共管理者对资源使用负责的一个有效的途径。"[①] 换言之,政府绩效评价是一个对政府行为和结果有效的绩效信息反馈体系。它不仅有助于完善政府决策和管理,提高政府工作的有效性,还有助于促进政府问责和改进政府激励。正因为如此,政府绩效评价成为当今许多OECD国家及发展中国家实施政府再造、落实政府责任、改进政府管理、提高政府效能、改善政府形象的一个行之有效的公共管理工具。[②]

---

① Vinod Thomas & Xubei Luo. *Multilateral Banks and the Development Process*: *Vital Links in the Results Chain* [M]. New Brunswick(U.S.A):Transaction Publishers,2012:p.2.
② 中国行政管理学会课题组.政府部门绩效评估研究报告[J].中国行政管理,2006(05).

1.1.1　国外政府改革与绩效评价

西方国家的政府绩效评价缘起于 20 世纪初美国的纽约市市政改革，兴起于 20 世纪 80 年代的新公共管理运动。1907 年，为了探索提高市政工作效率的途径，纽约市政研究院率先开始了对纽约市政府的绩效评价实践。1912 年，美国联邦政府成立了经济与效率委员会，随之也开启了对联邦政府的绩效评价实践。1938 年，克拉伦斯·里德利与赫伯特·西蒙出版了《市政活动测量》一书，给政府绩效测量运动注入了巨大动力。1947 年，胡佛委员会提出了绩效预算和标准的改革方案。在该预算改革方案的推动下，美国政府部门对绩效评价的关注进一步提升，"政府的行政机构，特别是预算署，开始制定工作绩效测量办法和工作绩效标准"。在这些改革的基础上，20 世纪 60 年代初至 80 年代初，美国联邦政府又相继实行了"计划—项目—预算系统"（PPBS）、"联邦政府生产率测定方案""目标管理"和"零基预算"（ZBB）等一系列的改革措施，使绩效测量和评价在联邦政府得到了进一步的发展和运用。

进入 20 世纪八九十年代，为了应对经济的全球化发展和政府的财政危机，西方国家掀起了一场"重塑政府"的浪潮，政府绩效评价在西方各国得到迅速发展和推行。在英国，1979 年撒切尔夫人执政后，在"效率战略"的指导下，相继推行了雷纳评审、部长信息管理系统、财务管理新方案等改革措施，极大地推动了绩效测量与评价在英国政府部门的发展和应用。特别是 1982 年的"财务管理新方案"明确提出了绩效评价，即要求把经济性、效率性、效果性分解成大量绩效指标，围绕绩效指标收集信息，运用评价技术进行评价，并得出特定机构的总体绩效。撒切尔夫人执政时期，英国绩效测量与评价的重点是经济和效率。1990 年，保守党领袖梅杰上台后又推行了"公民宪章"运动和"竞争求质量"运动，由此使英国政府绩效评价从之前"效率优先"转到了"质量优先"。在保守党之后，1997 年新工党（布莱尔）当选。新工党政府继续强调公共服务的效率、资金价值和顾客导向，并承诺对公共支出的决策方式和实施方式进行改革。布莱尔政府建立了一个新的资源分配体系，这一体系使资源的分配更具战略性，同时也更为关注资金的使用结果。1998 年，新工党政府用"绩效服务协议"（performance service agreements，PSAs）取代了原有的"产出和绩效分析框架"（output and performance analysis，OPA）。① "绩效服务协议"（PSAs）更加关注公共支出的绩效，也更加注重项目的整体协调性和结合力。PSAs 是一个具有双重意义的合同：合同由英国财政部和资金使用部门签署，但也可以视

---

① 1994 年，英国保守党发布了资源使用和资源预算的"绿色报告"，该报告首先提出了"产出和绩效分析框架"（OPA）。OPA 要求每一个政府部门在其年度报告中陈述其所花费资金的目标及其目标实现情况（产出与绩效）。

为是政府与"人民和议会"之间就政府提供公共服务以交换所需公共资源（即"以资源交换改革"）的一个协议。PSAs 虽然并非严格法律意义上的合同（因为它并未被议会批准），但它在政治上和行政管理上有着很大的影响力，是新的资源分配体系的核心部分。PSAs 实施以来在英国取得了显著的成效，已被认为是国际上设立绩效目标并将之广泛运用于预算过程的一个优秀的标杆。PSAs 的主要内容见专栏 1-1。

专栏 1-1　绩效服务协议（PSAs）的结构

- 目的（aims）：部门职能的简要陈述。
- 目标（objectives）：部门工作的总目标。
- 绩效目标（performance targets）：依据部门工作的总目标制定，主要是政府活动所要达到的成效或成果（outcomes）。
- 货币价值（value for money）：每个部门要有一个改进资金使用效率的目标。
- 责任部门（who is responsible for the delivery of these targets）：明确对绩效目标负责任的部门或个人。

资料来源：Colin Talbot. Performance in Government: The Evolving System of Performance and Evaluation Measurement, Monitoring, and Management in the United Kingdom [J/OL]. World Bank IEG Working Paper, 2010, 24. http://ieg.worldbankgroup.org.

可以看出，PSAs 的核心内容是**绩效目标**（performance targets）。绩效目标明确阐明了政府工作所要达到的产出与效果，这些产出与效果决定了政府活动所能使用的资源。政府部门可以借此制订工作计划，还可以向各个员工分配工作任务。此外，绩效目标还为政府绩效监测和政策评价提供了依据。人们可以通过跟踪绩效目标的实现情况监测政府工作成效，也可以依据绩效目标对政府政策的实施结果进行评价。在英国，绩效监测（performance monitoring）对象主要是政府组织与部门，并且是经常性的（每年进行）；而评价（evaluation）对象主要是政府政策与项目，它并非经常性的。1997 年之前，英国的评价活动开展较少。1997 年之后，新工党政府大规模地开展了评价活动。为了指导评价的开展，新工党政府还制定了政策评价指南。这些评价指南大多数收录在政府红皮书（the Magenta Book）中。新工党政府之所以如此积极地开展政策评价，是为了推进政策制定的现代化，也就是推行"基于证据的政策制定"（evidence-based policy）改革——这一改革是新工党政府推行的"现代政府议程"的一个重要组成部分。在英国财政部 2003 年发布的政府绿皮书《中央政府预评估与评价指南》和红皮书（*The Magenta Book of HM Treasury: Guidance for Evaluation*）中，政府的政策制定过程被概括为一个 ROAMEF 模型（图 1-1）。该模型由六个核心的要素构成：缘由（rationale）、目标（objectives）、评估(appraisal)、监测(monitoring)、评价(evaluation)和反馈(feedback)。可以看出,在 ROAMEF 模型中监测与评价起着重要的作用。

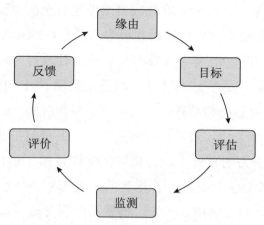

图 1-1 英国财政部 ROAMEF 模型

2010 年 5 月,卡梅伦领导保守党击败了工党,保守党与自由民主党组成了联合政府。在政策上,他继承了撒切尔夫人的古典自由主义思想。2010 年 10 月,英国内阁办公室及效率与改革小组发表了政策文件《公共机构改革报告》,宣称改革的目标是创造一个特别的公民服务系统——更少官僚主义及更为专业化、更数字化和更具统一性。这次公共机构改革的基本思路是清理公共机构及其职能,给政府减去痴肥,减少政府对社会的干预程度,给社会自治留下更多的空间,以塑造大社会的愿景。显然,卡梅伦政府进行这样大规模的政府改革,同样离不开绩效评价这一重要的工具。

2015 年,英国新一届政府继续推进绩效管理改革,他们引入一个新的绩效管理工具——单部门计划(single departmental plans,SDP),其内容包括部门承诺、跨部门目标、日常服务提供、业务转型计划、提高效率的措施,以及完成上述工作的支出计划等。2017 年 12 月,英国政府发布了一份《建设一个为所有人服务的国家:政府的计划》,要求将部门的 SDP 作为政府计划的构成部分,以实现政府层面计划与部门 SDP 的衔接。

在美国,克林顿总统 1993 年执政后,美国政府对绩效评价与管理的重视程度得到了前所未有的提高。1993 年,克林顿政府成立了以戈尔副总统领导的"国家绩效评价委员会"(NPR),美国国会通过了《政府绩效和结果法案》(GPRA),将"做得更好、花费更少、以得到全美人民关心结果的政府"作为美国政府的发展方向。该《法案》要求每个联邦机构都必须制定五年的战略规划和目标,以及年度绩效计划和与五年战略目标相匹配的近期目标,并要求每年向总统、国会和公众报告绩效目标的实现情况。对于未实现的目标,需要说明原因,并提出解决问题的措施。为了报告绩效目标的实现情况，就需要开展绩效测量与评价。小布什政府时期，推出了《总统管理议程》（PMA），要求将更多绩效资料整合进国会预算审批过程，同时利用政府项目评级工具（PART）对联邦项目绩效进行全面评议。实施 PART 的主要目的在于，改善 GPRA 要求的机构计划和报告，并在 GPRA 与预算程序之间建立一个有意义的体制联系。自 2002 年下半年开始，小布什政府先后对主要联邦项目进行了评级。到 2008 年末，已经完成一个评估周期，实现了对 1016 个联邦项目（98%）的评级。显然，PART 将目标和绩效测量的重点从机构层面（agency level）转移到了项目层面（program level）上。奥巴马政府执政后，提出要在既有的、改善联邦政府绩效和有效性的各种努力的基础上，将高度优先性目标（high priority goals，HPG）与 GPRA 绩效报告和 PART 开发的项目层次的绩效指标统一起来，并借鉴州和地方以及其他国家绩效管理改革的成功经验，构建新的联邦政府绩效管理系统。作为改革的第一步，奥巴马政府首先要求主要机构和部门确定一组有限的高度优先性目标（一般为 3~8 个），并辅以绩效测量指标和量化目标。在这一过程中，要求有一般公众、利益相关者和国会的广泛参与。此外，奥巴马政府还推出了以下几项重要的改革举措：[1]

- 将重点更多地放在项目评价（program evaluation）上。
- 改革项目评估与绩效测量过程，把绩效趋势作为报告的重点，并说明趋势变化的原因，注重化解实施风险，制订计划加强领导责任。
- 简化 GPRA 和 PART 要求的报告内容，减轻机构与预算管理办公室（OMB）的工作负担。
- 改进沟通机制，通过机构报告和互联网向国会、公众和其他利益相关者提供更为有用的数据。
- 制订全面的研究计划，研究和比较各种不同项目战略效果，以确保实现项目的预期最终成果。

上述五项举措中，第一项最为重要。过去几十年来，绩效测量（performance measurement）在美国各政府部门得到了广泛的应用，但是却很少有部门和机构开展严谨的独立评价。奥巴马政府执政后即倡议推行项目评价（program evaluation）。他们认为，"绩效测量对于改进项目绩效虽然很重要，但是它不能说明如果没有实施该项目，或者改变项目实施方式，项目绩效与结果会有何不同"。[2] 因此，奥巴马政府承诺建立一个评价系统作为补充，并将它与绩效测量和绩效管理结合起来。2011 年，

---

[1] Katharine Mark & John R. Pfeiffer, Monitoring and Evaluation in the United States Government: An Overview [J/OL]. World Bank IEG Working Paper, 2011, 26. http://ieg.worldbankgroup.org.
[2] Colin Talbot. Performance in Government: The Evolving System of Performance and Evaluation Measurement, Monitoring, and Management in the United Kingdom.

奥巴马政府专门拨款 1 亿美元支持政府机构开展**严谨评价**（rigorous evaluation）[①]。由此可见奥巴马政府对于严谨评价的重视。

特朗普政府维持了奥巴马政府时创建的联邦政府绩效管理框架，但是在预算管理和绩效管理各环节更为重视绩效信息。2019 年 1 月，特朗普签署了《基于证据的政策制定基础法案》（Foundations for Evidence-Based Policymaking Act of 2018），强调联邦各机构在决策中对绩效信息和证据的使用，并为使用各项证据建立了更为全面系统的方法。换言之，相对于奥巴马政府的绩效管理，特朗普政府更为重视绩效评价结果的应用。到了拜登政府时期，则继续向更加包容的绩效治理模式稳步转变，在绩效框架内使用更多的管理工具。

除了英美以外，澳大利亚、新西兰、德国、加拿大、日本等国在这一时期也开展了公共管理改革。其中，澳大利亚的改革成效和影响最大。1983 年工党总理霍克上台后，为提高政府绩效推行了一系列的公共管理改革。这些改革中，一个重要的方面就是赋予了其政府部门和机构更多的自主权。这一改革遵循"让管理者进行管理"的哲学，将大量的权力与责任下放，以鼓励管理者提高工作绩效。下放的权力中包括了工资支出和其他行政管理费用。改革后，澳大利亚预算体制发生了极大变化。1987 年，澳大利亚在世界上率先引入了一个中期支出框架（medium-term expenditure framework），对未来几年的支出提出估算，将支出审查的重点从详细的排列项审查，转到了审查政府政策和支出优先顺序的变化。这样便大大简化了预算的过程，使得可以采用更具战略性的方法进行预算决策，同时提出未来的支出估算也为部门未来可用资源提供了较好的保证。工党政府还提出，通过完善的管理、搜集绩效信息和进行定期的项目评价，把政府项目和预算管理的重点放在项目的效率和效果上。在这一改革中，财政部（Department of Finance，DoF）的地位与作用至关重要。DoF 既是改革的主要设计者，又是部门预算的协调者和监督者，并且拥有其他中央部门的强力支持。由于一线部门的管理绩效不甚理想，DoF 提出，仅仅"让管理者进行管理"是不够的，还必须要"使管理者进行管理"。据此，DoF 要求各部门制订绩效评价计划并实施评价。1988 年，DoF 获得政府内阁的同意，要求各部门制定**评价战略**（evaluation strategy）。其主要目的有三：一是提供项目绩效的基本信息，帮助政府的内阁进行政策制定和预算决策；二是促使部门内的项目管理者利用评价改进项目绩效；三是提高预算使用的透明性，强化政府问责。最后一点是国会和公众最为感兴趣的，因为绩效评价结果有助于国会审查和批准预算。评价战略的基本内容参见专栏 1-2。

---

① 这里的"严谨评价"（rigorous evaluation）实际就是"影响评价"（impact evaluation），关于影响评价，我们将在第 11 章进行详细讨论。

> **专栏 1-2　澳大利亚的评价战略**
>
> - 所有项目（program）每 3~5 年进行一次评价。
> - 每个一线部门及其附属机构（a line department plus outrider agencies）每年要制订一份 3 年期的评价计划（PEP）并上交财政部。
> - 部长提出的所有新的政策建议均须包含一份对未来评价计划的陈述。
> - 通常情况下，完成的评价报告均应对外发布，除非存在重要的政策敏感性问题（policy sensitivity）、国家安全问题或商业机密问题，部门每年提交给国会的预算文件应报告主要的评价发现（evaluation findings）。
>
> 资料来源：Keith Mackay, The Australian Government's Performance Framework, No.25/April 2011, the World Bank IEG Working Paper, http://ieg.worldbankgroup.org.

澳大利亚的评价战略包含四个部分内容：评价计划、评价实施、评价质量和评价应用。评价计划是评价战略的中心部分，主要通过正式的组合评价计划（portfolio evaluation plans，PEPs）来完成。PEPs 要列出该部委打算评价的政府项目以及在每一项评价中要涉及的问题。这些组合评价计划以一个可滚动的三年计划为基础按年度编制。它们只包括重要的评价，也就是说，它们只评价那些具有重要战略意义或政策意义的、预算金额大的、有问题的以及试验性的项目。这些评价往往由一线部门自己进行，通常 DoF 也会有少量的参与。评价完成后，评价结果都必须要公布，特别是要向内阁和 DoF 报送。澳大利亚绩效评价制度最重要的特征在于，有效地利用评价研究结果来支持内阁的预算决策。正如基姆与其他学者的评论所说，"（澳大利亚的）项目评价已经比其他的任何国家得到了更加广泛和系统的应用"。

由于实施了上述的评价战略，澳大利亚建立了一个整体性的绩效监测与评价体系，该体系有力地支持政府建立了基于证据的决策和基于绩效的预算。1987—1996 年，澳大利亚绩效监测与评价体系的一个显著特征即在预算过程中对评价研究结果的高度利用。1996 年保守党政府的当选，导致了公务员系统大幅度削减，以及政策咨询过程和财政部作用——尤其是在预算周期中——的实质性弱化，并且导致了上届政府遗留的中央控制和要求被废除，与此同时，一线部门的领导获得了更高的自主权，出现了一种向"让管理者进行管理"哲学的回归。作为这些变革的组成部分，实行十年之久的评价战略被废除，进而政府的监测与评价系统被废除。[①] 1996—2007 年，澳大利亚政府建立与实施了一个新的政府绩效管理框架——成果与产出框架（the outcomes and outputs framework）。该绩效框架主要基于绩效指标而建

---

① Keith Mackay, How to Build M&E Systems to Support Better Government, The World Bank, http://www.worldbank.org/ieg, 2007.

立，其最为显著的一个特点是简单和费用低廉。它虽然可衡量政府绩效的好坏，但不能阐明绩效产生的原因。鉴于此，2007年澳大利亚政府修复和完善了绩效监测框架，将重点重新放到绩效评价上，并且重新实施了绩效预算，但取得的成效比较有限。

由上可以看出，从1987年开始，澳大利亚的政府改革大致经过了三个阶段：第一阶段为1987—1996年，第二阶段为1996—2007年，第三阶段为2007年至今。1987—1996年，澳大利亚政府建立了一个整体性的绩效监测与评价体系，该体系使得澳大利亚在公共管理改革方面位于经济合作与发展组织（OECD）成员国的前列。1996—2007年，由于放弃了这一体系，澳大利亚近年在OECD成员国中落伍了。[①]

另外，在国外的政府改革中，很多国家都使用过**职能审议**。世界银行认为，职能审议提供了一个灵活、由问题主导、基于证据的框架，可帮助各级公共部门机构找出影响其绩效的关键的制约因素，分析各个机构所发挥的职能，评价它们的价值，同时听取对机构改革和程序变革的建议。职能审议通常从两个方面来评估现在的支出项目：效率（efficiency）和效果（effectiveness）。某些时候审议的重点是政策和项目层面的有效性，而另外一些时候审议重点是组织层面的效率，也有可能对两个方面同时加以考察。例如，1994年加拿大进行的项目审议建立了以总理为首的专门委员会。该委员会通过职能审议实现了支出的大幅削减（联邦政府各部门预算平均削减了21.5%）。新西兰成立了专家小组对政府部门进行了自上而下的审议，政府职能部门并不参加。审议结果是对很多部门进行重组，从而将公共部门的规模缩小了50%。在拉脱维亚，1999年对农业部进行的职能审议发现该部承担了161项不同的职能，确定其中9项应当民营化，40项需要改革理顺，12项需要转到其他部门。审议之后，这些建议很快得到了落实。当然，这些国家审议之所以取得成功取决于很多因素。研究表明，这些因素主要包括：（1）职能审议要确立总体目标，但不应在事前就指明如何实现这些目标；（2）要将职能审议与预算程序相结合，这样才能保证在预算周期的恰当时机提出合理建议；（3）各机构和项目享有较为灵活的法律授权，有关部委可以自主地调整自身的结构和服务；（4）须有强有力的政治领导或者相关部门的配合支持。[②]

---

① Keith Mackay, The Australian Government's Performance Framework.
② 世界银行、国务院发展研究中心的联合课题组. 2030年的中国：建设现代、和谐、有创造力的社会［M］. 北京：中国财政经济出版社，2013：103.

1.1.2 我国政府改革与绩效评价

改革开放以来，随着经济市场化的发展，我国的政府管理改革也不断推进。改革的基本主线是重新界定政府和市场关系，改革的内容主要围绕政府功能重新定位、公共服务提供方式以及政府内部管理体制改革等三个方面来开展。为了建立与市场经济相适应的政府管理体制，1982 年以来，我国进行了七次大的机构改革。政府机构的改革带动了政府管理方式的变革，推行政府绩效管理和绩效评价已经成为政府运作的基本要求。党的十六届三中全会明确提出"建立预算绩效评价体系"，党的十七届二中、五中全会提出了"推行政府绩效管理和行政问责制度""完善政府绩效评估制度"，党的十八大进一步提出"创新行政管理方式，提高政府公信力和执行力，推进政府绩效管理"。党的十九大之后，政府绩效管理的重点转向了预算绩效管理。十九大报告明确提出，"建立全面规范透明、标准科学、约束有力的预算制度，全面实施绩效管理"。2018 年 9 月，中共中央据此制定了《关于全面实施预算绩效管理的意见》，提出"力争用 3~5 年的时间基本建成全方位、全过程、全覆盖的预算绩效管理体系"。并提出，"对预算执行情况开展绩效评价……支出方面，要重点关注预算资金配置效率、使用效益，特别是重大政策和项目实施效果"。党的二十大报告提出了"以中国式现代化全面推进中华民族伟大复兴"的宏伟目标。为了实现这一目标，加强政府绩效管理与评价也成为题中之义。

在我国政府绩效管理改革的发展过程中，呈现出如下两个重要的发展阶段：一是政府绩效管理改革阶段，二是全面实施预算绩效管理改革阶段。在每一个阶段，绩效评价都发挥着重要的作用。

（1）政府绩效管理改革阶段（2011—2017 年）

2011 年 3 月，为了指导和推动政府绩效管理工作，国务院成立了政府绩效管理工作部际联席会议。联席会议由监察部、中央组织部、中央编办、国家发展和改革委员会（发改委）、财政部、人力资源和社会保障部（含公务员局）、审计署、统计局、法制办等 9 个部门组成，监察部为牵头部门，监察部部长为召集人。联席会议办公室设在监察部，日常工作由绩效管理监察室承担。以此为标志，推进政府绩效管理工作的领导体制和工作机制正式建立起来。经国务院同意，北京、吉林、福建、广西、四川、新疆、杭州、深圳以及国家发展改革委、财政部、国土资源部、环境保护部、农业部、质检总局等开展政府绩效管理试点。试点工作分为四类：国务院机构绩效管理试点、地方政府及其部门绩效管理试点、节能减排专项工作绩效管理试点、财政预算资金绩效管理试点。

2011 年 9 月，北京市政府发布了《北京市人民政府关于做好政府绩效管理试点工作的意见》（以下简称《意见》），拉开了地方政府绩效管理试点的序幕。《意见》规定，2011 年 7 月至 2012 年底开展政府绩效管理试点工作。试点内容由四部分构成：第一，丰富管理内涵，健全完善绩效指标体系。按照"履职效率、管理效能、服务效果、创新创优"（"三效一创"）指标体系，探索对市级国家行政机关分类考评，根据不同的工作性质、工作内容，分类设置评价指标及计分权重。强化行政成本理念。研究将预算绩效评估、绩效审计纳入绩效考评体系，提高绩效管理指标体系的科学性、针对性。第二，深入调研论证，不断优化管理考评模式。明确绩效任务制定的原则、标准和程序，将本市"十二五"规划纲要约束性指标分解细化为各区县政府年度绩效任务，提升绩效管理的前瞻性和战略性。第三，积极探索实践，扩大绩效管理覆盖范围。设立专项课题，建立符合科学发展及区县功能定位的区县政府绩效管理评估体系和办法。研究探索公共服务效果评价。将与国计民生密切相关的企事业单位纳入政府绩效管理体系，提升公共服务水平，确保城市运行稳定有序、重要民生保障有力。第四，强化结果运用，充分发挥导向激励作用。进一步深化闭合循环管理模式，建立绩效管理"反馈—整改—再反馈—提升"工作机制，促进工作改进。更加有效地运用绩效考评结果，加大奖优罚劣、治庸治懒力度，做好绩效考评与行政问责的有机衔接，健全纠错改正机制。

2011 年 10 月，作为"国务院机构机关工作绩效管理"试点部门之一，也是试点单位中唯一实行垂直管理的部门，国家质检总局制定出台了《国家质检总局绩效管理试点工作方案》及其 6 个配套细则，全面启动了绩效管理试点工作。时任质检总局局长支树平指出，绩效管理试点工作要立足质检职责，结合自身特点，把党中央、国务院和总局党组的部署要求，以及各部门、各单位的工作任务细化、实化、量化为考核重点指标，并根据"三定"规定层层分解到具体部门和岗位。他还指出，绩效管理的核心是绩效考核，绩效管理的成效如何，主要通过绩效考核来体现。

2011 年 12 月，国土资源部制定并颁布了《国土资源部绩效管理试点办法》（以下简称《试点办法》）和《国土资源部绩效管理试点实施细则》（以下简称《实施细则》）。《试点办法》规定，国土资源部绩效管理的内容主要包括职责履行、依法行政（依法办事）、领导班子建设等三个方面主体内容，创优与创新、违规与违纪为附加内容。年度评估主要由过程管理和年终评估组成，评估结果按百分制计。创新与创优、违规与违纪评估按照规定标准直接进行加分、减分，并计入年度绩效评估结果。年度评估结果按得分划分为优秀、良好、达标、不达标四个档次。年度评估结果作为加强和改进领导班子建设，以及领导干部选拔任用、培训教育、管理监督、激励约束和单位评先评优等的重要依据。《实施细则》则规定，绩效指标体系由重点工作任务、其他法定职责、提高制度建设质量、规范行政（办事）行为、提升监督水平、思想政治建设、能力建设、科学民主决策、干部队伍建设、作风建设、党风廉政建设等 11 项一级指标及相应的二级指标构成。在《试点办法》和《实施细则》的指导下，国土资源部也全面启动了绩效管理试点工作。

2011 年 7 月，财政部印发了《关于推进预算绩效管理的指导意见》（以下简称《指导意见》）的通知，明确提出：预算绩效管理是一种以支出结果为导向的预算管理模式，它强化政府预算为民服务的理念，强调预算支出的责任和效率，要求各部门在预算编制、执行、监督的全过程中更加关注预算资金的产出和结果，并不断改进公共服务水平和质量，花尽量少的资金、办尽量多的实事，向社会公众提供更多、更好的公共产品和公共服务，使政府行为更加务实、高效。推进预算绩效管理，就是要将绩效理念融入预算管理全过程，使之与预算编制、预算执行、预算监督一起成为预算管理的有机组成部分，逐步建立"预算编制有目标、预算执行有监控、预算完成有评价、评价结果有反馈、反馈结果有应用"的新预算绩效管理机制。《指导意见》还特别指出，预算执行结束之后，要及时对预算资金的产出和结果进行绩效评价，重点评价产出和结果的经济性、效率性和效益性。为此，财政部专门制定了一系列的财政支出绩效评价管理办法，如《财政支出绩效评价管理暂行办法》（2011）、《项目支出绩效评价共性指标体系框架》（2013）、《部门整体支出绩效评价共性指标体系框架》（2013）、《财政预算绩效评价共性指标体系框架》（2013）等。

2014 年 6 月，为了推动已出台政策措施落实，国务院启动了全面大督查，并在自查和实地督查基础上引入第三方评估，成为此次国务院督查最大的创新和亮点。根据国务院的部署，第三方评估主要邀请全国工商联和部分研究咨询机构，围绕简政放权、棚户区改造、精准扶贫、重大水利工程等部分重点政策措施落实情况展开评估，以便与自查和督查情况进行对表分析。在督查中引入第三方评估，是政府管理方式的重大创新，体现了政府更加开放、乐于接受监督的胸怀。让专业部门评估政府工作，用群众的眼睛监督政府，有助于避免政府在自我评价体系中既当"运动员"又当"裁判员"；同时体现了政府抓铁有痕、勤政务实的新风。有了第三方评估情况与自查、督查情况进行"对表分析"，反映最真实的底层声音，借助外部力量帮助政府找准症结，对症下药，增强督查实效。

2015 年 7 月，国务院办公厅再次开展了第三方评估。此次评估旨在全面了解党中央、国务院"稳增长、促改革、调结构、惠民生"一系列重大政策措施的贯彻落实情况。为确保第三方评估取得更好效果，国务院办公厅在总结去年评估工作的基础上，进一步吸纳更加广泛的专业力量参与，通过竞争性遴选，确定委托中国科学院、国务院发展研究中心、国家行政学院、中国科协、全国工商联、中国国际经济交流中心、北京大学、中国（海南）改革发展研究院等独立第三方开展评估。其中，全国工商联负责"全面支持小微企业发展"评价,中国国际经济交流中心负责"区域协同发展"评价,国家行政学院和中国(海南)改革发展研究院负责"推进简政放权、放管结合、优化服务"评价,北京大学负责"金融支持实体经济"评价。中国科协负责"推进大众创业、万众创新"政策评价,国务院发展研究中心负责"增加公共产品和公共服务供给"评价,中国科学院负责"实施精准扶贫、精准脱贫"政策评价。由此,我国政府已逐步形成了一个对现行政策常态化的评价机制。

(2) 全面实施预算绩效管理改革阶段(2018 年至今)

党的十九大之后,我国政府绩效管理改革的重点转向了预算绩效管理改革。2018 年 9 月,中共中央、国务院制定并发布了《关于全面实施预算绩效管理的意见》(以下简称《意见》),拉开了我国全面实施预算绩效管理改革的序幕。

财政是国家治理的基础和重要支柱,预算是政府活动和宏观政策的集中反映。在预算领域全面实施绩效管理,形成"注重结果导向、强调成本效益、硬化责任约束"的预算管理新机制,是适应我国社会主要矛盾变化,落实以人民为中心的发展思想的必然要求。《意见》明确提出,要"力争用 3~5 年时间基本建成全方位、全过程、全覆盖的预算绩效管理体系,实现预算和绩效管理一体化,着力提高财政资源配置效率和使用效益,改变预算资金分配的固化格局,提高预算管理水平和政策实施效果,为经济社会发展提供有力保障。"在此,所谓"全方位"是指,预算绩效管理的对象从项目为主向政策、部门整体支出拓展,从转移支付为主向政府财政运行拓展,形成政府预算、部门预算、政策和项目预算等全方位的预算绩效管理格局。"全过程"是指,建立重大政策、项目事前绩效评估机制,强化预算绩效目标管理,做好绩效运行监控;全面开展绩效评价。"全覆盖"是指,预算绩效管理覆盖所有财政资金,也就是覆盖一般公共预算、政府性基金预算、国有资本经营预算和社会保障基金预算等四本预算。

《意见》特别提出,"对预算执行情况开展绩效评价",并指出,"支出方面,要重点关注预算资金配置效率、使用效益,特别是重大政策和项目实施效果"。另外,《意见》还提出,"要建立重大政策和项目的事前绩效评估机制"。并指出,"对新增重大政策、项目及转移支付开展事前绩效评估,要重点论证立项必要性、投入经济性、绩效目标合理性、实施方案可行性和筹资合规性等"。这表明,政策事前绩效评估已正式步入我国最高决策层的政策决策舞台。不仅如此,党的十九届五中全会审议通过的《中共中央关于制定国民经济和社会发展第十四个五年规划和二〇三五年远景目标的建议》也提出"健全重大政策事前评估和事后评价制度"。这就进一步提高了绩效评价在政府绩效管理中的地位和重要性。

为了配合《意见》的实施,财政部迅速印发贯彻落实通知,同时发布了《项目支出绩效评价管理办法》(财预〔2020〕10号),对全国的预算绩效评价工作进行规范。在财政部的引导和推动下,各地、各部门相继出台了各自的预算绩效管理或绩效评价管理办法。例如,科技部、国家知识产权局等中央部门制定或修订了绩效评价管理办法或规程;地方政府出台了政府投资基金、政府和社会资本合作项目(PPP)、政府债务等领域的绩效管理办法(表1-1)。

表1-1 2018年以来地方出台的部分预算绩效管理办法

类别	省 份	制度办法
全方位	上海	《上海市市级预算部门(单位)整体支出绩效管理办法(试行)》 《上海市财政项目支出预算绩效管理办法(试行)》 《上海市市级财政政策预算绩效管理办法(试行)》
全过程	北京、浙江、青岛	事前绩效评估办法
	天津、江苏	绩效目标管理办法
	广东、河南、天津、江苏、浙江	绩效运行监控管理办法
	北京、天津、山西、江苏、浙江	绩效评价管理办法
	广西、宁夏、重庆、湖南、山东	绩效结果应用办法
全覆盖	山东	省政府办公厅印发《省级部门单位预算绩效管理办法》和《省对下转移支付资金预算绩效管理办法》
	北京	《市级政府投资基金绩效评价管理暂行办法》
	山西	《关于开展政府和社会资本合作(PPP)项目全生命周期绩效管理的通知》
	四川	《四川省政府和社会资本合作(PPP)投资引导基金绩效评价办法》
	上海	《上海市政府性基金预算绩效管理办法(试行)》
	陕西	《陕西省政府债务等绩效评价暂行办法》 《政府投资基金绩效评价办法》
	广西、上海、黑龙江	委托第三方机构参与预算绩效管理办法

资料来源:郑涌、郭灵康.全面实施预算绩效管理[M].北京:中国财政经济出版社,2021:47.

另外,有的地方还大胆探索和创新,涌现出一批绩效管理新举措。如北京市以公共产品和服务为对象,运用成本效益分析方法实施全成本核算,推动建立"预算安排核成本、资金使用有规范、综合考评讲绩效"的新型预算资金分配与管理模式;浙江省通过系统重构政府层面的集中财力办大事财政政策体系,从宏观战略层面统筹优化财政资源的配置,实现做实中期财政规划,硬化政府预算绩效管理的实质性突破;广东省建立完善的绩效指标体系,按照可比可测、动态调整、共建共享的思路,构建了一个相对比较完善的共性和分行业、分领域绩效指标和标准体系。

在评价结果应用方面,各地也积极探索创新。四川省将政府预算绩效结果与省对下转移支付资金分配挂钩,部门绩效结果与年度部门预算、专项资金安排挂钩,政策和项目的绩效结果与政策调整、预算安排挂钩。湖北省将绩效评价结果与资金分配，政策调整、退出挂钩。北京市对绩效评价结果为"一般"和"较差"的部门分别扣减部门项目预算控制数的5%和10%。浙江、云南等地按照一定比例对部门绩效自评结果进行随机抽查或实地抽样，浙江对自评结果为"差"、抽评结果为"一般"和"差"的项目，不再安排下一年度预算。此外，还有的地方对重点项目绩效评价结果不佳、有财政资金浪费的，提请当地省政府对项目主管部门进行问责，增强了绩效评价结果的约束力和权威性（专栏1-3）。①

专栏 1-3　部分地方绩效评估评价成效显著

　　北京市积极开展事前绩效评估，坚决砍掉不必要的支出，自2010年起累计对491个项目开展评估，涉及资金791.44亿元，不予支持项目61个，核减资金77.43亿元，核减率9.8%。四川省统筹实施项目绩效评估、政策绩效评价等，调整低效无效财政资金63.7亿元。广东省立足民生实事创新重点绩效评价，对评价结果为"中""低""差"的项目，原则上压减下一年度预算规模或不予安排，削减低效无效财政资金127.9亿元。湖南省根据省级专项资金三年整体绩效评价结果，省级专项资金数量从2018年的75个压减到47个，压减率达37%；三年全省共调整预算安排26亿元，其中省级财政共压减部门预算资金近5亿元。湖北省对近三年预算执行管理绩效较差的省直部门压缩2019年预算支出规模5亿多元。云南省根据绩效评价结果，在编制2019年预算时，扣减相关部门预算安排14.8亿元。福建省经过重点评价，2019年共取消20个专项资金，将高校生均经费由8 000元提高至12 000元，全省各设区市通过评价，共提出改进建议591条。

　　资料来源：郑涌、郭灵康. 全面实施预算绩效管理［M］. 北京：中国财政经济出版社，2021：52.

　　世界银行评价专家乔迪·库赛克和雷·瑞斯特在《十步法：以结果为导向的监测与评价体系》一书中说："作为一种非常有效的公共管理工具，政府绩效评价能够帮助各国政府和组织更好地达成其目标。正如政府需要财政、人力资源和问责制一样，它还需要一个完备的绩效反馈体系。"②结果为导向的政府绩效评价体系就是这样一个绩效反馈体系，它与财政体系、人力资源体系和问责体系构成政府治理的四个基础和支柱（图1-2）。纵观各国的政府管理与改革实践，政府绩效评价的目的（或作用）主要有三：促进政府问责、完善政府决策与管理和改进政府激励。③接下来，我们分析和讨论政府绩效评价的这三个重要的作用。

---

① 郑涌等. 全面实施预算绩效管理［M］. 北京：中国财政经济出版社，2021：52.
② 乔迪·扎尔·库赛克、雷·C. 瑞斯特. 十步法：以结果为导向的监测与评价体系［M］. 梁素萍，等，译. 北京：中国财政经济出版社，2011：序言.
③ 参见本书第2章2.1节中关于"评价目的"的阐述.

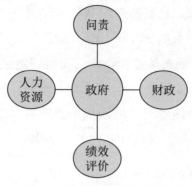

图 1-2　政府治理的四个支柱

1.2　促进政府问责

> 绩效评价是有效提高政府绩效的动力工具，首先，有助于实现和落实政府的责任，其次，有助于提高公共服务供给的质量和效率。
>
> ——陈振明，2003

世界银行在 1997 年的世界发展报告中提出："好的政府不是一种奢侈品，它是实现发展极为关键的一个必需品。"[①] 各国的实践也表明，一个好的和有效的政府，对于一个国家或地区社会经济发展的作用是至关重要的，特别是在创造和提升国家或地区竞争优势方面具有不可替代的作用。因此，为了实现国家的发展和进步，各国都需要建设一个好的、有效的政府。那么，什么才是好的、有效的政府？或者说，怎样建设更好的、更有效的政府呢？

美国城市研究所的威廉·格哈姆（1999）说："公平、质量与责任在公共服务的提供中是一个好政府的重要标志。"[②] 我国著名经济学家吴敬琏（2013）也认为，"一个好政府，就是一个既能谨守自己的职责，又能为民众提供优质公共服务的政府"。这就是说，好政府就应当是一个廉洁、透明、高效和负责任的政府，它能有效地履行对人民、对社会的应尽义务和责任。建立一个好政府，不仅需要完善的人力资源体系和财政体系，还需要完善的问责体系和绩效反馈体系。这说明，政府问责与政府绩效评价是建设良好政府的两个重要内容。这两个内容并不是相互独立的，两者之间互有影响。实施政府问责制，客观上需要一个政府信息的提供机制；而政府绩效评价则可以向议会和公众提供客观、可靠的政府绩效信息，促进政府问责。

---

① 世界银行. 变革世界中的政府（1997 年世界发展报告）[M]. 北京：中国财政经济出版社，1997.
② Harry Hatry. *Performance Measurement: Getting Results,* Washington, D.C.: The Urban Institute Press，1999, Forward, p. 1.

1.2.1 支持和加强绩效问责

如上所述,要建立一个好的、负责任的政府,需要实施政府问责制。世界银行专家(2005)认为,**政府问责**是一个具有前瞻性的过程,通过它,政府官员要就其行政决策、行政行为和行政结果进行解释和正确性的辩护,并据此接受失责的惩罚。[①] 政府问责的内容主要有二:一是制度问责,专注于强调制度规则,以防止政府官员腐败和违法;二是绩效问责,专注于强调工作结果,旨在提高政府行为效率和效果。政府绩效评价是对政府行为和结果的一个有效的绩效反馈系统,因此,通过向议会或人大报送绩效评价结果,它可以支持和加强政府的绩效问责(专栏1-4)。尤其是问责主体(社会公众)与问责对象(政府)之间存在着委托—代理关系的情况下,政府绩效评价的这一作用就显得更为重要。根据委托—代理理论,问责是代理人(政府)向委托人(社会公众)说明职责履行情况的一种义务,而问责的具体落实则有赖于政府绩效评价。也就是说,没有政府绩效评价,政府问责将难以有效实施。

专栏1-4 政府问责的内容

- 行政官员及当政者的行为——他们必须遵守法律,不能滥用其职权。
- 行政官员及当政者的绩效——他们必须服务于公共利益,并且表现出良好的效率、效果和公正的结果。
- 所有的政府都应该以某种机制促进和确保政府问责的良好运行。

资料来源:世界银行专家组.公共部门的社会问责:理念探讨及模式分析[M].北京:中国人民大学出版社,2007.

经合组织发展援助委员会(OECD/DAC)在《OECD DAC 发展评价网络评价发展合作关键规范和标准概述》中提出,绩效评价目的主要有二:一是通过对经验教训的反馈来改进未来的援助政策、计划和项目;二是提供"问责"的基础,包括向援助者、利益相关者和公众提供政府绩效信息。这就是说,提供绩效问责不仅是实施政府问责的一个主要内容,也是开展绩效评价的一个主要任务。事实上,"绩效评估的一个作用是在于形成一种强化责任的机制,促进公共部门目标得以满意地实现"[②]。就是说,促进政府问责是政府绩效评价的一个基本职能。由于在履行问责职能时,绩效评价的服务对象主要是外部的利益相关者(如人大或议会),因

[①] 世界银行专家组.公共部门的社会问责:理念探讨及模式分析[M].宋涛,译.北京:中国人民大学出版社,2008:13.
[②] 卓越.公共部门绩效评估[M].北京:中国人民大学出版社,2004:15.

此可将之称为"对外职能"。

1.2.2 提供有效的外部监督

"问责"（accountability）是指一种向政治领导人或公众报告某项政策或计划的执行情况及结果达成状况的义务。换句话说，就是权力拥有者必须就其政策或计划行为向政治领导人或公众进行绩效解释，并且承担相应责任。为了实施有效的问责，不但要进行政府信息公开，而且要有外部的监督。有效的问责仅仅依靠政府内部成员相互之间的交流是不够的，必须依靠来自外部的时刻关注的诸多"眼睛"。（专栏1-5）政府绩效评价正是这样一双来自政府外部的时刻关注的"眼睛"。如上所述，政府绩效评价包括了前瞻性评价、形成性评价和总结性评价。前瞻性评价可以对政府的计划过程进行评估；形成性评价可以对政府正在进行的行政行为进行评估；总结性评价则可以对已完成的政府项目或工作的结果进行评估。所以，政府绩效评价可以为政府问责提供一个有效的、全过程的外部监督。有了这样全过程的监督，才可能实施有效的政府问责。

专栏1-5 问责的外部关系要素

理查德·莫尔干（2000）对问责关系的外部状态进行了精确分析，他认为问责包含了三个主要要素：

- 外在性（external），表现为问责主体是来自问责对象以外的行为体。
- 社会交互性（social interaction and exchange），表现为一方处于质询状态，另一方处于回应和接受制裁状态。
- 权威性（rights of authority），表现为问责主体对问责对象拥有监督的支配权。

资料来源：世界银行专家组. 公共部门的社会问责：理念探讨及模式分析 [M]. 北京：中国人民大学出版社，2007.

1.3 完善政府决策与管理

数据治国就是要凭借对数据的有效收集、处理和分析来治理国家，决定国家的大政方针和具体政策。

——涂子沛，2015

作为一个有效的信息反馈系统，政府绩效评价不但可以向议会（人大）和公众提供客观、可靠的政府绩效信息，促进政府的问责；而且可以向政策制定者和一线的管理者提供经验与教训的反馈，改进政府的决策与管理。就是说，政府绩效评价提供关于政策（或服务）绩效的客观信息，这些信息可用来强化政府管理和为决策提供依据，促进政策目标的实现。与对外的政府问责职能相对应，这一职能可以称为评价的"对内职能"。

1.3.1 促进政府决策的科学化

提高政府决策水平，使政府决策科学化，是当今世界的发展趋势。政府绩效评价正是实现传统的经验型决策向现代科学化决策转变的重要一环。政府绩效评价可以适时提供信息，它能告诉决策者，什么是有效的措施，这些措施在什么条件或背景下有效，以及为什么有效。这些信息能够帮助决策者判明每项政策的价值，决定投入政策资源的优先顺序和比例；能够帮助决策者确认各项政策的实际效益和效率，为政策的延续、调整或中止提供重要的依据。

大多数 OECD 的成员国以及越来越多的发展中国家都非常重视绩效评价的这一作用。如澳大利亚的评价结果即被大量用于预算分析，政策咨询，并且被内阁大量用于其预算决策。[1] 英国新工党政府推行的"现代政府议程"中的"基于证据的政策制定"（evidence-based policy）改革，也突出了绩效评价的这一作用。进入大数据时代，决策最重要的依据将是系统的、成片的、动态的数据流，而不是个人经验或长官意志。过去深入群众、实地考察的工作方法虽仍然有效，但对政府和国家的治理而言，系统采集的数据、科学分析的结果更重要。我国著名大数据专家涂子沛提出，数据治国就是要凭借对数据的有效收集、处理和分析来治理国家，决定国家的大政方针和具体政策。他还说，数据治国可以理解为"用定量分析、实证研究的方法来治理国家"[2]。

此外，绩效评价还可以帮助决策者了解政策问题，启发和改变其政策思维，提高政策制定的科学性。在政策制定中，有一些重要因素常常被人们忽视或者被简单地想当然。通过绩效评价指出这些重要的但被忽视的因素，并及时提供可以改变思维和指导政策决定的信息，能够推动决策者从公认的，但也许是无效（甚至是有害）的政策转向更加有益的政策。比如，自然灾害中人们往往非常重视救援行动，而不太重视灾害预防（专栏 1-6）。将灾害看成一次性和偶然性的事件是人们的惯性思维。绩效评价表明，我们不仅需要投资于灾后重建，还需要投资于减缓气候变化、灾害防备，以及早期灾害应对。显然，绩效评价的这一建议对灾害应对更具有价值。我国是一个自然灾害频发的国家，因此，我们也迫切地需要借鉴上述经验，处理好短期目标（灾后重建）与长期目标（灾害的预防）之间的不平衡，将注意力转移到灾

---

[1] Keith Mackay, *How to Build M&E Systems to Support Better Government*, p. 41.

[2] 涂子沛. 大数据（3.0 升级版）[M]. 南宁：广西师范大学出版社，2015：新版自序。

害的预防上。事实上，这一建议适用于灾害的应对领域，也适用于健康、教育、交通和财政等多个领域。

专栏 1-6　灾害应对的案例

长期以来，人们对自然灾害的应对一直集中于灾害管理的 R's——救济（relief）、恢复（recovery）和重建（reconstruction），而对 P's——预防（prevention）和准备（preparedness）明显关注不够。

2002 年，面对即将到来的洪水，莫桑比克向援助国要求 300 万~400 万美元的援助以帮助其做好防灾准备，结果，他们要求的援助只获得了一半。当洪水袭击过后，同样是这些援助国却给予了莫桑比克超过了 1 亿美元的救援，并承诺再提供不少于 4.5 亿美元的恢复和重建援助。

资料来源：托马斯和骆许蓓. 公共项目与绩效评估：国际经验［M］. 北京：中国劳动社会保障出版社，2015.

1.3.2　改进和加强政府管理

绩效评价除了有助于政府决策，还有助于改进和加强政府管理。绩效评价报告总结了政策实施中的经验与教训，提出了改进政策管理的意见和建议。将评价过程中总结的经验、发现的问题等运用于政府管理中，可以改进和加强政府管理。美国著名评价专家西奥多·波伊斯特（2016）在《公共部门绩效评估》（*Measuring Performance in Public and Nonprofit Organizations*）一书中，就用大量的篇幅系统地阐述了如何让绩效评价系统适应并支持公共和非营利组织的管理过程，包括战略计划与管理、预算、绩效管理、程序改进、标杆比较等。[①] 此外，在公共项目管理中，绩效评价也有着重要的作用。比如，在政府项目管理中，通过绩效评价，可以及时了解项目是否达到了预期的目标，获得了意外的收获或产生意外的损失等，尤其是及时发现项目执行中存在的突出问题，指导项目管理者及时采取措施，推动项目顺利实施。另外，通过绩效评价还可以总结项目建设中的经验教训，提出相应的政策建议，为将来开展相关的项目管理提供有益的借鉴和参考。在这一过程中，利用绩效评价可以促进政府内部的学习与交流，推进和建立"学习型的政府"。通过对项目和机构进行不断的评价，获得政府管理的经验与知识，而这些知识经过识别之后，创建相应的知识库，通过与不同部门的分享，能够促进政府内部的学习与交流，不断提高政府各部门的管理水平。亚洲开发银行（以下简称"亚行"）在这一方面的经验就值得我们学习和借鉴。

---

① 西奥多·波伊斯特. 公共部门绩效评估［M］. 肖鸣政，等译. 北京：中国人民大学出版社，2016：9.

亚行的项目绩效评价结果不仅在机构内部公开，还可以为外部人所共享，包括董事会、管理层、高层员工、各代表处、援助国的利益相关者、非政府组织以及其他发展机构等。亚行的业务部门是评价的直接受益人之一，他们会开展监测与评价活动，同时也会积极利用评价结果来改善项目管理，开展评价结果与知识的学习和应用活动。对组织内部的管理层而言，可利用评价结果来帮助或改善相关决策的制定，特别是在分配资源、确定活动优先次序时更是会不断参考评价结果。另外，亚行的董事会也常常使用评价结果来加强对重大国别援助决策的管理与制定，并对管理层实施更好的督促。这些组织内部一般都设有特别设立的独立评价局，该机构的主要职能就是实施独立的监测与评价，积累相关知识，是亚行内绩效评价开展的主导者、创造者和使用者。另外，亚行的绩效评价结果还会向其他各类相关的国际金融组织及国际评价组织扩散，便于开展联合评价，相互之间还有强大的学习和沟通网络，可能共享知识，共同提高发展援助活动的效率（图1-3）。

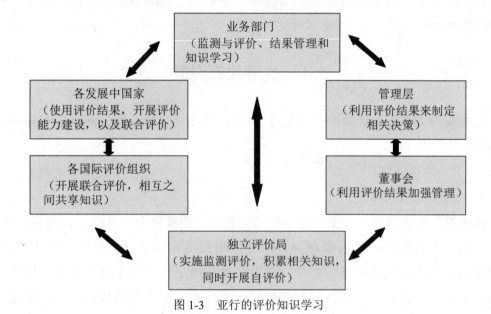

图1-3　亚行的评价知识学习

在我国，绩效评价工作通常强调的是总结报告的形成，并随着评价报告的归档而宣告结束，从评价中进行学习的过程在现实中常常被忽视。另外，评价学习没有制度化、规范化、科学化，没有形成规范的学习程序，也没有积极利用手段和机制来促进项目评价学习的开展。因此，评价学习过程带有较大的随意性，一些必要的程序和内容甚至可有可无，这在很大程度上降低了评价学习的效果。同时缺乏相应的评价成果管理机构，对绩效评价过程中总结出来的经验教训进行管理，并以各种形式反馈给决策部门和领导机构作为规划制定、项目审批、投资决策、项目管理的重要参考依据。为此，我们迫切需要借鉴亚行的经验，创建评价知识库，促进各部门的评价学习与交流，塑造学习型（而不是责备型）的文化，以推动建立"学习型政府"。

专栏 1-7　监测与评价（M&E）的学习功能

监测与评价（M&E）有助于政府各部委和机构在部门、计划和项目层面上对活动进行管理。这包括对政府提供服务以及工作人员的管理。监测和评价能够用来识别对可得资源的最有效利用；例如，它可以用来识别执行中的困难。绩效指标可以用来在不同行政单位、区域以及地区之间进行成本和绩效的比较。人们还可用监测与评价来进行一些成功实践、失败实践以及有前途的实践的比较，并探求其绩效实现的原因。评价或审查（evaluations or reviews）常被用来分析和识别这些原因（参见 Whoey, Hatry and Newcomer，2004）。这就是监测与评价的学习功能（learning function），它常被称为基于结果的管理或结果导向的管理（results-based or results-oriented management）。

资料来源：Keith Mackay, How to Build M&E Systems to Support Better Government, The World Bank, http://www.worldbank.org/ieg, 2007.

1.4　改进政府激励

绩效激励必须和绩效评价结合起来："你提供什么样的结果，就会得到什么样的奖励。"

——［美］戴维·奥斯本，2004

传统的公共管理强调在韦伯的理性行为和科层指挥链条的基础上构建管理框架。在传统的管理体制下，政府管理强调的是依靠制度与规则进行管理，与此相适应，政府激励强调的是诚实和遵纪守法，并以此对政府工作及人员进行奖罚。这种管理机制，使政府工作人员只关注于制度规则而不注重结果。在这种范式下，即使对绩效优者进行奖励，得到奖励的雇员也很少；即使对绩效差者施加惩罚，受到处罚的雇员也很少。在政府里，几乎无人因为绩效而得到奖金或提升，几乎无人被降职或解雇。在大多数组织里，资历比绩效更能成为避免被解职的"保护伞"。这种激励导致了平庸和浪费，使得公共服务的供给迟缓并滋生低效率的行政。

绩效管理正是对以上激励问题的回应。它颠覆了传统的官僚制范式，认为公务员应该获得积极的成效，并以成效为标准对政府工作及人员进行奖罚。戴维·奥斯本（2004）认为，将可测量的绩效结果与奖励挂钩，这是绩效管理的核心所在。[①] 也

---

① 戴维·奥斯本、彼德·普拉斯特里克. 政府改革手册：战略与工具［M］. 谭功荣，等，译. 北京：中国人民大学出版社，2004：201.

就是说，要进行政府激励，首先要进行绩效测量和评价。政府绩效评价提供关于政策（服务）绩效的客观信息。如果不进行绩效测量和评价，就无法获得政府绩效的可靠信息，从而就无法对绩效进行奖励或惩罚。

运用绩效评价，可以对政府组织和人员所提供的工作结果做出评估，然后据此奖励绩效优者（包括财政上和心理上，或是兼而有之）并惩罚绩效差者。在政府管理中，可以将激励与以下五种结果联系起来[①]，借此鼓励公共组织更加关注改进政府活动（干预）的结果，从而改进政府的激励方式与效果。

● 所提供服务或产品数量的增加。
● 效率的提高，即所提供的服务成本的减少。
● 所提供服务质量的改进，如时效性、回应性和方便性。
● 组织工作影响力的提高。
● 提供该水平服务成本的减少，或成本—效果改善。

根据激励的性质，激励可以分为正激励（奖励）和负激励（惩罚）。正激励起正强化的作用，是对行为的肯定；负激励起负强化的作用，是对行为的否定。因此，完整的政府激励也包括两个方面：正激励和负激励。正激励主要运用奖励的方式，负激励主要采用惩罚的方式。奖励可以采用绩效工资、奖金、增益分享和绩效合同与协议等多种方式（专栏1-8）。所谓**增益分享**（或共享结余），即允许组织保留在财政年度（或两个年度）所节约的部分资金，以备将来使用。这些做法激发了组织节约资金的动机。在人事方面，上级机关可以根据部门的绩效情况决定部门官员的升迁和降职，即所谓"有为才有位"，对绩效良好或优秀的部门官员予以留任或提拔，而对绩效较差的官员予以降职甚至开除。惩罚也可以采用其他方式，比如负面公开（将负面结果公开披露）、失去自主权、失去特权、失去收入、失业等。激励的目的在于激发员工的正确行为动机，调动人的积极性和创造性，以取得更好的绩效。美国经济学家斯蒂格利茨说："激励问题的核心是个人不承担其行动的全部后果。"[②]因此，正确的激励必须使责任人承担其行动的全部后果（包括正面和负面的），当奖则奖，当罚则罚。当然，我们也应该注意，不能为了取得狭隘的目标而惩罚过甚，造成人们的普遍焦虑和恐惧。这样，大家就会不计代价地追逐目标，而不管目标对组织是否有意义。这与理想的激励目标背道而驰。解决这一问题的方式是多用奖励，少用惩罚，对创新和试验进行奖励。最重要的是，要塑造学习型文化，而不是责备型文化。

除上述方式外，绩效预算（performance budgeting）也是一种有效的改进政府激

[①] 戴维·奥斯本、彼德·普拉斯特里克.政府改革手册：战略与工具［M］.谭功荣，等，译.北京：中国人民大学出版社，2004：203.
[②] 约瑟夫·斯蒂格利茨.经济学［M］.上册.高鸿业，等，译.北京：中国人民大学出版社，1997：425.

励的方式。**绩效预算**是一个以预算实施结果为导向来分配资金的预算方式，它通常依据绩效评价结果分配资金预算，对绩效表现好的组织或项目保留或增加预算，对绩效表现不好的组织或项目则削减或取消预算，以此促进各单位不断提高财政资金的使用效率和效果。换言之，绩效预算就是要把资源分配的增加与绩效的提高紧密结合起来，其目标是运用绩效信息做出关于资源分配的更客观的决策。如美国联邦预算管理局就对绩效良好的联邦部门增加预算，削减绩效较差的部门预算。在我国，广东省于 2008 年实施的绩效优先的财政专项资金竞争性分配机制也是这种预算分配方式。2008 年 4 月，《广东省财政厅关于省级财政专项资金试行竞争性分配改革的意见》明确规定，在"管理权、分配权不变"的原则下，对财政专项资金实行竞争性分配改革，以对申报项目的预期绩效目标及其指标为主要因素，通过公开招标或专家评审的形式进行择优扶持。同时，按照《广东省产业转移竞争性扶持资金绩效管理暂行办法》以及《省级财政专项资金竞争性分配绩效管理暂行办法》，对项目支出进行事前绩效目标备案、事中实施绩效督查和跟踪问效、事后综合绩效评价和绩效问责的全过程绩效管理。其中，绩效问责包括了对绩效差劣的地区和项目单位给予提醒注意或黄牌警告；对问题严重的，给予红牌处罚，并暂停资金拨付或收回未使用的资金等内容。实践表明，广东省财政厅的这一做法是成功的。

综上所述，政府绩效评价是一个非常重要的公共管理工具。运用这一管理工具，不仅可以完善政府决策与管理，还可以促进政府问责和改进政府激励，从而可以帮助我们建设一个好的、有效的政府——也就是廉洁、高效和负责任的政府。

专栏 1-8　绩效激励工具箱

- **绩效奖励**：对雇员的成就提供非财政的认可，让雇员知道自己的绩效已得到欣赏、尊敬和重视。
- **精神补偿**：为雇员、团队或组织提供具有实际价值的准财政性福利，如休假或换新设备，以奖励其优秀绩效。
- **绩效奖金**：工资外的一次性现金奖励。奖励那些达到具体规定的绩效目标的个人或团体，但这并不构成雇员薪酬基数的一部分。
- **增益分享**：为雇员提供组织所获财政结余的保证部分，条件是持续达到所规定的服务水准和质量。这为个人提供了提高生产力的明确的经济奖励。
- **共享结余**：组织的增益分享。允许组织保留在财政年度（或两年度）所节约的部分资金，以备将来使用。它激发了组织节约资金的动机。
- **绩效合同和协议**：要求管理者和组织承担绩效风险。建立奖励和惩罚，并且授予公共领导者解雇没有达到预期结果的高层领导者（或整个组织）的自主权。

资料来源：[美] 戴维·奥斯本、彼得·普拉斯特里克. 政府改革手册：战略与工具 [M]. 北京：中国人民大学出版社，2004.

复习思考题

1. 为什么说政府绩效评价是一个重要的公共管理工具？
2. 什么是政府治理的四个支柱？它们之间有何关系？
3. 在"基于证据的政策制定"中，政府绩效评价起着什么作用？
4. 什么是严谨评价（rigorous evaluation）？项目评价（program evaluation）是不是严谨评价？为什么？
5. 政府绩效评价的主要作用可以概括为"问责、学习和激励"，请你阐述"问责、学习和激励"的具体内涵。

第2章　如何理解政府绩效评价

2.1 "评价"的含义、性质与特点

现代社会科学中最重要和讨论最持久的问题之一就是事实和价值的关系问题。

——［美］弗兰克·费希尔，2003

在西方国家，"评价"（evaluation）已发展成为一门学科。政府绩效评价是"评价"的子学科，为此，要正确地认识和理解政府绩效评价，我们首先要理解"评价"的含义、性质与特点。在评价学科内，"评价"这一术语有着多种含义。美国公共政策学家威廉·邓恩认为，评价主要关注"价值"。在《公共政策分析导论》中，他这样阐述了评价的含义："一般情况下，评价与估计、估价和评估等词是同义的。这些词都包含这样一种企图，即使用某种价值观念来分析政策的运行结果。更为确切地讲，评价提供政策运行所带来的价值方面的信息。某项政策确实有价值，是因为它对既定目标的实现起了作用。在这种情况下，我们就说政策取得了某种意义上的成效，同时也表明政策问题已经被澄清或者得到了缓解。"[①] 另一位政策学者埃贡·古贝认为，评价是一种"价值建构"。在《第四代评估》一书中，他如此写道，"评价由利益相关者的主张、焦虑和争议所组成，它使用建构主义的方法论。"[②] 因此，哪些价值观应当得以考量和如何协调这些不同的价值观将成为最重要的问题。很明显，"价值中立"的方法论在这种情景下不起作用。

与上述观点不同，现代评价学科创始人之一的迈克尔·斯克里夫恩认为，评价更为关注"事实"。他指出："不要以为评价只是一种意见或感受，更为重要的是，评价来自于事实与逻辑。"[③] 美国著名政策学者马克·波波维奇也持有该观点，他说道，"评价是客观检测，但它也受到相当大量的直觉和判断的影响"[④]。尼古拉斯·亨

[①] 威廉·邓恩.公共政策分析导论[M].第2版.谢明，等，译.北京：中国人民大学出版社，2002：435.
[②] 埃贡·古贝、伊冯娜·林肯.第四代评估[M].北京：中国人民大学出版社，2008：42-43.
[③] Michael Scriven, Evaluating Educational Programs，*The Urban Review*, 9, No, 4（February, 1969），p. 22.
[④] 马克·波波维奇.创建高绩效政府组织[M].孔宪遂，译.北京：中国人民大学出版社，2002：72.

利区分了测量（measurement）与评价（evaluation），认为"**测量**意味着准确地测量政策效果的一种能力"，而**评价**则是"一种定期进行的独立而系统的研究，或者是对项目运行绩效的一种专门评估"①。

2002 年，经济合作与发展组织发展援助委员会（OECD/DAC）开发了一个《评价与结果导向管理的术语表》（以下简称《术语表》）。在该《术语表》中，OECD/DAC 提出了以下关于"评价"（evaluation）的定义。

> 评价是对一项正在进行或者已完成项目、计划或政策的设计、实施与结果的系统和客观的评估，其目的是评判目标的相关性与完成情况，发展的效率性、效果、影响和可持续性。评价也指，评判一项活动、政策或计划的价值或重要性的过程，对计划的、进行中的或是已完成的干预活动的（尽可能）系统客观的评价。

可以看出，这一定义强调评价的"系统性和客观性"，也就是说，它主要关注的是"事实与逻辑"。该定义反映了经济合作与发展组织（OECD）成员国及组织对"评价"的一种共识。以下，我们主要以该定义为主要依据，从绩效评价的对象、主体、目的、方法、独立性、公正性以及评价类型等几个方面，分析和讨论评价的含义、性质与特点。

2.1.1 评价对象

在评价中，评价对象可以是组织或个人，也可以是项目（project）、计划（program）②或政策（policy）。所谓组织，是为了实现某些目标而组合在一起的人、结构和过程的总汇。项目、计划或政策，则是组织在一定的时间内以一定的资源实现一定目标的一种努力或行动。其中，项目（project）是指组织在一定时间内以一定的资源实现一定目标的单个的干预活动，它通常是一个更广大计划（program）的一部分；计划（program）是指，为实现一定的全球、区域、国家或部门发展目标而实施的一个系列的干预活动，通常由多个项目（projects）所组成；政策（policy）则指，由一组织制定的用于规制发展决策（包括项目与计划）的标准、指南或规则。③ 政策也可以视为一种政府行为。美国著名政策学家詹姆斯·安德森认为："政策是一个或者一组行动者为解决有关问题或相关事务所采取的相对稳定的、有目的的一系列行动。"④ 项目、计划与政策，反映或代表了组织活动的三个不同层面（levels），其中项

---

① Nicholas Henry, *Public Administration and Public Affairs* (Tenth Edition), 北京：中国人民大学出版社，2011（英文影印）: 51.
② program 可译为计划、规划、方案、项目等，为便于与 project 相区别，这里译作"计划"。有时候，它还可以译作"项目群"（projects），因为一个 program（如扶贫项目）往往包括了多个 projects。
③ Linda G. Morra Imas & Ray C. Rist. The Road to Results: Designing and Conducting Effective Development Evaluation, The World Bank, 2009, p. 14.
④ 詹姆斯·安德森. 公共政策制定[M]. 第五版. 谢明，等，译. 北京：中国人民大学出版社，2009: 3.

目与计划可看作政策的载体。

评价对象主要是项目、计划或政策,表明了 OECD 的评价研究焦点已从体制或结构研究转向了组织行为的研究,将评价关注的焦点由机构、体制结构和过程转移到政策、计划与项目及其产生的结果上。这也是国际上近三十多年来绩效评价发展的一个重要趋势。这一重要趋势与世界政府与行政改革的发展变化是一致的。美国行政学家费斯勒和凯特尔在《公共行政学新论:行政过程的政治》(2013)中写道:"传统公共行政以政府机构为焦点,并寻求对机构运作方式的理解。与此相对应的是,新近的执行研究则专注于项目及其结构……把研究重心从机构转向项目。"[①] 在我国,政府绩效评价的重点也是政策和项目评价。习近平总书记明确指出,"要坚持结果导向,聚焦重点、紧盯实效,开展重要领域改革进展情况的评估检查,克服形式主义、官僚主义"。[②] 国务院于 2020 年 7 月出台的《关于进一步优化营商环境更好服务市场主体的实施意见》也明确指出,"研究制定建立健全政策评估的指导意见,以效果评估为重点,建立对重大政策开展事前、事后评估的长效机制,推进政策评估工作制度化、规范化,使政策更加精准、务实管用"。

2.1.2 评价主体

评价的主体既可以是评价对象内部的组织或个人,也可以是评价对象外部的组织或个人。由前者进行的评价,称为内部评价,它包括由具体执行人员实施的评价和由专职评价人员实施的评价两种形式。由后者进行的评价,称为外部评价,包括了专业学术团体和研究机构实施的评价以及目标群体进行的评价,向外部门的委托评价也属之。

使用内部评价和外部评价各有利弊。内部评价人员通常较外部人员更为了解评价对象的情况,因而能够提出更为相关与恰当的问题,并能获得更重要的发现。然而,上述优势也可能成为劣势。由于置身于评价对象之中,内部评价人员往往无法看清真相,或是无法像他人那样发现解决方案。由于缺乏独立性,内部评价更可能受到来自评价对象内部的各种压力或影响,因此其评价结果可信度往往较低。相反,外部评价(委托的对象一般是研究机构、学术团体、高等院校、专家学者等)则具有较强的独立性,并且大多数人员均具备评价所必需的专业技能,所以,外部评价结果通常具有更高的可信度。但是,如果外部评价人员与评价对象存在某种关系,其评价可信度也会大打折扣。

---

① 詹姆斯·费斯勒、唐纳德·凯特尔. 公共行政学新论:行政过程的政治 [M]. 第二版. 陈振明,等,译. 北京:中国人民大学出版社,2002:253.
② 见习近平总书记 2020 年 6 月在宁夏考察时的讲话。

由于评价立场的不同，内部评价和外部评价还往往带来截然不同的评价结果。著名的威尔逊第一法则和第二法则揭示的正是这一典型的现象。
- 威尔逊第一法则：如果研究是由那些执行政策的人主持，或者由他们的朋友主持，那么结论是：对社会问题的所有政策干预都会产生预期的效果。
- 威尔逊第二法则：如果研究是由独立的第三方主持，尤其是由那些对政策持怀疑态度的人主持，那么结论就会是：对社会问题的所有政策干预不会产生预期的效果。[1]

可见，不同的评价主体可能会带来不同的评价结果。为了提高和保证评价工作的质量，OECD成员国及组织大多都成立了独立的评价机构（办公室）。独立评价机构不受项目管理部门管辖，而是直接对其最高管理当局负责。比如，世界银行成立了独立评价局（IEG），直接对其执董会负责。成立独立评价机构不仅提高了评价的独立性，还提高了评价的专业性和规范性。有些国家（例如智利、哥伦比亚）则是通过签订合同将绩效评价外包给学术界或咨询公司。这些国家将评价外包而非让政府官员来从事评价的一个理由就是要实现更高层次的独立性、客观性和可信性，以及避免可能会因自我评价而产生的潜在利益冲突或显在利益冲突。此外，它们实行评价外包还为了扩大国家的评价专家与人才储备。

2.1.3 评价目的

评价可服务于多种目的，比如问责和学习、决策和管理、与公众进行沟通等。在学术界，一种流行的看法是，评价有四个方面的不同目的：[2]
- 道德目的：向政治领导人或公众报告某项政策或计划的执行情况及结果达成的状况。这个目的涵盖了更好地使用问责制、信息处理及服务于民主公开等。
- 管理目的：在竞争性项目间实现财务和人力资源更合理的分配，改进项目管理和提升项目收益。
- 决策目的：为继续、终止或设立新项目等决策铺平道路。
- 教育或激励目的：通过使公共机构及其合作伙伴理解参与过程并确定参与目的，帮助引导公共机构及其合作伙伴。

（科学和国家评价委员会，1999）

与这一认识略有不同，《OECD DAC 发展评价网络评价发展合作关键规范和标准概述》中的有关评价目的主要有二：一是通过对经验教训的反馈来改进未来的援助政策、计划和项目；二是提供"问责"的基础，包括向援助者、利益相关者和公众提供信息。前者主要服务于"决策和管理"，后者主要服务于"问责"。

---

[1] 托马斯·戴伊. 自上而下的政策制定 [M]. 鞠方安, 译. 北京：中国人民大学出版社, 2002: 158.
[2] 琳达·G. 莫拉 伊马斯、雷·C. 瑞斯特. 通向结果之路 [M]. 李扣庆, 等, 译. 北京：经济科学出版社, 2011: 6.

近年来，许多 OECD 成员国和国际组织的评价目的更多地强调"问责和学习"。**"问责"**（accountability）是指一种向政治领导人或社会公众报告某项政策或计划的执行情况及结果达成状况的义务，其主要目的是使政府对政治领导人和公众更具有责任性与回应性，而不是责备与惩罚。① **"学习"**（learning）目的在于，分析与总结项目成功经验或失败教训，以便改进项目决策与管理，并促进相互的学习与交流。可以看出，"问责"与上述的"道德目的"相一致，而"学习"则与上述"管理""决策"和"教育激励"目的相吻合。根据以上所述，我们可以将政府绩效评价的主要目的与作用概括为"问责和学习"。

2.1.4 评价方法

对评价的认识不同，其相应的评价方法通常也会不同。一般来说，如果评价主要关注的是"事实"，评价的方法往往侧重于实证研究；如果评价主要关注的是"价值"，评价采用的方法往往就侧重于价值分析与建构。

根据 OECD/DAC 的评价定义，评价是"对一项正在进行或者已完成项目、计划或政策的设计、实施与结果的系统和客观的评估，其目的是评判目标的相关性与完成情况，发展的效率性、效果、影响和可持续性"。这一定义表明，评价主要是对"事实"的一种探究。这种探究重视实证主义的研究设计、重视对过程与结果的监测、重视应用统计抽样技术收集证据，以及重视建立可预测的因果关系模型。在评价方法上，它表现为一系列的实证分析技术的结合：问卷调查、访谈、成本–效益分析、准试验研究设计、多元回归分析、投入产出分析、运筹学、数学模拟模型和系统分析等。②尽管这些方法有时是麻烦的和不完美的，但是以主流科学的方法和哲学为指导，同时主张定性和定量研究方法的、系统化的、实证类型的评估工作仍然是不可替代的。③

2.1.5 评价的独立性

OECD/DAC 非常重视评价的独立性，他们不仅要求评价的机构独立，还要求评

---

① "Accountability"含义为有义务、有责任、可说明性、问责等，这里按汉语的习惯译为"问责"，但并非责备的意思。许多机构的组织文化往往将问责和责备联系起来，这是对"问责"的片面理解。
② 在西方国家，评价是一门学科。现代评价学科起源于以科学方法为基础的社会科学研究。有专家将现代评价方法的出现追溯至 17 世纪自然科学的出现和注重所观察到的现象（实证方法）。当今流行于 OECD 的实证主义评价方法即源于这一科学研究方法。在学术界，这一方法也有许多反对的声音，比如，埃贡·古巴和伊冯娜·林肯就认为这种方法存在三个重大缺陷：管理主义倾向、忽略价值的多元性以及过分强调调查的科学方式（见埃贡·古巴和伊冯娜·林肯. 第四代评估[M]. 北京：中国人民大学出版社，2008：9）。
③ 戴维·罗伊斯等. 公共项目评估导论[M]. 第三版. 北京：中国人民大学出版社，2007：22.

价行为独立和免受外来影响，以及避免利益冲突。

机构独立。意味着评价实施（过程）不受负责项目（计划、政策）设计与实施的人的影响，也没有来自政治和组织方面的压力。首先，这要求评价职能必须独立于其他管理职能。具体来讲，就是要求评价机构的人员不能直接负责政策的制定、项目的设计与管理，也不能在不久的将来从事这些工作。其次，为了确保评价的公正独立，评价人员应直接向独立于项目管理的高层管理部门——通常是负责评价的主管部门——报送报告。最后，评价人员没有来自政治方面的压力，并且不能参与任何影响评价独立性的政治活动。这三个方面，是实现评价独立性的基础。

行为独立和免受外来影响。这一规定要求，评价团队及人员的评价行为完全自由，不受外来的特别是既得利益者的不当干预和影响。评价人员不但可以完全自主地获取所需要的信息，而且可以完全自主地进行需要的调查和报告发现的结果。对于内部评价机构，为了保障行为独立，OECD 要求建立一个高层的复核程序，还要求为评价提供足够的资金和预算，并且这些预算要与日常的项目管理预算分开。

避免利益冲突。OECD/DAC 要求，在评价的过程中，如果出现利益冲突，评价人员均要公开和诚实地提出，以免影响和损害评价结果。特别对于具有"内部旋转门"[①]的内部评价机构，要求采取措施减小潜在的利益冲突。作为一个规则，OECD/DAC 要求对评价过程中出现的利益冲突及处理利益冲突的方法，均应在最后的报告中进行披露和说明。

"机构独立、行为独立和免受外来影响，以及避免利益冲突"构成评价独立性的完整内容，缺一不可。表 2-1 列出了评估评价组织独立性的标准和指标。

表 2-1　评价组织独立性的标准和指标

标准	方面	指标
机构独立	评价小组的结构和角色是恰当的	评价小组是否有评价任务委托书，其中清楚地阐明其工作职责范围涵盖的组织的各方面运行，其报告流程、工作人员、预算和职能都独立于组织的运行、政策和战略部门及相关的决策活动
	评价小组向组织的负责人或副手或理事会负责，并向其汇报评价结果	在评价小组与受评管理层或理事会之间是否存在直接的汇报关系
	在组织关系上，评价小组不隶属于接受评价的项目、活动实体的人事或管理职能部门	小组在与受评项目、活动或实体相关的组织中的位置

---

① "内部旋转门"意思是，在同一单位内部，评价人员有机会进入项目管理部门，反之，项目管理人员也有机会进入评价部门。

续表

标准	方面	指标
机构独立	评价小组定期向上级组织的审计委员会或其他监督管理机构报告	向监管机构汇报的关系及汇报频率
	评价小组足以免除政治压力的干扰，能够不惧怕报告评价的真实结果	评价小组及其成员不对权力当局负责，并免于参加政治活动的情况
	评价小组成员受到人事系统的保护，其报酬、培训、任期及晋升均基于工作业绩	涵盖报酬、培训、任期和晋升等在内的业绩评价系统建设及实施情况
	评价小组能够获得的各种需要的信息，能够接触各种信息的来源	评价小组在多大程度上可以不受限制地接触被评组织中的员工、记录、联合投资人和其他伙伴、客户，或被评组织所资助的计划、活动及实体的员工、记录、联合出资人及其他合作伙伴、客户
行为独立	评价小组有能力和意愿发布强硬的、不作妥协的报告	评价小组公布评价报告，并邀请公众对被评组织的项目和活动的经验教训进行监督的频率（需要有恰当的安全保护机制以保护私密的专有的信息，减轻机构风险）；提出比被评组织当前更高的绩效标准的情况，以及对组织的计划、活动和个体进行评论的程度
	评价小组能够直率地报告评价发现	组织规定明确评价小组在相关单位评估和评论后将评价报告提送管理层/理事会，不会受到管理层对报告范围和意见进行强制性限制的程度
	评价结果的报告是透明的	组织的信息披露规则允许评价小组将重大发现向组织内外有关的利益相关方报告的程度（当然，需要有恰当的安全保护机制以保护私密和专有的信息，减轻机构风险）
免受外来影响	评价设计合理，并得以恰当执行	评价小组在没有管理层干扰的情况下能够决定评价的设计、范围、时机和实施等决策的程度
	评价研究有足够的资金支持	评价单位不会因资金或其他资源限制而对其履行职责产生负面的影响的程度
	评价人员对报告内容的判断不会强制改变	评价人员对评价报告内容的判断不受外部权力部门的影响或强制改变的程度
	评价小组负责人的人名有独立的人力资源流程	在组织规定或相关文件中明确评价小组负责人的聘用、解聘、任期、绩效评估及报酬等，从而确保评价独立于运行管理的程度
	评价小组有权决定人员聘用，晋升和辞退	评价小组根据评分系统，有权决定工作人员的聘用、晋升、加薪和解聘的程度
	评价人员继续聘用与否不是基于评价的结果	评价人员的继续聘用只是依据其工作绩效、能力和对评价人员服务的需要的程度
避免利益冲突	不存在可能导致评价人员减少询问范围、不充分披露、弱化或有倾向地报告评价结果的正式的、职业性的、个人的或财务上的关系	制定了识别可能干扰评价独立性的评价人员关系的政策和程序，利用培训及其他方式与评价人员沟通政策与程序，及政策和程序得到执行的程度

续表

标准	方面	指标
避免利益冲突	评价人员不带有可能影响评价结果的先入为主的成见、偏见或社会/政治倾向	要求评价人员评估和报告可能影响到其评价客观性的个人成见或偏见的制度的制定和执行情况，以及将咨询各种利益相关者作为评价过程一部分以确保避免评价人员偏见影响的制度的制定及执行情况
	评价人员当前或过去都没有在决策制定、财务管理层面或作为会计人员参与到将要评价的计划活动或实体之中；并且也没有在进行评价的同时谋求被评价的计划、活动或实体的相关的职位	预防评价人员参与评价他们正在或曾经发挥决策制定或财务管理作用，抑或是他们谋求就职机会的计划、活动或实体的规则及人事管理流程制定和执行的情况
	评价人员与正在被评价的计划、活动或实体不存在经济利益关系	预防评价人员参与评价其有经济利益关系的计划、活动或实体的规则及人事管理流程制定和执行的情况
	直系亲属没有参与或处于对正在被评价的计划、活动或实体有直接而且重大影响的职位	预防评价人员参与评价其家庭成员能够施加影响的计划、活动或实体的规则及人事管理流程制定和执行的情况

资料来源：琳达、雷．通向结果之路［M］．北京：经济科学出版社，2011：20~22．

2.1.6 评价的公正性

除了独立性，OECD/DAC 还要求评价的公正性。所谓公正性，就是要求评价过程不偏不倚，要求在评价对象、评价范围、评价主体和评价方法的选择与确定上，以及对项目成绩与问题的分析报告上，没有主观偏见。公正性原则适用于与评价相关的所有人员，包括评价人员、评价主管部门、项目管理人员、项目受益者等；也适用于评价的所有阶段，包括评价计划、评价实施、评价报告及复核等。评价公正性还意味着，评价能够反映所有的利益相关者的观点，评价报告能够全面、客观地反映被评价对象的成绩与不足。

评价公正性也意味着"价值中立"。尽管评价人员跟其他人一样都有价值取向，然而在专业作用方面，公正性要求他们必须努力站在"价值中立"的信仰和理念之上，在评价过程中力求做到不抱有个人的偏见。

2.1.7 评价类型

OECD/DAC 认为："评价在项目或计划实施的各个阶段都发挥着重要的作用，因此不应仅仅当作一项事后的工作来开展。"[①] 按照评价时点的不同，OECD/DAC 将评

---

① OECD/DAC 发展评价网络评估发展合作关键规范和标准概述（第 22 段）。

价划分为以下三类：前瞻性评价、形成性评价和总结性评价。①

前瞻性评价（prospective evaluation），一般在项目实施之前进行，主要评价所建议的项目、计划或政策的可能后果。**形成性评价**（formative evaluation），绝大多数是在项目的实施阶段进行，注重于项目、计划和政策的执行和改进；**总结性评价**（summative evaluation），在项目结束之后进行，注重于评价项目、计划和政策的结果和影响，目的主要在于总结经验或教训，以为未来项目的建设提供经验和决策参考。

如图 2-1 所示，从投入到产出（也可包含短期成效）主要是形成性评价关注的范围；而从短期成效到影响（长期成效）则主要是总结性评价关注的领域。形成性评价重在研究计划、政策或项目执行的方式，主要检测项目事先假设的"运行逻辑"与实际情况是否一致，其关心的主要问题包括相关性、效率、效果以及经验教训等。该评价大多数是在项目或计划执行阶段进行的，由于侧重于运行阶段，也被称作过程评价。如果评价是在中间阶段进行，可称为中期评价（midterm evaluation）。中期评价是形成性评价的一种特殊类型。总结性评价经常被称为结果或影响评价，一般在项目完成后进行，主要评价项目预期结果的实现程度。其关心的主要问题包括相关性、绩效、影响、可持续性、外部效用以及经验教训等。

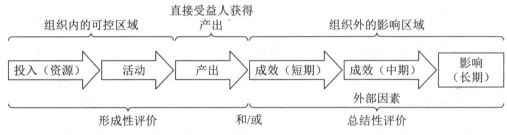

图 2-1　形成性评价和总结性评价

形成性评价和总结性评价各有不同的作用。总结性评价的主要作用在于促进"问责"，而形成性评价的作用主要在于促进"学习"。

2.2　财政部国际司的绩效评价定义

花自己的钱办自己的事，最为经济；花自己的钱给别人办事，最有效率；花别人的钱为自己办事，最为浪费；花别人的钱为别人办事，最不负责任。

——［美］米尔顿·弗里德曼

---

① 在学界也有不同的分类。比如 Grover Starling 将评价分成四类：过程（或执行）评价、效果评价、影响评价、成本－效益和成本－效果分析。见 Grover Starling, *Managing Public Sector*，中国人民大学出版社影印本，2005，pp. 216-217。

上一节分析了"评价"的含义、性质与特点，接下来，我们通过分析财政部国际司和预算司关于"绩效评价"的两个不同定义，研究和讨论绩效评价的含义与内容。在此，之所以选择财政部的两个定义进行分析，是因为任何政府绩效实际都离不开财政资金使用的问题，都要求政府"用更少的钱做更多的事"。[①]

2008年4月，财政部发布了《国际金融组织贷款项目绩效评价管理暂行办法》（财际〔2008〕48号）。在该《暂行办法》中，财政部国际司提出了以下关于项目绩效评价的定义：

> 绩效评价，是指运用一定的评价准则、评价指标和评价方法，对项目或政策的相关性、效率、效果、影响以及项目可持续性等进行的客观、科学公正的评价。

这一定义表明，项目绩效评价的基本内容为相关性、效果性、效率性、影响和可持续性。[②]2019年5月，财政部颁布了新的《国际金融组织和外国政府贷款赠款项目绩效评价管理办法》（以下简称《办法》）。该《办法》将项目绩效评价的基本内容确定为"相关性、效率、效果和可持续性"四个方面。无论评价内容是五个方面还是四个方面，它们的差异其实都不大，均源自上述OECD/DAC的评价定义及下述的"发展评价"定义。

> 发展评价是对有关正在进行或已完成的项目、计划或政策的设计、执行及结果所实施的系统而客观的评估。目的是确定目标的相关性和完成情况、发展效率、效果性、影响及可持续性。评价应当提供可信、有用的信息，从而能使所获取的教训融入援助方和受援方的决策制定过程之中。（OECD/DAC，1991）

发展评价主要始自于第二次世界大战后的重建和开发。由于援助方关注项目资金和结果，伴随着国际发展援助项目的开展，针对援助发展绩效的发展评价也发展起来。所以，发展评价实际上是一种绩效评价。OECD/DAC下设的发展评价工作小组（发展援助委员会评价网络）[③]制定了一系列指导发展评价的原则、标准和准则。1991年，OECD/DAC研究制定了评价发展援助的五项准则（criteria）：相关性、效果性、效率性、影响和可持续性（下简称"5C"）。"5C"准则现在已被许多国家及国际组织广为采用。如在世界银行独立评价局（IEG）制定的《全球与地区合作伙伴项目评价手册》（2007）中，即参照"5C"准则制定了包括"5C"在内的七项评价内容

---

① 在许多国家，财政机构（如财政部门、管理与预算局）通常引导着进行评价过程。例如，澳大利亚、英国、新西兰和智利就是如此。由于政府绩效与预算之间的密切联系，上海财经大学教授马国贤提出了"花钱购买公共服务的预算观"。（参见马国贤.政府绩效管理［M］.上海：复旦大学出版社，2005.）
② "5C"评价目的与上述"决策和管理""问责和学习"等评价目的并不矛盾，前者是后者的实现基础。
③ 发展援助委员会评价网络汇聚了30多个双边和多边机构：澳大利亚、奥地利、比利时、美国、加拿大、法国、德国、意大利、希腊、葡萄牙、爱尔兰、日本、欧盟委员会、联合国、世界银行、亚洲开发银行、非洲开发银行、泛美开发银行、欧洲重建和发展银行、国际货币基金组织等。这一网络的目的是通过支持健全有素、独立的评价来增强国际发展计划的有效性。

和准则。① 财政部国际司制定的《国际金融组织贷款项目绩效评价操作指南》(2010)参照"5C"准则，建立了以"相关性、效率性、效果性和可持续性"四个准则为核心的绩效评价框架体系。以下，我们主要依据上述 IEG 的《全球与地区合作伙伴项目评价手册》(2007) 和财政部国际司的《国际金融组织贷款项目绩效评价操作指南》(2010)，分析和阐述"相关性、效果性、效率性、影响和可持续性"的含义与内容。

2.2.1 相关性

相关性（relevance）评价，主要分析项目（政策）的目标和设计与现存的社会格局或需求是否匹配，具体而言，即要分析项目（或政策）的目标和设计与受益人（地区）要求或需要，以及投资机构或部门的战略之间的一致程度。② 如图 2-2 所示，"相关性"评价包含两层含义：

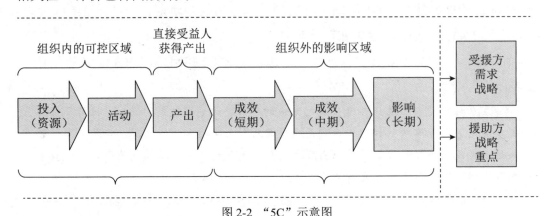

图 2-2 "5C"示意图

其一，分析项目（或政策）目标的匹配性。这里也包含两个方面：首先，评价项目目标与受援方（地区）的发展需求与战略是否一致；其次，评价项目目标与投资方的发展战略与重点是否一致。如果两者中有一方存在不匹配，即表明项目目标的相关性不高；反之，则表明项目目标的相关性较高。

其二，评价项目（或政策）设计的匹配性。评价项目活动和产出与项目目标即预期的成效和影响是否一致，亦即分析该项活动、产出能否实现预期的成效和影响。如果有更为有效的可替代方案，即表明该项目活动的相关性不高；反之，则表明项目目标的相关性很高。③

---

① 七项评价内容与准则是：相关性、效果性、效率性、治理与管理、资源动员与财务管理、可持续性和影响评价，WB/IEG: Sourcebook for Evaluating Global and Regional Partnership Programs, 2007, pp. 57-97.
② IEG: Sourcebook for Evaluating Global and Regional Partnership Programs, p. 57.
③ 《OECD / DAC 发展评价网络评价发展合作关键规范和标准概述》对"相关性"的定义：援助活动与目标群体、受援国和援助国的优先事项和政策相符的程度。在评价一个项目或者计划的相关性时，可以考虑下列问题：(1) 计划的目标在何种程度上仍然有效？(2) 计划的活动和产出与总体目标和子目标的实现一致吗？(3) 计划的活动和产出与预期的影响和效果一致吗？（www.oecd.org/dac/evaluationnetwork）

《国际金融组织贷款项目绩效评价操作指南》(2010) 对相关性的分析与此不尽相同,它将相关性区分为"前相关"和"后相关",重点评价项目目标的相关性。

相关性是指项目目标与中国国家和地方发展政策和需求、国际金融组织对中国的援助政策以及受益群体的需求的相符程度。对于相关性的评价,要考虑"前相关"和"后相关",即项目设计之时的目标相关性和进行绩效评价时的目标相关性。国际金融组织贷款项目在批准之时必须与国际金融组织的援助战略和受援国优先发展重点相关,所以"前相关"基本能够满足。而评价"后相关"则可以检查项目实施后是否仍然针对当地的实际需求,解决当地的实际问题。这对于绩效评价更有意义,同时也可以避免因只评价"前相关"导致的相关性准则评级过高的情况。

2.2.2 效果性[①]

效果性(effectiveness)评价,主要分析项目(或政策)的目标实现的程度或者期望实现的程度。如图 2-2 所示,效果性主要衡量产出与结果(短期和中期目标的实现结果)的关系。由于项目可能有多个目标,所以评价时需要考虑各个目标的相对重要性。首先,应分析目标完成(或期望完成)的数量,重点要考察主要的目标是否完成;其次,应分析各个目标的具体完成情况,即要分析这些目标完成(或期望完成)的百分比是多少。如果项目目标没有实现或者没有完全实现,那么一般需要针对项目的设计和执行过程实施一定程度的检查,以确定产生问题的原因。

除了分析项目或政策的预期效果(目标实现情况),效果性评价还需要分析项目或政策的非预期效果(包括正面的和负面的效果)。[②] 它们虽然不是项目直接作用的目标和范围,但其社会影响有时很大。比如,我国计划生育政策在实现控制人口增长目标(政策的预期效果)的同时,也带来了越来越严重的人口老龄化问题(政策的非预期效果),这一问题对我国经济社会已经产生了重大的且长期的影响。再如西方国家的社会福利政策,该政策虽然有助于救助贫困、维护社会稳定,但同时也增加了人们对社会的依赖,这种对福利制度的长期依赖制造了一种依赖性和失败主义者的亚文化,不仅降低了个人的自尊,还加剧了无工作或者不工作现象(政策的非预期效果)。因此,在评价项目、计划或政策的效果性时,其非预期效果也是不容忽视的。在效果性评价中,上述的几项内容可以概括为以下四个主要的程序或步骤:

- 分析项目(或政策)的目标是否得到实现。
- 分析项目(或政策)目标实现的程度如何。

[①] "effectiveness" 也译为有效性、效益性。它有狭义和广义两种用法,狭义用法是指项目或政策目标的实现程度,与 "efficacy" 同义;广义用法还包括了相关性和效率性,此时译为 "有效性" 更为准确。

[②] IEG(World Bank):Sourcebook for Evaluating Global and Regional Partnership Programs, 2007, p.58.

- 分析阻碍目标实现的主要因素（原因分析）。
- 确认项目（或政策）的非预期效果（包括正面和负面的）。①

财政部《国际金融组织贷款项目绩效评价操作指南》（2010）的效果性评价则主要包括项目目标实现程度和项目瞄准度两个方面，其中既没有目标实现的原因分析，也无政策的非预期效果分析。

> 效果是指项目目标的实现程度，它也表现为目标群体的受益情况。效果从项目目标实现程度和项目瞄准度两方面进行评价。项目目标是在项目设计时的预计成效，是指通过一系列项目活动而要实现的结果，通常表现为对社会、经济、社区、目标人群产生的积极作用。项目瞄准度考察项目成果是否真正地被目标群体享有。也就是说，项目效果的评价不仅取决于项目实现预期目标的程度，还要考察其成果（一般表现为项目提供的产品或服务）是否使目标人群受益。

2.2.3 效率性

效率（efficiency）包括两类：技术效率和配置效率。技术效率（或生产效率）主要关注各项投入是否得到充分有效的利用。配置效率主要关注各项投入是否达到最佳组合和最佳比例。也就是说，在政府部门所提供的各种项目中，其预算配置的比例是否符合民众的偏好顺序。

评价单个政策或项目，其效率评价主要为技术效率。技术效率评价，一般通过计算生产或者提供服务的平均（或单位）成本，然后，通过与能达到同样产出的其他方法相比较来判断是否最有效；当项目（或政策）的时间跨度较长需要考虑货币的时间价值时，一般通过计算项目（或政策）的内部收益率②，再通过与能达到同样产出的其他方法相比较，判断是否最有效。平均（单位）成本和内部收益率法可以广泛用于投入（成本）和产出（收益）都能准确计量的项目的评价，如公共工程项目等，但其局限性也显而易见，即不能用于成本和收益无法用货币计量的以社会效益为主的项目的评价。此时，可采用成本－效果分析（cost-effectiveness）。该方法与上一方法的主要区别是，不用货币单位计量备选项目的效果，只进行成本的分析

---

① 《OECD/DAC 发展评价网络评价发展合作关键规范和标准概述》对"效果性"的定义：对援助活动在何种程度上达到目标的衡量。在评价一个项目或者计划的效果性时，可以考虑以下问题：（1）在何种程度上实现了/有可能实现目标？（2）影响目标实现的主要因素有哪些？（www.oecd.org/dac/evaluationnetwork）

② 内部收益率法是另一种对未来的现金流量计算现值的方法，其计算公式为：$\sum_{t=1}^{n}\frac{R_t}{(1+i)^t} - C_0 = 0$。它与净现值法不同之处在于：净现值法是先根据预期的资金成本确定贴现率，然后，根据这个贴现率计算方案的现值。内部收益率法则是计算净现值为零的贴现率是多少。也就是说，当方案的净现金效益量的总现值与净现金投资量相等时，贴现率应当是多少。这个贴现率称之为内部收益率。如果内部收益率大于金融市场上的预期资金成本，方案是可取的；否则，就是不可取的。

和比较。如果有其他的成本更低的可替代方案，则可认为项目的效率性不高。[①] 效率的具体分类参见图2-3。

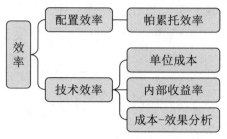

图2-3 效率分类

《国际金融组织贷款项目绩效评价操作指南》（2010）对效率的评价与上面不同，它将效率分为如下四个方面：时间效率、资金使用、在使用既定资源下的产出情况、项目的内部收益率（EIRR）等。

> 时间效率主要考察项目是否按计划的时间开工、是否在计划实施周期内完工；资金使用主要考察项目资金的使用是否按照预算执行；在使用既定资源下的产出情况主要考察项目是否实现了所有的预计产出；项目的内部收益率则是指项目周期内经济净现值累计等于零的折现率，是反映项目对国民经济和社会贡献的相对指标。一般来说，国际金融组织贷款项目都会对项目经济内部收益率进行测算，以便判断项目是否值得投资，并且会对项目完工后的经济内部收益率进行测算，以便判断项目是否仍然具有经济价值。

2.2.4 影响

影响（impact）是指一项干预（项目或政策）带来的长期变化，包括正面的和负面的、直接的和间接的、意料之中和意料之外的变化。如图2-2所示，"影响"与项目（或政策）的长期的战略目标相关，反映的是项目（或政策）活动给受影响地区的社会、经济、环境等带来的最终变化。影响评价主要包括两部分内容：[②]

其一，评价项目（或政策）活动给受影响地区和人群的福利状况带来的最终变化，包括各种正面的和负面的、意料之中的和意料之外的变化。

其二，分析这种变化有多大比例是由项目（或政策）实施而产生的，也就是进行归因分析。

---

① 《OECD/DAC发展评价网络评价发展合作关键规范和标准概述》对"效率性"的定义：效率衡量的是产出（定性和定量）和投入之间的关系。这是一个经济术语，用来评估援助使用最少的资源来达到期望结果的程度。一般通过与能达到同样产出的其他方法相比较，判断是否最有效。在评价一个项目或者计划的效率时，可以考虑下列问题：（1）活动具有成本效益吗？（2）目标是否按时达到？（3）与其他方法相比，实施项目或计划的方式是否最有效率？（www.oecd.org/dac/evaluationnetwork）

② IEG（World Bank）: Sourcebook for Evaluating Global and Regional Partnership Programs, p.95.

归因分析一般通过建立反事实场景来进行分析,即分析如果没有实施项目,是否还会产生这些变化以及变化的比例。进行这一分析的最严谨形式是实验性设计,也叫作随机实验或真空实验。实验设计需要建立两个小组——实验组和控制组,并且要求随机地分配实验对象。两个小组中,实验组接受干预,而控制组不接受干预。评价人员通过比较两个小组的实验结果,分析确定项目与变化结果之间的因果关系。①

由于实验性设计和归因分析的要求很高,《国际金融组织贷款项目绩效评价操作指南》(2010)没有要求对"影响"进行评价。

> 影响评价需要运用归因分析。归因分析是评价观察到的变化有多大比例是由项目实施产生的。它一般通过建立反事实场景来进行分析,即分析如果没有实施项目,是否还会产生这些变化以及变化的比例。但是,中国的目前环境下,找到一个反事实场景非常困难……因此,绩效评价中较少使用归因分析法。

2.2.5 可持续性

一个有效的项目(或政策),不但要具有效果性和效率性,而且项目活动的收益还应该随着时间的推移,具有可持续性(sustainability)。可持续性有两层含义:②

其一,是指项目(或政策)活动的收益在援助方的资助结束后的持续性。它强调项目(或政策)在环境与财务方面都必须是可持续的。如果项目(或政策)的相关性、合法性、财务能力和有效管理等不能保障,则项目活动的收益不具有可持续性。其二,是指项目或政策能够长期、持续地获取收益的可能性,或项目或政策的净收益流随着时间变化的风险弹性(resilience to risk)。具有风险弹性意味着,项目或政策面对着各种风险(比如市场价格的不利变化、技术的变革等)仍能够实现或保持预期的收益。③

《国际金融组织贷款项目绩效评价操作指南》(2010)将可持续性定义为"完工后持续运行和发挥成效的可能性",主要关注项目管理或运行机构的持续性、项目产

---

① 《OECD/DAC 发展评价网络评价发展合作关键规范和标准概述》对"影响"的定义:影响是发展干预措施直接或间接、有意或无意引起的正面和负面的变化。它包括这项活动对当地社会、经济、环境以及其他发展指标的主要影响。考察的对象应既包括有意的结果,也包括无意的结果,还包括外部因素的正面和负面的影响,如贸易和金融环境的变化。在评价一个项目或者计划的影响时,可以考虑下列问题:(1)由于计划或项目的原因,发生了什么?(2)活动给受益人带来什么实质改变?(3)有多少人受到了影响?(www.oecd.org/dac/evaluationnetwork)

② Ibid, p.87.

③ 《OECD/DAC 发展评价网络评价发展合作关键规范和标准概述》对"可持续性"的定义:可持续性衡量的是停止资金援助后活动的效益能否持续。项目应该在财务上可持续,还要在环境上可持续。在评价一个项目或者计划的可持续性时,可以考虑下列问题:(1)在停止资金援助后,计划或项目的效益还能延续吗?(2)导致项目或计划可以持续或者不可持续的主要因素是什么?(www.oecd.org/dac/evaluationnetwork)

出维护和利用、制度保障等方面。

可持续性是指项目完工后持续运行和发挥成效的可能性。它针对保障项目持续运行并发挥成效的各方面因素进行评价，这些因素包括项目管理或运行机构的持续性、项目产出的维护和利用、制度保障等。此外，由于财政部门对项目还款十分关注，可持续性还对项目的还款能力进行评价。

2.3　财政部预算司的绩效评价定义

我们需要的政府是用更少投入获得更大产出的政府。我们需要政府把他们的纳税人当作他们的顾客，尊重纳税人的血汗钱，用好纳税人的钱。

——[美]戈尔，1993

2020年2月，财政部预算司在2011年4月制定和颁布的《财政支出绩效评价管理暂行办法》（财预〔2011〕285号）[①]的基础上，颁布了《项目支出绩效评价管理办法》（财预〔2020〕10号）。在该办法中，财政部预算司给出了如下项目支出绩效评价的定义。

项目支出绩效评价（简称绩效评价）是指财政部门和预算部门（单位）根据设定的绩效目标，对项目支出的经济性、效率性、效益性和公平性进行客观、公正的测量、分析和评判。

与上述财政部国际司关于绩效评价的定义不同，这一定义认为，财政支出绩效评价的基本内容为：经济性（economy）、效率性（efficiency）、效果性（effectiveness）和公平性（equity）（以下简称"4E"）。20世纪60年代，美国会计总署（GAO）率先开展了"3E"的探索，后来为许多国家所效仿，[②]并被学术界普遍接受和认可。随着民主化的发展，人们在"3E"评价的基础上增加了一个"E"，即"公平"（equity）。以下，我们讨论"4E"的含义及相互关系，并将它们与"五C"进行比较，分析二者的异同。

---

① 2009年，财政部预算司首次制定和颁布了《财政支出绩效评价管理暂行办法》（财预〔2009〕76号）。该《暂行办法》规定，"财政支出绩效评价（简称为绩效评价）是财政部门和预算部门（单位）根据设定的绩效目标，运用科学、合理的评价方法、指标体系和评价标准，对财政支出**产出和效果**进行客观、公正的评价"。其评价的主要内容是"财政支出**产出和效果**"，2011年4月，财政部预算司修订和颁布了新的《财政支出绩效评价管理暂行办法》（财预〔2011〕285号）。与上述绩效评价的定义不同，新的《暂行办法》规定，"财政支出绩效评价（简称绩效评价）是指财政部门和预算部门（单位）根据设定的绩效目标，运用科学、合理的绩效评价指标、评价标准和评价方法，对财政支出的**经济性、效率性和效益性**进行客观、公正的评价。"其评价的主要内容是"财政支出的**经济性、效率性和效益性**"（3E）。

② 蔡立辉.政府绩效评估[M].北京：中国人民大学出版社，2012：3~4.

2.3.1 经济性

每项政策都要动员资源，如物质资源、人力资源、信息资源和时间资源等。经济性评价就是评价资源的投入情况，并且避免资源的浪费、重复和误用。"经济性"关心的主要是投入，它要求以尽可能低的投入和成本，提供与维持既定数量和质量的公共产品或服务。换言之，其关心的主要问题是："政府在既定的时间内，究竟花费了多少钱？对一项产出来说，该花费是不是过多？"（专栏2-1）实现"经济性"，在私人部门一般不会成为问题，但是在政府部门则不然。史蒂文·科恩（2001）说："私营部门是既懂得节约，效率又颇高的，而政府则被人们认为是既铺张浪费又容易滋生腐败的地方。"[①] 为此，美国国家绩效评价委员会（1993）在《从繁文缛节向成果转变》报告中提出，美国政府再造的两个任务是：使政府高效、节约。[②] 基于此，对经济性的评价是政府绩效评价的一个重要的内容。

专栏 2-1　经济性

经济性是指，对于特定产出而言，没有浪费。

注：当一项活动所使用的稀缺资源成本接近于为实现计划的目标所需的最低成本时，该活动就是经济的。

资料来源：《OECD/DAC 评价与结果导向管理的术语表》，2002.

2.3.2 效率性

经济性关心的主要是投入和成本问题，而效率性则是一个比较的概念，它主要对比产出或服务与资源投入的关系，关心的主要是投入和产出的关系问题。"从给定的投入得到最大的产出"或"用最小的成本来达到目标"就是效率的最基本的定义（参见专栏2.2）。

专栏 2-2　效率性

效率性是对资源或投入（包括资金、专业知识和时间等）转化成产出或结果的经济性的衡量。

资料来源：《OECD/DAC 评价与结果导向管理的术语表》，2002

2.3.3 效果性

效率性表达的是投入和产出的关系，而效果性表达的则是产出与结果（效果）

[①] 史蒂文·科恩、威廉·埃米克．新有效公共管理者[M]．王巧玲，等，译．北京：中国人民大学出版社，2001：2.

[②] 见美国国家绩效评价委员会（NPR）报告——从繁文缛节向成果的转变之序言（1993.9.7）。

之间的关系，它通过对比资金支出后所实现的实际效果与预期效果之间的关系，保证资金达到理想的效果。效率告诉你用最小的努力来达到目的，并不告诉你方向；效果性则衡量目标的实现程度，告诉你工作努力的方向。因此，效率表示正确地做事，效果则表示做正确的事。相比于效率性，效果性是绩效评价的更为重要的内容。

效果性关心的主要问题在于："情况是否得到改善？"效果可分为两类：一是现状的改变程度，例如国民健康状态、水质的净化程度、道路的耐用程度；二是行为的改变幅度，如以犯罪行为的改变幅度来衡量刑事政策的效果。[①]（参见专栏2-3）

专栏2-3 效果性

效果性是指，发展干预活动的目标在多大程度上实现了，或者根据其重要性预计这些目标会在多大程度上可以实现。

注：也可用来综合衡量（或判断）一项活动的优点或价值，例如某一活动在多大程度上实现了或预计会实现其目标，其主要相关目标是否具有可持续性，是否会给机构的发展带来积极影响。

资料来源：《OECD/DAC 评价与结果导向管理的术语表》，2002

可以看出，上述"3E"实际上代表了三种关系，即资源与投入、投入与产出、产出与效果。如图2-4所示，[②] 资源与投入的关系反映了经济性，投入与产出的关系反映了效率性，产出与效果的关系反映了效果性。

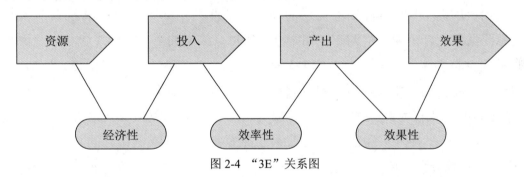

图2-4 "3E"关系图

2.3.4 公平性

公平性与法律和社会理性密切相关，是指效果和努力在社会不同群体中的分配。一项公平的政策是指效果（如服务的数量或货币化的收益）或努力（如货币成本）能被公平或公正地分配。一项政策方案可能既有效益（效果），又有效率，但是由于

[①] 张泰峰、Eric Reader. 公共部门绩效管理［M］. 郑州：郑州大学出版社，2004：9.
[②] 周志忍. 行政管理的行与知［M］. 北京：北京大学出版社，2008：195.

成本和收益的不公平的分配而缺乏公平性。比如，那些最需要的人并没有得到与他们的人数成比例的服务，最没有支付能力的人却要超出比例地分摊成本，或者最得益者并未支付成本。世界银行专家安瓦·沙（Anwar Shah）指出，"当前，发展中国家公共部门提供公共服务的绩效普遍认为不够令人满意，而在提供服务和保护穷人及其他弱势群体诸如妇女和老人等方面的表现尤其令人不安。公共部门对公民偏好普遍缺乏回应，相反，它服务于狭隘的精英集团的利益，对这一群体负责。"[1] 在此他说的就主要是公平性问题。

2.3.5 "4E"与"5C"的比较

从组成内容上来看，"4E"包含经济性、效率性、效果性和公平性四个方面，"5C"则包括相关性、效果性、效率性、影响和可持续性五个方面。仔细分析，我们可以发现，"效率性"与"效果性"是两者的共有因子。

其一，"经济性"关心的是投入，它要求以尽可能低的投入和成本，提供与维持既定数量和质量的公共产品或服务。而"效率性"则主要对比产出或服务与资源投入的关系，要求以一定的投入实现最大的产出（结果）或实现一定的产出使用最少的投入，以保证资金支出的合理性。因此，"经济性"与"效率性"的联系很密切。行政学家沃尔多认为，"经济可以理解为是效率的一个方面"。[2]

其二，"5C"中的"相关性""影响""可持续性"以及"4E"中的"公平性"均与"效果性"有着密切的联系。如前所述，"效果性"主要分析项目（计划或政策）目标实现的程度或者期望实现的程度，关注的主要是"目标或结果"。由于"目标或结果"有短期、中期和长期之分，所以，广义的"效果性"包含了"影响"（长期的目标实现）。"相关性""可持续性"也与"效果性"密切相关。根据前面的定义，"相关性"主要评价项目的目标与受益人要求、国家需要以及发展机构的战略之间的一致程度；"可持续性"主要评价项目活动的收益在援助方资助结束后的持续性；"公平性"关注的主要是效果（如服务的数量或货币化的收益）能否被公平或公正地分配。所以，我们可以将"可持续性"与"公平性"视为是一种广义的"效果性"。

综合来看，"4E"和"5C"从本质上都可概括为"效率与效果"。事实上，早在1977年，美国评价专家哈维·哈特里就提出："效率和效果是政府绩效的核心"。我国著名行政学家夏书章也持同样观点。他在《行政管理学》（第四版）一书中就写

---

[1] 安瓦·沙. 公共支出分析[M]. 北京：清华大学出版社，2009：15.
[2] 引自沃尔多的"公共行政学研究"一文，见 R.J. 斯蒂尔曼. 公共行政学（上）[M]. 北京：中国社会科学出版社，1988：18.

道:"绩效是效率与效能(即效果)的总和。"① 中山大学教授蔡立辉也主张:"政府绩效应是政府各部门在依法执政、民主执政、科学执政的前提下从公共利益扩展出发,为公众办事的效率和效果。"② 因此,本书认为政府绩效评价的核心内容是"效果与效率"。在此,"效果"的概念是广义的,它包括了"公平性""影响"和"可持续性"等内容。

2.4 绩效测量(监测)与绩效评价

绩效测量可以看作绩效评价的一部分,绩效评价常常是指一种深入的、特定的研究,它不但要检查项目结果,还要分析其原因,包括项目在多大程度上实现了结果。

——[美]哈维·哈特里,1999

在西方的评价学科中,绩效测量(performance measurement)与绩效评价(performance evaluation)是两个既相互联系又不同的概念;而绩效监测(performance monitoring)与绩效测量则含义相近,一般可以相互替代。在我国,许多学者与实际工作者往往将它们不做区分,一律视作绩效评价或绩效评估。在许多翻译的著作中,performance measurement 常常被译为绩效评价(评估)或是绩效考评。③ 为了正确地认识和理解政府绩效评价,本节分析和讨论绩效测量(监测)与绩效评价之间的联系与区别。

2.4.1 绩效测量

绩效测量起源于美国 20 世纪 50 年代的绩效预算,随后在 60 年代的规划项目预算系统(PPBS)、70 年代的联邦政府生产率测定方案和零基预算(ZBB)以及生产力运动中得到进一步的发展和运用,在 90 年代的政府再造运动中达到了高潮。在这里,测量(measurement)这一术语意味着准确测量政策效果的一种能力,而绩效测量则是对"效果和效率"的一种经常性的衡量。美国政府再造大师戴维·奥斯本(1992)在《改革政府——企业家精神如何改革着公共部门》中如此论述绩效测量的意义:

---

① 夏书章.行政管理学[M].第四版.北京:高等教育出版社,广州:中山大学出版社,2008:453.
② 蔡立辉.政府绩效评估[M].北京:中国人民大学出版社,2012:67.
③ 例如,西奥多·波伊斯特(Theodore H. Poister)所著的 *Measureing Performance in Public and Nonprofit Organizations* 一书就被译为《公共与非营利组织绩效考评:方法与应用》(中国人民大学出版社 2005 年版)。

如果你不能测量结果，你就无法区分成功和失败。

如果你看不到成功，你就无法进行奖赏。

如果你不奖赏成功，你可能是在纵容失败。

如果你看不到成功，你就不能从中学到东西。

如果你意识不到失败，你就无法进行纠正。

如果你能展示成效，你就能赢得公众的支持。

可见，绩效测量是政府绩效管理的基础，没有绩效测量也就没有政府绩效管理。绩效测量是对"项目（服务）完成情况，特别是预定目标的实现情况的持续监控和报告。"[①] 其主要作用是，提供关于政府项目（或服务）绩效的客观信息，这些信息可用来强化管理和为政府决策提供依据，促进项目目标的实现。因此，绩效测量本质上是一个政府绩效信息反馈系统。作为一个绩效信息反馈系统，绩效测量通常由多个环节所组成。美国国家公共生产力中心认为，一个良好的绩效测量系统包含七个环节：[②]

（1）界定所要测量的项目。项目是将那些为具体公共服务提供支持的日常活动分组。将每一项活动分组即形成一个项目。通常情况下，项目由政府界定，列在一个机构的工作图上，并受制于政府预算。

（2）陈述项目目的并确定所需结果。一般的情况是，一个政府部委或机构提出一项战略计划，阐明其使命、目的和目标。通过这项计划程序，该机构才能鉴别结果，以及机构想要通过该项目达到什么目的。

（3）选择测量标准或指标。在一个绩效测量系统中，选择绩效测量指标最为重要。绩效指标由不同的类型组成，但从最主要的部分来说，通常，绩效指标的类型包括：投入（input）、产出（output）、成效（outcome）、效率（efficiency）、生产力（productivity）以及服务质量和客户满意度等。

（4）设定绩效和结果标准。在此，政府领导应该明确项目目的和目标具体应该达到什么样的标准。这包括以前的业绩，类似机构的业绩，最佳机构的业绩（居民感到邻里安全的百分比与那些公认为是全国"最安全的社区"中居民感到他们所居社区邻里安全程度的百分比之比），之前制定的目标等。

（5）绩效监测。即系统地、周期性地对项目绩效与结果进行监测。绩效监测不仅可以提供项目目标是否达到的信息，还可以提供追踪项目运作并采取纠正措施的机会。

---

① 尼古拉斯·亨利. 公共行政与公共事务 [M]. 第10版. 北京：中国人民大学出版社，2011：56. U. S. General Accounting Office, *Performance Measurement and Evaluation: Definition and Relationships,* GAO/GGD-98-26（Washington, DC: U.S. Government Printing Office,1998, p.3）.

② 阿里·哈拉契米. 政府业绩与质量测评——问题与经验 [M]. 广州：中山大学出版社，2003：36-39.

（6）绩效报告。定期地报告项目结果。报告的内容应当集中于两个方面：取得了什么结果（效果）以及公众的代价如何（效率）。

（7）结果应用。一是将所获得的信息运用于项目计划中，以便重新评价项目目的和目标并调整重点；二是将所得绩效信息用于改善项目的运作和结果。

2.4.2 绩效监测

与绩效测量含义相接近的另一个词是绩效监测。在美国的研究报告与文献中，"绩效测量"使用较多，而在世界银行等国际组织的报告与文件中，经常使用的则是"监测"（monitoring）[1]，并且常常与"评价"（evaluation）进行连用，合称为监测与评价（参见专栏2-4）。在世界银行等国际组织，绩效监测的核心是结果监测。琳达和雷（Linda & Ray）将结果导向的监测定义为"持续地收集和分析与关键指标相关的信息的过程。它对比分析实际结果与期望的结果，以考核一个项目、计划或政策是否得以良好实施。它使用指标跟踪取得预期目标的进展，持续考核取得具体的短期、中期和长期结果的进展状况"。[2] 可见，绩效监测与绩效测量的含义基本相同，都是持续地收集和报告与绩效相关信息的一个过程。为此，下面我们把二者视为可以相互替换的两个词，研究绩效测量（或监测）与绩效评价的联系与区别。

专栏2-4 监测与评价（M&E）的定义

监测是指针对特定指标持续而系统地收集数据，为正在进行中的发展干预活动的管理者和主要利益相关者提供信息，帮助他们了解有关进展、目标实现和资金使用等方面的情况。

评价是指系统客观地评价一个正在实施的或已完成的项目、计划或政策，包括其设计、实施和结果。其目的是确定目标的相关性和相应的完成情况、效率、效果、影响和可持续性。评价应提供可靠有用的信息，使以往经验教训融入援助者和受援者的决策过程当中。

资料来源：《OECD/DAC评价与结果导向管理的术语表》，2002.

2.4.3 绩效测量（监测）与绩效评价的比较

绩效测量（监测）与绩效评价两个概念既有差异，又互为补充。绩效测量（监测）是持续地收集和报告与绩效相关信息的一个过程，它主要衡量和跟踪项目预期目标的进展状况；绩效评价，则提供证据说明为什么目标和成效已经达成或无法达成，它旨在说明因果关系。美国著名的绩效评价专家哈维·哈特里（Harry Hatry）认

---

[1] Katharine Mark & John R. Pfeiffer, *Monitoring and Evaluation in the United States Government: An Overview.*
[2] Linda G. Morra Imas & Ray C. Rist, *Road to Results*, p.108.

为,"绩效测量可以看作绩效评价的一部分,但是绩效评价常常是指一种深入的、特定的研究,它不但要检查项目结果,还要分析其原因,包括项目在多大程度上实现了结果"。[①] 可见,绩效测量与绩效评价的最大的差别在于,前者旨在衡量结果,而后者旨在说明因果关系。

绩效测量(监测)通常由项目或机构的管理部门实施,并且是一种经常性的行为;绩效评价则可以是项目或机构内部的部门,也可以是项目或机构外部的部门(独立第三者)实施,还可以是社会参与式的。由于涉及时间和成本等因素的影响,绩效评价常常不是很频繁,而是具有一定的时限性。

此外,绩效测量(监测)与绩效评价还在两个维度上存在区别:一是关注焦点,二是使用效果。绩效测量(监测)关注的主要是项目是否达到了可测量的目标,而绩效评价在范围上要更加广泛,是在一个更大的环境中检验更大范围的信息。其次,尽管二者都被用来提高服务供应和项目的效果,但绩效测量大部分被用作管理者的预警系统来了解项目进展是否顺利,也是一种用来提高政府公共责任性的方式;而绩效评价则要对项目绩效及其相关背景进行更为深入的调查,对项目是否有作用以及如何进行改善等问题进行全面评估。简言之,绩效测量(或监测)是一个收集和报告绩效信息的系统,绩效评价则主要是对项目结果及其原因的一种特定研究。专栏2-5列出了监测(测量)与评价的主要差异。

专栏 2-5 监测与评价的差异

监测(monitoring)
常规性、持续性地跟踪关键指标。
属于内部活动。
用于收集某个计划的活动、产出和成果的相关资料以衡量其绩效。
评价(evaluation)
具有一定的时限性。
可以是内部、外部或者参与式的。
定期向关键的利益相关者进行反馈。

资料来源:作者整理

[①] Harry Hatry. *Performance Measurement*, p. 8.

2.5 政府绩效评价的概念与内涵

> 无论是政治家的花言巧语,还是改良主义的呼吁;也无论是学者的理论,还是实践者对功效的夸大陈述,都不能作为支持和扩大各种人类服务活动的适当基础。评估研究,虽然不是新事物,却是一项日益扩大的事业,能够对社会问题产生很大的影响。
>
> ——[美]弗兰希斯·卡罗,1971

正确认识和理解政府绩效评价,是科学开展政府绩效评价的基础。但是,对于什么是政府绩效评价,学术界目前尚无一个公认的和统一的定义。[①] 正如美国国家行政学院的唐纳德·凯特尔所说,"实际上,政府绩效评价就像天气一样。人人都在谈论着……但是对于究竟如何评价并没有一致的看法"。建构理论基础和学术对话的平台首先在于基本术语和核心概念内涵上的统一界定和取得共识。为此,我们有必要对政府绩效评价的概念与内涵做一分析和界定。

19世纪末,"行政学之父"威尔逊在开辟这一研究领域时即指出行政学的目标和任务之一,就是要弄清政府怎样才能够以尽可能高的效率和尽可能少的金钱或人力上的消耗来完成其职能。[②] 这表明,政府绩效的基本含义就是以最佳途径和方法完成政府的使命、职能和目标。它包括两个基本的问题:做正确的事——提供符合公民要求的公共服务;以正确的方式来做这些事情——以最低的税收成本向公民提供高质量的公共服务。[③] 概言之,政府绩效的核心内容即政府活动的效果和效率。[④] 据此,

---

[①] 埃贡·古贝和伊冯娜·林肯在《第四代评估》一书中将评价的发展划分为四个时代(阶段):第一代评价为测量,评价者的角色是技术性的;第二代评价为描述,其特征是描述某些规定目标的优劣,评价者的角色是描述者;第三代评价为判断,评价者的角色是评判员;第四代评价为响应式的建构主义,评价者的角色是协调员。他们认为,第四代评价大大超越了已经出现的过于注重测量、描述与判断的前几代评价方法,它将评价上升到一个以谈判协调为核心的新高度。这种评价方法超越了纯粹的科学范畴(即仅为活动事实),涵盖了人性的、政治的、社会的、文化的以及其他各种相关的因素。第四代评价是以利益相关者的主张、焦虑和争议作为组织评价焦点决定所需信息的基础的一种评价形式,它主要用于建构主义调查范式的方法论。见埃贡·古贝、伊冯娜·林肯.第四代评估[M].北京:中国人民大学出版社,2008:24.
[②] Woodrow Wilson. The Study of Administration[J]. Political Science Quarterly, 1987(6).
[③] 阿瓦·沙.公共支出分析[M].北京:清华大学出版社,2009:2.
[④] 方振邦、罗海元.战略性绩效管理[M].第三版.北京:中国人民大学出版社,2010:2.

我们把政府绩效评价界定为对政府活动效果和效率的一种特定的研究。[①] 该定义体现了现实主义（实证主义）的评价理念。为了阐明这一概念的内涵，以下我们从评价的对象与内容、评价性质与方法、评价主体、评价系统、评价模式等五个方面，进行分析和阐释。

2.5.1 评价对象与内容

政府绩效评价的对象是政府机构及其运作绩效。从层级结构来看，政府机构大都是由中央政府、地方政府分支机构和专项公共项目以及基层行政操作系统组成的巨型金字塔式行政体系。相应地，政府绩效有政府整体绩效、政府部门绩效、政府项目绩效和公务员个人绩效四个层次。因此，政府绩效评价的对象既可以是政府组织或公务员，也可以是公共政策、计划或项目。对政府组织或部门进行绩效评价，往往需要关注政府制度、结构与过程，而对公共的项目、计划或政策进行评价，则要更多地关注结果。自20世纪80年代新公共管理运动以来，西方国家公共管理的重点从过程转向结果，相应地，政府绩效评价的焦点也由组织结构、体制与过程，转移到政府的政策和项目及结果上。这一焦点的转移有着深刻的意义。这是因为，人们从经验分析到理性判断越来越认识到：国与国之间最大的政治分野，其实不在于政府的组织形式，而在于政府的有效程度。[②] 政府的有效程度主要表现在政策与项目的实施效果上，因此在开展绩效评价工作中，关注政策与项目效果往往更重要。

然而，在大多数情况下，一个政府部门很少只有一个政策和项目，往往同时包含很多个政策和项目，这些很多个政策和项目结合成一个更大的、更一致的政府部门目标。不过，要衡量这个更大的部门目标则往往是一件困难的事。[③] 为此，政府绩效评价的对象与内容往往都必须维持在一个较窄的范围内，也就是其评价对象与内

---

① 中国行政管理学会联合课题组（2003）将政府绩效评价定义为："运用科学的方法、标准和程序，对政府机关的业绩、成就和实际工作做出尽可能准确的评估，在此基础上改善和提高政府绩效。"（《关于政府机关工作效率标准的研究报告》，载《中国行政管理》，2003年第3期）尚虎平、李逸舒（2011）对政府绩效评价的概念界定是："运用科学的方法、标准和程序，对一定时期内政府管理效率、服务质量、公共责任、公众满意度等方面所进行的全面性评估，它是政府在该时期对公共管理与服务过程中投入、产出、最终结果进行客观、公正、准确的定性、定量结合的综合评判。从横向来看，政府绩效评价涉及经济、政治、社会、文化等多个维度的评估；从纵向来看，政府绩效评价可划分为微观、中观和宏观3个层面，即公务员个人绩效、政府职能部门绩效与各级政府整体绩效的评估。无论哪种类型的政府绩效评估，都存在着对任务绩效和周边绩效两个方面的评估。"（《甘肃行政学院学报》，2011年第四期）
② 塞缪尔·亨廷顿. 变化社会中的政治秩序 [M]. 王冠华, 译. 北京：生活·读书·新知三联书店，1989：1. 引自张国庆. 公共行政学 [M]. 第三版. 北京：北京大学出版社，2013：495.
③ 马克·穆尔. 创造公共价值：政府战略管理 [M]. 北京：商务印书馆，2016：55.

容更多是特定政策的实施效果或实效,[①] 而较少是政府部门整体价值[②](专栏 2-6)。

专栏 2-6　习近平总书记关于绩效评价(评估)的若干重要论述

- 对已经出台的改革举措,要加强改革效果评估,及时总结经验,注意发现和解决苗头性、倾向性、潜在性的问题。——2015 年 3 月 24 日习近平总书记在中央政治局第 21 次集体学习时的讲话
- 多抓有利于增强人民群众获得感、幸福感、安全感的改革举措,多抓落实已出台改革方案的评估问效……要强化责任担当,对推出的各项改革方案要进行实效评估,及时发现和解决问题。——2019 年 1 月 23 日习近平总书记主持召开中央全面深化改革委员会第 6 次会议时的讲话
- 要做好改革的评估工作,加强改革举措评估、改革风险评估、改革成效评估,确保各项政策制度切合实际、行之久远。——2019 年 7 月 30 日,习近平总书记在主持中央政治局就推进军事制度改革举行第 16 集体学习时的讲话
- 要坚持结果导向,聚焦重点、紧盯实效,开展重要领域改革进展情况评估检查,克服形式主义、官僚主义。——2020 年 2 月 14 日,习近平主持召开中央全面深化改革领导小组第 12 次会议时的讲话

资料来源:作者整理。

评价政府政策的实施效果旨在评价政府是否在做正确的事——提供符合公民要求的公共服务;而评价政府预算的成本和支出效率,则旨在评价政府是否以正确的方式来做这些事情——以最低的税收成本向公民提供高质量的公共服务。

政府的任何行为都伴随着相应资源(办公经费、设备、人员等)的支出,这些支出一般都是由财政预算承担。因此,进行预算成本和支出效率(即预算支出与政府有效供给服务之比)分析,便构成为政府绩效评价的一项不可缺少的重要内容。但是,在我国各地(部门)开展的政府绩效评价实践中,这一重要的内容常常受到忽视。比如,国土资源部和农业部的绩效评价内容主要包括职责履行、依法行政、领导班子建设等三个方面主体内容,创优与创新、违规与违纪为附加内容。可以看出,无论是主体内容还是附加内容,都缺少了"效率"内容。"依法行政""领导班子建设"等内容固然重要,但是效率评价是政府绩效评价的原始动因与主要内容。[③] 为了实现预算支出的高效率,任何政府绩效评价都需要对预算支出的效率性(成本效

---

① Ibid, p.55.
② 在西方国家,绩效评价研究的大多为政策或项目评价(program evaluation),很少为政府组织或部门整体评价。例如在英国,其评价对象主要是政府政策与项目,监测的对象则主要是政府组织或部门。之所以如此,是因为他们认为,"评价是一种深入的、特定的研究,它不但要检查项目(服务)的结果,还要分析其原因,包括项目在多大程度上实现了结果。"(Harry Hatry, 1999)政府组织或部门的绩效评价,不仅其行为结果难以测量,而且更加难以归因。而政策或项目评价,相对来说就容易了许多。
③ 李文彬、郑方辉. 公共部门绩效评价[M]. 武汉:武汉大学出版社,2010:25.

益性）进行评价。

2.5.2 评价性质与方法

政府绩效评价是对政府活动的效果和效率的一种实证性的研究。这种实证研究包含两层含义：其一是绩效监测（测量），主要任务是监测与报告相关的绩效信息；其二是分析判断，主要任务是分析绩效或结果变化的原因，总结经验与教训，并提出改进的建议。就是说，政府绩效评价必须要把客观的测量与主观的分析判断结合成为一体。[1] 正是由于这一特点，绩效评价被称为"评价研究"。著名的社会学研究专家劳伦斯·纽曼认为："**评价研究**是一种广泛使用的应用研究。这种研究被广泛地用于大型科层组织，去发现一个项目、一种新的做事方法、一种营销活动、一个政策是否有效。评价研究测量一个方案、政策、做事方式的有效性。"[2] 这种评价研究，主要对政策和项目实施结果（包括效果和效率）进行系统性分析，它重视实证主义的研究设计，重视对项目过程与结果的监测，重视应用统计抽样技术收集证据，重视对收集资料进行分析和解释，以及重视建立可预测的因果关系模型。在评价的方法上，它表现为一系列的实证分析技术的结合：观察法、问卷调查、实地访谈、专题小组（焦点小组）、德尔菲法、统计抽样、成本-效益分析、（准）实验研究设计、多元回归分析以及系统分析等。

在我国的政府绩效评价实践中，许多的评价通常只是简单地进行打分或评级。这种评价既没有对政府的目标实现情况——政策效果的深度分析，也没有对绩效变化的原因以及政府效率的科学分析，因而不可能算是一种系统性、科学性的绩效评价。为此，我们有必要改变简单化的"打分"评价方法，采用科学性、实证性的研究方法。因为"感觉好不能算是科学的结论"，只有建立在实证研究基础上的绩效评价，才可能对政府行为结果做出科学的评判，也才可能有效地发挥绩效评价在问责、学习与激励方面的重要作用。

2.5.3 评价主体

政府绩效评价的主体既可以是官方的（政府内部的组织或个人），也可以是非官方的（如政府外部的研究机构、学术团体、高等院校、专家学者等）。但是，

---

[1] 照现代的解释，所谓"评估"包括两个部分：第一部分为衡量（measurement），也可称为量度和计量；第二部分为判断（judgement），就是对于一切不能量化的因素所可能采取的研究判断手段。用一个公式表示：评估（assessment）=衡量（measurement）+判断（judgement），亦即孙子所讲的"校之以计，而索其情。"参见钮先钟.战略研究入门[M].上海：文汇出版社，2018：172.

[2] 劳伦斯·纽曼.社会研究方法——定性和定量的取向[M].第五版.郝大海，译.北京：中国人民大学出版社，2007：32.

无论是官方评价主体，还是非官方评价主体，都应当具有独立性。因为没有独立性，就无法保证绩效评价的客观性与可靠性。为了提高绩效评价的独立性，世界银行 1973 年即成立了独立的评价机构，并规定该机构直接对其执董会负责。这一做法后来为许多国际组织和 OECD 成员国所效仿（专栏 2-7）。独立评价机构不仅保证了绩效评价的独立性，还提高了评价的专业性和科学性。作为一种实证性研究，政府绩效评价不仅需要具有独立性，还需要具有专业性。正如政府再造大师戴维·奥斯本所说："绩效评价要求结合技术、管理与政治智慧。因为它使用的是高度理性、科学的观察与分析，所以它需要具备专业技术知识。"[1] 事实上，如果没有一定的专业技能，评价人员就不可能进行实证研究的设计，从而也不可能进行"评价研究"。

专栏 2-7　世界银行、亚洲开发银行与联合国计划开发署的评价组织形式

在世界银行内部有两个负责对项目质量进行评价的部门：质量保证小组和独立评价局（IEG）。前者主要对世行管理当局负责，其职责是对处于准备和实施阶段的世行贷款项目进行质量审查；后者是直接对执董会负责的独立评价机构，其主要职责是对世行贷款项目已经完工的项目进行评价。

1978 年，亚洲开发银行成立了业务评价处（OED）。2004 年，OED 成为一个独立的部门，并通过发展有效性委员会向董事会报告；2008 年，OED 更名为独立评价局（Independent Evaluation Department，IED）以彰显其独立、公正的特征。独立评价局要对 1/4 的各类亚行项目进行后评价，以期总结经验，改善后续投资项目的管理。

1966 年，联合国开发计划署（UNDP）正式成立。为推进其职责的履行，UNDP 建立了一个由执行委员会、评价办公室、项目经理、项目官员组成的绩效评价体系。在该评价体系之中，执行委员会、评价办公室、项目经理、项目官员等各司其职，定期开展评价工作。UNDP 的评价有两种形式：一是评价办公室组织的独立评价；二是项目单位委托独立外部专家开展的评价。

资料来源：作者整理

独立性并不意味着孤立性，评价人员、项目管理人员、工作人员和受益人之间的互动能够提高评价的效果与用途。[2] 因此，开展独立评价并不排斥公民和社会的参与。相反，为了保证绩效评价的科学性，它需要广泛的公民和社会参与。近年来，在我国政府绩效评价实践中，非政府组织、高等院校、独立研究和调查机构以及社会公众等在政府绩效评价的发展中起到了越来越重要的作用。从国际经验来看，政府将绩效评价外包给学术界或咨询公司，而非让政府部门或官员来从事政府绩效评

---

[1] 戴维·奥斯本等.政府改革手册：战略与工具［M］.北京：中国人民大学出版社，2004：239.
[2] 琳达，雷.通向结果之路：有效发展评价的设计与实施［M］.北京：经济科学出版社，2011：20.

价，能够实现更高层次的独立性、客观性和可信性。我们认为，第三方评估可以作为我国政府绩效评价发展的一个重要的方向加以推广。

2.5.4 评价系统

政府绩效评价既是一种实证性的研究，是一个管理控制系统。根据肯尼斯·默肯特（Kenneth A. Merchant）和威姆·范·斯泰德（Wim A. Van der Stede）的理论，管理控制系统包括绩效测量、绩效评价和激励（即结果运用）。[①] 其中，绩效测量（监测）是持续地收集和报告与绩效相关信息的一个过程，它主要衡量和跟踪政策、项目预期目标的进展状况；绩效评价主要提供证据说明为什么目标已经达成或无法达成，它旨在说明因果关系；结果运用，意味着绩效测量（监测）和绩效评价结果的实际应用。三者之中，绩效测量（监测）是基础，绩效评价是核心，结果运用则是目的，它们构成了一个完整的绩效评价系统。这一绩效评价系统是政府绩效管理的一个管理控制系统，其主要职能是监控政府战略与规划的实施，确保政府预期计划的实现。

当然，绩效评价系统由绩效测量（监测）、绩效评价和结果运用三个部分构成，并不妨碍它们可以有各自不同的主体，如绩效测量通常由项目或机构的管理部门实施；绩效评价的主体可以是项目或机构内部的（如政府内部的评价机构），也可以是独立的第三者（如政府外部的研究机构、学术团体、咨询公司等），还可以是社会参与式的；结果运用的主体则是各种利益相关者，如政策制定者或项目管理者、社区居民等。所以，如果将政府绩效评价视作一个系统，那么绩效评价的主体就应该是多元化的主体。这种多元化的主体既包括了评价机构，又包括了主要的利益相关者。

2.5.5 评价模式

所谓评价模式，是评价要素、评价过程、评价方法等因素形成的一种相对固定的逻辑关系。在政府绩效评价中，出于不同的评价目的与实际需要，人们开发和使用了多种的评价模式[②]，比较常用的有目标导向评价（goal-based evaluation）、非目标导向评价（goal-free evaluation）、参与式评价、应用导向评价、包容性评价与受益者

[①] Kenneth A. Merchant & Wim A. Van der Stede. *Manage Control Systems: Performance Measurement, Evaluation and Incentives*（Third Edition），Pearson Education Limited, 2012,p.6.

[②] 伊沃特·韦唐将评价模式分为三大类：效果模式（effectiveness models）、经济模式（economic models）和职业化模式（professional models）。效果模式包括目标导向评价、附带效果评价、非目标导向评价、综合评价、顾客导向评价和利益相关者模式。经济模式包括生产率模式和效率模式。同行评价模式则是职业化模式的代表。见伊沃特·韦唐. *Public Policy and Program Evaluation*, New Bruswick（U.S.A）and London: Transaction Publishers, 1997.

评价等。其中，目标导向评价注重于项目或政策的明确目标，对非明确的目标（包括非预期的结果）往往不做考虑。非目标导向评价则对政策效果持更广阔的视角，它帮助评价者全面关注结果，包括一些可能被忽视的结果。由此可见，在非目标导向的评价中，评价人员不受目标关注点的局限，主要收集政策的效力和效果方面的数据。参与式评价通过利益相关者参与确定评价问题、收集和分析数据、起草和评审报告，共同承担评价规划、实施和汇报的责任。应用导向评价注重预期使用者的预期应用，通过实用性和实际使用情况进行评价。包容性评价将关注弱势成员的参与作为对一个项目价值系统调研的一部分。受益者评价则旨在增加受益人在项目设计、提供监测反馈及对影响的看法等方面的参与。① 尽管这些评价模式的关注重点各有侧重，但是其评价框架与方法均体现着现实主义的评价理念。在实际评价工作中，我们可以把它们有机地结合起来使用。

复习思考题

1. 政府绩效评价应更为关注"事实"，还是应更为关注"价值"？
2. 为什么说政府绩效的核心是政府干预的"效果"和"效率"？
3. 何为独立评价？第三方评价是不是一种独立评价？
4. 前瞻性评价、形成性评价和总结性评价三者有何区别？
5. 绩效测量、绩效监测与绩效评价之间有何区别与联系？
6. 目标导向评价与非目标导向评价两种评价模式哪个更优？
7. 在《第四代评估》一书中，埃贡·古贝和伊冯娜·林肯将评价的发展划分为四个时代（阶段）：第一代评价为测量，评价者的角色是技术性的。第二代评价为描述，其特征是描述某些规定目标的优劣，评价者的角色是描述者。第三代评价为判断，评价者的角色是评判员。第四代评价为响应式的建构主义，评价者的角色是协调员。他们认为，第四代评价大大超越了已经出现的过于注重测量、描述与判断的前几代评价方法，它将评价上升到一个以谈判协调为核心的新高度。这种评价方法超越了纯粹的科学范畴（即仅为活动事实），涵盖了人性的、政治的、社会的、文化的以及其他各种相关的因素。你是否认同这一观点，为什么？

---

① 琳达、雷. 通向结果之路：有效发展评价的设计与实施［M］. 北京：经济科学出版社，2011：136~145.

第3章 政府绩效评价与绩效管理

3.1 政府绩效管理的含义与内容

相对于企业而言,非营利组织的绩效和成果其实更加重要,但也更难测量和控制。

——[美]彼得·德鲁克,1990

绩效管理最初是企业人力资源管理中的一个重要概念,包括绩效计划、绩效实施、绩效评价、绩效反馈以及绩效改进等方面的内容。其中,绩效评价构成了绩效管理的核心内容与关键环节。20世纪80年代以来,西方国家在新公共管理运动的背景下,对于以公共预算为核心的公共部门进行了一系列管理变革,其中一项重要改革就是引入"结果导向"管理理念,积极推行政府绩效管理,以期建设一个高效、负责任的政府。政府绩效评价与绩效管理之间有着密切的联系。为了进一步认识政府绩效评价的特点,本章研究讨论二者的相互关系。首先,我们需要对政府绩效管理的含义做一分析。

3.1.1 西方学者的定义

在西方国家,政府绩效管理常常被称为**结果导向管理**,或基于结果的管理(results-based management)。结果导向管理被经济合作与发展组织(OECD)定义为"重点关注绩效和产出与结果实现的一种管理战略"。具体来说,结果导向管理是对政府项目活动的全过程进行管理的一种方法,这种方法整合管理过程的诸多要素为改进决策、管理透明化和结果问责服务,它要求具有清晰、可考核的政策或项目目标,重视成效的实现,注重对执行绩效的监督和评估。

美国著名绩效管理专家约瑟夫·霍利(Joseph Wholey)认为:"结果导向管理,是有目的地对资源与信息加以利用,以获取和显示在达到结果导向型(outcome-oriented)机构与项目的目标方面的显著进步。结果导向型管理旨在将管理的焦点转移至结果,提高服务质量与项目效果(program effectiveness),将(公共)机构和项目活动的价值传递给关键的利益相关者和公众，强化责任制（accountability），支持资源分配与其他政策决策的制定。"① 他还指出："结果导向的管理可以被看成由三个相关的过程组成：（1）在关键的利益相关者之间就组织使命（missions）、目的（goals）和战略（用于实现目的的资源与过程）取得合理的认同水平；（2）发展高质量的绩效测量系统和评价系统以记录和报告绩效信息；（3）运用绩效信息提高（政府）项目的效果，加强责任制，并支持政策决策制定。"②

另一位美国绩效专家唐纳德·莫伊尼汉（Donald P. Moynihan，2020）则提出，"绩效管理是指通过战略规划、绩效测评来收集、归纳绩效信息，并将其与决定场域、地点、理想状态以及其他可能影响决定的信息联系起来的一个系统"。该定义强调以下两点：一是通过与公众、股东以及公众代表进行交流，包括开展绩效测评，从各个环境中获取绩效信息；二是将这些绩效信息运用到政府决策中。莫伊尼汉还提出，"获取高质量的信息并及时将其运到正确的政策制定场域，结果导向是必不可少的"。③（图 3-1 描述了绩效管理系统通过收集绩效信息，提高政府决策和绩效的过程）可见，西方学者关于政府绩效管理的定义，都很注重结果导向。

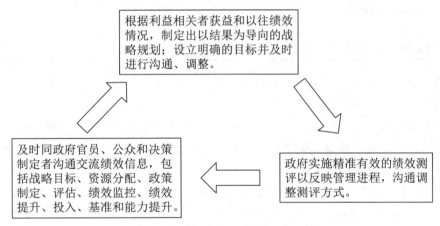

图 3-1　规划、测评、场域三位一体

3.1.2　我国学者的定义

我国著名行政管理学家夏书章教授在《行政管理学》（第四版）一书中提出："政府绩效管理是在设定公共服务绩效目标的基础上，对政府提供公共服务全过程进行追踪监测，并做出系统的绩效评估。"同时指出，"政府绩效管理是一个包含绩效计

---

① 凯瑟琳·纽科默等. 迎接业绩型政府的挑战[M]. 广州：中山大学出版社，2003：14-15.
② 同上书。
③ 唐纳德·莫伊尼汉（Donald P. Moynihan）. 政府绩效管理：创建政府改革的持续动力机制[M]. 北京：中国人民大学出版社，2020：3-4.

划与实施、绩效考核（绩效评价）、绩效反馈与改进等环节的系统过程。强调通过持续开放的沟通形成组织目标，并推动团队和个人达成目标"。① 在这一定义中，绩效目标贯穿于政府绩效管理的全过程，包括绩效计划与实施、绩效考核、绩效反馈与改进。绩效计划，是将个人目标、部门或团队目标与组织目标结合起来的一个绩效目标的确定过程；绩效实施，是推进绩效目标实现的过程；绩效考核，是对组织绩效目标和个人绩效目标的实现情况进行评价；绩效反馈的主要内容也是绩效目标实现情况；绩效改进则是针对绩效反馈存在的问题制定合理的改进方案并付诸实施。所以，这一概念的核心是绩效目标，其本质是一种目标（导向）管理。事实上，目标管理也是我国应用最广泛的绩效管理方式。②

目标管理亦称"成效管理"，俗称责任制，是在单位员工的积极参与下，自上而下地确定工作目标，并在工作中实行"自我控制"，自下而上地保证目标实现的一种管理方法（见专栏3-1）。管理学家孔茨认为，"目标管理就是用系统化的方式，把许多关键的管理活动集中起来，有意识地引导他们并高效地实现组织目标和个人目标。"作为一种目标管理，政府绩效管理也是如此；不同的是，上述的一般目标替换为了特定的绩效目标。

专栏 3-1　彼得·德鲁克的"目标管理和自我控制"

- 靠压力进行管理，像靠"严厉措施"进行管理一样，无疑是一种困惑的标志，它是对无能的一种承认。
- 目标管理的主要贡献在于，我们能够以自我控制的管理方式来取代强制式的管理。
- 为了控制自己的绩效，管理者单单了解自己的目标还不够，还必须有能力针对目标，衡量自己的绩效和成果。
- "目标管理和自我控制"以更严格、更精确、更有效的内部控制取代外部控制。管理者的工作动机不再是有无别人命令他或说服他去做某件事，而是因为管理者的任务本身必须达到这样的目标。
- 由于目标管理和自我控制将企业的客观需求转变为个人的目标，因此能确保经营绩效。

资料来源：彼得·德鲁克.管理的实践［M］.北京：机械工业出版社，2014：104-106.

那么，什么是**绩效目标**呢？中山大学的蔡立辉教授认为："绩效目标是指行为者（政府部门和公务员）履行职能和岗位职责所应达到的程度。"③该定义有两层含义：其一，绩效目标内容反映的是行为者应履行的职能或岗位职责；其二，绩效目标表

---

① 夏书章.行政管理学［M］.第四版，北京：高等教育出版社，广州：中山大学出版社，2008：453.
② 蔡立辉.政府绩效评估［M］.北京：中国人民大学出版社，2012：221.
③ 同上书，第11页.

现为一定的"度",表示在一定时间、地点等环境条件下行为者履行的职能或岗位职责所要达到的程度,是受动者对行为者行为的一个期望值。

与上述定义不同,马国贤教授在《政府绩效管理与绩效指标研究》中将政府绩效管理定义为:"公共部门为提高资金绩效,以绩效指标和事业成本为核心,以部门绩效管理和预算绩效管理为基本形式的管理模式。"[①]他指出,政府绩效管理采用流程化、环节化管理模式,围绕着如何提高预算绩效,形成了绩效目标、绩效预算、绩效拨款、绩效评价等环节。因此,政府绩效管理既属于目标管理,又属于环节化的管理,同时也是以结果为导向的管理。[②]由此可见,无论是西方学者还是中方学者,普遍认为政府绩效管理即结果导向的管理。

3.2 绩效评价在政府绩效管理中的地位与作用

绩效评价,即创建关于公共行为结果的信息。这样就能使民选官员对组织负责并为绩效引入结果战略。

——[美]奥斯本、普拉斯特里克,2004

3.2.1 绩效评价是政府绩效管理的一个关键内容与环节

从上面的分析中我们可以看到,政府绩效管理由诸多的管理环节所构成,政府绩效评价是其一个关键的内容与环节。

根据霍利的定义,结果导向管理(政府绩效管理)由三个相关的过程组成:(1)在关键利益相关者之间就使命、目的和战略(用于实现目的的资源与过程)取得合理的认同水平;(2)发展高质量的绩效测量系统和评价系统以记录和报告绩效信息;(3)运用绩效信息提高项目效益,加强责任制,并支持政策决策制定。其中,第一个为目标设立和战略规划;第二个为绩效测量和绩效评价;第三个为绩效信息运用。按照我们上一章对于绩效评价系统的定义,绩效评价包括了绩效测量、绩效评价和结果运用。因此,政府绩效评价构成政府绩效管理过程的一个重要内容与关键环节。对于结果导向的政府绩效管理来说,绩效评价是必须的、不可缺少的。

3.2.2 绩效评价是政府绩效管理的重要管理控制工具

肯尼斯·默肯特(Kenneth A. Merchant)和威姆·范·斯泰德(Wim A. Van der

---

① 马国贤.政府绩效管理与绩效指标研究[M].北京:经济科学出版社,2017:第46页.
② 同上书,第47页.

Stede)在《管理控制系统》(2012)一书中,将管理过程划分为目标设立、战略规划和管理控制三个部分(表3-1),其中管理控制包括绩效测量、绩效评价和激励(即绩效信息运用)。他们认为,为了实现组织目标,必须进行管理控制,尤其是结果控制,而进行结果控制则需要绩效测量、绩效评价和激励。[1] 根据该理论,政府绩效评价(包括绩效测量、评价和结果运用)是政府绩效管理的一个重要的管理控制系统。作为管理控制系统,它检查政府所进行的一切活动是否符合既定的发展战略与计划,其主要的目的在于发现问题,以便纠偏和防止重犯。

表3-1 管理的三种不同分类

功能	资源	过程
产品(服务)生产	人员	目标设立
运营	资金	战略规划
营销	设备	管理控制
融资	信息	

资料来源:Merchant, Kenneth A. and Wim A. Van der Stede. *Manage Control Systems: Performoance Measurement, Evaluation and Incentives*(Third Edition),Pearson Education Limited,2012.

管理控制是管理的一个核心职能。哈罗德·孔茨和海因茨·韦里克认为:"计划与控制两者密切相关,因此,战略计划需要战略控制。"[2] 管理控制主要涉及战略的实施和执行问题。[3] 在政府绩效管理中,有一个好的战略规划非常重要,但成功的战略规划并不能保证成功的实施,因为任何事情总是做得比想的更为困难。正像政治学家詹姆斯·斯科特(1998)所说的,"设计或规划的社会秩序往往只是一张示意图,它总是忽略一切真实的、起作用的社会秩序的重要特征。"一些重要的难题只有当战略实施的时候才会出现,为了聚焦于出现的任何困难和应对计划,还必须时时关注战略的实施过程。这意味着,为了确保在组织发展的过程中组织战略方向是正确的,必然要进行管理控制,也就是要进行绩效监测与评价。

政府绩效评价是监控政府战略与计划实施,并对政府战略与计划实施的绩效进行系统性评价的过程。它主要涉及以下几方面的活动:(1)检查战略与计划的基础,以了解构成战略与计划的机会和威胁、优势与弱点等是否发生变化,发生了何种变化,因何发生变化。(2)衡量战略与计划绩效。将预期目标与实际结果进行比较,研究在实现战略目标过程中取得的成绩。其中的关键是确立明确的政府绩效评价指

---

[1] Kenneth A. Merchant & Wim A. Van der Stede,*Manage Control Systems: Performance Measurement, Evaluation and Incentives*(Third Edition),Pearson Education Limited,2012,p6.

[2] 哈罗德·孔茨和海因茨·韦里克.管理学[M].第10版.张晓君,等,译.北京:经济科学出版社,1998:382.

[3] Kenneth A. Merchant & Wim A. Van der Stede,*Manage Control Systems: Performance Measurement, Evaluation and Incentives*(Third Edition),pp.6-7.

标。此外，政府绩效评价还要回答以下问题：政府战略与计划是否与政府的内部情况相一致？政府战略是否与外部环境相一致？从可利用的资源角度来看，政府战略与计划是否恰当？政府战略与计划涉及的风险程度是否可以接受？政府战略与计划实施的时间是否恰当？战略与计划是否可行？等等。(3) 战略与计划的修正与调整。在战略或计划检查与绩效测量及评价的基础上，做出是否持续、调整、重组或终止战略或计划的决定。

总之，在政府绩效管理中，政府绩效评价是一个重要的管理控制系统。如果说政府战略规划是解决如何达成愿景和目标问题的过程，即如何成功地完成航行，那么，政府绩效评价系统就是帮助确定是否偏离航道以及如何应对。作为一个管理控制系统（工具），政府绩效评价不仅能够及时跟踪环境的变化，监控政府战略与计划的有效性，而且其结果可以作为调整、修正，甚至终止战略与计划的依据，可以改进政府的绩效管理，从而提高政府服务的质量与效益。总而言之，绩效评价在政府绩效管理中的作用，体现为一种纠偏机制，以便保障政府战略与计划的正确实施。

3.2.3 "简政放权"改革需要强化绩效评价的作用

近年来，各国的政府都面临着来自国内各利益相关者日益高涨的改革呼声，他们要求政府更加负责和更加透明、提供公共产品和服务时更加高效；另外，预算上的限制促使政府做出很多艰难的决定和权衡，以期将有限的资源得到合理的运用。这使得各国政府都面临着很多压力要求精简和改革政府，并要求进行权力下放和放松管制。随着政府权力下放和放松管制，要求随之加强对地方政府的绩效评价，以监督结果的实现过程。比如英国、澳大利亚、新西兰、美国等国家在政府变革中的普遍做法是，在政府组织系统中进行分权和授权，将责任转移至较低一级的政府部门，同时加强了对各级地方政府的绩效评价。通过绩效评价，追踪并了解地方政府的计划或政策的实施情况及其影响。

我国的政府改革也特别强调权力下放。2014年3月，时任国务院总理李克强在做政府工作报告时，将"深入推进行政体制改革"放在了当年工作清单中的第一位，并强调要进一步简政放权。自那时以来，我国政府把简政放权、放管结合作为改革的重头戏。据统计，国务院各部门2014年取消和下放246项行政审批事项，取消评比达标表彰项目29项、职业资格许可和认定事项149项，再次修订投资项目核准目录，大幅缩减核准范围。[①] 在2015年的政府工作报告中，李克强总理再次提出"加大简政放权、放管结合改革力度"。在报告中他还特别指出，"各级政府都要建立简政

---

① 李克强：《2015年政府工作报告》第一部分"2014年工作回顾"。

放权、转变职能的有力推进机制，给企业松绑，为创业提供便利，营造公平竞争环境。所有行政审批事项都要简化程序，明确时限，用政府权力的'减法'，换取市场活力的'乘法'。"并要求"地方政府对应当放给市场和社会的权力，要彻底放、不截留，对上级下放的审批事项，要接得住、管得好"。近年来，政府的简政放权改革一直在延续。那么，简政放权之后各级政府如何才能接得住、管得好呢？根据上述理论，我们认为需要改变传统的管理控制方式，通过绩效监测、评价和激励等方式，实施结果为核心的管理控制。

在传统官僚体制中，大部分权力都集中在政府等级制架构的顶层，中低层管理层的选择权非常有限，其管理控制方式主要是命令、规则和检查。政府管理改革之后，随着政府权力下放和放松管制，控制权力从中央和高层移至了中低层，其控制战略也必然要发生改变。对于这种变化，戴维·奥斯本在其《政府改革手册》（2004）一书中进行了深刻的分析，他说：

> 控制战略改变了公共组织决策权所处的位置。它颠覆了官僚制度与集权控制的信条，并将权力交给一线雇员、组织管理者和社区组织。领导者愿意这样做，是因为他们越来越希望组织对所出现的问题、机遇和顾客需求等做出迅速、灵活并具创造性的回应——如果等待来自高层的命令，这些都无法完成。为了能够执行，再造者开发了许多引导雇员行为的新方法，而不是使用命令、规则和检查。他们试图影响行为者希望实现的目标，而不是控制公共组织或社会团体的所作所为。这是授权交易的本质所在：承诺生产具体结果而获得生产结果所需的权力。这些交易要求多种工具：
>
> ● 要求对政府希望的结果的决策权——换言之，有效掌舵。
> ● 要求运用绩效评价，以监督结果的实现过程。
> ● 要求运用手段——奖励和惩罚——以产生绩效责任。
> ● 要求授权，即把决策权转移至公共雇员、公共组织与以社区为基础的组织。[1]

上述四种工具就是各国政府改革中普遍采用的管理控制战略，这一控制战略本质上是一种结果控制战略。它意味着，赋予组织更多的灵活性，以换取其对绩效承担更大的责任，同时要求运用绩效评价，监督其责任履行的过程及其有效性。换言之，这一战略就是要将权力和责任捆绑在一起，使其"负责任地、独立自主地、高绩效地运作"（彼得·德鲁克）。为此，必须既要对其授权（authority），又要使其承担责任（responsibility）。而一个管理者是否负起了责任，要以其工作绩效和成果做检验。开展结果导向的绩效评价，就是为了检验管理者的"工作绩效和成果"。所以，马克·波波维奇说，"在分散权力和责任、削弱僵硬的指挥控制职能时，绩效评价系统使管理人员保持对当选的领导负责是至关重要的。"[2]

---

[1] 戴维·奥斯本等.政府改革手册：战略与工具[M].北京：中国人民大学出版社：364.
[2] 马克·波波维奇.创建高绩效政府组织[M].北京：中国人民大学出版社，2002：32.

与传统的官僚控制相比，结果控制战略在管理上"指约而易操，事少而功多"，显然效果更好。结果控制战略与我国古代道家的管理思想与风格颇为相近。司马迁在《史记》的"太史公自序"篇中专门论述了道家的这一管理思想与特点，他写道：

  道家使人精神专一，动合无形，赡足万物。其为术也，因阴阳之大顺，采儒墨之善，撮名法之要，与时迁移，应物变化，立俗施事，无所不宜，指约而易操，事少而功多。①

3.3　预算绩效管理与预算绩效评价

在政府中最重要的手段（最有力地促进政府行为的制度）是预算。

——［美］奥斯本、盖布勒，2006

  预算作为最重要的政府治理工具，决定着政府治理体系和能力的现代化水准。所以，威尔达夫斯基（1988）说，"如果你不能制定预算，你就不可能治理。"为了深化我国政府绩效管理改革，党的十九大之后，我国政府绩效管理改革的重心转向了预算绩效管理改革。2018年9月，中共中央、国务院发布了《关于全面实施预算绩效管理的意见》，提出"创新预算管理方式，更加注重结果导向、强调成本效益、强化责任约束"②。这意味着，全面实施预算绩效管理必须坚持结果导向。2019年，为了推动经济的高质量发展，中央经济工作会议提出了一个工作方针——"坚持问题导向、目标导向、结果导向"（以下简称为"问题-目标-结果"导向）。"问题-目标-结果"导向是一个逻辑自洽、相互联系、前后统一的整体，即：目标导向建立在问题导向的基础上，结果导向则建立在目标导向基础之上。这就是说，全面实施预算绩效管理，我们需要坚持和遵循"问题—目标—结果"的绩效管理逻辑。③

  由于预算绩效管理是一个由绩效目标管理、绩效运行监控管理、绩效评价管理、评价结果反馈和应用共同构成的综合系统（财政部，2011）。④为此，本节主要基于上述"问题-目标-结果"的管理理念与逻辑，通过对预算绩效管理的四个主要内容和环节——绩效目标设置、绩效运行监控、绩效评价设计和评价结果应用的分析，来分析和阐释预算绩效管理的内涵及其诸环节之间的关系，尤其是阐

---

① 司马迁. 史记（四）[M]. 北京：中华书局，2011年版（三家注），2849.
② 参见中国政府网. 中共中央、国务院关于全面实施预算绩效管理的意见. 中发[2018]34号，2018，http://www.gov.cn/zhengce/2018-09/25/content_5325315.htm.
③ 施青军、常晓靖."问题-目标-结果"导向的理念与逻辑[N]. 中国财经报，2021-10-16.
④ 财政部：《关于推进预算绩效管理的指导意见》（财预〔2011〕416号）.

明绩效目标和绩效评价在预算绩效管理中的地位与作用。①预算绩效管理循环图参见图 3-2。

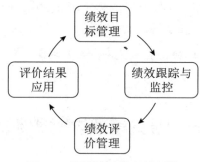

图 3-2 预算绩效管理循环图

3.3.1 绩效目标设置

进行预算绩效管理的根本目的不是单纯地管理政府预算,而是在遵从法定约束的前提下致力于达成公共政策目标,以及衔接这些目标的预算绩效目标。②因此,可以说,绩效目标是预算绩效管理的核心与关键。绩效目标取决于决策者所面对、处理和解决的问题和情境。在现实的决策中,决策者往往面临着各种各样的社会问题(问题域),决策者要对社会问题的轻重缓急进行区分,并在此基础上研究和确定预期政策目标(绩效目标)。这就是说,正确地设置绩效目标必须坚持问题导向,从要解决的社会问题出发确定预算绩效目标。然而,在我国目前的绩效目标设置中,大多仅注重了产出(output)目标,而忽略了效果(outcome)目标(该目标反映和体现了政策欲解决的社会问题)。

《中央部门预算绩效目标管理办法》(2015)指出,绩效目标是预算资金计划在一定期限内达到的预期产出(output)和效果(outcome)。这表明,绩效目标包含"产出"与"效果"两个要素。其中,"产出"是预算资金在一定期限内预期提供的公共产品和服务;"效果"则是由产出的利用而带给目标受众的实际利益。可以看出,两者关系之中,"产出"是手段,"效果"是目的,因而效果更重要。亚洲开发银行(2006)认为,效果是项目规划的关键支撑,它描述了项目实施结束时项目要完成的

---

① 预算绩效管理有狭义和广义之分。这里的预算绩效管理是狭义的,指的主要是预算的运营绩效。广义的预算绩效管理则包括三项基本内容:总额财政纪律、配置优化和服务的运营绩效。参见拙文"深化我国预算绩效管理改革的基本思路:由'狭义预算绩效观'转向'广义预算绩效观'",载《中国行政管理》2023 年第 12 期。

② 华南理工大学郑方辉教授也持此观点,他在《全面乡村振兴:政府绩效目标与农民获得感》一文中写道,"目标是政策的灵魂与政策绩效的标尺,从而决定政府作为及公共政策以目标为导向,围绕目标而展开行动,并接受对目标的评价与检验。……政府绩效目标更加凸显价值性,政府的一切管理活动'到底为了谁'的问题,涉及政府管理的根本价值选择"。见《中国社会科学》2023 年第 3 期。

任务，以及借此要解决的发展（社会）问题。所以，预算绩效目标设计的主要任务就是，将预算资金要达到的预期效果转化为一系列明确的、可衡量的绩效指标。

基于此，我们从问题导向的理念出发，设计了如下一个新的预算绩效目标框架（表3-2）。该绩效目标框架主要由预期产出/效果（output/outcome）、指标（indicators）、基准（baselines）和目标（targets）四个要素组成。其中，效果代表预期成效，表明预算要完成的任务，以及借此要解决的问题；指标描述了成效的具体内容；基准（baselines）表示指标变量的起始值；目标（targets）则界定了成效的具体数量和时间。作为绩效目标管理的重要工具，"指标"和"目标"共同表明了如何认定预期成效的实现。

表 3-2 预算绩效目标框架

预期产出/效果 （output/outcome）	指标 （indicators）	基准 （baselines）	目标 （targets）
1.			
2.			
3.			

为了阐明这一绩效目标框架的具体运用，下面以我国的农机深松整地政策的绩效目标设置为例，来做进一步分析和说明。

为了实施乡村振兴战略，农业农村部制定了一系列的重要政策，农机深松整地政策就是其中之一。之所以实施这一政策，是因为实施农机深松整地作业，可以有效解决农民粮食生产中面临的一系列土地耕种问题，包括土地硬化、土壤通透性差、土壤容重高、土壤蓄水保墒和抗旱防涝能力低等问题，从而有利于提高粮食产量。为此，我们依据表3-2将农机深松整地政策的绩效目标设置如下：

首先，将预期产出确定为"深松作业面积扩大"。测量指标有二：（1）深松作业面积；（2）深松作业深度（质量指标）。其中，深松作业面积指标的目标值为计划深松整地面积；深松作业深度指标目标值（作业深度技术标准）为不低于25cm，并且不漏耕。其次，将政策预期效果确定为："耕地亩均产量提高"和"耕地的质量提升"。前者的指标为"亩均增产率"；后者指标为"土壤容重和空隙度""土壤田间蓄水量"。其基准和目标数据分别为：耕地深松前（后）作物亩产量、耕地深松前（后）的土壤容重及空隙度、耕地深松前（后）的土壤田间蓄水量（表3-3）。

表 3-3 深松整地政策绩效目标

预期产出/效果 (output/outcome)	指标 (indicators)	基准 (baselines)	目标 (targets)
1. 深松作业面积扩大	深松作业面积（数量）		计划深松作业面积
	深松作业深度（质量）		不低于25cm
2. 亩均产量提高	亩均增产率	深松前作物亩产量	深松后作物亩产量
3. 耕地质量提升	土壤容重和空隙度	深松前土壤容重、空隙度	深松后土壤容重、空隙度
	土壤田间蓄水量	深松前土壤田间蓄水量	深松后土壤田间蓄水量

资料来源：施青军、刘飞. 如何科学设置预算绩效目标［J］. 中国财政, 2022. (2).

3.3.2 绩效运行监控

绩效运行监控的重点是绩效目标的实现情况，尤其是"成效"的实现情况。但是，在我国的预算绩效运行监控中，许多部门及单位由于对绩效目标的理解偏差，监控的重点并非"效果"，而是"产出"（"产出"目标监控的重点又主要是产出数量，而相对忽略了产出的质量）。为此，我们依据项目结果链构建了一个新的绩效监控框架（将结果链的次序倒转，是为了更为突出结果），以重点对项目绩效目标的完成进度、实际效益与预期效益存在的偏差等进行追踪，旨在发现项目的绩效运行是否与原定绩效目标（特别是效果目标）发生了偏离，以及发生偏离的原因。

如表 3-4 所示，新的绩效运行监控框架共包含四列。第一列列出了预算项目管理的关键要素，（自上而下）包括影响、效果、产出、活动和投入。第二列是绩效目标和指标，包括对项目结果的质量和数量进行具体界定。按结果链中要素的具体层次划分，"影响"指标界定了预期的中长期目标（即项目的实施对经济社会带来的长期变化）；"效果"指标界定了预算项目的直接效果或受益人的行为积极变化，以及相关系统的改进情况；"产出"指标明确了政策（项目）将交付的主要的有形货物和服务；"投入"指标则界定了人、财、物等这些实现政策目标所需的资源；"活动"指标联系了投入和产出两个层次的指标，明确了"活动"是如何利用人、财、物等资源"产出"货物或提供服务的。第四列则是指标的数据来源和报告机制。数据的来源表明每一项监测指标的状态信息从何处可以获得，由哪些人或者部门提供该信息，以及如何收集该信息。报告机制则说明信息记载于何处。第五列是假设和风险。假设是对实现绩效监控框架每一层次结果所必备的条件、事件或行动的积极性陈述；风险则是对将会造成不利影响或致使预期结果不能实现的条件、事件或行动的消极性陈述。

表 3-4　预算绩效监控框架

监测内容		绩效目标/指标	监测数据	数据来源/报告机制	假设/风险
结果	影响（impact）				
	效果（outcome）				
实施情况	产出（outputs）				
	活动（activity）				
	投入（input）				

3.3.3　预算绩效评价

预算执行结束后，需要对预算资金的使用效果与效率进行系统的分析和评价。《国务院办公厅关于进一步优化营商环境更好服务市场主体的实施意见》（2020年7月21日）明确提出，我们应"以政策效果评估为重点，建立对重大政策开展事前、事后评估的长效机制"。当前，我国预算绩效评价的焦点依然主要是过程、规则和程序，缺少对相关的社会问题和预算使用效果的关注。基于此，我们从"问题－目标"导向的理念出发，以"相关性、效果性、效率性、公平性和可持续性"五个评价维度为核心，建构了如下一个新的绩效评价框架（见表 3-5）。与传统的绩效评价指标体系相比，该评价框架不仅体现了结果为导向的基本理念，而且遵循了"问题－目标－结果"导向的绩效发展逻辑。

表 3-5　预算绩效评价框架

评价维度	关键问题	评价指标	基线数据	目标/标准	数据来源	数据收集方法	数据分析方法	注释
相关性								
效果性								
效率性								
公平性								
可持续性								

如表 3-5 所示，预算绩效评价框架第一列为评价维度。其中，相关性主要评价预算绩效目标在多大程度上与公众需求或社会问题相匹配。具体而言，包含两层含义：一是分析预算绩效目标的匹配性与合理性；二是分析项目设计的匹配性。效果性主要分析预算绩效目标是否实现，或在多大程度上实现了绩效目标，亦即衡量阶段性实际产出及效果与预期产出和效果的差异，并探求导致这种差异的原因。效率性则主要分析投入与产出、效果之间的对比关系，追求既定目标下资源投入的最小化，

主要关注各项投入是否得到充分、有效的利用。公平性主要评价预算是否惠及弱势群体。可持续性主要分析项目活动和收益在未来一定时间内是否能持续地发挥作用。

其评价的基本逻辑如图 3-3 所示。其中，相关性主要分析项目目标是否与社会问题（需求）相一致（关注社会问题或需求）；效果性主要分析绩效目标是否实现，以及实现的程度如何（关注绩效目标实现）；效率性重点分析预算实施效果是否与成本相匹配（关注成本效益性）；公平性主要分析预算效果是否惠及大多数政策受众，尤其是弱势群体（关注受益的普惠性）；可持续性主要分析项目活动收益或效益随着时间的推移是否可持续（关注风险弹性）。

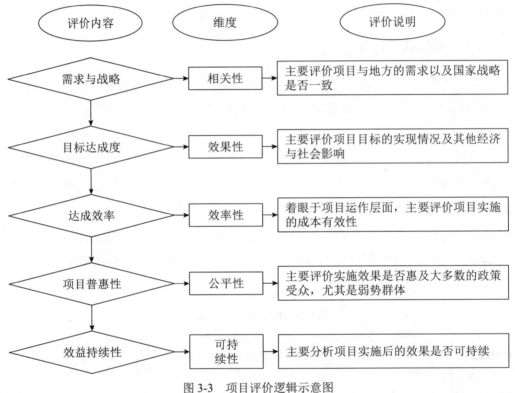

图 3-3　项目评价逻辑示意图

由此可见，在预算绩效管理中，绩效评价至关重要，其主要目的就是分析评价预算绩效目标的实现情况。在我国，有一种流行的观点认为，绩效目标管理是预算绩效管理的基础，绩效运行监控是预算绩效管理的重要环节，绩效评价则是预算绩效管理的核心，评价结果的反馈与应用是预算绩效管理的落脚点。[①] 可以看出，该观点把预算绩效管理几乎等同于绩效评价，过分地抬高了绩效评价在预算绩效管理中的地位，并且降低了绩效目标在预算绩效管理中的地位。

---

① 财政部基层财政干部培训教材编审委员会：《全过程预算绩效管理基本知识问答》，第 5 页；财政部预算司. 中国预算绩效管理探索与实践 [M]. 北京：经济科学出版社, 2013：173.

3.3.4 评价结果应用

预算绩效评价不仅提供了有关政策实施结果的重要反馈，还提供了有关政策成败的重要信息。这些信息不仅可以帮助决策者改进财政支出政策的决策和管理，还可以展示责任和提高财政支出的透明度。因此，预算绩效评价完成之后，必须将评价结果反馈给利益相关方，特别是政策的决策者和管理者，以便他们能充分有效地利用评价报告所提供的政策结果信息，优化公共资源配置。目前，我国各地在评价结果应用上还不够规范，存在着较大的随意性。为了改进我国绩效评价结果的应用，推动绩效评价结果运用的规范化和常态化，我们提出以下两点建议：

第一，制订绩效评价结果运用计划。为建立绩效评价结果运用机制，各部门应根据绩效管理规划制订相应的绩效评价结果运用计划，以推动结果运用的规范化和常态化。绩效评价结果应用计划是绩效管理规划的一部分，应当在评价正式执行之前做出。目前，应主要通过绩效评价结果运用计划，推动评价结果运用在预算中的决策与调整，以优化公共资源的配置。在此，首先要考虑政策与预算实施的效果（社会问题的解决情况），而不是简单的打分与排名结果。因为打分考虑了诸多的其他因素，打分高并不意味着预算实施成效是好的。其次，进行预算安排还须考虑其与国家战略和政策的关联度，以及与民众需求和偏好的紧密度，因为预算毕竟也是一种政治性的活动。

第二，将预算绩效评价的结果（主要是预算的实施效果与效率）纳入行政问责制[①]，建立有效的激励约束机制。这样，各部门都会严格约束自己的行为，并主动根据绩效评价的结果改进预算决策和管理，保障评价结果运用落到实处。同时，在监督机制中，要畅通评价对象的申诉机制，对于认为评价结果不客观、奖惩不合理、奖励强度不够或惩罚过重的评价对象，提供维护权益的机会，促进评价双方的良性互动以及评价结果的公平和公正。

3.4 结　　语

在学术界，国内外学者对于政府绩效管理的认识虽然不尽相同，但多数人都认为政府绩效管理是一种结果为导向的管理。作为结果导向的管理，政府绩效管理"旨在将管理焦点转移至结果，提高服务质量与项目效益（效果），将机构和项目活动的价值传递给关键的利益相关者和公众，强化责任制，支持资源分配与其他政策决策的制定"。（约瑟夫·霍利，2003）

---

① 这意味着，行政问责的主要内容是预算实施的效果和效率，而不是绩效评分的结果．

在政府绩效管理中，绩效评价有着重要的地位与作用。根据管理学家默肯特和斯泰德的管理控制理论，政府绩效评价（包括绩效测量、评价和信息运用）可以视为政府绩效管理的一个管理控制系统。这一系统不仅能够及时跟踪环境的变化，监控战略的有效性，而且其结果可以作为调整、修正，甚至终止战略规划的依据，可以改进政府绩效管理，从而提高政府服务的质量与效益。正如孔茨和韦里克所说："管理工作的控制职能是对业绩进行衡量与校正，以便确保企业目标能够实现和为达到目标所制订的计划能够得以完成。"①

党的十九大之后，我国政府绩效管理改革的重心转向了预算绩效管理改革。预算绩效管理是一个由绩效目标管理、绩效运行的监控、绩效评价管理、绩效评价结果反馈和应用管理共同组成的综合系统。在这一系统中，绩效目标的设计是核心与关键。财政部《中央部门预算绩效目标管理办法》（2015）指出，绩效目标是预算资金计划在一定期限内达到的预期产出和效果。其中，"产出"是预算资金在一定期限内预期提供的公共产品和服务；"效果"则是由产出的利用而带给目标受众的实际利益，它反映了项目所要解决的社会问题。两者关系中，"产出"是手段，"效果"是目的，因而效果更重要。绩效运行监控则是一个预算绩效目标信息的监测和报告系统，它可以使管理层及时地了解绩效目标的进展情况，但不能认识变化的原因。因此，绩效监测之后我们还需要"对预算执行情况开展绩效评价"。绩效评价的主要任务是，从相关性、效果性、效率性、公平性和可持续性五个维度，全面评价预算实施的效果，并对造成这一结果的原因进行分析。预算绩效评价完成之后，还应建立绩效评价结果反馈和应用机制，也就是将绩效评价过程中发现的问题，及时地反馈给被评价的部门和单位，以作为其改进预算管理、提高预算支出水平以及实施政府问责的重要依据。总之，在预算绩效管理中，绩效目标是核心，绩效评价则是一个重要的管理手段和工具。

复习思考题

1. "目标导向管理"与"结果导向管理"是否是一回事？
2. "公共服务绩效管理"是否是政府绩效管理？
3. 为什么说政府绩效管理是一个管理控制系统？
4. 在政府绩效管理中是否应强调"分权"管理？
5. 在政府绩效管理中预算绩效管理是否最重要？
6. 在预算绩效管理中预算绩效评价是否最重要？

---

① 哈罗德·孔茨和海因茨·韦里克. 管理学［M］. 第10版. 北京：经济科学出版社，1998：378.

第4章 政府绩效评价与绩效审计

政府绩效评价是对政府干预活动的效率和效果的一种实证性的研究。绩效审计则类似于绩效评价[①]，二者都是对政府管理行为结果的一种反馈机制。为此，许多人常常将它们混为一谈。为了澄清这一问题，本章对政府绩效评价与绩效审计进行分析和比较，以阐明二者之间的异同。

4.1 政府绩效审计的概念与特点

绩效审计是纳税人、投资人、立法机构、行政机构、普通公民和媒体深入了解不同政府活动的运作和成果的途径。

——《世界审计组织绩效审计指南》，2004

为了对政府绩效评价与绩效审计进行比较，我们需要首先分析和阐述一下政府绩效审计的概念。由于关注的侧重点不同，各国政府绩效审计的定义不尽相同。西方大多数的国家认为，绩效审计是"3E"审计，但也有部分国家认为，应当在"3E"基础上再加公平性（equity）与环境保护（environmental protection），也就是将"3E"变为"4E"或"5E"审计。这里，主要分析最高审计机关国际组织（世界审计组织）和英国、美国、加拿大等几个有代表性的国家关于绩效审计的定义。

4.1.1 最高审计机关国际组织（INTOSAI）的定义

最高审计机关国际组织（INTOSAI）在《世界审计组织审计准则》（1.0.38 和 1.0.40）中做了如下陈述："全范围的政府审计包括**合规性**和绩效审计"，并认为，"绩效审计关注的是对经济性、效率性和效果性的审计"。其中，经济性审计是对所使用的（人力、财力和物质）资源形成意见。中心问题是在所处的政治和社会条件下，资源的采购、维持和应用是否经济？所选方式是否代表了对公共资金的最经济（或至少是最合理）应用？经济性审计一般包括两个方面的内容：

---

① Harry P. Hatry, Performance Measurement: Getting Results, p. 8.

- 根据健全的管理原则和实务以及管理政策对政府管理活动的经济性进行审计。
- 对政府部门是否经济地使用资源并将成本保持在较低的水平进行审计。

效率性与经济性有关，其中心问题也是所应用的资源。主要考察资源是否得到最优或令人满意的应用，或者是否可以应用更少的资源实现预期的目标和结果。它主要涉及所提供商品和服务的质量和数量（产出）与用以产生这些商品和服务的活动和资源成本之间的关系。效率性审计的内容一般包括：

- 人力、财力和其他资源是否得到有效应用？
- 政府项目、单位和活动是否得到有效管理、组织和执行？
- 政府服务是否得到及时提供？
- 政府项目目标的实现是否符合成本-效益原则？

效果性主要与政策或项目的目标实现有关。中心问题是分析政策、项目目标是否得到了实现，所采取的手段和所实现结果是否与政策目标保持一致，以及确定所述的结果是否确实是执行政策而非其他情况的结果。效果性审计的内容主要包括：

- 政策目标是否得到了实现？
- 所发生的理想结果是否可以归功于所追寻的政策？

4.1.2 英国的绩效审计定义

绩效审计在英国称为**物有所值审计或货币价值审计**（value for money audit）。之所以称绩效审计为物有所值审计，是由于政府审计所关注的事项较多的都是预算支出的效益，考察所花纳税人的钱是否花得物有所值。1983年公布的《英国国家审计法》将绩效审计定义为："检查某一组织为履行其职能而使用所掌握资源的经济性（economy）、效率性（efficiency）和效果性（effectiveness）情况。"其中，经济性审计，主要关注在保证质量的前提下降低资源消耗量；效率性的审计，主要对比产出或服务与资源投入的关系，以一定的投入实现最大的产出或实现一定的产出应使用最少的投入，保证资金支出的合理性；效果性的审计，主要是通过对比资金支出后所实现的实际效果与预期效果之间的关系，保证资金达到理想的效果。所以，英国绩效审计的特点可以概括为"3E"。

4.1.3 美国的绩效审计定义

美国审计总署（GAO）[①]的《政府审计准则》将绩效审计定义为：客观、系统地检

---

① 2004年4月，为了全面反映其工作职责和内容，美国GAO将其名称由其原来的美国审计署（General Accounting Office，GAO）更名为美国政府责任办公室（Government Accountability Office，GAO）。美国GAO是美国国会的一个独立的机构，它通常被称为国会的"调查臂膀"或国会的"看门狗"，其使命在于帮助联邦政府提高工作业绩和履行责任，并以此为美国人民服务。

查证据，以实现对政府组织、项目、活动和功能进行独立评价的目标，从而增强公共责任性，为实现监督和采取纠正措施的有关各方决策提供信息。

按照美国《政府审计准则》的规定，美国绩效审计的内容包括经济性和效率性审计以及项目审计。其中，经济性和效率性审计包括：（1）确定该机构是否经济和高效率地取得、保护和使用它的资源；（2）确定低效率和不经济情况产生的主要原因；（3）确定该机构是否遵循了与经济性和效率性有关的法律和规章。项目审计（program audits）包括：（1）检查达到立法部门和其他权威机构所确定的预期成果或收益的程度；（2）分析组织、项目和活动的有效性；（3）分析机构是否遵循了与项目有关的法律和规章。

与INTOSAI、英国的定义相比，美国绩效审计定义不仅包括经济性、效率性和效果性（3E），而且包括合规性（compliance with authorities）。如果把合规性用"C"表示，那么，美国绩效审计的特点可以概括为"3E+C"。

4.1.4　加拿大的绩效审计定义

加拿大审计署在《绩效审计手册》（2004）中将绩效审计定义为：对政府活动的系统的、有目的和有组织的客观检查。绩效审计的范围包括检查政府活动的经济性、效率、效果、成本效益和对环境的影响（environmental effects）；衡量效果的程序；对公共财产的保护，以及对法规的遵循性（compliance with authorities）。

与英国、美国的绩效定义不同，该定义不仅将政府活动的经济性、效率性和效果性列为绩效审计的内容，还将环境影响和法规的遵循性也列入了绩效审计的范围。这表明，加拿大绩效审计的基本特点为"4E+C"。

4.1.5　我国的绩效审计定义

国家审计署在《效益审计程序与方法》（2003）中将效益（绩效）审计定义为：审计机关对被审计单位（项目）管理和使用公共资源的有效性进行检查和评价的活动。在这里，"有效性"包括四个方面：经济性、效率性、效果性与合规性。之所以把合规性作为绩效审计的内容之一，是因为不论从事什么类型的审计业务，审计人员都有责任关注违法违规问题。这就是说，我国绩效审计的特点也可概括为"3E+C"。

可以看出，尽管各国绩效审计的定义不尽一致，但它们都包含"3E"审计，所以，我们可以把INTOSAI的定义作为对绩效审计的基本定义。具体来说，绩效审计可以理解为："对被审计单位在履行职责时利用资源的经济性、效率性和效果性（"3E"）进行的审计。"[①]

[①] 国家审计署外资司.国外效益审计简介[M].北京：中国时代经济出版社，2003：222.

4.2 绩效评价与绩效审计的联系

审计和评价均旨在为决策者"提供系统和可信赖的信息，这些信息能帮助他们创立、管理、监控及改变计划，偶尔也帮助他们决定放弃某些计划"。

——［美］维斯勒（Wisler），1996

绩效审计是对被审计单位利用资源的经济性、效率性和效果性的一种审计，与政府绩效评价相比，二者有着很多相同或相似的地方，这些相同或相似的地方主要体现在四个方面：

4.2.1 在评价内容上二者有着共同的领域

如上所述，INTOSAI 的定义是绩效审计的基本定义。按照这一定义，绩效审计是"对被审计单位在履行职责时利用资源的经济性、效率性和效果性进行的审计"（即"3E"审计）。在本书第 2 章，我们把政府绩效评价界定为"对政府干预活动的效率和效果的一种实证性的研究"。因此，在评价或是审计的对象与内容上，二者有着共同的领域："效率和效果"。

4.2.2 在评价性质上二者都是一种实证性研究

如上所述，政府绩效评价是对政府干预活动的效率和效果的一种实证性的研究。政府绩效审计也是一种实证性的研究。哈维·哈特里（1999）说，"绩效评价是一种深入的、特定的研究，它不但要检查项目结果，还要分析其原因，包括分析项目在多大程度上实现了结果。绩效审计与绩效评价相类似，也是对结果的一种深入的、特定的研究。"[①] 对此，《世界审计组织审计准则》（1.4）明确规定，"审计师通过将成果（或影响）与政策目标中的具体内容进行比较对效果性进行评价。这种方法被称为'目标实现'分析。但是，在审计效果性时，审计师还应该努力确定，所应用的政策执行工具在多大的程度上为实现政策目标做出了贡献。这是真正意义上的效果性审计，它要求获取关于所观察到的成果确实归功于所采取的行动而非其他因素的证据"。由此可以看出，绩效审计也是一种实证性的研究。

4.2.3 在基本特征上二者都强调"独立性"

独立性是评价（包括绩效评价）的一个基本特征。没有独立性，就无法保证绩效评价的客观性与可靠性。评价的独立性，不仅要求评价机构独立，还要求评价行

[①] Harry P. Hatry, Performance Measurement: Getting Results. p.8.

为独立，要求免受外来影响和避免利益冲突（见本书第 2.1 节）。它意味着评价实施（过程）不受负责项目（计划、政策）设计与实施的人的影响，也没有来自政治和组织方面的压力。其基本的特征是，评价人员有权获得各种信息，并且具有充分的自主权进行调查和报告评价的结果。

独立性也是绩效审计的一个基本要求。《世界审计组织审计准则》的第 1.2 条明确规定，"在所有与审计工作有关的事项中，审计组织和审计个人（无论是政府审计机关还是社会审计部门）都应该排除个人和外部因素对独立性的影响，并保持独立的态度和表现。被审计领域和审计准则的选择应该在没有外部压力的情况下完成，而且不应该受到与最高审计机关任务和使命无关的考虑和利益的影响。最高审计机关必须维持其政治独立性及其不受政治影响的独立性"。《利马宣言——审计规则指南》也规定，"最高审计机关必须独立于被审计单位之外并不受外来影响，才能客观有效地完成其工作任务"。

在我国，对独立性也很重视。《国家审计准则》（2010）第 16~19 条均对独立性做出了明确规定。如第 16 条规定，"审计人员执行审计业务时，应当保持应有的审计独立性，遇有下列可能损害审计独立性情形的，应当向审计机关报告：

（一）与被审计单位负责人或者有关主管人员有夫妻关系、直系血亲关系、三代以内旁系血亲以及近姻亲关系；

（二）与被审计单位或者审计事项有直接经济利益关系；

（三）对曾经管理或者直接办理过的相关业务进行审计；

（四）可能损害审计独立性的其他情形。"[①]

再如第 17 条规定，"审计人员不得参加影响审计独立性的活动，不得参与被审计单位的管理活动。"[②]

4.2.4 二者都有助于促进政府的问责与学习

政府绩效评价是对政府管理行为成效和结果的一个重要的信息反馈系统。作为一个信息反馈系统，政府绩效评价可以帮助政策制定者和决策者追踪并了解某一项目、计划或政策的实施情况及其影响，同时它还有助于提高机构组织和政府部门的透明度和责任感，有助于促进政府的问责与学习，从而有助于改进政府管理和提高公共服务的水平。

绩效审计也负有双重职能。一方面，它向公众提供政府行为成效和结果方面的信息和保证。另一方面，它可以协助公共部门管理人员加强和改进政府管理。因此，

---

① 国家审计署：《中华人民共和国国家审计准则》（2010 年）。
② 同上。

通过绩效审计不仅可以加强政府责任,提高公共资源利用的经济性和效率性,还可以更好地实现公共部门的政策目标和项目目标,改善公共部门的服务质量,同时提高政府的管理规划和管理控制水平(参见《亚洲审计组织审计准则》1.16)。

综上,政府绩效评价与绩效审计同为对政府管理行为成效和结果的一种反馈机制,目的都是为决策者提供系统的、可靠的信息,二者都有助于改进政府管理,促进政府问责。

4.3 绩效评价与绩效审计的差异

审计和评价在运作效率和成本有效性方面存在着重叠,评价关注的是政策和产出分析,审计关注的是内部财务控制和管理系统。

——加拿大财政委员会,1993

政府绩效评价与绩效审计虽然有着密切的联系,但是二者之间也存在着显著的差异。这些差异主要体现在如下几个方面:

4.3.1 绩效评价与绩效审计的职能差异

作为一个公共管理的工具,政府绩效评价的主要职能是为政府和利益相关者提供关于政府行为和结果的系统、可靠的信息,是对政府管理和结果的一种反馈机制。通过绩效信息反馈,主要为推进政府绩效管理服务。如图 4-1 所示,政府绩效管理由

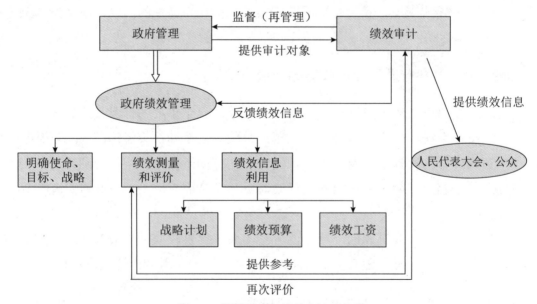

图 4-1　绩效评价与绩效审计的关系

三个相关的过程组成：(1) 明确使命、目的和战略；(2) 绩效测量和评价；(3) 绩效信息利用。因此，政府绩效评价是政府日常管理的一个重要组成部分。

与绩效评价不同，政府绩效审计的产生和发展则主要源于公共受托责任关系。根据公共受托责任关系，政府作为受托方对公共资源进行管理和经营，政府审计（包括合规性审计和绩效审计）则代表纳税人（公众）对政府对公共资源的管理和使用进行审计监督。因此，绩效审计的主要职能是为立法机构和纳税人服务，是在绩效评价的基础上对政府管理活动的一个外部监督。作为一个外部监督，绩效审计经常会对绩效评价的信息质量进行审核。例如，新西兰的《公共财政法》规定各部委每年在绩效评价的基础上还必须要进行绩效审计，并提交绩效审计报告；在澳大利亚，国会的财政和公共行政委员会也经常会对绩效评价的信息质量进行审核；在英国，国家审计办公室负责中央部委的绩效审计，而审计委员会则负责地方政府绩效信息的审核。

4.3.2　绩效评价与绩效审计的主体差异

政府绩效审计的主体通常是国家审计部门。比如，美国绩效审计主要由其政府责任办公室（General Accountability Office，GAO）管理实施。美国政府责任办公室是美国国会中一个独立的机构，它通常被称为国会的"调查臂膀"或国会的"看门狗"。英国、瑞典、加拿大的绩效审计主体，则分别是英国国家审计署、瑞典国家审计局和加拿大审计公署。我国绩效审计的主体，根据《审计法》的规定，是国家审计署和地方各级审计机关。

与绩效审计相比，政府绩效评价的主体则呈现出多元化的特点：有政府自身设立的评价组织，也有非政府组织的评价机构，有国家层面的评价组织，也有地方或州一级的，还有科研院所设立的评价机构。如美国的绩效评价机构有美国政府责任办公室（GAO）、国会服务部（CRS）、城市经济研究所（TUI）、美国管理科学开发咨询公司（MSD）、世界技术评价中心（WTEC）、锡拉丘兹大学坎贝尔研究所等。英国的绩效评价机构包括英国科研政策研究所（SPRU）、科技管理研究中心（ETSU）、英国评价系统有限公司等。瑞典、瑞士等国只设一个负责政府绩效评价的机构。瑞典政府绩效评价机构是属政府性质的国家工业和技术发展局；瑞士的政府绩效评价机构为非政府性质的瑞士科学顾问委员会。我国绩效评价的主体也是多元的。比如对财政支出的绩效评价，评价主体包括财政部门和预算部门以及社会中介机构。

相对于绩效审计，绩效评价主体的独立性较弱。从各国的实践来看，绩效评价主体多数均由政府部门主导，如澳大利亚、瑞典、加拿大、韩国和我国均是如此。而绩效审计则必须完全独立于被审计的政府部委。《审计准则》明确要求，"最高审计机关必须维持其政治中立性及其不受政治影响的独立性"[①]。所以,绩效评价主体的独立性明显地弱于绩效审计,因而绩效评价报告的真实、可信性也次于绩效审计。这就是为什么立法机构、公众和社会媒体判断政府政策的好坏,通常会更多地依赖于审计机构的绩效审计报告,而非政府部门的绩效评价结果。

4.3.3 绩效评价与绩效审计的内容差异

如前所述,在评价的对象与内容上,政府绩效评价与绩效审计有着共同的领域:"效率和效果"。但是,两者关注的侧重点有所不同。绩效评价更为关注的是"效果性",绩效审计更多关注的是"效率性"。"效果性"分析主要包括两部分:一是项目或政策目标是否实现;二是所发生的理想结果是否可以归功于所实施的项目或政策。第二个问题属于典型的因果性问题,因此,绩效评价中常常要进行因果分析,也就是要在特定的政策(或项目)与所关注的结果之间建立因果关系。例如,分析评价环境管制是否改善健康状况、政府提供的健康保险是否降低死亡率、教育券是否提高考试成绩、对公司减税是否增加了投资等。近30年来,国际绩效评价的发展越来越趋于重视影响评价(impact evaluation)[②]。2007年,西班牙与世界银行联合成立了一个影响评价信托基金,积极致力于推动以因果分析为主的影响评价的发展。

与绩效评价不同,绩效审计主要关注的是政府活动的"效率性"。效率性审计经常与合规性目的和规范性问题有关,即审计师需要知道行政部门是否遵守了有关的规则和要求,是否在以正确的方式行事。严格说来,合规性不能等同于效率性。合规性之所以成为绩效审计的主要内容,是因为不论从事什么类型的审计业务,审计人员都有责任关注违法违规问题。因此,许多国家的绩效审计(诸如美国、加拿大和我国)不仅包括了经济性、效率性和效果性,而且包括合规性。

绩效审计还需要具体说明规范(或标准)与审计发现之间的差异。也就是说,绩效审计面对的问题常常是"规范性"的。所谓规范性问题,就是比较"是什么"(即"what is")与"应该是什么"(即"what should be")的问题。诸如项目是否按照计划的时间周期实施并完工?项目是否实现了预期的产出?项目完工是否达到预期的内部收益率?等等。

绩效评价与绩效审计在内容上的这种差异与其产生的渊源有关。绩效审计主要源自财务会计,而政府绩效评价主要源自社会科学。因此,绩效评价往往侧重于项目对可观察变化有无贡献,以及贡献的程度,而绩效审计往往侧重于项目的合规性。绩效评价常常探寻的是项目与结果的因果联系,而绩效审计探寻的常常则是,"实际

[①] 国家审计署外资司. 国外效益审计简介 [M]. 北京:中国时代经济出版社,2003:95.
[②] 本书将在第11章对影响评价问题进行专门讨论。

状况与应该情况的对比"。① 从两者难易程度上来看,因果分析的难度显然更高。

此外,绩效评价与绩效审计在内容上的差异还表现在对"相关性"的分析上。"相关性"评价是项目绩效评价的一项非常重要的内容。OECD 发展援助评价的五性准则中,"相关性"即位列首位。而绩效审计一般则很少关注"相关性"。对于这一点,《世界审计组织审计准则》(第 42 段)做了如下说明:"在许多国家,绩效审计的权限尚未涉及对政府项目政策依据的审查。"因此在这些情况下,绩效审计一般不质询政策目标的优点,而是检查这些政策的设计、执行,或者评价这些政策的结果。

4.3.4 绩效评价与绩效审计的程序差异

绩效评价的一般程序(或步骤)为:计划与准备、组织与实施、总结和报告。例如,在我国,财政部发布的《项目支出绩效评价管理办法》(2020)规定,财政和部门评价工作主要包括以下环节:

(1) 确定绩效评价的对象和范围。
(2) 下达绩效评价通知。
(3) 研究制订绩效评价工作方案。
(4) 收集绩效评价相关数据资料,并进行现场调研、座谈。
(5) 核实有关情况,分析形成初步结论。
(6) 与被评价部门(单位)交换意见。
(7) 综合分析并形成最终结论。
(8) 提交绩效评价报告。
(9) 建立绩效评价档案。

绩效审计的一般程序(步骤)也包括三个步骤:计划过程、实施过程和跟踪过程。在《英国绩效审计手册》(2003 年)中,英国国家审计署将上述的一般程序(步骤)也具体化为 9 个程序:

(一)确定审计项目;(二)制订审计计划;(三)实施现场审计;(四)起草审计报告;(五)交换意见;(六)发布审计报告;(七)提交议会;(八)政府答复;(九)跟踪检查。②

将上述我国的绩效评价程序与英国绩效审计程序进行比较,可以看出,绩效评价与绩效审计的程序差异主要体现在三个特殊环节上,即"提交议会""政府答复"和"跟踪检查"。这三个环节都是绩效审计所特有的。由于绩效审计的主要职能是为

---

① Wisler, Carl, ed: "Evaluation and Auditing: Prospects for Convergences." In New Directions for Evaluation 71 (Fall), 1-71. San Francisco: Jossey-Bass, 1996.
② 罗美富,等. 英国绩效审计 [M]. 北京:中国时代经济出版社,2005:25.

立法机构和纳税人提供关于政府行为和结果的可靠信息。所以，绩效审计报告完成后，需要将其"提交议会"，并就报告提出的关于政府绩效的问题得到"政府答复"；然后，还应对绩效审计报告中提出的审计建议的采纳和落实情况进行跟踪检查，以切实发挥绩效审计的作用，实现绩效审计的价值。绩效评价由于是政府日常管理的一个组成部分，主要职能是为政府决策和管理提供绩效信息，所以，报告一般不需专门"提交议会"，并得到"政府答复"。由于不带有强制性，绩效评价一般也不需要对评价建议的采纳情况进行"跟踪检查"。

4.3.5 绩效评价与绩效审计的方法差异

由于评价和审计的内容与重点不同，绩效评价与绩效审计的方法也存在着差异。绩效评价由于更注重于分析项目（或政策）与结果的因果联系，因此，多采用前后对比和有无对比的方法对观察到的变化进行归因分析。其中，实验的方法和准实验的方法是绩效评价最常用的两种分析方法。两种方法均引入了控制组，以便与实验组进行有无对比分析。由于受实验条件的限制，绩效评价有时候也常用前后对比的方法，将政策执行前后的有关情况进行对比，从中测度出政策效果及价值。但这一方法不能说明政策效果即观察到的变化，有多大比例是由项目实施产生的，所以，与有无对比的方法相比，前后对比方法并不是很严谨。

由于更关注规范性的问题，因此，绩效审计在方法上的一个显著特点便是采取规范化的方法。在这种方法下，绩效审计要具体说明规范（标准）与审计发现之间的差异，并且审计所进行的评价和所提出的建议都是"规范化"的。由于这一特点，绩效审计中主要以其对既定规范和标准是否得到遵守的公正评价为特征。根据这种方法，所发现的缺陷（评价结果）可能被确认为偏离了有关标准和规范。如果提出审计建议，这些经验经常以消除这种偏离为目标。可以看出，这种评价的角度都是规范性的角度。除了规范化以外，这一方法也会包括分析性因素，比如对结果与标准所存在的差异进行因果分析。

表 4-1 总结了绩效评价与绩效审计的差异。

表 4-1 绩效评价与绩效审计的差异

	职能差异	主体差异	内容差异	程序差异	方法差异
绩效评价	主要为管理当局提供政府行为和结果的信息	既有政府内部的，也有政府外部的；独立性较弱	更为关注效果性，重视因果性问题；重视相关性分析	一般无须提交议会、政府答复和跟踪检查	因果分析方法（有无对比、前后对比）
绩效审计	为立法机构和纳税人提供政府行为和结果的可靠信息	主体通常是国家审计部门；独立性较强	更为关注效率性，重视规范性问题；一般无相关性分析	需要提交议会、政府答复和跟踪检查	规范化方法（与既定标准进行比较）

资料来源：作者整理。

4.4 结　　语

政府绩效评价与绩效审计都是对政府行为结果的一种反馈机制。二者既有相似性，也有差异性。两者的差异与其渊源有关。审计主要源自财务审计（专栏4-1），而评价主要源自社会科学。

专栏 4-1　审计的起源、特点及分类[①]

现代审计起源于19世纪的英国，当时工商业的不断发展催生了：

对经过验证的准确可靠的财务记录的需求……审计工作增加了人们对不断发展的西方资本主义制度的信任。由于审计师掌握专业技能并且是外部人士，他们的观点受到了重视。（Brooks, 1996）

审计学的导向是调查、财务管理和会计。它寻求确定一项计划是否做了该做的事，钱花得是否符合计划的规则、规定或要求。其重点是会计责任和合规性。审计包括以下三类：

- 标准审计：独立、客观的保证活动，用以为组织运行增加价值。
- 财务审计：注重审查是否符合适用的法律和法规。
- 绩效审计：关注关联性、经济、效率和有效性。

资料来源：琳达、雷，2011。

二者相同或相似的地方主要体现在四个方面：第一，在评价对象与内容上，二者有着共同的领域——"效率和效果"；第二，在评价性质上，两者都是一种实证性的研究；第三，两者均具有独立性；第四，两者均能改进政府管理，促进政府问责。

二者的差异主要体现在五个方面：一是职能差异。政府绩效评价的主要职能是为政府和利益相关者提供政府行为和结果的系统、可靠的信息。而政府绩效审计的主要职能是为立法机构和纳税人提供政府行为和结果的系统、可靠的信息。二是主体差异。政府绩效审计主体通常是国家审计部门。而政府绩效评价主体则呈现出多元化的特点：有政府自身设立的评价组织，也有非政府组织的评价机构，既有国家层面的评价组织，也有地方一级的，还有科研院所设立的评价机构。三是内容差异。绩效评价更为关注"效果性"，绩效审计则更为关注"效率性"。效果性评价常常需要进行因果关系分析，而效率性审计经常与合规性目的和规范性问题有关。四是程序差异。绩效审计程序中包括三个特有的环节："提交议会""政府答复"和"跟踪检查"。此三个环节是绩效评价程序所没有的。五是方法差异。绩效评价由于更注重分析项目与结果的因果联系，因此多采用前后对比和有无对比的方法。绩效审计由于更关注规范性的问题，因此，经常采取规范化的方法。在这种方法下，绩效审计

[①] 琳达·G.莫拉、伊马斯、雷·C.瑞斯特. 通向结果之路 [M]. 北京：经济科学出版社，2011：15.

要说明规范（或标准）与审计发现之间的差异，并且审计的评价和提出的建议都是"规范化"的。

简言之，政府绩效评价与绩效审计可以被看成同一整体的不同部分，它们提供了相关但不同种类的有关政府管理行为和结果的信息。两者在"运作效率和成本有效性方面存在着重叠，评价关注的主要是政策和产出分析，审计关注的是内部财务控制和管理系统"。[①] 它们均旨在为决策者提供系统和可信赖的绩效信息，这些信息不仅有助于改进和完善政府决策和管理，而且有助于促进政府问责。

总之，政府绩效评价与绩效审计既有联系，又有区别。政府绩效评价是政府日常管理的一个重要组成部分，而绩效审计是在绩效评价基础上对政府管理活动的一个外部监督[②]。在实际工作中，正确处理二者关系的原则是"普遍评价，重点审计"。亦即对所有的政策和项目普遍开展绩效评价，在此基础上，再有选择地对部分重点的政策和项目开展绩效审计。

复习思考题

1. 什么是绩效审计？它与财务审计（合规性审计）是何关系？
2. 在英国为什么称绩效审计为物有所值审计或货币价值审计（value for money audit）？
3. 绩效审计为何被称为是"3E+C"审计？
4. 绩效审计与绩效评价在功能上是否存在着重叠？实践中我们能否把二者进行合并？
5. 绩效审计与绩效评价存在哪些差异？应如何处理二者关系？
6. 政府绩效审计与绩效评价在独立性上是否相同？

---

① 施青军. 政府绩效评价与绩效审计差异比较 [J]. 中国行政管理，2012（4）：25~27.
② 琳达·G. 莫拉·伊马斯、雷·C. 瑞斯特. 通向结果之路 [M]. 北京：经济科学出版社，2011：14.

第 2 篇
评价工具与方法

项目变革理论及运用

绩效评价框架及构成

绩效指标的开发问题

绩效评价中的定量与定性研究方法

第5章 项目变革理论及运用

5.1 变革理论的概念与性质

长期以来，评价者已经意识到将项目（变革）理论作为工作基础的重要性，这个基础将帮助阐述评价问题、设计评价研究以及解释评价结果。

——［美］彼得·罗希，1980

20世纪80年代以来，在新公共管理运动的影响下，市场经济国家在公共部门进行了一系列的管理变革，其中一项重要的变革就是在公共管理中实施了"结果为导向"（results-based management）的管理战略。[①] 为了有效地实施这一战略，西方国家在公共管理中普遍采用了变革理论工具。现今，变革理论不但是政策制定者实施政策和项目规划、管理的一个重要工具，而且是评价人员开展绩效评价的一个重要工具。世界银行评价专家琳达和雷认为，"不管是在研究的事前阶段还是事后阶段，评价的基本逻辑或变革理论都是一个重要的话题"[②]。

5.1.1 何为项目变革理论？

项目变革理论（the theory of change），也可以称为逻辑框架（logic framework）或者结果链（results chains），是一种理解项目从其投入到结果之间因果关系的工具，包括投入、活动、产出、成效、影响等五个关键要素。另外一种定义，称它是"一个设计和评价社会变革倡议的创新工具"，是实现社会变革倡议的长期目标所需的一种"要素蓝图"，它生动形象地表达了一个项目或政策为什么能成功地实现社会变革的目标。

项目变革理论主要包括投入、活动、产出、成效、影响等五个要素，还有要素之间因果联系赖·以成立的关键假设以及各种外部影响因素。

---

① 结果为导向的管理或基于结果的管理是西方国家率先实施的一种新的管理战略，这种管理战略主要关注（focus on）绩效，关注产出、成效和影响的实现。
② 琳达·G.莫拉·伊马斯、雷·C.瑞斯特.通向结果之路［M］.北京：经济科学出版社，2011：106.

- **投入**（inputs）：用于项目或政策实施的各种资源（resources），包括人力、资金、实物、时间和专业技能等。
- **活动**（activities）：为实现项目或政策目标而调动和使用各种资源的各项行动和工作（what we do），包括设施建设、能力建设、各种咨询活动等。
- **产出**（outputs）：通过实施各项活动而产生的产品和服务（what we produce），如为50个人提供了医疗服务，培训了100名小学教师，修建了100公里公路。
- **成效**（outcomes）：通过项目（或政策）产出的利用而带来的短期或中期的直接效果（why we do it），如新修公路使通行时间缩短，提高了运输效率（成效）。
- **影响**（impacts）：由项目（或政策）产生的长期效果，长期且广泛的社会进步（long-term changes），比如运输效率提高降低了运输成本（成效），从而促进了当地经济的发展（影响）。
- **关键假设**（key assumptions）：可能会影响到项目（或政策）进展或成败的各种关键假设因素（条件）或风险。
- **外部影响因素**（external factors）：影响项目或政策结果实现（成效和影响）的外部环境因素，如自然环境、政治环境、宏观经济状况、公众态度等。

在实际工作中，人们对上述概念的认识不尽一致，特别是对产出、成效和影响三个概念还存在着比较大的争议。通常的情况下，产出被视为是项目活动提供的特定的产品和服务，而成效被视为是项目产出带给目标受众的实际利益，影响则被视为项目成效带来的受益者行为或利益的长期变化。三者主要的区别是，产出代表的是提供产品和服务（供给方），成效和影响代表的是利用产品和服务（需求方）。[①] 一般来说，产出在很大程度上由项目管理者所控制，成效和影响则更多地受项目之外的环境因素所影响。专栏5-1提供了一个变革理论示例（在该例中，"目标"指的是长期目标，其含义与"影响"相同）。

专栏 5-1   一个国家发展目标的变革理论（逻辑模型）

	目标	减少5岁以下儿童死亡率
结果		
	成效	改进口服补液疗法来治疗小孩腹泻
	产出	完成15次媒体宣传
		• 培训100名医疗专业人员
		• 增进母亲对口服补液疗法的进一步了解
实施		• 扩大口服补液疗法的使用范围
	活动	• 通过媒体宣传加强对母亲的教育
		• 加强对医疗专业人员的口服补液疗法培训

---

① IEG（the World Bank）：*Designing A Results Framework for Achieving Results: A How-to Guide*, the World Bank IEG Working Paper 2012/1, http://ieg.worldbankgroup.org.

投入
- 培训人员
- 增加口服补液疗法的补给
- 资金
- 参与人员

资料来源：Binnendijk，2000.

实际上，每个政策和项目背后都有一个变革理论需要被明确表达。该理论可以通过多种方式或模型形象地表达。图 5-1 为一个标准变革理论示意图，图 5-2 和图 5-3 为变革理论的另外两种表达形式。

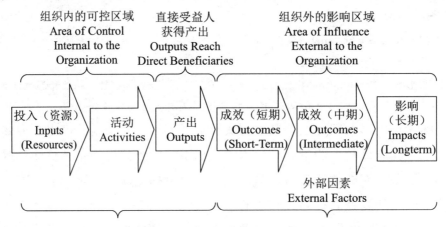

图 5-1　变革理论的标准示意图

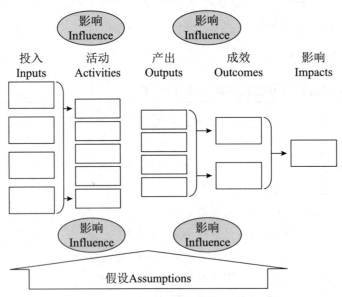

图 5-2　含有假设的变革理论图

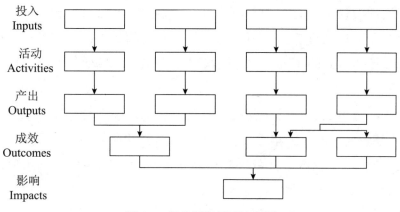

图 5-3 经典逻辑模型流程图

5.1.2 变革理论的特点与性质

项目变革理论展示了项目从投入到产出、成效和影响的联系链条,但其关注的重点通常是项目或政策的结果(即产出、成效和影响),而不是投入和实施过程。波伊斯特(2003)说:"当我们进行公共或非营利项目工作的计划和管理时,要把目光放在具体的、能够达成的期望结果上面……这些结果将成为支持项目工作的首要的依据。"[1] 因此,在项目变革理论中结果是关注的重点。为了清楚地表述出项目预期的结果,变革理论一般包含对结果实现过程(产出、成效和影响)的监测,监测需要借助于定量指标和定性指标(主要是定量指标),同时还需包含基线数据(baseline values)和目标值(target values)。

产出、成效和影响表明了一个项目(或政策)期望实现的结果,但是,这些结果能否实现还依赖于变革理论背后的关键假设。在很多情况下,项目所期望的结果可能并未产生,尤其是那些复杂的和相互关联的项目,可能不会产生预期的作用。之所以是如此,基本的原因在于项目变革理论(结果链)背后的关键假设。因此,检测变革理论背后的关键假设,分析投入到产出、成效和影响的逻辑联系非常重要——它们决定了变革理论的有效性。这一逻辑的分析实际就是分析项目活动与产出、产出与成效、成效与影响之间的一致性和因果关系。上述每个环节的背后都存在着一定的关键假设,这些假设揭示了取得预期结果所需要的条件和可能存在的风险,因而可以帮助我们确认对项目成功或失败的影响因素。

另外,认清项目实施的环境或运作过程中的外部因素也很重要,因为它们也是影响项目成功的重要因素。比如说,冬季的气候情况也许能够说明为什么在不同的

---

[1] 西奥多·H.波伊斯特.公共与非营利组织绩效考评:方法与应用[M].萧鸣政,译.北京:中国人民大学出版社,2005:36.

年份公路的维护项目工作会有着不同的效果；不同劳动力市场状况也许能够说明为什么相同的职业培训项目工作在不同的地方有不同的效果；全国各地工业基础、土地使用方式和抵偿方式的不同，这些因素可能会影响环境保护协会推行洁净空气标准的实施效果。

综上所述，运用变革理论需要关注的要点有三：预期目标或结果（产出、成效和影响）、关键假设和外部影响因素。预期目标或结果是项目或政策赖以成立的基本依据，代表"果"，关键假设和外部的因素则是项目或政策成败的主要缘由，代表"因"，两者合起来代表一种因果关系。通过分析变革理论，我们可以知道，项目设想做什么以及为什么要这样做。因而，项目变革理论本质上代表的是一种理性分析。

理性分析是现代科学的主流方法。当代政策分析的标志就是运用理性分析的方法，主要表现为为了达到一个目标而在不同的手段之间进行选择。选择一般包括如下四个步骤：（1）确定目标；（2）设想可供实现目标的手段；（3）对可能采取的每一种行动的后果加以评估；（4）做出最能够实现政策目标的选择。按照这些步骤，理性分析的方法能够帮助我们探索目的和手段之间的关系，识别特别适用的政策可选方案。因此，我们可以将所有的理性分析模型都归结为一个原初的问题：如何决策才能达到预定的目标。

在**理性分析模型**中，所提出的目标是确定的，据此可以对可能的行动进行评估。为了达到这样的目的，有关的目标必须为政策决策者和其他利益相关者所知，得到清晰的构造，并且是固定的。如果决策者不能提出目标，或者不能对它加以精确地构造，再或决策者经常改变对于目标的想法，也就无法根据目标确定可以带来最大净利益的行动。因此，目标表达的清晰性和精确性不仅是优点，还是理性分析模型所必须的。

理性分析模型的第二步，就是根据目标考虑挑选最优的行动方式。在这一步，最为广泛采用的方法就是成本－效益分析方法。这一方法的基本做法就是将每一行动可能产生的正面和负面的后果都列出来，随后进行比较，分析每项行动的收益和损失。然后根据确定的目标或标准做出决定：采取那个可以带来最大净利益的行动方案。一般而言，理性模型中的行动方案都是根据这些规则（成本－效益分析）导出的"最佳"方案。

理性模型的分析方法主要依赖经济学、统计学和运筹学的技术和方法。一般认为，这些方法在伦理上是中立的，是一种科学、客观的分析方法，但也有部分学者认为这些方法存在着严重局限性。首先，它们存在着量化偏见；其次，使用这些方法需要事先有明确的目标，或者对相关的成本与效益有所共识。众所周知，把政策目标事先确定下来是一件棘手而充满争议的工作，也往往没有明晰的方法区分成本和效益。如果政策选择局限为行政选择，理性方法的适用范围就会大大缩小。① 基于理性分析所存在的局限，德博拉·斯通在《政策悖论》一书中提出了一种政治分析的观点，她认为：

> 我们用来设定政策目标、界定政策问题和判定解决方案的每一个分析标准都是具有政治意义的构造。就平等、效率、社会尺度、因果关系、效能或者任何别的什么东西而言，都不存在所谓的"黄金标准"。②
>
> 在城邦中，目标的陈述不仅是愿望，还是直觉；这些目标是争取政治支持的手段。这些目标是有关未来的图画，为的是争取到能够实现这些图画的人们的支持。为了达到这一目的，模棱两可通常要比清晰和准确远为合适得多。让我们回顾一下在政治中的模棱两可的功效：通过含糊和模棱两可地标识政策目标，政治领袖可以争取到那些在一些具体目标上达不成一致的不同群体的支持，还可以将那些出于不同理由但却都可以从同样的政策中受益的人们联合起来。③
>
> 无法回避的政治目标的歧义性意味着，政治目标更像是移动着的靶子，而不是孤独的标准。假如政治目标随着不同的人们从中读出不同的含义来，它们就不可能作为用于评估不同的行动的稳定的参照点。我们无法依据它们来进行测评（如理性模型要求我们去做的那样），但却可以通过它们的象征意义来鼓励对我们的支持和减少对我们的敌意。在目标和行动之间的关系是互动的。当我们采取行动来实现一个目标的时候，目标的意义会发生变化，支持和反对这种目标的人也会发生变化，而新的意义和新的同盟者转过来又会改变我们关于究竟采取什么样的行动较为合适的观点。④

事实上，作为一种理性分析工具，项目变革理论也存在着一定的局限性。比如，对于某些政策问题来说，我们最为关注的结果并不是直接效果，而是可能的未来的效果，对此我们甚至不能确定是否真的会实现。如在环境、安全以及健康方面，许多政府的管制都有可能被证明是存在问题和不确定性的。在这种情况下，由于无法确定明确的结果，便难以有效地构建和运用变革理论。正如詹姆斯·麦克戴维所言，"逻辑模型（变革理论）已经成为评价者以及项目管理者的重要工具……在项目和项目环境稳定的情况下，逻辑模型是利益相关者交流项目结构和目标的有效途径。而在组织项目目标不明确或项目产生机构局势不稳定的情况下，逻辑模型（快照呈现）的特点可能使其无法反映出现实情况的变动性和复杂性。"⑤

---

① 梁鹤年.政策规划与评估方法[M].丁进锋，译.北京：中国人民大学出版社，2009：7.
② 德博拉·斯通.政策悖论[M].顾建光，译.北京：中国人民大学出版社，2006：17.
③ 同上书，第241页.
④ 同上书，第242页.
⑤ 詹姆斯·麦克戴维、劳拉·霍索恩.项目评价与绩效测量：实践入门[M].李凌艳，等，译.北京：教育科学出版社，2011：70.

5.2　变革理论与绩效评价

变革理论对评价人员和利益相关者都非常重要,因为他们能通过它建立一个"共同认定的长期目标愿景,共同认定如何实现愿景,以及用什么来衡量这一过程中的进展"。

——[美]琳达、雷,2009

自20世纪七八十年代以来,为了依据变革理论构建明确的目标和战略,同时为了在利益相关者之间就项目规划达成一致,以及把项目干预和预期成效联结起来,大多数西方国家及国际组织在公共项目管理和绩效评价中均采用了变革理论工具。在一篇对比各国逻辑模型应用情况的综述中,Montague(2000)指出,在加拿大、澳大利亚和美国,逻辑建模(构建变革理论)已成为绩效测量和报告机制的中心环节。同样,欧盟也将逻辑建模视为一个健全的项目评价活动中重要的组成部分(专栏5-2)。[①] 世界银行、亚洲开发银行等国际金融组织对变革理论的运用也极为重视。为了指导逻辑框架(变革理论)在项目设计、管理与评价中的运用,世界银行于2004年制定了专门的《逻辑框架手册》(*The LogFrame Handbook*)。亚洲开发银行2006年以项目逻辑框架为基础开发出了一个《项目规划与监测框架设计指南》(*Guidelines for Preparing a Design and Monitoring Framework*)。可见,变革理论在公共政策或项目绩效评价中的作用极为重要。其作用概括起来,主要有以下四个方面:一是帮助分析和确认项目或政策的结果;二是帮助分析和确认对项目成功的关键要素;三是帮助制定和开发项目绩效指标;四是帮助与利益相关者就项目及其目标达成共识。

专栏 5-2　评价人员的活动

- 与主要客户以及所有的关键利益相关者进行磋商
- 重建或建立变革理论
- 设计评价活动(构建评价设计矩阵)
- 管理评价预算
- 实施评价(或者雇用人员实施评价)
- 确认评价效果的衡量标准
- 收集、分析、解读和汇报数据和评价结果

资料来源:琳达、雷,2011。

[①] 詹姆斯·麦克戴维、劳拉·霍索恩. 项目评价与绩效测量:实践入门[M]. 李凌艳,等,译. 北京:教育科学出版社,2011:44.

5.2.1 帮助分析和确认项目或政策的结果

正确地评价项目或政策结果是绩效评价的基本的和首要的目标。为了有效地开展绩效评价，评价人员需要关注从投入到产出、成效和影响的各个联系环节，关注的重点通常是项目或政策的结果（产出、成效和影响）。关注结果看起来很简单，然而，项目应该对准何种程度的目标，项目管理过程中各种结果是如何相互连接的，这些问题人们往往不甚了然。产出是一个项目的直接产品或服务，成效和影响则是由产出引致的社会变化。人们常常想当然地认为，实现了产出，随着时间的推移就会产生期望的成效，然而实际上并非如此。完成产出对实现长期或最终的成效来说可能是必要的，但是还远远不够。关注最终成效，弄清产出、成效和影响之间的联系也至关重要。变革理论清晰地展示了项目从投入到产出、成效和影响的联系链条，特别是清楚展示出了项目的产出和成效及其衡量指标、基线数据和目标值。在世界银行，变革理论经常以编写项目结果框架的形式呈现（表 5-1）。可以看出，在绩效评价中，分析和运用项目结果框架有助于评价人员分析和确认政策与项目的结果。

表 5-1　世界银行贷款"现代财政制度与国家治理"项目[①] 结果框架

指标名称	指标说明	单 位	目标值 设定值	基线
项目发展目标				
向决策者分发财政政策改革方案	以财政部正式备忘录形式传阅的报告结论数量	次数	X	0
增强财政部核心预算管理体系的能力和技能	后续调查中测得的使用培训活动中概念和技能的人员百分比	百分比	X	0
中间结果目标				
开展的政策研究	以产出质量为衡量指标的分析研究次数	次数	X	0
高层政策对话研讨会	在国内外召开的关于财政政策问题的高层政策对话研讨会次数	次数	X	0
公共财政政策研究结果的推广	已发表的财政政策研究结果，以媒体出版物和在线访问量为衡量指标	次数	X	0

---

① 为构建中国现代财政制度框架的系统解决方案，推动提升财政管理人员素质，中国财政部于 2016—2025 年实施了世界银行贷款"现代财政制度与国家治理"技援项目。本项目分为两个模块。模块一"现代国家治理中的财政制度"，主要围绕推进国家治理体系和治理能力现代化，研究建立适合中国国情的现代财政制度。具体支持的子项目类型包括研究类子项目、能力和机构建设类子项目、专题研讨和财税论坛。模块二"可持续发展相关问题研究"，主要围绕促进中国可持续发展，研究分析经济社会领域中的重大长远问题。具体支持的子项目类型为研究类子项目。财政部是本项目的执行管理机构。

续表

指标名称	指标说明	单位	目标值	
			设定值	基线
能力建设：借调	财政部和地方公共财政机构借调到国际组织的官员人数	次数	X	0
能力建设：培训	财政部和地方公共财政机构参加国内外举办的培训和学习活动的官员人数	次数	X	0
收集、记录和报告受益人发送的信息	利用制度化渠道将群众反馈纳入结果阐述的分析研究次数	次数	X	0

资料来源：世行贷款"现代财政制度与国家治理"项目（2016—2025）的项目评估文件（PAD）。

5.2.2 帮助分析和确认对项目成功的关键要素

绩效评价是一种深入的、特定的研究，它不仅要检查项目或政策的结果，还要分析其原因。换言之，就是要分析和确认对项目成功或失败的关键要素。变革理论清晰地展示了项目从投入到产出、成效和影响的联系链条，这一链条生动形象地表达了一个项目或政策为什么能成功地实现目标，同时也直观地展示了项目运行的逻辑漏洞，因而能够帮助评价人员分析和确认对项目成功或失败的关键要素。例如，大型灌溉项目提高了农业生产力，但是随着水资源稀缺问题的日益严峻，这些项目可能难以持续下去。道路投资提升了交通的便捷性并推动了经济的增长，但城市化的快速发展和不断增加的城市拥挤现象，又可能会降低其效益。借助于变革理论，我们都可以分析和确认这些对项目成功或失败的关键要素。下面，我们通过一个实例——美国的联邦航空管理部门空中交通控制项目变革理论（图5-4）来做进一步的阐述。

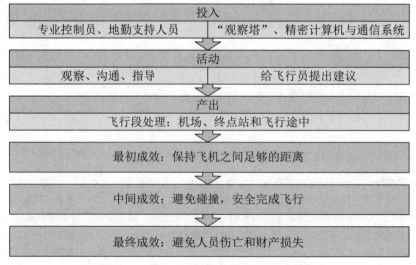

图5-4 空中交通控制项目变革理论模型

该项目的主要目标是，通过在起飞、着陆和飞行运行中强制执行安全标准，避免飞机之间在空中或地面发生碰撞。项目的主要**投入**是专业的空中交通控制员和地勤支持人员与其使用的工作设备（例如"观察塔"）、精密计算机与通信系统。项目**活动**包括观察飞机位置、与飞行员沟通飞行计划以及对飞行员进行指导以达到安全标准。**产出**是在机场、机场周围的"站台"空间以及飞行运行中处理的飞行段数。**最初成效**是，保持飞机之间有足够的空间，并因此将发生碰撞的可能性减至最小；**中间成效**为避免飞机碰撞并且安全地完成飞行段；最终成效（影响）是，避免由于飞行碰撞而产生人员的伤亡和财产损失。实现**最终成效**，除了强制执行安全标准，还有其次的有关天气和地势回避以及在紧急情况下提供帮助的责任（**外部影响因素**）。

可以看出，避免碰撞是该项目的主要使命。能否完成这一使命，主要取决于两个方面因素：其一，项目活动的有效性；其二，主要的外部影响因素（飞行量和密集度、地面设计的可信度、飞行员能力等）。

5.2.3 帮助制定和开发项目绩效指标

为了提高政策（或项目）干预的效果，以正确的方式测量正确的事情至关重要。如果仅仅关注结果，而没有进行中期的测量，那么其价值是有限的。监测和评价的质量低劣可能会使稀缺资源产生错误的配置，从而使得预期的结果无法实现，并损害政府政策的实施效果。建立一个科学的指标体系并不完全是一个技术的问题，它必须要对信息的使用者有用才有意义。这意味着，指标的开发与设计需要执行机构、绩效专家、部门专家以及信息的使用者的共同参与和讨论。项目变革理论为其共同进行指标开发提供了一个好的工具和平台。

构建和运用项目变革理论可以明确以下重要问题：项目运用什么资源？项目服务的客户是哪些人？项目提供的产品或服务是什么？项目预期的结果是什么？一旦这些问题能够用图形清晰地表达出来，评价人员就可据此开发相应的绩效指标。世界银行评价专家库赛克和瑞斯特认为："制定或开发绩效指标是建立结果为导向的监测与评价体系的核心，它决定着数据收集、数据分析以及报告成果等所有的后续评价工作。"[①] 可见，利用项目变革理论实施指标开发是绩效评价的一个必要环节。

图5-5列示了一个戒烟项目的变革理论模型及其相应的绩效指标。该项目主要通过举办戒烟活动来达到吸烟者戒烟和改善健康状况的目的。可以看出，衡量戒烟

---

① 乔迪·扎尔·库赛克、雷·C.瑞斯特. 十步法：以结果为导向的监测与评价体系［M］. 北京：中国财政经济出版社，2011：73.

活动与产出的主要指标为"举办戒烟活动的次数",衡量项目最初成效(吸烟者完成项目)、中间成效(吸烟者戒烟)和最终成效(吸烟者改善健康状况)的指标分别为"参与项目的吸烟者人数与比例""完成项目的吸烟者人数与比例""项目完成后12个月不吸烟的人数与比例""吸烟患病的人数与比例"。可以看出,上述几项指标既有绝对数,又有相对数。最终成效(吸烟者改善健康状况)用的是负面指标。此外,也可以借此确认效率指标。比如,用"项目完成后12个月不吸烟的人数"除以项目的成本,可以得出戒烟者的单位成本;同理,可得出基于中间成效的效率指标。这样,我们根据变革理论就可以开发出所需要的投入、活动、产出、成效、影响指标以及效率指标。可见,只要用图形把项目变革理论清晰地表达出来,我们就可据此开发相应的绩效指标。

示例:运用变革理论确定绩效指标

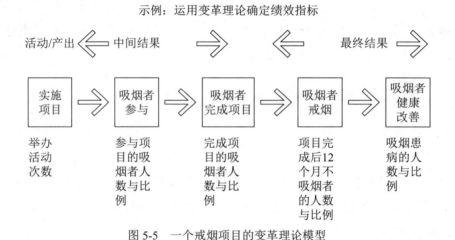

图 5-5　一个戒烟项目的变革理论模型

5.2.4　帮助与利益相关者就项目及其目标达成共识

在绩效评价中,与利益相关者进行交流,是保证评价质量的重要一环,同时对于推动评价结果的有效运用也有重要的意义。项目变革理论提供了一个干预措施——如何取得预期结果的知识图表,并明确了一个项目的组成部分及其相互之间的关系。因此,利用项目变革理论有助于与利益相关者进行沟通和交流,并有助于与之就项目及其期望目标达成共识。特别是对于多部门的联合项目来说,这一点尤其重要。以灾后重建为例,灾后重建可能会涉及城市、农村、环境、基础设施、教育、卫生和社会保护等多个部门和领域。对于这样多部门的联合项目进行评价,如果没有清晰的变革理论,就无法与多个利益相关者进行有效交流,从而也无法与之就许多重要的评价问题达成共识。如果出现这种情况,就会影响绩效评价的质量,并会影响评价结果的有效运用。

5.3　如何构建一个变革理论

逻辑模型的建立以定性研究为基础，是一个反复的过程。在这个过程中，评价者首先要参考项目的描述文献，咨询不同的利益相关者，以及项目起始阶段的其他相关信息，然后，与利益相关者共同审视项目逻辑模型以确保模型的充分性。

——［加］詹姆斯·麦克戴维，2011

项目变革理论是开展政府绩效评价的一个很重要的工具。它不仅能帮助我们分析和确认公共项目的结果，还可以帮助分析和确认项目成功的关键要素。所以，在西方国家及许多国际组织的绩效评价工作中，有经验的评价人员一般都会把变革理论作为项目的重要方面给予相当的重视。

但是，在我国的政策与项目绩效评价中，大多都缺乏明确的变革理论。也就是说，在相关的项目文件里一般很少能找到一个明晰的、完整的项目变革理论。为此，我们首先需研究在评价工作中如何构建一个变革理论。

一般来说，构建项目变革理论首先要了解项目（政策）所要解决的问题和实现的目标，然后，明确公共项目（政策）的各个组成部分及其相互之间的关系，也就是明确公共项目（或政策）的逻辑和关键假设，并就它们与利益相关者达成共识。达成共识之后，将其放入一个绘制的事件链中，形成一个变革理论图表。下面，我们分四个步骤进行具体阐述。

5.3.1　研究和确定项目的战略目标与结果

公共项目或政策活动一般用于解决某些社会问题、满足某种社会需要，或通过满足某种公共利益，以此改善一些不理想的社会状况。这样产生的积极影响构成了公共项目或政策的战略目标（最终成果）。确定战略目标，包括确定服务对象（customers），是构建变革理论的核心。确定了战略目标（最终成果），还需要确定用以实现战略目标的产出与中间成果（outcomes）。世界银行认为，确定关键的产出、中间成果与最终成果是构建结果框架的一个重要任务。[①] 为了确定项目的产出、中间成果与最终成果，评价人员首先应尽可能多地研究和了解与项目相关的文献和资料（政策文献、法律规定、工作文件和备忘录等），另外还需要咨询不同的利益相关者。在研究相关文献时，评价人员应该考虑下列问题：

- 项目要解决的社会问题是什么？与解决这些社会问题相对应，项目的主要目标（战略目标）是什么？该目标的时间框架是什么？目标受众是哪些人和组织？

---

① IEG（the World Bank）: Designing A Results Framework for Achieving Results: A How-to Guide, p.28.

- 为了实现主要的战略目标（最终成果），所需要的中间成果是什么？用什么指标来衡量上述产出、中间成果和最终成果？
- 实现上述战略目标，项目所面临的主要的挑战与障碍有哪些？社区或利益群体中哪些条件有利于战略目标的实现？
- 项目可能面临的外部影响因素或者风险是什么？哪些社区或人群受到项目的潜在影响？他们的意见是如何得到表达的？
- 相似项目的评价报告、研究文献与资料中，有无类似的项目经验可资借鉴？

为了清楚地回答上述问题，我们可以使用 Kellogg 基金会（2004）的变革理论模板（图 5-6）。使用变革理论模板，第一步，应从中间部位（问题）开始。这是模板的心脏，也是变革理论的核心。评价人员在此要清楚地写出项目活动要针对的问题。第二步，是要将社区或组织的需求和资产具体化。第三步，在"预期结果"中确定项目近期和长期所要达到的结果。第四步，在"影响因素"中列出可能会对预期变化产生影响的潜在障碍和支持因素。第五步，在"策略"中列出通过研究发现的类似项目的成功策略（最佳实践）。第六步，列出通过研究发现的关于变革策略能够用于社会或组织的方式及理由的假设。

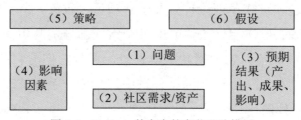

图 5-6 Kellogg 基金会的变革理论模板

5.3.2 研究和确定项目的逻辑与关键假设

项目的战略目标确定之后，评价人员需要采用倒叙的方法，即从战略目标开始追溯项目的中间成效与产出，继而追溯项目活动与投入，在此基础上确定项目的逻辑。所谓项目的逻辑，主要是考察一项干预措施的目的和目标，认为"如果 X 发生（项目做些什么），那么 Y 也应该发生（应该带来哪些后果）"。有了一系列的"如果……那么……"表述，项目的变革理论（项目手段与结果之间的关系）也就形成了。[①] 下面，以一个评价培训项目为例做进一步说明。该培训项目的预期结果是促进评价质量的提高，以及决策者更好地进行决策。该项目的逻辑如下：如果评价人员受到更好的培训，那么，他们就能开展更高质量的评价，进而就能得出更有用的信息，再进而就能促进决策者更好地决策（如图 5-7）。

---

① 琳达·G. 莫拉·伊马斯、雷·C. 瑞斯特. 通向结果之路［M］. 北京：经济科学出版社，2011：110.

图 5-7 一个评价培训的项目逻辑

最初的项目变革理论一般总是线性的。如果与项目相关的多个因素都被纳入评价人员的考虑范围，项目变革理论就会变得复杂起来。在分析和确定项目逻辑时，评价人员还需要确定项目的一系列的假设，然后，考察验证那些对项目成功威胁最大的关键假设。假设通常有以下四种类别：

- 关于长期、中期和近期成果之间相互联系的论断。
- 取得成功的所有重要前提条件已被确定的话语。
- 关于项目活动和预期成果之间联系的论证。
- 对可能支持或妨碍结果进展的背景或环境因素的理解。[1]

评价人员在对项目逻辑进行研究，并对它们的假设进行调查时，应该关注和考虑下列问题：

- 该项目变革理论可信吗？项目的这一系列工作（投入、活动、产出、成效）能够最终实现战略目标吗？
- 这一项目变革理论可行吗？用于实施项目的能力和资源可以产生成果吗？
- 该项目变革理论经得起验证吗？战略目标和中间成果有具体的衡量指标吗？
- 影响项目成功的外部因素有哪些（如政治环境、气候变化等）？如果项目的风险较大，有无制订必要的风险管理计划？

5.3.3 与主要的利益相关者沟通与交流

彼得·罗希说，"项目资源、项目活动和项目目标都是复杂的。而这些在项目变革理论中作为界定项目的关键，也很难被确定。所以，考虑到这种情况和评价中还要遇到的其他问题，评价者必须和项目的评价主办方和主要项目方之间就项目的界定达成共识。"[2] 这就是说，构建变革理论必须与主要利益相关者进行沟通与交流，并与之就变革理论达成共识。其主要目的是，证明项目人员和项目方是否认为该理论有效描述了项目的运行机制，以避免变革理论与项目的日常实际相脱离。

那么，该如何来确认利益相关者呢？一般而言，**利益相关者**是在项目的实施期

---

[1] 琳达·G. 莫拉·伊马斯、雷·C. 瑞斯特. 通向结果之路 [M]. 北京：经济科学出版社，2011：110.
[2] 彼得·罗希等. 评估：技术与方法 [M]. 邱泽奇，等，译. 重庆：重庆大学出版社，2007：106.

间或之后受到项目活动影响的人或组织，主要包括：项目投资者、直接受益（损）人、间接受益（损）人、项目管理者与实施者、政策制定者与官员、研究人员、社区和利益群体或协会等。关键利益相关者可以通过查阅与项目相关的文件以及同主要的评价客户、项目赞助者、项目员工以及项目参与者谈话来进行确认。

应注意的是，利益相关者通常从不同的角度来看待一项干预活动。比如：项目的投资者可能关心的是钱是否花得恰当，项目是否有效；项目经理可能关心项目的管理是否妥善，以及是否能从中获得经验教训；目标群体则可能希望获得更多更好的服务；等等。因此，评价人员通常需要进行利益相关者分析，也就是列出各个利益相关者及其对项目的不同看法，然后对这些看法进行分析。通过分析，以清楚了解他们对项目的目标及变革理论提出的不同看法与要求。

5.3.4　构建支撑项目活动的变革理论

构建支撑项目活动的变革理论（或逻辑模型），内容应包括投入、活动、产出、成效和影响五大要素，以及构成项目成功基础的重要的假设，并用结果流程图标示出要素间的因果联系及重要假定。

图 5-8 为一个变革理论的构建示例。该项目是一个社区的健康保健项目。项目的目标（影响）有二：一是改善社区居民的健康状况；二是提高社区健康保健系统的效率。实现这两个目标，必须要做到以下几点：（1）健康保健覆盖整个社区；（2）建立综合性健康保健服务系统；（3）开展社区健康评价；（4）建立社区健康信息系统。

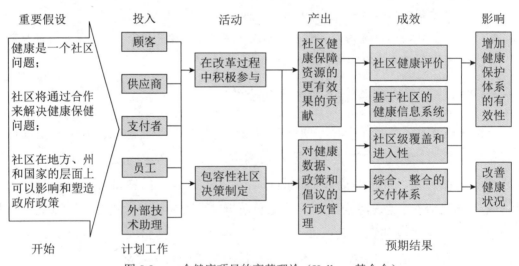

图 5-8　一个健康项目的变革理论（Kellogg 基金会）

为达到这些目标，项目需要：（1）更有效分配社区健康保健资源；（2）对健康数据、政策和倡议实施行政管理（项目产出）。为了实现这些项目产出，需要开展如下项目活动：（1）制定包容性的社区政策；（2）居民积极参与社区改革。（3）投入资金提供者、管理者与员工、供应商、外部的技术援助和顾客等资源。此外，还需要满足下列几个重要的假设：（1）健康是一个社区性问题；（2）社区将通过合作来解决其健康保健问题；（3）社区能够影响各级政府政策；（4）外部的机构（如社区合作伙伴）成为变革的催化剂；（5）用于预防的转移收入和激励，以及社区医疗能够改善总体的健康状况；（6）健康和健康系统的信息对科学决策是必要的。

可以看出，该变革理论的构建采用的是倒叙的方法，即从项目的影响开始追溯项目的中间成效与产出，继而追溯项目的活动与投入，在此基础上确定项目的逻辑，最后完成整个变革理论的构建。

5.4 变革理论与平衡计分卡

平衡计分卡也可以在政府机构和非营利组织中，发挥集中重点、激发潜能和提高责任感的作用。平衡计分卡为这些机构提供了其存在的基本原理（服务客户和利益相关者，而非仅仅控制预算开支），并通过为外部的利益相关者和内部的员工传达成果指标和业绩驱动因素，来完成他们的使命和战略目标。

——［美］卡普兰、诺顿，2004

项目变革理论展示了项目从投入到产出、成效和影响的联系链条，它不仅能够帮助分析和确认项目的结果，还能帮助确认对项目成功的关键要素，因而成为许多国家和非营利组织开展绩效评价的一个重要工具。与该理论相类似，**平衡计分卡**因为建立了战略规划和绩效评价之间联系的全面框架，也得到了许多公共和非营利组织的青睐。我们需要探讨的是：同是政府绩效评价的工具，项目变革理论与平衡计分卡两者在应用上有无区别？如果说有区别，那么其主要的区别是什么？

5.4.1　平衡计分卡的构成与特点

平衡计分卡（the balanced scorecard，BSC）是罗伯特·卡普兰与大卫·诺顿于20世纪90年代提出的未来组织绩效衡量方法。当时该计划的目的，在于超越传统以财务量度为主的绩效衡量方法，建立一套能使高层管理者快速而全面地考察企业的绩效衡量系统。他们认为，传统的财务模式是为贸易公司和工业时代的企业而设计的，它所衡量的是过去的事情，而不是对提供未来价值的能力的投资。平衡计分卡从财务、客户、内部业务流程、学习和创新四个角度来评价企业的绩效。这是一个整合的源于战略指标的新框架，它在保留以往财务指标的同时，引进了未来财务业绩的驱动因素，这些因素包括客户、内部业务流程、学习与成长等层面，它们以明确和严谨的手法解释战略组织，而形成特定的目标和指标。[①] 因此，平衡计分卡将客户、内部经营、员工和系统的业绩同长期的财务成功地连成了一体，并实现了四个方面的协调和平衡：战略管理和经营管理的平衡、财务指标和非财务指标的平衡、内部人员与外部人员的平衡以及结果指标和动因指标的平衡。

四个层面中，财务目标通常与企业的获利能力有关，其衡量指标有营业收入、资本报酬率、经济增加值、销售额或创造现金流量等。客户层面使企业的管理者能够阐明客户和市场战略，从而创造出出色的财务回报。其衡量指标通常包括客户满意度、客户保持率、客户获得率、客户盈利率，以及在目标市场中所占的份额。内部经营层面，要确认组织擅长的关键内部流程，这些流程可帮助业务单位提供价值主张，以吸引和留住目标细分市场的客户，并满足股东对财务回报的期望。内部经营流程指标，重视的是对客户满意度和实现企业财务目标影响最大的那些业务流程。学习与成长层面，确立了要创造长期的成长和改善就必须建立的基础框架，它是企业未来成功的关键因素，衡量指标通常包括员工满意度、员工保持率、员工培训和技能等。其逻辑关系是，财务指标是企业追求的结果，其他三个方面指标（非财务指标）是取得这些结果的动因，正是因为这些非财务指标的实现，保证了财务指标的最终实现。

平衡计分卡强调财务指标与非财务指标之间的平衡，它将企业的使命和战略化为一套全面的、具有因果关系的目标和指标，这些目标和指标为战略衡量和管理系统提供了架构。所以，平衡计分卡不仅是一个良好的绩效衡量系统，还是一个良好的战略管理系统。事实上，许多的企业已经把平衡计分卡视为一个战略管理系统，它们从长期规划企业的战略，并利用平衡计分卡的衡量重点来完成重要的管理流程。该管理流程包含四个管理程序：阐明并诠释愿景和战略；沟通并联结战略目标和指标；计划、制定目标值并协调战略行动方案；加强战略反馈与学习。通过这四个程序，平衡计分卡使企业的战略目标转化为员工的行动，从而有效地解决了长期以来困扰管理者的战略难题——战略规划与战略实施的脱节。用卡普兰的话来说，"围绕平衡记分卡而制定的管理流程使企业上下能够同心协力地实施长期战略"[②]。

平衡计分卡最初主要应用于企业，然而现在其应用的范围已经大为扩大。平衡计分卡的创始人卡普兰与诺顿说："平衡计分卡最好在一个战略业务单位（strategic business unit）进行编制。实施平衡计分卡最理想的战略业务单位，其活动范围应该遍及整个价值链：创新、经营、营销、服务，这样一个战略业务单位，拥有自己的产品与客户、自己的营销渠道和自己的生产设施。更重要的是，它拥有一个完整的

[①] 罗伯特·卡普兰与大卫·诺顿. 平衡计分卡——化战略为行动 [M]. 刘俊勇、孙薇，译. 广州：广东省出版集团、广东经济出版社，2004：13.
[②] 同上书，第 14 页.

战略。"① 他们还说,"平衡计分卡也可以在政府机构和非营利组织中,发挥集中重点、激发潜能和提高责任感的作用。平衡计分卡为这些机构提供了其存在的基本原理(服务客户和利益相关者,而非仅仅控制预算开支),并通过为外部的利益相关者和内部的员工传达成果指标和业绩驱动因素,来完成他们的使命和战略目标。"② 可见,作为一个战略衡量与管理系统,平衡计分卡不仅适用于企业单位,也适用于政府部门和非营利组织。事实也是如此。平衡计分卡不仅在企业得到了大量的应用,它还在政府机关、军事机构和非营利组织得到了大量应用。如美国、欧洲等国家和地区的政府部门(如警察局、国防部),澳大利亚的一些城市,都已相继建立了平衡计分卡系统。

当然,公共部门的平衡计分卡与企业单位的平衡计分卡在构成上也是有区别的。对于企业单位来说,财务层面为它们提供了一个清晰的长期目标值。但是对政府部门和非营利组织来说,财务层面提供的是一个约束而不是目标值。这些机构必须把开支控制在财政预算之内,但是不能以能否维持开支和预算的平衡来衡量这些组织是否成功。因为如果这些组织违背了它们的使命和利益相关者的期待,即使它们能够减少开支,也不能证明它们的服务是有效果和有效率的。衡量公共部门和组织的服务是否成功,应该视其能否有效满足纳税人和利益相关者的要求,能否很好地履行其对社会的应尽责任和义务。因此,对公共部门来说,客户层面的目标和指标更为重要,应该将它们置于平衡计分卡的最上层,将满足利益相关者的需求作为追求的最终结果,而其他三个层面则作为动因指标和取得最终结果的手段(见图5-9)。

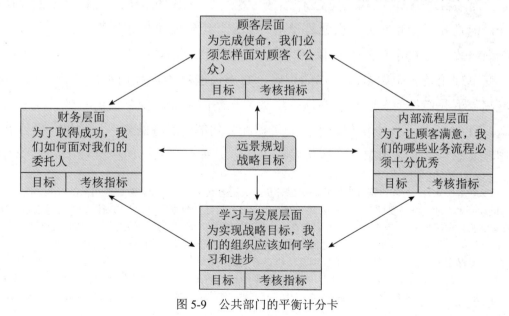

图 5-9 公共部门的平衡计分卡

---

① 罗伯特·卡普兰与大卫·诺顿.平衡计分卡——化战略为行动[M].刘俊勇、孙薇,译.广州:广东省出版集团、广东经济出版社,2004:28.
② 同上书,第150页。

5.4.2 变革理论与平衡计分卡在评价应用上的差异

平衡计分卡既可大量应用于企业单位，也可大量应用于政府部门和非营利组织。那么，作为政府绩效评价的工具，它与项目变革理论在应用上又有何区别呢？

如上所述，平衡计分卡一般从财务、客户、内部业务流程、学习和创新四个层面评价组织的绩效。无论是财务层面还是非财务层面（客户、内部业务流程、学习和创新），其反映的都是组织管理要素。因此，在政府绩效评价中，平衡计分卡主要应用于对公共组织（政府部门或非营利组织）的评价。平衡计分卡是一个整合的源于战略指标的框架，因而它一般是从组织的愿景和战略目标出发对公共组织进行绩效评价，也就是说，组织愿景和战略目标的实现情况是平衡计分卡评价的焦点。

项目变革理论展示了从项目投入到产出、成效和影响的联系链条，可以看出，它主要应用于对公共政策、计划和项目的评价。公共政策、计划和项目通常旨在解决某些社会问题或是满足某种社会需要，因此，项目变革理论一般从社会问题出发对公共政策、计划或项目进行绩效评价。在变革理论中，"成效和影响"指标是对社会问题的衡量指标，如果"成效和影响"较好，那么就表明公共政策、计划或项目的绩效较好。

综上，平衡计分卡与项目变革理论在评价应用上的主要差异是：平衡计分卡主要应用于组织的评价①，变革理论主要应用于组织行为（公共政策、计划或项目）的评价。用波伊斯特的话来说，"真正的区别在于，平衡计分卡为评价组织绩效提供了框架，而项目逻辑模型是集中于工作绩效"②。在绩效评价应用上，两者虽然存在着差异，但是并不相互冲突。也就是说，一个公共组织既可以运用平衡计分卡来评价其组织绩效，也可用变革理论追踪和评价政策或项目的结果。

变革理论是一个做事或工作的逻辑，它不仅能够告诉我们工作的目标和结果，还能够告诉我们如何实现和达到这一结果。正是由于此，变革理论受到了很多人的青睐。自20世纪八九十年代以来，为了提高公共部门服务的效率和效果，世界上许多国家（既包括发达国家，也包括发展中国家）都在公共部门中推行了以结果为导

---

① 除了平衡计分卡，近年来国外有影响的组织评价工具还有欧盟通用框架。欧盟通用框架可分为两大类要素："能动要素"和"结果要素"。"能动要素"有5个标准和指标，即领导力、人力资源、战略与规划、伙伴关系与资源、过程与变革管理。"结果要素"有4个标准和指标，即雇员角度的结果、顾客或公民角度的结果、社会结果、关键绩效结果。各要素之间的逻辑关系是，5个能动要素发挥作用的程度决定着前3个结果要素的实现程度，而前8个要素之间的协调互动决定着关键绩效结果。欧盟通用框架是公共组织为不断改进自身的工作而进行自我诊断的工具，因此，采用该框架的目的不在于对公共组织进行评分排序，而是要找出组织的不足之处，拟定相应的改进措施。（李文彬、郑方辉. 公共部门绩效评价 [M]. 武汉：武汉大学出版社，2011：35.）

② 西奥多·H. 波伊斯特. 公共与非营利组织绩效考评：方法与应用 [M]. 萧鸣政，译. 北京：中国人民大学出版社，2005：176.

向的管理,"关注结果,为结果而管理已经与行政和政治改革以及国家的现代化联系了起来"[1]。与公共管理改革的这一发展趋势相适应,政府绩效评价的焦点也由组织结构、体制与过程转移到了政策、计划和项目及其结果上。正是这种由组织结构与过程向项目及结果的焦点的转移,使得项目变革理论在绩效评价中的作用变得更为重要,并使得运用变革理论对政策、计划和项目及其所产生的结果进行评价成为绩效评价发展的主流。也就是说,由于在公共管理中实施结果为导向的管理,变革理论在政府绩效评价中得到了更广泛的应用。

变革理论(逻辑模型)是项目(或政策)的可视化呈现,表现了整个项目(或政策)资源转化为活动,继而转化为结果的过程。它有两个基本功能:一是将项目(或政策)开展过程分类,分为投入、活动、产出、成效和影响;二是建立产出和成效、影响之间的预期因果链接。这使得变革理论成为评价人员分析和判断项目或政策是否有效、是否产生了预期的结果的重要依据,此外,它在监测项目结果,以及帮助开发相应的绩效指标方面也非常重要。而平衡计分卡(包括欧盟通用评估框架)主要是为评价组织绩效提供框架,难以在公共项目或政策评价上发挥上述的作用。

复习思考题

1. 什么是变革理论,它在绩效评价中有何重要作用?
2. 变革理论模型有何重要缺陷?
3. 如何构建一个政策(或项目)变革理论?
4. 运用变革理论分析中间目标与最终目标的逻辑关系。
5. 变革理论与平衡计分卡在评价应用中有何主要不同?
6. 在政府绩效管理中,平衡计分卡有哪些明显优势?

---

[1] Jonathan D. Breul and Carl Moravitz Edited, Integrating Performance and Budgets, NY: Rowman & Littlefield Publishers, Inc. 2007, p.114.

第6章 绩效评价矩阵及构成

6.1 何为绩效评价矩阵（框架）

> 评价人员设计评价很大程度上就像建筑师设计一座大楼。……在设计评价方面值得推荐的一个做法是利用评价设计矩阵，这将有助于组织问题、设计、数据收集和分析策略等。
>
> —— 琳达、雷，2009

开展绩效评价之前，需要进行绩效评价设计。绩效评价矩阵（或框架）就是一个帮助评价设计的组织工具。世界银行评价专家琳达和雷认为，**评价设计**是对评价内容的规划，主要包括评价议题或问题、采用的评价方法、具体的评价问题和子问题、可操作的内容（标准或指标）、数据来源和收集数据的方法策略、采取的数据分析方法以及成果推广策略等。[1] 采用评价矩阵进行评价设计，可以很好地组织评价的内容，并将评价问题与评价指标、评价标准或目标、证据来源、证据收集与分析方法等联系起来，使评价的各项内容之间的联系逻辑清晰，一目了然。也正是因为此，琳达和雷在其所著《通向结果之路》一书中"强烈推荐使用评价设计矩阵（框架）作为重要的组织工具。"[2]

构建绩效评价矩阵的目的在于组织好评价目的和内容，并且保证评价内容（或问题）与合适的评价指标及相应的数据收集和分析方法相匹配。它由两部分构成：一是评价维度或评价问题，主要解决评价什么的问题；二是评价指标与方法，主要解决的是如何进行评价的问题。具体来说，绩效评价矩阵包括以下要素：评价维度（问题）、子问题、问题类型、评价指标、评价方案、基线数据、绩效标准（或目标）、证据或数据来源、数据收集与分析工具等（见图6-1）。这些评价矩阵要素并不是一成不变。评价目的是组织绩效评价的出发点与指向针，决定着绩效评价矩阵要

---

[1] 琳达·G.莫拉·伊玛斯，雷·C.瑞斯特.通向结果之路：有效发展评价的设计与实施[M].李扣庆，等，译.北京：经济科学出版社，2011：170.
[2] 同上书，第175页。

素的构成与变化。在评价过程中，评价人员可以依据评价目的对上述评价要素进行相应调整。

评价维度（评价问题）	评价子问题	问题类型	评价方案	评价指标	目标或标准	基线数据	数据来源	数据收集方法	数据分析方法	注释

图 6-1　绩效评价矩阵的普通模板

如图 6-1 所示，绩效评价矩阵的第一列为**评价维度**（评价问题）。评价维度是对评价对象与内容的类型划分，规定了评价的基本向面。本书第 2 章讨论的"相关性、效果、效率、影响和可持续性"就是一种评价维度划分。我国干部考核中的"德、勤、绩、能、廉"也是一种评价维度划分。

评价矩阵也可以不列示评价维度，直接列示"评价问题"。世界银行专家琳达和雷特别强调了评价问题的重要性，认为"它为绩效评价和评价设计的选择指明了方向。"[1] 彼得·罗希则说，"一套合适的评价问题是整个评价过程的核心。"[2] **评价问题**包括三类：描述性问题、规范性问题和因果性问题。评价人员在设计评价矩阵时，首先应当根据绩效评价对象和目的，开发和确定评价问题，每个评价问题都尽可能地根据需要分成若干个子问题，并且每个子问题都应说明具体的类型（描述性、规

---

[1] 琳达·G.莫拉·伊玛斯，雷·C.瑞斯特.通向结果之路：有效发展评价的设计与实施[M].李扣庆，等，译.北京：经济科学出版社，2011：161.
[2] 彼得·罗希等.评估：方法与技术[M].第 7 版.邱泽奇，等，译.重庆：重庆大学出版社，2007：47.

范性和因果性）。然后，开发和选择用来回答子问题的衡量或评价指标；如果是规范性问题，应列出参考的标准或目标；如果有基线数据，还应列出基线数据；应当列出每个指标的数据来源，用来回答子问题的设计策略，采用的数据收集工具或方法，数据分析方法以及相关的注释等。

评价指标则是评价问题或评价维度进一步的细化、量化和可操作化。评价指标确定之后，每个指标的数据来源、数据收集与分析的工具与方法等也随之确定下来。因此，评价指标便构成为绩效评价框架的核心要素，它不仅与评价维度密切相关，还决定着数据来源、数据收集与数据分析等后续的评价要素。为此，绩效评价矩阵可看作是一个升级版的绩效评价指标体系。

与传统的绩效评价指标体系相比（见表6-1），绩效评价矩阵不仅包含评价维度

表 6-1　环境保护部 2011 年度部门预算项目绩效评价指标体系

一级指标	二级指标	三级指标	四级指标
项目决策	项目目标	目标内容	项目总体目标的明确程度
			项目成果及指标设定的明确、合理程度
			项目活动可行性及产出具体、合理的程度
	决策过程	决策依据	项目符合经济社会发展规划的程度
			项目针对环保重点工作的程度
		决策程序	项目承担单位具备资质、人员、设施及其他相关条件的程度
			项目申报、批复符合相关管理办法的程度
	资金分配	分配办法	预算分配办法健全、规范程度
			预算分配因素选择全面、合理程度
		分配结果	资金分配符合相关管理办法的程度
			资金分配与项目活动相适应的程度
项目管理	资金执行	执行进度	截至 2011 年底资金执行率
		执行时效	资金执行时效指数
	资金管理	资金使用	资金使用的合法合规程度
		财务管理	财务制度健全程度
			制度执行的严格程度
			会计核算规范程度
	组织实施	组织机构	机构健全、分工明确的程度
		管理制度	项目管理制度健全程度
			管理制度执行的严格程度
项目绩效	项目产出	产出数量	项目产出数量符合项目设计的程度
		产出质量	项目产出质量符合项目设计的程度
	项目效果	项目成果	项目绩效目标的实现程度
		可持续性	项目成果持续发挥作用的可能性
		服务对象满意度	项目服务对象对项目实施的满意程度

资料来源：环境保护部环境保护对外合作中心环境金融咨询服务中心. 绩效评价：国际经验与实践研究 [M]. 北京：中国环境出版社，2014：134.

（或评价问题）、评价指标等要素，而且包含着其后续的数据来源、数据收集和分析方法。可以看出，无论是在内容构成上还是在评价方法上，绩效评价矩阵都要比传统的评价指标体系更为科学和完整。首先，传统的评价指标体系缺乏数据来源及收集方法等关键要素。数据的来源及方法表明了，每项指标的状态信息从何处可以获得，哪些人提供该信息，以及怎样收集该信息等。没有了数据来源及方法，绩效指标就无法为我们收集和提供所需要的绩效信息。因此，哈维·哈特里认为："只有确定了数据的来源与收集方法，绩效指标的开发才可能完成。"[1] 其次，传统的评价指标体系的数据来源主要是被评价单位，评价人员使用的往往是一种简单化的分析与"评分"方法。这里所谓"评分"方法，是指评价人员在获得了各绩效指标的状况和数据（业绩值）后，采用一定的计分方法将其（业绩值）转化为绩效分值，从而为判定被评价对象的绩效状态，编写绩效分析报告提供依据的方法。[2] "评分"方法往往不能回答政策或项目干预是否有效的问题（因果性问题）。绩效评价矩阵使用的主要是一种实证性的研究方法，不仅可以回答描述性和规范性问题，也可以回答因果性问题。

除了上述的架构形式，绩效评价矩阵还可以有其他的架构形式，例如亚洲开发银行2006年开发的项目规划和监控框架（design and monitoring framework，DMF）。DMF构成要素包括影响、成果、产出、关键活动和投入，以及主要用于监测影响、成果、产出的绩效指标与目标、数据来源与报告机制、假设与风险（图6-2）。我们将在本章第6.3节对其进行分析和介绍。

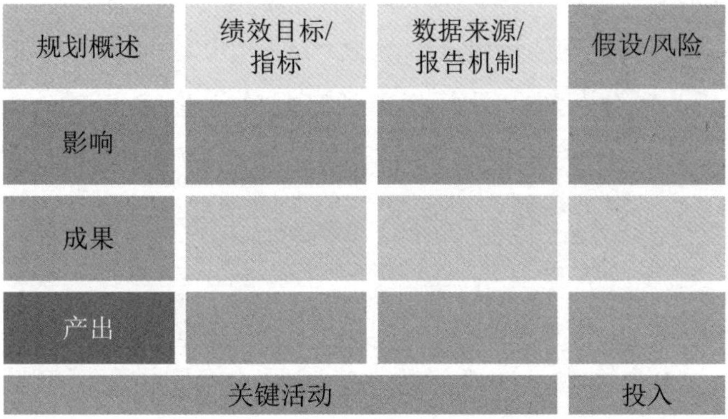

图6-2　亚洲开发银行的DMF矩阵

在我国的绩效评价中，大多数重视的是构建绩效评价指标体系，很少开发和运用绩效评价矩阵（框架）。2010年，财政部国际司在借鉴国际经验和总结国际金融组织贷款项目监测与评价理论和实践的基础上，研究建立了一个以"相关性、效率、

---

[1] Harry Hatry. *Performance Measurement*, p. 74.
[2] 马国贤等. 政府绩效管理与绩效指标研究［M］. 北京：经济科学出版社，2017：186.

效果性、可持续性"四项准则（维度）为核心的绩效评价框架。该框架包括评价准则（维度）、关键评价问题、评价指标、证据、证据来源、证据收集方法六个要素（图 6-3）。2015 年，为了同时满足完工项目和在建项目的绩效评价要求，财政部国际司（现为国合司）对原框架内容（主要是关键评价问题）进行了修改和补充。我们将在第 6.4 节对该评价框架进行分析和介绍。

评价准则	关键评价问题 （一级指标）	评价指标 （二三级指标）	证据	证据来源	证据收集方法
相关性	● ●	● ●	● ●	● ●	● ●
效率	● ●	● ●	● ●	● ●	● ●
效果性	● ●	● ●	● ●	● ●	● ●
可持续性	● ●	● ●	● ●	● ●	● ●

图 6-3　财政部国际司的绩效评价框架模板

6.2　琳达和雷的评价矩阵

在规划评价时，我们强烈推荐使用评价设计矩阵（框架）作为重要的组织工具。该矩阵可以很好地组织评价问题，并对用以回答这些问题的信息的收集进行规划。矩阵还将描述性、规范性问题和因果性问题与评价设计和方法相联系起来。除了可作为规划工具起到关联作用外，设计矩阵还可提高评价的用途，加强评价人员和计划人员的合作。

——[美] 琳达、雷，2009

在《通向结果之路》中，琳达和雷提出了一个以评价问题为核心的评价设计矩阵。该矩阵包含了 11 个要素：评价问题、子问题、问题类型、度量或指标、目标和标准（规范性问题）、基准数据、数据来源、设计、抽样还是普查、数据收集工具、数据分析方法以及注释。其中，评价问题、评价指标、评价设计、数据收集和数据分析等 5 个要素为关键要素。度量或指标开发问题比较复杂，我们将在第 7 章中对此进行专门分析和讨论。以下，我们主要根据琳达和雷的研究，分析和讨论其评价问题、评价设计、数据收集和数据分析 4 个关键要素。

6.2.1 评价问题[①]

为了开发合适的评价问题（evaluation questions），一个主要的方法就是识别使用评价结果的决策者，了解他们所需要的信息以及他们使用这些信息的方式。[②] 其次是通过对相关文献的检索获得，包括类似项目或是政策的评价、变革理论、项目文件，以及与利益相关者和资助评价的客户进行讨论。其中，应重视利用项目变革理论来帮助开发评价问题。

上一章研究了开发和利用项目变革理论帮助识别评价所关注的领域。在这里，我们可以使用变革理论来开发关键的评价问题。图6-4是一个新乡村医疗卫生项目的变革理论模型。该图下方列示了几种在变革理论模型的不同节点上应该提出的评价问题。如在项目投入阶段，可以询问如下问题：为新乡村医疗站招聘10万个接生员和其他专业人员时有哪些困难？也可以询问有关资金拨付和医疗设备的一些问题。在项目的活动阶段，可以询问：项目服务通常要开展哪些活动？在项目完成阶段，可以询问：开业三年后，医疗站在多大程度上改善了村民的健康状况？从图6-4可以看出，形成性评价（过程评价）和总结性评价所关注的问题不尽相同。形成性评价关注的问题一般来自活动与产出，总结性评价所关注的问题通常来自中期和长期结果。与短期结果相关的问题既可以是形成性评价的问题，也可以是总结性评价的问题。从逻辑模型的主要假设条件中开发出的问题，主要关心的是项目是否有效，以及会达到何种成效和收益。

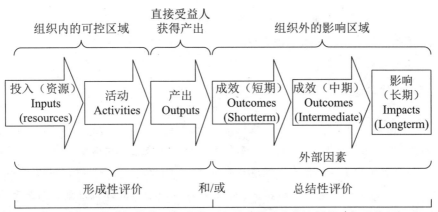

图 6-4　利用变革理论设计评价问题

评价问题可分为三类：描述性问题、规范性问题和因果性问题。

---

① 该部分主要参考琳达、雷《通向结果之路》（2011中文版）第6章。
② 彼得·罗希等. 评估：方法与技术［M］. 第7版. 邱译奇，等，译. 重庆：重庆大学出版社，2007：47.

描述性问题（descriptive questions），主要是关于"是什么"的问题。它们通常是评价的基础性问题，可能描述一个过程、一种环境、一系列观点，或是一系列组织关系或网络。比如，从不同的利益相关者角度来看，项目的目标是什么？项目主要活动是什么？项目的实施地点在哪里？谁接受了什么服务？项目面临过什么困难？参与者平均受益程度如何？项目是什么时候完毕的？项目成本多少？与类似项目比较，项目的成本收益率如何？等等。

规范性问题（normative questions），比较实际情况与应该呈现的情况。这类问题对现状与特定的具体目标或基准进行比较。通常包括以下问题：现在是在做应该做的事吗？是在朝着既定目标前进吗？项目实现所做出的承诺了吗？比如，支出是否与预算一致？支出的预算是否有效？项目挑选参与者的过程是否公平？产出的质量是否达到既定的标准？

开发规范性问题一般需要依据既定的目标或标准，这些目标或者标准通常可以在项目授权文件（例如法律法规或者董事会通过的文件）中找到，也可能来自认证体系、荣誉专家组、专业组织等。有时候，一个项目有目标但没有明确的判定标准；还有可能，项目既没有设立指标，也没有设立具体目标。在这种情况下，评价者可以有如下三种选择：一是与项目官员合作来开发评价标准；二是就评价标准求助于专家；三是自己组织专业的人员进行开发（专栏6-1）。

专栏 6-1　对缺乏标准的项目进行评价

假设一个跨部门项目的目标如下：
- 提高在选定学区中儿童的阅读成绩。
- 提高某地区艾滋病的防范意识和方法。
- 增加某村庄微型企业的数目及其利润。

评价人员需要知道这些问题的内涵（提高阅读成绩的儿童比例，哪些人的艾滋病意识增强以及如何知道他们的意识增强，多少微型企业利润增加了以及增加了多少），但这些项目并没有使用这些方式来描述目标。评价人员在这种情况下应该如何做呢？一种方法是与项目"所有者"——对项目及其实施负有管理责任的官员——合作，官员能够说明项目可能达到的绩效水平。另一种方法是召集一个或多个专家来确定可能使用的评价准则。第三种是评价者自己建立标准（最为薄弱）。

资料来源：琳达、雷《通向结果之路》，2011.

因果性问题（cause and effect questions），主要用来确定项目（政策）会带来何种差异，旨在分析项目所带来的变化，研究通过项目的实施是否实现期望的结果。比如，三方合作战略有没有在维持人们生计的同时也保护了所在地区的生物多样性？在接受职业培训后，参与者是否找到了收入更高的工作？小企业项目是否减少了所在地区人们的贫困率？汽油税的提高有没有改善空气质量？等等。

因果性问题意味着对一个或者多个业绩的度量标准或指标不仅要比较项目（政策）实施前后的情况，还要比较有干预或没有干预的情况。显然，回答因果性问题要比描述性问题和规范性问题更为困难。许多评价，特别是形成性评价，一般只使用描述性或规范性问题，而关注影响的评价则必须要问一些因果性问题，当然也须问更多的描述性或规范性的问题。专栏 6-2 列示了评价包括不同类型问题的情形。

专栏 6-2　改善卫生防疫服务

政策：确保每个儿童都能够得到卫生防疫服务
目标：减少婴儿和学龄前儿童的死亡率
评价问题：
- 项目实施后，有多大比例的儿童能得到卫生防疫服务？（描述性问题）
- 低收入家庭儿童作为目标受益人群是否得到了卫生防疫服务？（规范性问题）
- 项目的实施有没有使得儿童死亡率降低？（因果性问题）

资料来源：琳达、雷《通向结果之路》，2011.

6.2.2　评价设计[①]

在确定了评价问题之后，就要对每个问题选择恰当的绩效评价设计。前面指出，评价问题可分为三类：描述性问题、规范性问题和因果性问题。不同类型的问题通常会有不同的评价设计，也就是说，所选评价设计必须与评价问题类型相适配。

评价设计（evaluation design）也分为三大类：实验性设计、准实验性设计和非实验性设计。**实验性设计**（experimental design）也称随机实验，它要求样本的总体必须随机分成至少两个小组，一组为实验小组，接受干预实验，另一组为对照组，不进行干预实验。通过随机分配，分配到各小组的样本的背景、性别、环境和时间点等必须是相似的。这样做，是为了试图排除干预以外其他的可能解释，从而能得出结论说是干预措施造成了该观察结果。**准实验设计**（quasi-experimental design）类似于随机实验设计，但它不随机分配任务，使用的是自然发生的对照组。准实验设计主要通过对两个相似但并不相同的小组进行比较，分析和揭示干预与观察结果之间的因果关联。由于没有随机分配，它需要更多信息以排除其他的解释。**非实验性设计**（non-experimental design）亦称描述性设计，主要对干预与其影响之间的关系进行宽泛的描述，一般既不进行随机分配，也没有比较组，也就是说，它不需要建立两个或更多的比较小组。非实验性设计一般通过分析现有的数据或信息、调查和

[①] 该部分主要参考琳达、雷《通向结果之路》（2011 年中文版）第 7 章。

专题组等途径，获取与评价问题相关的数据。

1. 因果性问题设计

在含有因果性问题即关于影响和造成观察到的影响的原因的评价设计中，评价设计试图排除可能造成观察到的影响的、除了干预以外的其他解释，从而得出结论说是干预造成了该观察结果。换言之，因果性的问题是要说明干预与观察到的影响之间的因果关系。当我们主要关心变量之间的因果关系，需要剔除各种替代解释对观察结果的影响时，实验性设计（真实性实验）就是最好的选择。在一个真实性的实验评价中，评价人员必须揭示如果干预没有发生，就不会获得预期结果。为此，实验性设计需要比较两个小组的结果——其中一个小组接受干预，另一个小组则没有接受干预。区分实验性设计和其他设计的主要标准是各小组样本的随机分配。**随机性分配**是实验性设计最重要的因素。由于随机原则，对照组和实验组的分配就不存在偏差和倾向性（专栏 6-3）。

专栏 6-3　随机分配与选择偏差

随机过程是为了保证在干预措施实施前，干预组和对照组的所有特征就平均水平来说在统计上是相等的。随机实验解决了在创建实验对照组时由于计划的入选者随机地拒绝接受该计划或者干预措施而引起的选择偏差。随机分配并没有排除选择偏差，相反，它只是平衡了参与者（实验组）和非参与者（对照组）之间的偏差，从而能够在计算影响期望值的过程中产生抵消作用。这样，干预之后两个小组的任何平均水平差异都可以归因于该项干预。

资料来源：琳达、雷《通向结果之路》，2011.

但有时由于客观条件和资源的限制，评价人员无法将被试随机分配到实验组和对照组中。此时评价人员需要选择准实验性设计。在准实验性设计中，对被试（试验对象）的分配没有采用随机分配的办法，而是在自然场合下进行。实验的结果不仅会受到干预的影响，也会受到周围环境的影响。所以，相对于实验性设计，准实验性设计的缺点在于，不可能用随机分配消除所有的混淆变量和替代解释，**内部有效性**[①] 较低，但准实验性设计对评价条件的要求较低，可以做到灵活多变，应用的范围比较广。实际工作中，准实验性设计有多种形式，如没有比较组的事前事后设计（即简单前后对比）、事前事后非等效小组比较设计、仅事后非等效小组比较设计、非连续性时间序列比较组设计、纵向设计、小组设计、采用统计控制的相关性设计、

---

① 内部有效性，是指一项设计能够在多大程度上排除其他因素对观察结果的解释。英国评价协会（2003）对内部有效性做了如下定义："关于干预措施实际造成影响的结论的置信度。对内部有效性的一种威胁是否认评价设计允许干预措施和观察结果之间的因果关系含有不确定性。它可以被认为是具有如下特性的问题：除了干预措施之外是否还有其他因素造成干预组和对照组之间的差异？"

倾向评分匹配等。①

除了实验性设计和准实验性设计，因果性的问题也可以采用非实验性设计。如果评价人员要快速评估或者评价一个非常小或者新的干预活动，那么就可以采用非实验性设计中的一种**因果追踪策略**（causal tracing strategies）。所谓因果追踪策略，是由变革理论模型的因果关系论据和逻辑上排除其他或相反解释的论据构成的一种非实验性设计。该策略有多种的逻辑论证法，如因果列举推论法、运作模式推论法、时间优先法、恒常会合、关联性强度、生物梯度等。下面，我们仅以因果列举推论法和运作模式推论法为例说明。

假如我们知道某一特定的结果总是由A、B、C和D造成的。在某一情形下，如果B、C和D都没有发生，我们就基本上能够肯定导致该结果的是A。在我们不能参与随机方法时，仍然能够从以往的研究中得出结论。这种方法就是因果列举推论法。

再如运作模式推论法，当存在多个可能的原因时，这种方法就非常有效。假如我们知道某项干预结果有A、B、C和D四种成因，而此时C和D都没有发生，那么就剩下了A和B两种可能性。此外，我们只观察到A的特征因果链/行为范式/显现模式等。如果A的行为范式与B有很大不同，那么，我们就可据此进行原因推断。

2. 描述性问题设计

描述性的问题包括"多少"和"多大程度"之类的问题。这些问题要寻求了解的可能是人们的感受或观点。描述性问题通常使用描述性或非实验性设计。也就是说，描述性问题设计不需要比较组，而只是聚焦于那些接受了干预的对象。回答描述性问题最常见的设计包括简单横断面设计、单时点设计、事前事后设计、非连续型时间序列设计、纵向设计和案例分析设计等。

3. 规范性问题设计

规范性的问题总是针对一定的标准或尺度进行评估。除了这一点之外，规范性问题和描述性问题在逻辑上基本相似。一般来说，适用于描述性问题的设计也适用于规范性问题。

总之，每个评价问题均需要一个实验性的、准实验性的或非实验性的设计。三种类型评价设计各有优劣（表6-2），不存在所谓完美的评价设计，对任何一个问题来说回答方式也不是"唯一的"。在这里，应当注意的是，评价设计必须与评价问题相适配。

---

① 详细内容可参见琳达、雷《通向结果之路》（2011年中文版），第189-192页。

表 6-2 三种评价设计的优劣

设计类型	优 势	劣 势
实验性设计		
比较	控制内部有效性的威胁 对小组之间的比较非常有效;在比较组非常匹配的情况下可以控制历史和成熟效应①	在公共领域很难实施 存在选择偏差和归因威胁
准实验性设计		
事前事后	对提供度量变化的背景信息非常有用	存在测试、度量工具、均值回归、归因、历史和成熟效应等威胁
非实验性设计		
单时点	对描述性和规范性问题很有效;多个单时点设计可以成为一个案例	对因果性问题的效用非常弱

资料来源:琳达、雷:《通向结果之路》,第 200-201 页。

6.2.3 数据收集②

上面讨论了评价问题和与之相匹配的评价设计,接下来,探讨如何收集数据来回答这些评价问题。数据收集(data collection)可以有许多来源,例如现有记录、机电测量、观察、调查、专题小组以及专家评判等。从数据的来源上看,数据收集的方法可以分为两类:一是介入式的(obtrusive),二是非介入式的(unobtrusive)。介入式方法是直接从被评价人获取信息的数据收集方法,如访谈、调查、专题小组(focus groups)③;非介入式方法是不直接从被评价人获取信息的数据收集方法,如使用历史记录和现有数据、谷歌地球搜索④等。

从数据的收集方式上来看,数据收集的方法也可分为两类:结构化的方式和半结构化的方式。所谓**结构化的方式**(structured approach),是用相同的方法收集所有数据。结构化数据收集方法通常是定量的。**半结构化的方式**(semi-structured approach)具有系统性,而且遵照通用的程序,但是数据的收集并非每次都用完全相同的方法。比起结构化的方式,半结构化的方式更为开放和多变。它能够使受访者以自己的方式回答评价人员的问题。半结构化的数据收集方法通常都是定性的。在实际评价中,具体选择和使用哪种方法,取决于以下几个方面:(1)你需要了解什么

---

① 历史效应和成熟效应是两种常见的内部有效性威胁。历史效应,是指发生在干预过程中或者重复度量期间干预活动之外的事件对结果造成影响的可能性,简单地说,就是与干预无关的事件对结果的影响。成熟效应,是年龄增长或成长对结果产生的效应。随着时间的推移,人们变得更为成熟、越来越精明,也积累了经验。作为时间推移的结果,变化自然发生。这种效应不论在个体还是集体中都会发生。
② 该部分主要参考琳达、雷《通向结果之路》(2011 中文版)的第 8 章。
③ 专题小组,一种定性研究方法,将一小群具有共同特征的人集中起来,在主持人的指导下对具体问题进行非正式的讨论。
④ 谷歌地球搜索,用于精确地搜索某地区目标的地图和卫星图像。

（评价目的）；（2）数据在何处（数据来源）；（3）现有的资源和时间；（4）数据收集的复杂性；（5）数据收集的频率；（6）期望的数据分析形式等。

但不管选择什么方法，收集的信息都可能会存在偏差。这里所谓**偏差**，是指当被要求提供自己或他人信息的时候，受访者有意或无意地可能不会讲出全部实情。所有的自我报告数据都有这方面的问题。**选择偏差**，亦即选择加入项目的人群和那些选择不加入项目的人群可能存在不同。这种情形是调查、访谈以及专题小组等方式经常遇到的问题。那些自愿参加项目的人可能整体上就不同于那些不参加的人。为了增加收集数据的准确性，需要使用不同的方法以收集更多的信息来支持一个研究发现。这种方法被称为方法**三角验证法**（triangulation of methods）。

研究对象并非是影响评价结果的唯一人群。评价人员本身以及评价的环境也可能会对结果造成影响。因此，方法的三角验证法以外，还有两种三角验证法：评价人员三角验证法和数据来源三角验证法。前者是多名评价人员参与同一评价调查活动；后者是从不同来源来收集同样的信息。三者都是为了提高数据收集的准确性。为了保证准确地收集数据，琳达和雷还提出，评价人员应该遵循一定的收集数据的规则（见专栏6-4）。

专栏 6-4　收集数据的规则

评价人员在收集数据过程中应该遵循以下规则：
- 尽可能地使用多种数据收集方法。
- 尽可能地使用现有数据（这样比收集新数据更经济、更容易）。
- 如果使用现有数据，则需要了解之前的评价人员是怎么获取这些数据，如何定义变量，又是如何保证数据的准确性的。检查数据缺失的程度。
- 如果一定要收集原始数据的话，则要建立流程并遵照执行；要保持对定义和编码的准确记录；事先测试、测试、再测试，并且验证编码以及数据输入的准确性。

资料来源：琳达、雷《通向结果之路》，2011。

6.2.4　数据分析[①]

制定数据的分析策略是规划评价过程的一个重要组成部分。数据分析（data analysis）策略分为定性分析策略和定量分析策略。若想获取对干预活动的深入理解，**定性分析**是最合适的方法。

开展定性分析的一个主要的方法是**内容分析**（content analysis）。这一方法主要识别文本、演讲或其他媒体中出现的某些词语、短语或者概念，并对它们进行编码，它是一种识别和分析隐藏在数据后面的信息的系统性方法。内容分析也可分为两个

---
① 该部分主要参阅琳达、雷《通向结果之路》（2011中文版）的第10章。

类别：概念分析和相关性分析。概念分析关注的是一个文本中特定词语出现的频率。相关性分析不仅需要确定频率，还要探究所确认的概念之间的相互关系。

例如，一个概念分析可能使用下列的方法来确定类别：（1）关于某个主题共享的语言（如什么内容被认为理所当然，什么内容需要其他参与者进行澄清）；（2）被共享、认为理所当然或质疑的对特定主题具有广泛影响的意见和误解；（3）当参与者意见不一致时引起的辩论；（4）参与者用以证明他们观点和经验的信息来源，以及其他人如何对它们做出反应；（5）促使观点变化或对经验进行重新解释的信息争议、来源和类别；（6）参与者相互讨论某个主题时的语气、肢体语言和情绪。[①]

根据克里潘多夫（Kripendorff，2004）的观点，内容分析须强调以下六个问题，一旦强调了这些问题，就可以对相关数据和不相关数据做出选择。

- 我们需要分析哪些数据？
- 这些数据是如何定义的？
- 这些数据是从哪个总体中抽取出来的？
- 数据分析的相关背景（context）是什么？
- 分析的边界（boundaries）是什么？
- 推理的目标（target of the inferences）是什么？

为了便于进行内容分析，纽恩多夫提供了一个内容分析流程图[②]，流程图包括理论与理由、概念界定、可操作的度量、编码方案等9个步骤（图6-5）。

另外一种数据分析为**定量分析**。定量的数据分析用来描述和分析收集来的有关定量变量的数据。人们一般使用描述性统计和推断性统计对数据进行定量分析。

描述性统计方法包括两种类型：集中趋势的测度和离散程度的测度。集中趋势测度，主要描述一组以说明它们中间点的方法（主要描述数据在多大程度上类似），并通过3M（即均值、中位数和众数）描述中间值。使用哪个数值来衡量集中趋势取决于数据的类型：名义数据（nominal data）、序数数据（ordinal data）还是间隔/比率数据（interval/ratio data）。名义数据（类别数据）是多种相互不重叠类别数据中的一类，诸如性别、宗教或原籍国等。名义数据使用众数（出现频率最高的响应值）作为集中趋势的最佳度量。序数数据是有一定顺序，但是连续响应值之间的"距离"不一定相同的数据。序数数据使用众数或中位数（一个分布的中点或中间值）作为集中趋势的最佳度量。间隔/比率数据为实际数值，数字有零点和固定间隔，可以被分隔并和其他比率数据进行比较，如年龄、收入、体重和身高等。间隔/比率数据一般使用众数、中位数或平均值作为集中趋势的最佳度量，但是具体选择

[①] 琳达·G.莫拉·伊玛斯，雷·C.瑞斯特．通向结果之路：有效发展评价的设计与实施[M]．李扣庆，等，译．北京：经济科学出版社，2011：277．

[②] 同上书，第278页．

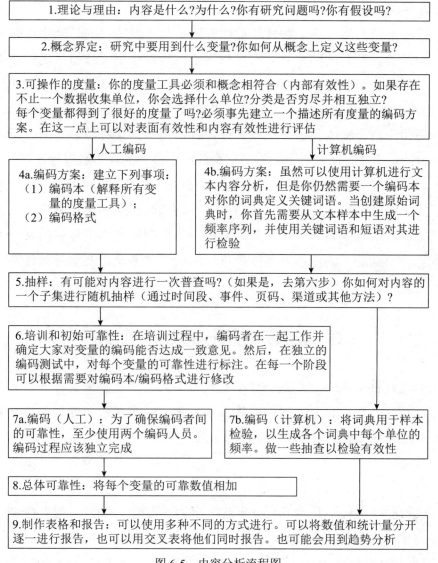

图 6-5 内容分析流程图

哪一个取决于分布的情况。如果分布是正态分布，这表明均值、中位数和众数将非常接近。这种情况下，均值是表示集中趋势最好的选择。反之，如果分布包含一些非常高的数值和一些非常低的数值，那么，平均值不再是最接近中间值的数值。在这种情况下，中位数是表示集中趋势的一个较好选择。离散程度测度描述数据在多大程度上不一致，其度量指标主要有两个：区间和标准差。区间是变量最高值和最低值之间的差额。标准差是平均值两侧数值的偏离程度，数值离均值越远，标准差就越大。标准差值包含每一个数值的影响，因而它要优于区间。其他常用的描述性统计方法还有频数分布、百分比、比例、比率和变化率等。

推断性统计方法使用一组随机样本数据来预测总体的值。评价者可以利用该方法，根据总体中某一随机样本对总体进行估计。常用的推断性统计工具包括卡方检验、T 检验和方差分析。

卡方检验是最为流行的一种统计检验方法，其主要的目的是确定实际频数与理论频数之间是否具有显著的差异。它可以用来比较两个名义数值（例如，婚姻状况和宗教关系），也可用来比较两个序数变量（分值响应），或者名义变量和序数变量的一个组合。T 检验用来决定一组数值是否在统计学上比另一组数值更高或者更低。这一分析适用于两个样本均值的比较。评价者使用 T 检验将项目中的一组样本的均值与控制组的均值进行比较。当我们对三个或三个以上的样本组进行比较时，T 检验非常繁琐，缺乏效率。这时，最好是使用方差分析（analysis of variance）。方差分析是评价不同数据之间差异的一种统计方法。它可以通过 Excel 同时对两个或多个平均值进行比较，以确定观察到的变异是由随机变化引起还是由检验中的某一个因素或几个因素综合引起的。因而，方差分析可以用来评估名义自变量是如何影响一个连续型的因变量的。

6.3　亚洲开发银行的 DMF 矩阵[①]

规划和监控框架（DMF）是一种很有效的工具，它能构架项目，并使其富于逻辑性。通过绩效目标和指标，它使发展干预侧重于可实现的和可测量的结果，它也使项目实施过程中可能会面临的风险得到了关注。

——菲利普·戴储普，2006

从 20 世纪 90 年代初开始，亚洲开发银行（下简称"亚行"）对其援助项目实行了以结果为导向的管理（managing for development results，MfDR）。为了反映 MfDR 在项目全过程的实际应用，亚行将 MfDR 重新命名为规划与监控框架（design and monitoring framework，DMF）。DMF 通过制定绩效目标和指标，将项目规划、管理和评价的重点转向了可实现和可衡量的结果上，为项目规划、管理和评价提供了一个有效的工具（见图 6-6）。

如图 6-6 所示，DMF 包含两个部分内容：（1）项目分析和规划过程，包括利益相关者分析、问题分析、目标分析、方案分析和项目规划。（2）DMF 矩阵，是项目分析和规划过程的结果。该矩阵主要依据变革理论模型（项目逻辑模型）而设计，构成要素包括影响、成效、产出、活动和投入，以及主要用于监测影响、成效、产出的绩效指标与目标、数据来源与报告机制、假设与风险。根据 OECD 发展援助委

[①]　该节内容主要参阅 ADB: Project Performance Management System - Guidelines for Preparing a Design and Monitoring Framework，2006.

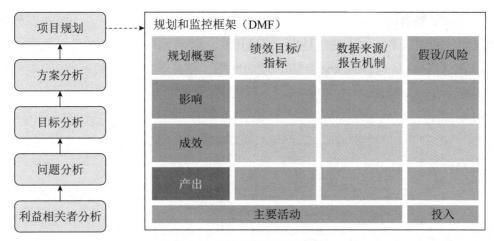

图 6-6　亚洲开发银行的 DMF

员会的术语规范要求，亚行在 DMF 矩阵中用"影响"取代了"目标"（goal），用"成效"（outcome）取代了"目的"（purpose）。其次，还具体界定了绩效指标和目标——对结果管理起基础性作用——并阐明了如何确定信息的来源，以及确认项目中的假设和风险。下面，主要就这两部分内容进行分析和介绍。

6.3.1　分析和规划过程

如图 6-6，分析和规划过程（由下往上）主要包括 4 个步骤：利益相关者分析、问题分析、目标分析和方案分析。

1. 利益相关者分析

利益相关者的分析是 DMF 分析的第一步，其主要的目的在于弄清楚是哪些人或组织受到了所面临问题的影响（直接的和间接的），是哪些人或组织支持和反对项目的实施，以便采取适当的措施赢得更多的人（包括反对者）对项目的支持。利益相关者分析通过考虑广泛的不同意见增进共识，使那些可能对发展问题持有否定或反对意见的人参与其中，从而保证所有的意见在分析过程中都得到考虑，这便为采取适当的措施来争取反对者的支持，使主要的支持者更多地参与其中提供了健全的基础，使项目实施的干扰最小化，因而具有极其重要的意义。

利益相关者构成主要取决于实施项目的特点和性质，一般包括项目受益（损）者、捐款人（组织）、项目购买者、执行机构、政府主管机构、非政府组织、私人部门代表和宗教组织等。其中，项目的受益者和受损者是两个最重要的利益相关者，分析中尤其要考虑他们的意见与看法。

2. 问题分析

问题分析是在利益相关者分析过程中确定的关键利益相关者的参与下进行的。

问题分析的主要目的在于：(1) 分析所在问题面临的社会环境；(2) 弄清楚要解决的主要问题及相关条件；(3) 通过绘制"**问题树**"，使问题间的"因—果"关系清晰化（图 6-7）。问题树是利益相关者达成一致的产物，在最终确定问题树之前应对问题陈述和因果链条进行核实。

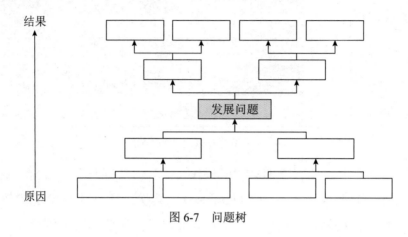

图 6-7 问题树

3. 目标分析

目标分析的过程，即将"问题树"中的当前问题转化为未来要实现的目标的过程。其主要任务是：(1) 描述问题解决后的发展状况；(2) 分清楚目标链中的"目的—手段"关系；(3) 将目标链中的各"目的—手段"关系绘制成"**目标树**"（见图 6-8）。

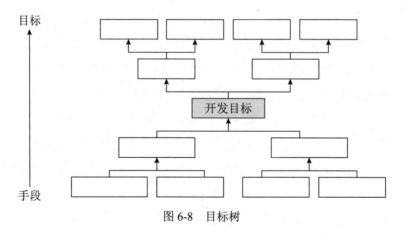

图 6-8 目标树

4. 方案分析

方案分析的主要目的是，在众多的可选择的方案中选择能够实现目标的最优方案。其步骤是：(1) 分析并列出可供选择的各种方案；(2) 分析评价每个方案的可行性；(3) 选择最优的解决方案，并在不同利益相关者之间就项目战略达成一致。

从目标树中确立一系列能够作为实现理想备选战略的低层次的目标，目标树中主要的"目的—手段"分支均可看作彼此间的方案。所有潜在的方案都应该提交利益相关者讨论。在此项分析中，鉴于现存资源、执行机构的能力、受益人的利益和政治上的可行性，有必要考虑方案是否可能取得成效，对之实施必要的评估。然后，仔细地检验每个"目的—手段"分支，以确立潜在的项目产出、活动和投入。DMF 中的"投入"和"主要活动"就主要源自这里（图 6-9 下半部分）。

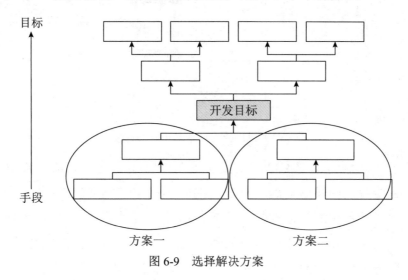

图 6-9　选择解决方案

6.3.2　DMF 矩阵的内容与构成

项目分析和规划过程的结果为 DMF 矩阵（见图 6-6）。该矩阵包含 14 个单元格和 4 个栏目标题（规划概要、绩效目标/指标、数据来源/报告机制、假设/风险），构成要素包括影响、成效、产出、主要活动和投入，以及主要用于监测影响、成效、产出的绩效目标与指标、数据来源/报告机制、假设/风险。

规划概要列出了项目的关键要素——影响、成果、产出、主要活动和投入，并展示了 DMF 的纵向逻辑性，构成一个结果链（逻辑模型）。纵向逻辑性通过检验**投入**是否足以开展**活动**（这些活动必须足以创造产出）对结果链的健全性进行了测试。依次地，**产出**（也称项目交付物）也预期能在项目完工时实现理想的**成效**，成效则有助于实现**影响**。该结果链来源于上述的"目标树"和"方案分析"（见图 6-10）。

影响也称作目标或长期目标。进行影响陈述时，应当陈述特定人群的预期受益结果，以反映此项开发会为人们带来利益，并且应当描述可测量的结果。例如，亚行的"改善特兰西瓦尼亚包容式医护服务"项目的影响陈述为：在 12 个最贫困省份，农村居民的健康、营养和心理状况得到改善。该影响陈述不仅很恰当，还很简捷，既规定了预期影响的性质，也界定了目标受益人群。

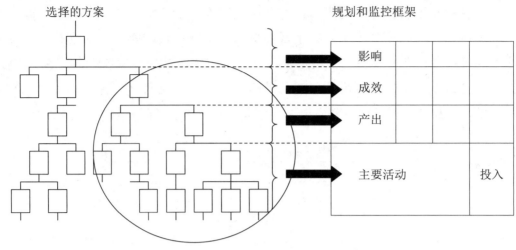

图 6-10　目标树与 DMF 矩阵的连接

成效是项目规划的关键支撑，它描述了在项目实施结束时项目要完成的任务，以及借此项目要解决的发展问题。对成效的陈述确定了实现成效必备的产出的性质和范围，因此，准备规划和监控框架的起点必须是成效陈述。成效陈述应特别描述受益人行为的变化，如上例中的成效可以陈述如下：目标省份的农村居民使用改善的中层医护服务。成效的陈述也可以描述系统、组织和机构的绩效变化，例如小企业能够获得更多融资服务，公共服务更负责任。

产出是项目交付的物质的或有形的产品和（或）服务。这些产出对于实现成效是十分必要的，必须清楚地确认目标—手段关系。例如上例中，成效是"××省份中的农村居民使用改进的中层医护服务"。其需要的产出为："改进的医疗基础设施具有可操作性""所提供的医护服务适应社区医护的需要"和"医护人员运用了新掌握的医护技术"。对于复杂的项目和规划，要包含一个项目管理的产出，如可运作的项目管理系统。此项产出总结了项目实施单位的常规事务和活动，包括规划、监控和评估、采购和报告。其任务也可以包括与利益相关者沟通，对战略性和政策性问题投入资源，以及如果项目实施中蕴含风险，便需要策划减少风险的措施。

主要活动是使用项目投入制造理想产出所开展的一系列的任务，并且应该是根据现有投入可能实现的，包含完成的日期和每一活动的关键步骤。投入是从事活动形成产出所需的主要的资源，包括咨询服务、人员、土建工程、设备、材料和亚行、政府、资金、联合融资者以及其他融资者提供的资金。

绩效目标/指标包括对理想的项目结果质量和数量的具体界定。作为绩效测量工具，绩效目标和绩效指标共同表明了如何认定目标的成功实现。绩效指标代表了将要测量什么。绩效目标则界定了数量和时间——有多少以及何时，均在规划和监控框架的第二栏列出（见图6-6），它们准确规定了在影响、成效以及产出各层次所取得的结果。其中，**影响层次的绩效指标**界定了预期的中长期的影响。因此，影响层次的指标包括了超出项目范围的目标。**成效指标**界定了项目的直接效果或受益人的行为变化，以及系统或机构的改进情况。这些指标是项目负责实现的绩效目标，也是判断项目成功或失败的主要依据。监控和测量成效指标主要是项目执行机构的责任。**产出指标**具体明确了项目将交付的主要的有形货物和服务，界定了在项目实施结束时必须实现的项目管理层的责任条款，因此监控产出层次的绩效指标是项目管理层的责任。

当确定所选择的绩效指标的目标数值时，应主要使用范围而不是单一数值，因为这样在确立目标时会更好地识别困难。如引用在 $X\%\sim Y\%$ 要比单独引用 $Y\%$ 更好。在上限和下限之间实现目标就应该视为"取得预定的结果"。另外，还可以使用底线范围界定，说明"至少 $X\%$"。在拟定绩效指标和确立目标的过程中，利益相关者的参与非常重要。在规划者、实施者和受益人之间对目标达成共识能够增强透明度和所有权。可以被客观地证实的绩效目标/指标会使项目的支持者和反对者对证据材料显示的结果达成共识。

数据来源/报告机制（监控机制），记录于规划和监控框架第三栏（见图6-6）。数据来源表明每一项指标的状态信息从何处可以获得，谁提供该信息，以及怎样收集该信息。报告机制则主要说明信息记载于何处。依照《巴黎宣言》及使用国别系统的趋势，发展中成员国现存的数据来源应该被用来监控项目进程。这有助于使良好的信息管理实践制度化。

如果条件可行，应将监控和报告责任赋予一个对项目结果有真正持续利益关系的机构，该机构必须具备一个运转良好或有潜力提升能力的信息系统。应同时确定数据来源和绩效指标，以确保该指标具有实用性，数据的收集成本低廉。应考虑在监控项目绩效中利益相关者的参与情况。这经常是监控绩效的一种高效的和有效的方法，如非政府组织可以运用城市计分卡来评定提供基本服务的绩效以及用户的满意度。

假设和风险体现在规划和监控框架的第四栏（见图6-6）。假设是对实现规划和监控框架每一层次结果所必备的条件、事件或行动的积极性陈述。风险是对将会造成不利影响或致使预期结果不能实现的条件、事件或行动的消极性陈述。假设和风险完成了规划和监控框架的因果逻辑。只有当一些假设成为现实，风险没有发生，活动的完成才会带来产出。这同样适用于项目成果和预期影响。因此，应对每一项假设和风险的重要性和可能性进行评定，侧重于那些对项目成功起关键性作用（积极作用/消极作用）的假设和风险，并确定它们发生的可能性（见图6-11）。

假设和风险一旦被界定，可使用以下管理方案来处理假设和风险：

（1）不作为。如果没有足以危及结果实现的假设和风险，这时"不作为"便是最好的方案。（2）改变项目规划。如果风险高并且（或）某项假设对项目的成功起关

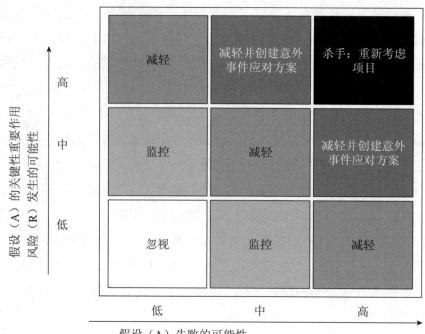

图 6-11 假设和风险矩阵

键作用,那么可考虑为减轻假设的作用而增加一项产出、活动或投入。例如:在农村地区提高教育质量,部分取决于老师是否愿意搬到农村地区居住,因此可以考虑将激励性工资、促进计划和免费住房等并入项目规划中。(3)增加一个新项目。如果在项目范围内无法解决风险和假设,应考虑国别规划或与其他援助机构合作(平行联合融资)的其他项目。例如,水稻产量的增加是基于雨水充足的假设。如果季节性波动过大,就可能有必要启动一项灌溉项目来保证必要的水资源。(4)放弃项目。如果风险高并易于发生或者一项假设是绝对必要,且没有产出或活动能够减少风险或增加实现假设的可能性,那么此项目风险性太大,应该放弃。(5)监控并减轻假设和风险。在多数情况下,密切监控风险是适当的(见图6-11)。在此时,有必要明确界定指标。通过涵盖活动以及添加资源来为减轻假设和风险的措施做出规定。

下面是亚洲开发银行所做的一个 DMF 矩阵(参见表6-3)。[①]

案例背景资料:艾如沙是乌桑巴拉山高地的一座城市,在近几年得到了迅速的发展。私营机动车辆数目的激增导致了交通堵塞。与此同时,撒法瑞公交公司(SBC)是艾如沙市唯一的公共运输机构,拥有城市公交车的90%。尽管撒法瑞公交公司从1995年起提高了车费,但它正面临乘客数量减少的局面。收入仅相当于该公司运营支出的70%。

---

① 该案例引自 ADB: Project Performance Management System - Guidelines for Preparing a Design and Monitoring Framework,2006.

表 6-3　一个公共运输项目的 DMF 矩阵

规划概述	绩效目标/指标	数据来源/报告机制	假设/风险
影响 艾如沙市的运输系统运转良好	公共和私营运输穿越艾如沙市的时间到2008年减少了25%	市参议会交通控制中心的年度交通调查报告	**假设**：市参议院关于萨法瑞公交公司提供公共运输服务的政策不变
成果 撒法瑞公交公司提供了安全可靠的公共运输服务	撒法瑞公交公司车辆引起的交通事故数目减少了50%，从项目实施基准年的x下降到结束时的y 在项目实施期间，乘坐撒法瑞公交公司车辆的乘客每年稳定在500 000人，项目完工后每年增加x% 延误（比时刻表晚5分钟）从2005年1 000次/年减少到项目结束时200次	警察局的年度交通事故报告 提交市参议会的经审计的撒法瑞公交公司的年度统计数据和账目 撒法瑞公交公司的公交车运营月统计数据，此数据是对公交车司机日志的整理	**假设**：公共项目部门遵循养护标准，确保公路网养护良好 **假设**：运营费用如油费保持稳定
产出 1.车队养护良好 2.司机遵守安全和交通法规	车辆抛锚从第一年的x次下降到第二年的y次，此后下降到z次以下 违反交通法规的次数从一年的x次下降到第二年的y次，此后稳定在z次	对机械车间的记录进行整理，在撒法瑞公交公司经审计的年度报告中公布 警察局出具的以车辆类型分类的交通违规月报告	**风险**：零件的海关放行继续延迟，在货到超过2周后才放行 **假设**：公交车司机联盟将安全法规和驾驶执照政策并入公交车司机行为准则中 **风险**：接受过培训的公交车司机在获得公交车驾驶执照后1年内离开撒法瑞公交公司加入私营车运营商
活动 1.1　建立车辆养护日程（2006年6月完成） 1.2　建立并运作库存控制系统（于2006年8月开始运作） 1.3　获得优惠的零件进口许可（2006年4月完成） 1.4　改进机械车间（2006年10月完成） 1.5　改进公交车技师技术（2007年3月完成并且每年重复） 2.1　引进一个国家公交车司机执照和检验体系（2007年7月完成） 2.2　建立公交车安全和运营法规（2006年5月起草；2006年9月生效） 2.3　培训并测试公交车司机（2006年2月开始；2007年8月完成） 2.4　引进安全驾驶机制（截至2006年6月）			**投入** 亚行——15 000 000美元 • 咨询服务 50 人·月——1 250 000美元 • 土建工程——2 000 000 美元 • 设备——8 000 000 美元 • 培训——2 750 000 美元 • 意外费用——1 000 000 美元 政府——5 000 000美元 • 人员 150 人·月——2 000 000 美元 • 运输和物流——1 500 000 美元 • 运营支出——1 500 000 美元

在过去的几年里，撒法瑞公交公司的交通事故的数目及由此造成的受伤乘客的数目迅速增加。乘客们抱怨频发的延误和车辆抛锚。尽管乘客的数量还很多，但是服务质量持续恶化。因此，人们正在寻求其他的运输方式。

撒法瑞管理层认为导致众多交通事故的原因是技术因素。车辆陈旧，无定期养护，机械师没有接受良好的培训，因为缺乏零件车辆修理被中断。由于公交车司机忽视交通法规或超速行驶以及道路养护不良（公共工程部门的责任），也时常发生交通事故。

市公共工程部门声称其每年的预算不足以对远程道路提供充分的养护及建造新的公路。艾如沙市参议会想要削减给与撒法瑞公交公司的补贴来为公共工程部门筹集资金。补贴的削减可以通过提高车费来实现。然而，艾如沙市的市长反对此建议并将否决此项提议。

公交车司机联盟威胁要进行罢工以获得加薪及减少工作班次。他们抱怨糟糕的车辆和道路状况。乘客们抱怨司机开车不认真而且粗鲁。简言之，艾如沙市的公共运输状况和前景是很黯淡的，必须采取措施改善这一状况。

6.4 财政部国际司的评价框架

绩效评价框架是开展绩效评价的核心。

——财政部国际司，2015

2010年，为了探索我国自主开展国际金融组织贷款项目绩效评价工作的有效模式，财政部国际司在借鉴国际经验的基础上，开发和建立了一个以"相关性、效率、效果性、可持续性"四项评价准则为核心的绩效评价框架（见图6-3）。该框架主要适用于国际金融组织贷款完工项目绩效评价，没有包括在建项目的评价内容。为了同时满足完工项目和在建项目的评价要求，财政部国际司2015年对原框架进行了修改和完善，加入了在建项目的评价内容。与原框架相比，其基本的评价框架结构仍没有改变，构成要素依然为：评价准则、关键评价问题、评价指标、证据、证据来源和证据收集方法。

在该评价框架中，"相关性、效率、效果性和可持续性"四个评价准则（即评价维度）是核心。关键评价问题，根据四个评价准则而设计，是对四个评价准则的进一步具体化。每一个评价准则都包括若干个关键评价问题。评价指标（包括定量或定性指标），用于回答关键评价问题，衡量项目成效或反映项目变化。每个关键问题一般对应若干个评价指标。证据则是用于对评价指标进行评判的信息和依据，包括项目数据、事实、利益相关方的观点等。证据来源，用于说明证据的出处，以便评价人员收集所需证据。证据收集方法是绩效评价中用于收集各种证据的手段，如案卷研究、实地调研、面访、问卷调查等。

该评价框架设计同时兼顾了统一性和多样性。《国际金融组织贷款项目绩效评价操作指南》（简称《指南》）根据四个评价准则设计出若干个必须回答的关键评价问题（完工项目有 11 个关键问题，在建项目 9 个关键问题）；同时规定，评价指标由评价者根据项目的实际情况进行开发。也就是说，关键评价问题（一级指标）为共性指标，评价指标（二级和三级指标）为个性指标。在这一评价框架中，评价准则与关键评价问题体现了统一性，而评价指标及证据、证据来源与证据收集方法等则体现多样性。四个评价准则我们在第 2 章第 2.3 节已进行了详细阐述。以下，着重对关键评价问题、评价指标、证据及其来源、证据收集与分析方法等要素进行分析和介绍。最后，提供了一个绩效评价框架设计的具体案例。

6.4.1 关键评价问题[①]

《指南》在评价框架中针对四个评价准则设计了若干关键评价问题。其中，对完工项目设计了 11 个关键评价问题，对在建项目设计了 9 个关键评价问题。从关键评价问题的内容上看，完工项目与在建项目也不尽相同。比如，效率准则的关键评价问题 2.1，完工项目的为："项目是否按计划进度实施并完工，并实现了所有预期产出？"在建项目的为："项目是否按计划进度实施，并实现了相应的阶段性产出？"两者的权重设计也不尽一致。如相关性准则的权重，完工项目的为 10%，在建项目的为 20%；效率准则的权重，完工项目的为 30%，在建项目的为 40%；效果准则的权重，完工项目的为 30%，在建项目的为 20%；可持续性准则的权重，完工项目的为 30%，在建项目的为 20%。表 6-4 列出了关键评价问题框架。

表 6-4 关键评价问题框架

准则	完工项目		在建项目	
	权重	关键评价问题	权重	关键评价问题
相关性	10%	1.1 项目目标和内容设计是否符合当前国家、行业和所在区域的发展战略和政策重点？ 1.2 项目提供的产品和服务能否解决国家、行业和所在区域经济社会发展中的实际问题和需求？	20%	1.1 项目目标和内容设计是否符合当前国家、行业和所在区域的发展战略和政策重点？ 1.2 项目提供的产品和服务是否针对当前国家、行业和所在区域经济社会发展的实际问题和需求？
效率	30%	2.1 项目是否按计划进度实施并完工，并实现了所有预期产出？ 2.2 项目预算是否按计划投入和使用？ 2.3 项目管理及内部控制是否到位并确保项目有效实施？ 2.4 项目是否达到了预期的内部经济收益率或做到了成本有效性？	40%	2.1 项目是否按计划进度实施，并实现了相应的阶段性产出？ 2.2 项目预算是否按计划投入和使用？ 2.3 项目管理及内部控制是否到位并确保项目有效实施？

---

① 该节内容主要参阅财政部国际司：《国际金融组织贷款项目绩效评价操作指南》（2013 修改稿）。

续表

准则	完工项目		在建项目	
	权重	关键评价问题	权重	关键评价问题
效果性	30%	3.1 项目是否实现了绩效目标？ 3.2 项目实际受益群体是否是项目的目标受益群体？	20%	3.1 项目是否实现了阶段性绩效目标？ 3.2 项目实际受益群体是否是项目的目标受益群体？
可持续性	30%	4.1 项目财务是否具有可持续性？ 4.2 项目后期运营是否具有可持续性？ 4.3 项目绩效是否具有可持续性？	20%	4.1 项目财务是否具有可持续性？ 4.2 项目实施是否具有可持续性？

资料来源：财政部国际司：《国际金融组织贷款项目绩效评价操作指南》，2015。

相关性准则包括两个关键评价问题：

问题1.1：项目目标和内容设计是否符合当前国家、行业和所在区域的发展战略和政策重点？本问题关注项目的后相关性，即在绩效评价实施阶段，项目目标和内容设计是否仍符合国家、行业和所在区域的发展战略和政策重点。

问题1.2（完工项目）：项目提供的产品和服务能否解决国家、行业和所在区域经济社会发展中的实际问题和需求？本问题评价两个方面：一是项目设计是否紧紧围绕国家、行业或所在区域经济社会发展中的现实问题和需求；二是项目能否有效解决相关问题和需求。

问题1.2（在建项目）：项目提供的产品和服务是否针对当前国家、行业和所在区域经济社会发展中的实际问题和需求？对于在建项目，本问题仅评价项目设计是否有针对性，是否紧紧围绕当前国家、行业和所在区域经济社会发展中的实际问题和需求。

在原框架中，相关性准则包括三个关键评价问题；在新框架中，根据实际需要去掉了项目的前相关性问题（原问题1.1）。因为项目在设计时，一方面，需经国际金融组织评估，如果项目不符合其援助战略，执行董事会不会批准项目的评估报告；另一方面，如果项目不符合我国的发展政策，同样不会获得批准建设。因此，该问题的设置在实际工作中意义不大。

效率准则包括四个关键评价问题：

问题2.1（完工项目）：项目是否按计划进度实施并完工，并实现了所有预期产出？本问题评价三方面内容：一是项目是否按期开工，并在计划时间内完工；二是项目是否按时保质保量完成所有预期产出；三是项目的实施机制是否有效，且具有一定的创新性，节约了成本，提高了效率。

问题2.1（在建项目）：项目是否按计划进度实施，并实现了相应的阶段性产出？本问题评价两方面内容：一是项目是否按预期的开工时间开工和实施；二是项目是否按计划实现了阶段性产出。阶段性产出为项目实施计划中确定的各阶段产出目标，如产品、服务、设施等。

问题 2.2：项目预算是否按计划投入和使用？本问题评价项目资金是否有规范的管理制度，是否按照预算或资金使用计划及时到位和使用，使用是否节约。

问题 2.3：项目管理及内部控制是否到位并确保项目有效实施？本问题评价项目是否有专门的机构进行管理，是否制定了规范的项目管理制度，包括进度管理、财务管理、采购管理、质量管理等，管理人员是否稳定，管理责任分配是否明确，是否有有效的信息收集渠道，是否有有效的风险控制措施等。

问题 2.4（完工项目）：项目是否达到了预期的内部经济收益率或做到了成本有效性？本问题从投入与产出、收益与成本关系的角度评价项目的资金使用效益。原框架只有内部经济收益率指标，由于内部经济收益率指标不具有普遍适用性，新框架中增加了成本有效性分析指标（成本—效果指标）。

效果性准则包括两个关键评价问题：

问题 3.1（完工项目）：项目是否实现了绩效目标？本问题评价项目完工后，绩效目标是否实现及其实现程度。

问题 3.1（在建项目）：项目是否实现了阶段性绩效目标？本问题评价两方面内容：一是项目绩效目标的实现程度；二是项目的实施情况或工程进展能否确保在规定时间内实现绩效目标。

问题 3.2：项目的实际受益群体是否是项目的目标受益群体？本问题评价项目的瞄准度，包括三方面内容：一是项目实际受益群体是否是目标受益群体；二是实际受益群体数量是否达到了预计的目标受益群体数量；三是项目受益群体满意度如何。

可持续性准则包括三个关键评价问题：

问题 4.1（完工项目）：项目财务是否具有可持续性？本问题评价两方面内容：一是项目完工后，运营和维护经费能否持续满足需要；二是项目能否按时偿还贷款，即是否有充分的还款能力和可靠的还款机制。

问题 4.1（在建项目）：项目财务是否具有可持续性？本问题评价两方面内容：一是项目资金能否持续满足项目实施的需要；二是项目是否设计了可靠的还款机制并具备还款能力。

问题 4.2（完工项目）：项目后期运营是否具有可持续性？本问题评价项目完工后，能否维持高效运营和维护，确保产出和绩效可持续，包括管理机构是否继续存在，人力资源是否充足，政策制度是否有保障等。

问题 4.2（在建项目）：项目实施是否具有可持续性？本问题评价项目能否顺利实施直至完工，主要考察经济社会环境是否会阻碍项目实施，管理机构及其人力资源能否满足项目继续实施的要求，政策制度是否仍支持项目实施等。

问题 4.3（完工项目）：项目绩效是否具有可持续性？本问题评价项目完工后，能否长期持续地维持其产出和效果，一方面衡量项目设施、设备、建筑等的可持续性，另一方面衡量其提供的产品和服务的可持续性，同时兼顾经济效益、社会效益、环境效益等效果。

6.4.2 评价指标

评价指标是对关键评价问题的进一步细化。开发评价指标的目的：一是某些关键评价问题包含多项评价内容，需要用若干个评价指标加以区分；二是评价指标能够体现项目的特点；三是针对评价指标收集回答关键评价问题的证据，可以避免无关信息；四是评价指标能够直观地分析关键评价问题，得出评价结果。《指南》规定，每个关键评价问题对应一个或若干个二级评价指标，二级指标下还可再设三级指标。评价指标开发是评价框架构建的核心问题，对于这一问题，我们将在第 7 章进行专门分析和讨论。

6.4.3 证据及其来源

证据是用来衡量评价指标、回答关键评价问题、支持评价结论的数据、事实和观点。在开发评价指标时，就应考虑证据及其来源。根据《指南》规定，好的证据应当具备以下特点：（1）相关性，即所收集证据要与指标密切相关，并且是最重要的信息；（2）有效性，即所收集的证据要能真实反映指标的内容；（3）可靠性，测量相同指标的证据应能够通过相同方法收集并验证；（4）准确性，所收集证据要准确，特别是利益相关方的观点要有代表性。

依据不同的标准，证据来源可以分为不同类型。根据《指南》规定，证据来源主要分为以下三类：（1）制度、政策和法规，如各级政府制定的国民经济与社会发展规划和相关政策；（2）项目文件和相关报告，如项目可行性研究报告、评估报告、社会影响评价报告、环境影响评价报告；（3）评价小组直接收集，如利益相关方座谈会、对相关人员的面访、实地调研和问卷调查。

6.4.4 证据收集方法

证据收集方法，是用于收集衡量绩效指标和回答关键评价问题所需证据的方法和技术。证据收集方法有多种，如案卷研究、面访、座谈会、问卷调查、实地调研、案例研究等。评价人员可根据实际需要选择适当的方法，但应当注意，要尽量多渠道取证，并要重视收集原始数据，避免仅仅依靠二手证据（参见专栏 6-5）。

专栏 6-5　证据收集与分析方法比较单一

在绩效评价过程中，我国多数省（区、市）的证据收集与分析方法比较单一。在证据收集方式上，未能尝试所有证据收集方法，一般选择以案卷研究为主，以座谈会/书面答复、面访等为辅的方式，造成在证据整体性的把握上存在着明显欠缺。在证据分析方法上，普遍运用的是"变化分析"的方法，通过比较指标的实际变化情况与预期变化得到分析结果来进行分析，在体现变化与项目实施之间的必然关系，及分析指标产生变化或没有产生变化的原因方面也存在明显的欠缺。①

资料来源：财政部国际司，2009。

在原始证据的收集中，评价人员应主要采用实地调研和问卷调查的方法。如果进行实地调研，选择调研地点应考虑以下因素：（1）调研地点的个数及占项目同等行政级别实施地点总数的比例；（2）调研地点的分布；（3）在调研地点实施的活动及金额占项目的比例；（4）调研地点涉及的目标受益群体占项目总受益群体的比例等。如果进行问卷调查，则应当考虑以下因素：（1）问卷调查针对的利益相关方；（2）问卷发放的范围；（3）通过问卷要了解的主要内容；（4）问卷的回收率等。②

6.4.5　证据分析方法

与证据收集方法相联系的是证据分析方法。绩效评价框架中没有要求列出证据分析方法，但《指南》中指出，证据分析可以采用以下三种方法：变化分析、归因分析和贡献分析。

变化分析（change analysis）通过比较指标的实际变化情况与预期变化得到分析结果，但它无法分析指标产生变化或没有产生变化的原因。**归因分析**（attribution analysis）可以分析指标产生变化或没有产生变化的原因。它一般需要通过建立反事实场景进行分析，即分析如果没有实施项目，是否会产生这些变化以及变化的比例。这一方法难度较大。**贡献分析**（contribution analysis）则旨在分析项目的实施是否是产生变化的原因之一，或者是否对产生的变化发挥了促进作用。当某种变化由很多的因素造成，并且很难评价变化在多大程度上由各因素造成时，可以采用贡献分析。以上三种方法各有利弊，评价人员在评价过程中应综合使用，避免使用单一的分析方法（专栏6-5）。

表6-6是广东省财政厅所开发的世行贷款项目中国内河二项目（广东省部分）的绩效评价框架。③该框架虽然是依据2010年绩效评价框架格式要求设计的，但仍然

---

① 财政部国际司.国际金融组织贷款项目绩效评价操作指南[M].北京：经济科学出版社，2015.
② 财政部国际司."国际金融组织贷款项目试点情况的报告"（2009）。
③ 财政部国际司.国际金融组织贷款项目绩效评价典型案例[M].北京：中国财政经济出版社，2010：36~44.

可以帮助我们理解财政部国际司绩效评价框架的基本构成及编制方法。可以看出，这一评价框架比琳达和雷的绩效评价矩阵更简单易行。但是，正是由于比较简单，所以尚有许多的缺陷与不足。比如缺少基线数据与绩效标准/目标，证据的收集与分析方法比较单一。在证据收集方式上，未能尝试所有证据收集方法，大多选择以案卷研究为主，以座谈会/书面答复、面访等为辅的方式，造成在证据整体性的把握上存在着明显欠缺。比如，在对相关性和效率性问题分析上，主要采用了过于简单化的方法。在证据分析方法上，主要运用的是"变化分析"方法（即简单前后对比方法），通过比较指标的实际变化情况与预期变化得到分析结果来进行分析，在体现变化与项目实施之间的必然关系及分析指标产生变化或没有产生变化的原因方面也存在明显欠缺，对于一些关键外部影响因素亦缺乏必要的分析。

案例背景资料："九五"期间，广东省内河航运所面临的主要问题是内河航道通航等级低、船舶通航吨位小、运输效率低等，制约了各流域经济腹地生产力发展。根据当时我省"打通西江和榕江出海航道，整治横门水道、北江下游航道，整治珠江三角洲航道网主要骨架航道，使珠江三角洲航道网初具规模，粤东、粤北山区航道条件得到改善"的航道建设目标，选择西江下游肇庆至虎跳门航道、莲沙容水道进行建设。该项目是广东省"九五"建设重点项目之一，也是中华人民共和国世界银行贷款二批内河项目的主要组成部分。

项目的贷款时间从1999年3月18日开始生效，于2007年4月30日结束，还款期为20年，宽限期5年，承诺费0.75%。项目实际总投入9.93亿元人民币，其中向世行申请贷款金额5 000万美元，国内配套资金7.87亿元人民币。项目包括2个分项目（component）：西江（肇庆—虎跳门）航道整治工程分项目和莲沙容（南华—莲花山）航道整治工程分项目。西江、莲沙容分项目都包含土建项目部分、设备采购部分、咨询服务与培训部分3个分子项目（subcomponent）。实际具体资金使用如表6-5所示。

表6-5　项目实际使用经费统计表　　　　　　　　　　单位：百万美元

分　项	肇庆—虎跳门	莲沙容航道	小计
土建项目	23.21	8.21	31.42
设备采购	14.65	2.77	17.42
咨询服务与培训	—	1.62	1.62
合计	37.86	12.6	50.46

数据来源：《项目进度报告》（截至2008年7月的项目经费实际使用情况）。

表 6-6　世行贷款项目中国内河二项目（广东省部分）的绩效评价框架

准则	关键问题	指标	证 据	证 据 来 源	证据收集方法
相关性	1.1 在设计之时，项目是否符合国际金融组织对中国的援助战略、中国的发展政策与发展优先重点？	1.1.1 项目目标与当时世行对中国在内河航道领域援助战略相符的程度	• 项目目标： 提供比现有内河运输服务更具有竞争力，高效和更具生产能力的服务，通过降低单位成本和缩短运输时间达到目的（以下简称"项目目标"）。具体目标包括： (1) 提高内河航道基础设施； (2) 建设和完善支持保障系统，提高航道综合管理和服务水平； (3) 提供效率更高，生产能力更强的内河运输服务。 • 实现世行对中国在内河运输方式的现代化，减少基础设施瓶颈状态，提供效率更高，生产能力更强的内河航道服务。	•《项目评估文件》（PAD） •《世界银行对华援助战略报告》（文件号：16321-CHA，1997年3月18日）	• 案卷研究
		1.1.2 项目目标与当时中国发展水运战略和政策的相符程度	• 项目目标与当时中国不断提高城乡人民生活水平。努力改善交通，发展社会服务，加强公共福利设施建设，基本实现现代化的目标。 • 充分利用内河水资源，加快内河航运的开发和建设，重点建设"两江一河"——长江、珠江水系及京杭运河，发展内河运输。 • 城市公共交通发展序列：西江、重点建设南宁至贵港段，整治桂平至梧州段，开发西江下游虎跳门出海航道，使广州至南宁859公里西江河段达到千吨级航道标准。	•《关于国民经济和社会发展"九五"计划和2010年远景目标纲要的报告》——1996年3月5日在第八届全国人民代表大会第四次会议上国务院总理李鹏报告 •《中国交通规划思路》 •《"九五"期间建设的骨架项目》 • 利益相关者观点	• 案卷研究 • 互联网检索
		1.1.3 项目活动与当时西江下游（肇庆门）航道一虎跳门航道、连沙客水道发展面临问题的针对性	• 项目活动：航道整治，支持保障系统建设，机构加强与技术援助，国内外培训。 • 当时广东省内河航运所面临的主要问题：内河航道通航等级低，船舶通航吨位小，运输效率低，高等级航道没有形成网，制约了各流域经济腹地生产力发展。 (1) 肇庆一虎跳门航道：当时为国家Ⅳ级航道，全线设一类航标，可日夜通航2×1 000分节驳船队和400位客船。枯水期只能通航800t的船舶。 (2) 西江下游有部分碍航浅滩淤积严重，碍航礁石仍未炸除，错区航道内部分碍航沉船也未进行打捞清除，给船舶安全航行带来隐患。 (3) 航运企业整体上经营规模小，船舶平均载货吨位低。	•《项目评估文件》（PAD） • 利益相关者观点	• 案卷研究 • 省级座谈会 • 互联网检索

续表

准则	关键问题	指标	证据	证据来源	证据收集方法
相关性	1.2 在评价之时，项目是否符合国际金融组织对中国的援助战略和中国的发展政策与发展优先重点？	1.2.1 项目目标与当前世行对中国在内河航道领域援助战略的相符程度	• 项目目标： 当前世行对中国在内河运输领域的援助战略内容：改善交通基础设施，尤其是农村公路，但也包括连接内陆省份与有活力的沿海地区的高速公路、铁路和水路，让贫困人口获得交通运输带来的效益，同时改善路网管理和交通安全。	•《项目评估报告》（PAD） • 世界银行集团2006年5月23日对华国别伙伴战略报告（2006—2010年）》报告编号：35435 • 利益相关者观点	• 案卷研究 • 互联网检索
		1.2.2 项目目标和中国的发展政策和政策相符程度	• 项目目标： 当前中国发展内河高等级航道战略和政策： (1) 规划内河高等级航道、主要港口，促进沿江、沿河产业密集区的形成，发挥区域内主要城市的经济辐射和带动作用；形成内河通航千吨级及以上内河船舶的高等级航道为骨干，主要港口为主体的全国内河航道和港口体系，促进运输船舶大型化、标准化，使内河水运资源得到有效开发利用，内河水运优势得以充分发挥；到2010年，航道通过能力可在目前基础上提高约40%；到2020年翻一番，内河航道条件得到明显改善，单位运输成本比目前明显降低，经济和社会效益显著。 (2) 提高珠江三角洲高等级内河航道网的现代化水平，有效整合珠江口港口资源，完善广州、深圳、珠海港的现代化功能，形成与香港港口分工明确、优势互补、共同发展的珠江三角洲港口群体。 (3) 加快了全省航道建设的步伐，促进了交通结构调整和节能减排工作的开展，进一步理顺了全省航道管理体制。	•《项目评估报告》（PAD） •《全国内河航道与港口布局规划（2006—2010）》 • 广东省人民代表大会常务委员会关于加快航道建设步伐促进我省航运事业发展议案的决议 •《关于加快航道建设步伐促进我省航运事业发展议案的办理情况报告》 •《珠江三角洲地区改革发展规划纲要（2008—2020年）》 • 利益相关者观点	• 案卷研究 • 互联网检索 • 省级座谈会
	1.3 在评价之时，项目产出与当前肇庆—虎跳门航道、莲沙容水道服务是否能够解决和/或提供水路运输发展需求的针对性	1.3.1 项目产出与当前肇庆—虎跳门航道、莲沙容水道发展需求的针对性	• 西江下游"肇庆—虎跳门"航道整治工程基本完工，已经实现3000t海轮的江海直达；莲沙容水道整治工程已经全部完成，保证1000t海轮江海直达。 • 肇庆市航道与"泛珠三角区域"、"广佛经济圈和山区县域经济"在发展省际间经济、地市区域经济和山区县域经济交往在方面发挥作用，水上运输散货存在巨大的发展潜力。提高内河航道散货运输能力，减少交通拥塞，铁路的发展事故率。	•《全国内河航道与港口布局规划（2006—2010）》 •《珠江三角洲地区改革发展规划纲要（2008—2020年）》 • 利益相关者观点 • 项目完工报告	• 案卷研究 • 互联网检索 • 省级座谈会

续表

准则	关键问题	指标	证据	证据来源	证据收集方法
相关性	（地方）的实际问题或需求？		• 至肇庆大型海轮航运通道的整治可以减少运转，改善航运经济条件。 • 给项目所在地区人民提供更多的就业机会，改善当地居住条件和生活环境，减少当地的贫困状况。 • 肇庆市将充分利用整治后的西江航道，依托优越的区位、交通、产业等优势，把港口物流经济作为今后加快发展的一个新的主攻方向，把发展港口物流经济打造成为带动区域经济发展的重要增长极，努力建设成为西江流域物流枢纽城市。 • 近4年，肇庆市地方生产总值年均增长13.4%，增幅排全省前列。近4年实际利用外资累计超过24亿美元，年均增长43%，经济发展后劲进一步增强。此外，近年来落户肇庆的亚洲铝业城、信义玻璃等大型加工业企业，其原材料和产品的运输，对港口物流经济建设提出了更高要求。因此，加快发展港口物流经济，不但是肇庆市加速工业化、县域经济发展的重要支撑，也是实现肇庆市经济加快发展的客观要求。 • 目前西江内河货运吨公里运价约0.07元，铁路运价是水运的4倍，公路运价是水运的7倍。此外，水运的亏损很小。 • 佛山2+5远景规划中指出：依托中心组团内的三山港区和九江龙江组团内的龙江物流中心，主要布置于城区内，包括乐从专业市场与物流中心、金本物流中心、陈村专业市场、伦教物流中心、容桂物流中心、南庄专业市场、西樵物流中心、高明港区物流中心、大沥专业市场和盐步物流中心。		• 案卷研究 • 省级座谈会
效率性	2.1 项目是否按照计划开工时间和实施周期实施并完工	2.1.1 项目开工的及时性	• 项目预计开工时间：1998.08 • 项目实际开工时间：1998.12 • 比预计时间推迟4个月开工，因国际金融组织贷款项目的审批时间较长，中方早已提前准备，1997年就抽取其中10公里的河道作为实验工程段。1998年12月，世行贷款资金和国内配套资金到位，才正式开始动工。	• 《项目评估文件》（PAD） • 《关于西江下游（肇庆至虎跳门）航道整治工程竣工决算的审查意见》（粤交造价〔2008〕61号） • 利益相关者观点	• 案卷研究 • 省级座谈会

续表

准则	关键问题	指标	证据	证据来源	证据收集方法
效率性		2.1.2 项目实际实施周期和预期的实施周期相符程度	• 项目预计实施周期：1998.08—2005.06 • 项目实际实施周期：1998.12—2006.03 • 原计划的实施周期为82个月，实际实施周期为87个月，超出预计的时间7%，主要原因有两个：①1998—1999年两个年度西江遭遇重大洪水灾害，导致原有的更改和延误；②合同C14（肇庆至虎跳门）航道建设，因为原计划附近约300米处有一个市输水管网，按照规定在输水管网上游1 000米下游500米内不允许新的建筑，所以需要重新选址延误工期。	•《项目评估文件》（PAD） •《项目中方完工报告》 •《关于西江下游（肇庆至虎跳门）航道整治工程竣工决算的审查意见》（粤交造价〔2008〕61号） •《西江下游和莲沙容的航道初验材料》	• 案卷研究 • 省级座谈会
	2.2 项目是否按照计划的资金预算实施？	2.2.1 预算资金的到位率	• 项目总预算为16 658万美元，其中广东省自筹资金9 658万美元，使用世界银行贷款7 000万美元。在项目实施过程中，交通部配套资金及广东省自筹资金已经全部批复，并按财政年度准时发放。	•《项目评估文件》 •《关于西江下游（肇庆—虎跳门）航道整治工程竣工决算的审查意见》（粤交造价〔2008〕61号）	• 案卷研究 • 省级座谈会
		2.2.2 资金实际使用与预算相符程度	• 世界银行贷款资金7 000万美元，实际支出资金4 688.61万美元，节省33.02%。中方配套资金9 658万美元，实际支出资金7 487.66万美元，节省22.47%。项目总投入资金16 658万美元，实际支出资金12 176.27万美元，节省资金26.90%。	•《关于莲沙容水道航道整治竣工决算的审查意见》（粤交造价〔2008〕33号）	
	2.3 项目是否实现了所有的预期产出？	2.3.1 项目土建项目部分产出的实现程度	• **整治肇庆–虎跳门（Z-H）航道**，加深加宽，裁弯切咀（宽100米，深6米，弯曲半径650米），使之通航3 000吨海轮。 • **整治莲沙容（L-S-R）水道**，加深加宽，裁湾切咀（宽80米，深4米，弯曲半径500米），使之通航1 000吨海轮。 • **航道建设**：在Z-H航道建107个航标（48个水标，59个岸标），在L-S-R航道建58个航标（19个水标，39个岸标），同时建设中心控制站和遥测系统。 • **改建航道维护站**：改建Z-H航道的肇庆和江门两个航道站，改建L-S-R航道的陈村和容奇两个护站。 • **码头建设**：在Z-H航道的肇庆和江门，L-S-R航道的陈村和容奇共建设4个码头停泊航道工作船。 • 根据ICR，全部土建项目已经按照计划建设完成。	•《项目评估文件》（PAD） •《项目完工报告》（ICR） • 利益相关者观点	• 案卷研究 • 省级座谈会

续表

准则	关键问题	指标	证据	证据来源	证据收集方法
效率性		2.3.2 项目采购部分产出的实现程度	• **航道疏浚设备**：耙吸式挖泥船。 • **航道工作设备**：航标工作船、快艇。 • **航道维护设备**：为四个航道站采购 4 套维护设备及维修充电设备。 • **其他和通信设备**：电话通信网络系统、GPS 测量系统、交通车。 • 根据 ICR，已经全部按照计划采购完成。	•《项目评估文件》（PAD） •《项目完工报告》（ICR） • 利益相关者观点	• 案卷研究 • 省级座谈会
		2.3.3 项目咨询服务与培训部分产出的实现程度	• 开发管理信息系统：开发软件，采购硬件，建立新的数据库。 • 助航设备开发研究：为在拥挤的入口处设置助航设备进行咨询研究。 • 国内外考察培训：国内 188 人次，国外 197 人次，包括内河航道发展、规划和融资、内河航道管理、环境监测和保护、航道建设和维护、设计、施工监理、采购和合同、财务管理、经济分析和评价、项目管理、电算化、英语等。 • 因为采用新的数据库设计 MIS，所以项目的培训人数和次数超出原计划，费用也比预期要超出一些。	•《项目评估文件》（PAD） •《项目完工报告》（ICR） • 利益相关者观点	• 案卷研究 • 省级座谈会
	2.4 项目完工后是否达到预期的经济内部收益率？	2.4.1 项目经济后期内部收益率（EIRR）的实现程度	• 项目预期的经济内部收益率：21%。 • 项目实际的经济内部收益率：14.2%，实现程度为 67.6%。 • 低于项目预期的原因：一是经济成本较高（7.7%）；二是整个工程延迟完成。	•《项目评估文件》（PAD） •《项目完工报告》（ICR）	• 案卷研究

效果性	3.1 项目是否实现了预期目标？	3.1.1 项目是否实现预期船舶大型化的目标？	• 原来通航船只的情况：
			  肇庆—虎跳门航道：300~400t 的船型为主。
			  莲沙容水道：主要为机动驳、机动驳顶推和拖驳船队，船型老旧，吨位不大，船型以 500t 以下船舶为主、专用船舶很少，船队结构不合理，非钢质船占比大比例，船队技术装备水平较低，营运效率和效益差。
			• 现在通航船只的情况：
			  目前西江下游主力船型以 1 000t、2 000t 货船及 1 000t 多用途集装箱船、1 000t 江海轮、海轮、1 000t、1 500t 砂船为主。300t 以下的船型逐渐淘汰。近三年来建造的船舶基本在 1 000t 级及 1 000t 级以上。
				•《项目评估文件》（PAD）
				•《项目完工报告》（ICR）
				•《中期初步完工报告》
				• 利益相关者观点
					• 案卷研究
					• 省级座谈会

续表

准则	关键问题	指标	证 据	证 据 来 源	证据收集方法
效果性	3.1 项目是否实现了预期目标?	3.1.1 项目是否实现船舶大型化的目标?	连沙容水道目前主要船型以500t级为主，部分为1 000t江海轮船型，但是数量不多。 • 近年来，因为西江下游航道的整治和通航条件的改善，已经开始逐步淘汰小船，近年来新造的船最小为800t的，一般都为1 500t以上的船，并且计划建造3 000t的大船。	《项目评估文件》(PAD) 《项目完工报告》(ICR) 《中方初步完工报告》 利益相关者观点	• 案卷研究 • 省级座谈会 • 互联网检索
		3.1.2 项目是否实现改善内河运输基础设施状况的目标?	肇庆一虎跳门航道状况 (1) 加深加宽、裁弯切直(宽100m，深6m，弯曲半径650米)，通航3 000t海轮。 (2) 通过推广应用航标遥测遥控技术、船舶GPS定位技术等，建立航道管理数据库系统，逐步完善以电子地图为基础平台的航道地理信息系统，建成一套布局合理、功能齐全、技术先进、服务优质、管理高效，适应内河航运现代化要求的航道支持保障系统。 (3) 提高了西江航道的效益、水路运政执法无"三乱"现象发生，同时水路运输市场方面经营行为得到进一步规范，运输企业经营质审后，建立了公平、开放、竞争、有序的运输市场，做到了货畅其流。运输企业经过资质审后，船舶加强了内部安全生产管理，提高了竞争力和抵御经营风险的能力，船舶运输经营活动得以迅猛发展，货运量不断上升。 (4) 港口吞吐量由年120万t增加至年300万t。通过大量低成本的船舶运输，可把肇庆的砂石建材、农副产品等大量运往珠江三角洲，把煤炭、饲料等原材料及时运回，真正发挥西江发挥这条"黄金水道"的作用。 连沙容水道状况 (1) 加深加宽、裁弯切直(宽80m，深4m，弯曲半径500m)，通航1 000t海轮。 (2) 航标故障发现时间由7天缩短到10分钟，年巡航次数减少75%，减少日常维护成本，提高航标管理的工作效率。		

第6章 绩效评价矩阵及构成 | 139

续表

准则	关键问题	指标	证据	证据来源	证据收集方法
效果性	3.1 项目是否实现了预期目标？	3.1.3 维修养护平均费用	• 内河二项目完工后，采取新的航标和GPS系统，故障发现时间由7天缩小到10分钟，年巡航次数减少75%，减少日常维护成本，极大地提高航标管理的工作效率，事故的发现非常及时。 • 新购买的1 000t级挖泥船大大提高了疏浚的效率，可以比以前更快地解决航道回淤的问题。新购买的快艇，提高了巡航的效率。 • 新型的丁坝设计，减少了河道回淤的速度，减轻了航道维护的负担。	•《项目评估文件》（PAD） •《项目完工报告》（ICR） • 中方初步完工报告 • 利益相关者观点	• 案卷研究 • 省级座谈会
		3.1.4 项目是否实施实现提高回收成本效率，减少政府补助的目标？	•《国务院关于实施成品油价格和税费改革的通知》日开始，国务院取消了公路养路费、航道养护费、公路客货运附加费、水路运输管理费和水路客货运附加费，逐步有序取消已审批的政府还贷二级公路收费。 • 航道的维护费用由广东省财政给予全额拨款。	•《项目评估文件》（PAD） •《项目完工报告》（ICR） •《国务院关于实施成品油价格和税费改革的通知》 •《中方初步完工报告》 • 利益相关者观点	• 案卷研究 • 省级座谈会
		3.1.5 项目是否实现提供效率更高，生产能力更大的内河运输服务？	• 505.0t（原计划2008年实现的目标，需要进一步落实实际情况）。 • L-S-R航道运输成本由82.4减少到71.6，减少了13%（单位：RMB/'000 TKM）。 • Z-H航道运输成本由148.8减少到118.4，减少了20%（单位：RMB/'000 TKM）。 • 2005年西江干线跨省运输船舶平均吨位为371t，2006年、2007年分别为436t和520t，运输船舶大型化的速度超过历史上任何时期。（2008年、2009年的数据需要通过地方交通部门及港务局提供。） • 已经基本实现当时所定下的目标。 • 单位能耗减少：水路、铁路、公路单位耗能比为1∶1.25∶5，通过提高水路货运量，减轻铁路、公路的货运压力，同时也减少的单位能耗。	•《项目评估文件》（PAD） •《项目完工报告》（ICR） •《中方初步完工报告》 • 利益相关者观点	• 案卷研究 • 省级座谈会
		3.1.6 沿线港口吞吐量	• 广州港2007年的吞吐量是37 053万t，比上一年增长11.43%。 • 佛山港2007年的吞吐量是4 985万t，比上一年增长12.86%。 • 肇庆港2007年的吞吐量是766万t，比上一年增长29.17%。	•《项目评估文件》（PAD） •《项目完工报告》（ICR） •《中方初步完工报告》	• 案卷研究 • 省级座谈会

续表

准则	关键问题	指标	证据	证据来源	证据收集方法
效果性	3.1 项目是否实现了预期目标?	3.1.6 沿线港口吞吐量	• 江门港2007年的吞吐量是4033万t，比上一年增长21.55%。 • 西江下游航道整治前1994年货运量2078万t，完工后2005年增长到7980万t，约为整治前的4倍，货运量年均增长速率为13‰。 • 莲沙容水道整治前1994年货运量为1800万t，完工后2005年增长到4612.5万t，约为整治前的2.5倍，货运量年均增长率为9‰。	•《广东年鉴2008》 • 分析报告 • 利益相关者观点	• 省级座谈会
		3.1.7 项目是否实现现机构改革的目标?	• 为了配合内河二项目，广东省航道局升级为副厅级单位，并成立了专门的利用世界银行项目管理办公室对世行项目进行管理。航道基础设施建设传统和责项目实施过程中的监督、管理工作。 • 采用世行规范管理体系，引进了土建工程的国际竞争性招标机制，同时伴随着这种招标方式的实施从体制层面、观念及理念层面、管理层面以及政策层面帮助广东省航道局进行了机构管理水平的全面提升。此外，还成立了东莞、珠海、西江、韶关、南沙等五个新的航道局，直接受省局管理，进一步完善广东省的航道管理体系，推动广东省航道事业的发展。	• 利益相关者观点	
	3.2 项目的实际受益群体是否是项目的目标受益群体?	3.2.1 项目的瞄准度	• 项目的目标受益群体：航运企业、两岸居民、地方航道部门、沿线港口、港务部门、交通部门。 • 项目的实际受益群体：实际受益人群基本也与原先设计时涉及的受益群体。特别是航运集团，从中受益最大，极大地帮助他们降低了营运的成本，带来了内河航道运输的复苏。	•《项目评估文件》(PAD) •《项目完工报告》(ICR) •《中方完工报告》 • 利益相关者观点	• 案卷研究 • 省级座谈会
可持续性	4.1 项目的管理和/或运行机构设置、人力资源、经费是否满足项目的持续运行的需要?	4.1.1 项目运行机构的可持续性	• 通过执行世行项目，广东省航道也通过现有的技术援助和培训课题来带动项目单位航道管理水平和人员素质的提高。世行贷款项目的实施，为航道基础设施建设创造了一个较高的平台。 • 世界银行项目管理办公室的经费来源于财政厅，由财政厅拨给交通厅，然后转给省航道局，由航道部门计划部门统筹分配支付，有良好而稳定的来源保证。	•《项目评估文件》 •《项目初步完工报告》 • 利益相关者观点	• 案卷研究 • 省级座谈会

续表

准则	关键问题	指标	证据	证据来源	证据收集方法
可持续性	4.2 项目产出能否得到持续的维护和利用？	4.2.1 基础设施的持续利用	• 本项目整治的航道、工作站、码头等运行情况良好，吸引了一大批企业落户航道沿线两岸，如华润水泥、天山水泥、海螺水泥、珠江货运、云浮新港、肇庆新港、云浮发电厂、恒益发电厂、南海发电厂等。	•《项目完工报告》（ICR） •《中方初步完工报告》	• 案卷研究 • 省级座谈会 • 面访相关机构
		4.2.2 基础设施的维护	• 项目涉及的航道、航标、航道站、码头等基础设施的维护情况良好。	•《项目完工报告》（ICR） •《中方初步完工报告》	• 案卷研究 • 省级座谈会 • 面访相关机构
		4.2.3 航道设备的持续利用	• 项目采购的耙吸式挖泥船、航标工作船、快艇、交通车等投入使用后，为项目的持续运行提供保障。 • 项目为西江航道局新购置了航标船"粤标313"，该船功率大，对遇到浮标翻沉、失常时的快速挖处理有很大的作用。 南沙航道局为该项目的1000t级挖泥船从购置至今，年均工作时间接近5000小时，并且反应速度和工作效率也很高。	•《项目完工报告》（ICR） •《中方初步完工报告》 • 利益相关者观点	• 案卷研究 • 省级座谈会 • 面访相关机构
		4.2.4 航道设备的维护	• 项目采购的耙吸式挖泥船、航标工作船、快艇、交通车等设备的维护情况。	•《项目完工报告》（ICR） •《中方初步完工报告》 • 利益相关者观点	• 案卷研究 • 省级座谈会 • 面访相关机构
		4.2.5 信息系统的维护与更新	• 新引进的GPS航标手机系统，可以对航标进行遥测遥控，可以随时对航标的实时情况进行查询或者检查，同时也节省了巡查的成本。 • 新引入的办公自动化系统，大大提高了内河运输管理工作效率。	•《项目完工报告》（ICR） •《中方初步完工报告》 • 利益相关者观点	• 案卷研究 • 省级座谈会 • 面访相关机构

续表

准则	关键问题	指标	证据	证据来源	证据收集方法
可持续性	4.3 项目制定的政策、制度和/或项目运行所依赖的政策、制度能否得到持续地实施？	4.3.1 优先发展内河航道政策的持续性	• 2004年广东省省政府印发了《广东省内河航运发展规划》（粤府〔2004〕104号），明确提出至2010年的建设目标，其中规划实施的24项航道重点建设项目至2008年底已实施21项。 • 目前正在开展下一轮内河航运发展规划（2008—2020年）的编制工作，通过实施一系列加快内河航运发展的政策措施，我省内河航道建设明显加快，航道建设得到较大的改善。推动了内河航运沿线产业带的加快形成和外向型经济地的发展。	• 《项目评估文件》 • 《项目完工报告》 • 国家和地方的相关政策 • 《广东省内河航运发展规划》 • 利益相关者的观点	• 案卷研究 • 互联网检索 • 省级座谈会
	4.4 项目贷款是否能够按时偿还？	4.4.1 项目贷款还款的及时性	• 项目每年应还贷款金额。 • 项目实际每年还贷金额（2004—2009年还款情况）根据ICR，项目还款情况等级为满意。 • 还贷来源：省交通厅安排专项经费还贷，来源稳定。	• 转贷协议 • 当地财政部门 • 《项目完工报告》（ICR）	• 案卷研究 • 省级座谈会

复习思考题

1. 琳达和雷为什么强烈推荐使用评价设计矩阵作为评价重要的组织工具？
2. 与传统的绩效评价指标体系相比，琳达和雷的评价设计矩阵有哪些优点？
3. 绩效评价为什么要进行**因果性问题的设计**？**因果性问题设计**包括哪几种类型？
4. 在收集评价证据或数据时，为什么要提倡使用**三角验证法**？
5. 在什么情况下，我们需要使用**因果追踪策略**（causal tracing strategies）？
6. 阐述"亚行"DMF的主要构成及其相互间的逻辑联系。
7. 在亚行 DMF 中，为什么要关注**假设和风险**？
8. 与传统的绩效评价指标体系相比，财政部国际司的绩效评价框架有哪些优点？

第7章 绩效指标的开发问题

7.1 绩效指标的概念与类型

与绩效指标相联系的两个基本理念是：(1)如果我们能够测量它，我们就可以管理它；(2)所有的指标都必须在质量或数量方面，以及时间方面具有可测量性。

——亚洲开发银行，2006

在绩效评价框架的构成要素中，绩效（评价）指标是一个核心的要素，评价维度、数据的来源、数据收集工具与数据分析方法等评价要素，都与其密切相关。世界银行专家库赛克和瑞斯特认为："指标开发是建立结果为导向的监测与评价体系的核心，它决定着数据收集、数据分析以及报告成果等所有后续工作。"① 所以，选择和开发合适的绩效指标对于构建绩效评价框架来说至关重要。为此，本章专门研究如何选择和开发合适的绩效指标问题。我们首先分析绩效指标的概念及分类；其次，研究讨论绩效指标开发的相关问题；最后，分析几个绩效指标开发的案例。

7.1.1 何为绩效（评价）指标？

绩效（评价）指标是用以衡量和反映评价对象绩效状况的工具。OECD/DAC（2002）认为，"绩效指标是一个跟踪干预活动的变化或者显示项目活动结果的变量"。作为一种结果变量，绩效指标可提供一种简单而可靠的方法，用来衡量干预活动的成效，反映干预活动的变化，或根据其成效评价一个机构的绩效表现。例如，如要衡量"提高学生学习效果"这一成效，可以将"学生在校考试成绩的变化"看作一个绩效指标。如果学生在考试中成绩不断提高，就可以说明他们的整体学习效果得到了提高。所以，绩效指标是对于项目成效或结果的一种细化与可操作化，其主要目的是使抽象的项目成效或结果能够被观察到并且可以测量。

在绩效评价中，许多人常常将绩效指标与绩效目标混为一谈。实际上，它们是

---

① 库赛克、瑞斯特.十步法：以结果为导向的监测与评价体系[M].梁素萍，等，译.北京：中国财政经济出版社，2011：73.

两个不同的概念。**绩效指标是一个变量**（如经济增长率），**而绩效目标则是一个常量**（经济增长率为 7.5%）。从本质上说，绩效目标是在一个给定的时间内，一个国家、社会、机构想要达到的指标的量化程度。例如，联合国的千年发展目标包括八个目标，每个目标都有各自的绩效目标和指标。其中的目标 4 是降低儿童死亡率，其具体（绩效）目标是：在 1990—2015 年间将 5 岁以下儿童的死亡率降低 2/3。指标则为：① 5 岁以下儿童死亡率；②婴儿死亡率；③接种麻疹疫苗的 1 岁儿童的比例。

作为绩效测量的工具，绩效指标和绩效目标表明了如何认定成效或目标的实现。其中，绩效指标概括了成效的具体内容——将会测量什么，绩效目标则界定了成效的具体数量和时间——有多少以及何时。[1]（参见表 7-1）

表 7-1　绩效指标与绩效目标的差异例示——以一个教育项目为例

成效（outcomes）	指标（indicators）	基准数据（baseline）	目标（targets）
使全国更多的儿童加入学前教育计划	1. 城市适龄儿童接受学前教育的比例 2. 农村适龄儿童接受学前教育的比例	1. 1999 年，3~5 岁孩子的入学率为 75% 2. 2000 年，3~5 岁孩子的入学率为 40%	1. 到 2006 年，3~5 岁的儿童入学率为 85% 2. 到 2006 年，3~5 岁的儿童入学率为 60%
提高小学生的学习成效	六年级学生在标准化数学和自然科学标准化考试中分数在 70 分及以上的人数比例	2002 年，在数学考试中得到 70 分或以上成绩的人数比例为 75%，在自然科学考试中的比例为 61%	到 2006 年，在数学和自然科学考试中取得 70 分或以上成绩的学生比例分别为 80% 和 67%

资料来源：库赛克和瑞斯特：《十步法：以结果为导向的监测与评价体系》，第 104 页。

7.1.2　定量指标和定性指标

如上所述，绩效指标是一种项目结果变量。因此，根据量化与否，绩效指标可以分为定量指标和定性指标。**定量指标**是可以通过数据进行计算分析，并以具体数值形式反映评价结果情况的指标，如 GDP、CPI、失业率、发病率等。**定性指标**是无法通过数据计算分析评价结果，而采取对评价对象进行客观描述和定性分析来反映评价结果的指标，例如人们感到在邻里中的安全程度。定性指标意味着定性评价，即根据指标的性质、范围和维度了解体制进程的变化情况，以及个人态度、信仰、动机和行为的变化情况。定性指标可以衡量认知能力，如地方政府官员认为自己是否得到足够多的授权来履行其职责；可能还包括行为描述，例如对一种新技能的掌握程度。与定量指标相比，定性指标在收集、衡量和提取数据等环节很耗时，特别是在初期阶段。此外，定性指标考核起来也更难，因为它通常会涉及对某个特定环

---

[1] Asian Development Bank, *Guidelines for Preparing a Design and Monitoring Framework*, 2006, p.26.

境的主观判断，所以应当谨慎使用定性指标。① 为此，开发和运用绩效指标一般要求是定量指标为主、定性指标为辅。亚洲开发银行（2006）提出，绩效指标开发应秉持两个基本理念：（1）如果我们能够测量它，我们就可以管理它；（2）所有的指标都必须在质量或数量方面，以及时间方面具有可测量性。②

定量指标通常可以用绝对数、平均数或百分比（比例或比率）来表示。哈维·哈特里认为，"绩效指标通常以绝对数或百分比来表示。在制定一个项目的指标时，应考虑同时使用这两种形式。成功（或者失败）的绝对数并不能反映成功（或失败）的比率，而成功的百分比也不能反映在多大程度上取得了成功。一般来说，要评价一个成效的重要性，同时需要绝对数和百分比两种不同的数据。"③ 例如对于一个戒烟项目的成效，指标可以表示为"项目完成后12个月戒烟者的数量及百分比"。绝对数可以有多种的表达形式，例如，数量（总量水平）、平均数（数据的总体"平均水平"）和中位数（一组数据的"中等水平"）。百分比也可以有多种不同表达方式，例如，"百分比降到了某个特定成效值……百分比高于或低于某个目标值……百分比介于某两个特定成效值之间……"④

与定性指标相比，定量指标能够更准确、客观地反映绩效状况，但有些时候绩效难以直接衡量。在没有直接指标、数据收集成本过高或是定期收集数据不可行的情况下，可以使用替代指标（surrogates）。替代指标是对社会效果或绩效状况的间接显示。举例来说，不同大学的毕业生质量难以进行直接测定和比较，人们于是可以用毕业生在一定时期的就业率、申请就业的成功率、首次就业的平均工资水平等来间接测定。⑤ 不过，在使用替代指标时应该保持谨慎，因为替代指标只能为绩效提供近似证据（专栏7-1）。例如，如果很难对住在危房地区的家庭进行定期调查，那么可以通过铁皮屋顶或者电视天线的数量作为替代指标来衡量收入增加的家庭数量。这些替代指标一般会如实追踪预期成效，但是也有可能会受到其他因素的影响。比如，收入增加有可能是来自贩卖毒品、地下市场，或是由于近期进行了电气化改造让家庭能够购买电视。这些因素使得判断经济发展政策或项目的效果变得困难。⑥ 由于定量指标也存在着局限性，所以，在开发和使用绩效指标时，我们需要定性指标作为补充，而不是进行完全替代。事实上，在使用中，定量指标与定性指标都应当是相互补充。

---

① 库赛克、瑞斯特. 十步法：以结果为导向的监测与评价体系[M]. 梁素萍，等，译. 北京：中国财政经济出版社，2011：76-77.
② Asian Development Bank, *Guidelines for Preparing a Design and Monitoring Framework*, p.26.
③ Harry Hatry. *Performance Measurement*, p. 60.
④ Ibid, p. 63.
⑤ 周志忍. 政府管理的行与知[M]. 北京：北京大学出版社，2008：190.
⑥ 库赛克、瑞斯特. 十步法：以结果为导向的监测与评价体系[M]. 梁素萍，等，译. 北京：中国财政经济出版社，2011：79.

专栏 7-1　指标的困境

作为一家大型博物馆，芝加哥科学和工业博物馆展览了许多大型的展品，包括一艘潜艇和一座煤矿。该博物馆要开展一项调查，以了解参观者对哪些展品最感兴趣。他们发现，不可能去统计参观每件展品的具体人数，所以他们决定使用一个替代指标，就是通过最需要更换地砖的地方来判断展品的参观人数。最后，他们发现孵化小鸡的展品前最需要更换地砖。

资料来源：库赛克、瑞斯特《十步法：以结果为导向的监测与评价体系》，2011

7.1.3　产出、效率、质量、成效及客户满意度指标

为了衡量政府活动的绩效，在项目的投入、活动、产出、成效和影响等各环节通常都需要指标来监测项目的进展情况。通过监测每个环节的进展情况来提供政府绩效的信息，以确定哪些方面取得了成功，哪些方面还有待改进。西奥多·波伊斯特认为，"从最主要的部分来说，绩效指标的类型包括产出、效率、生产力、服务质量、成效（效果）、成本——效益和客户满意度等"。[①] 这些指标比较全面地涵盖了政府绩效的两个核心内容——效率和效果。

产出指标（output indicators），衡量和反映报告期内提供（完成）的产品或服务的数量，例如供给的餐数、铺路的里程、发出报告的数量、完成培训的人数等。完成产出不等于实现结果（成效），但它是实现成效的一个重要前提，因此通常都把产出指标列为一个重要的绩效指标。

效率指标（efficiency indicators），主要测量每一个单位产出（成效）的成本。其一般（技术效率）表达公式为：投入或成本/产出。例如：供给每餐的成本、收集每吨垃圾的成本、调查每宗犯罪所花费的成本、召开每次艾滋病专题研讨会的成本，以及完成每个人力资源培训工作的成本等。

生产力指标（productivity indicators），经常被用于测量特定资源的单位产量，这些特定的资源通常是职员或员工，例如每个维护工人每天重修公路的里程数指标。有时用作生产力指标基础的特定资源是设备而不是人员，例如印刷厂每一台大型印刷机每小时印刷的纸张数量。生产力指标的一般表达公式为：产出/投入或成本。可以看出，该指标与效率指标互为倒数。

服务质量指标（service quality indicators），主要衡量提供产品或服务的质量。质量指标与产出指标（提供产品或服务的数量）直接相关。公共和非营利组织经常使用的服务质量指标包括：周转时间（提供服务的时间）、准确性、全面性、接近程

[①] 西奥多·波伊斯特. 公共与非营利组织绩效考评：方法与应用［M］. 北京：中国人民大学出版社，2005：49.

度、便利性、礼貌性和安全性。① 英国财政部 1992 年开发的公共服务质量清单（专栏 7-2）更为全面地列示了该类质量指标。

专栏 7-2　服务质量清单

产品质量
准确性（失误率）。
产品是否满足技术规格和标准？
信息或建议的明确性。
对失误、投诉或失败的回应。
顾客对一般质量的评价。

过程质量
及时性（如等待时间、周转时间和处理时间）。
积压。
回应性（如给顾客的及时反馈）。
雇员的友善和乐于助人。
顾客对服务的可达性。
产品（如文件和表格）的可达性。

资料来源：英国财政部，1992

服务质量指标通常是从顾客（消费者）的角度设计，因此，有的学者认为它们更应列为"中间成效"指标。例如哈维·哈特里认为，服务质量是一种特定的中间成效，因为它反映了提供服务的好坏程度，而这些好坏依据的都是顾客的感觉和判断。② Parasuraman 等人（1985）提出的 SERVQUAL 模型也体现了这一特点。该模型是在计算顾客感知服务质量和顾客服务质量之间差值的基础上评价服务质量的方法，是一种基于顾客感受质量的服务质量的指标评价模型（该模型包含 5 个维度：有形性、可靠性、反应性、保证性和关怀性）。③

服务的质量指标还经常是基于为提供服务规定的标准运作的过程（程序）。例如青少年司法拘留中心人员的工作一般涉及以下操作程序：安全检查、防火、钥匙控制、周边检查、保障餐具安全、监督管理及保证在他们的监督下的设施和青少年的安全的物理手段和化学物质。质量的保证等级是真正意义上使用的指标，它被定义为既定过程依照规定程序完成的程度。而其他质量指标，如逃跑人数或者报告的儿

---

① 西奥多·H. 波伊斯特. 公共与非营利组织绩效考评：方法与应用[M]. 北京：中国人民大学出版社，2005：52.
② Harry Hatry. *Performance Measurement*, p. 17.
③ 李文彬、郑方辉. 公共部门绩效评价[M]. 武汉：武汉大学出版社，2010：36-37.

童受虐次数,就整体绩效评价而言可能更具意义,这些指标是更直接地依据期望产出来定义的,而在该例中的期望产出指的是青少年获得了安全和可靠的拘留。[①]

成效指标(outcome indicators),主要衡量项目产出带给目标受众的实际利益,它反映了项目基本目标的实现情况(专栏 7-3)。如新修的公路使通行时间缩短,提高了运输效率;参与一项职业培训后 6 个月之内就业的人数;国家农机深松补贴提高了粮食亩均产量以及农户的种粮收入;国家对新能源车的财政补助提高了新能源车的行驶里程和市场占有率等。由于成效指标反映了预期(基本)目标的实现程度,因此它是最重要的绩效指标。

专栏 7-3　计划和项目层面上的结果指标:以灌溉部门为例

项目名称	改善某个乡村地区的灌溉条件
项目目标	提高农业生产力,增加农民收入
结果指标	
成效指标	・新增的灌溉面积
	・提高的收益
	・增加的产量
	・增加的农民收入
产出指标	・新增加灌溉项目的数量
	・升级改造灌溉项目的数量
	・组织针对农民的培训班数量

资料来源:库赛克、瑞斯特《十步法:以结果为导向的监测与评价体系》,2011

成本-效果指标(cost-effectiveness indicators),即投入与效果之比,也就是说,所花资金能带来多大的效果?例如,对精神疾病治疗中心来说,成本-效益指标可能以每个被治疗的客户的成本来测量。对一个职业修复项目来说,与成本-效益最相关的指标是每个客户获得合适的雇佣工作的成本,以及每个客户在 6 个月内及更长的时间内成功地被雇佣的成本。不同于成效指标,成本-效益(效果)指标不是反映我们取得了什么,而是反映了预期成效是如何达到的。在这一点上,它与效率指标相似。

客户满意度(customer satisfaction)指标,主要分析客户的满意等级或客户投诉情况。既然政府活动的目的是满足客户的需要,那么客户满意度就是测定政府绩效的一个重要的指标,甚至是最重要的一项指标。例如娱乐服务、航空服务、银行服务和婚介服务等经常会把客户满意度作为一个重要的考察指标。该指标虽然很重要,

---

[①] 西奥多・H. 波伊斯特. 公共部门绩效评估 [M]. 北京:中国人民大学出版社,2016:42-43.

但是它也有明显的局限性,如成本较高,受公众判断力的影响而难以准确可靠。此外,受益者的满意并不能回答这样一个问题:是否这一服务提供给最需要它的人?[①]

专栏 7-4 以一个未成年孕妇养育培训项目为例,列示了上面讨论的各项绩效指标。

专栏 7-4　未成年孕妇养育培训绩效指标

产出
- 开展产前指导课的次数、产前指导课的课时数。
- 开展婴儿护理课的次数、婴儿护理课的课时数。
- 完成产前课的参加者人数、完成婴儿护理课的参加者人数。
- 向未成年孕妇提供的咨询小时数、向有婴儿的母亲提供的咨询小时数。

运作效率
- 完成每门课的成本、每个课时的成本、每个怀孕母亲完成培训的成本。
- 每个咨询小时的成本。

劳动生产力
- 每名服务员每小时所培训的完成培训的未成年孕妇的人数。

服务质量
- 参加者对课程的评价等级。

效果(成效)
- 产前护理、对婴儿的护理和喂养,以及与婴儿互动方面的测试分数。
- 每天至少吃 4 次含钙食品和 1 次含有其他物质的食品的参加者人数百分比。
- 参加者中不抽烟的百分数、参加者中产前每天服用产前维生素的百分数。
- 参加者中产前处于合理的体重范围内的百分数。
- 新生儿体重在 5.5 磅以上并且阿普加新生儿评分在 7 分或以上的百分数。
- 参加者中被观察到提供了合理的喂养以及与她们的婴儿进行了合理的互动的百分数。
- 参加者婴儿的临床上的评价达到了合格的新生儿 12 个月指标的百分数。

成本效益
- 每个健康婴儿达到 12 个月指标的成本。

客户满意度
- 婴儿出生后培训的完成者报告说对培训满意的百分数。

资料来源:西奥多·波伊斯特《公共部门绩效评估》,2016.

在该案例中,**产出**指标主要包括开设课程的数量(次数或课时)和完成培训的人数。**效率指标**包括开设每门课的成本、每课时的成本和每个参加者完成培训的成本等。**劳动生产力指标**主要通过每个为投入工作提供服务的人员每小时产生的完成培训的未成年孕妇的人数来体现。**服务质量指标**主要对课程中使用的材料、教学工

[①] 周志忍.政府管理的行与知[M].北京:北京大学出版社,2008:191.

具等进行衡量。**效果指标**主要包括：关于各类养育知识的测试分数、参加者中分娩健康婴儿的百分比、参加者对婴儿提供了合理护理以及进行了喂养和互动的百分比、婴儿中达到合格的 12 个月发育标准的百分比等。**成本-效益指标**主要通过与成果相关的成本来定义。**客户满意度指标**主要用婴儿出生后培训的完成者报告说对培训满意的百分数。

在上述绩效指标中，效果指标多达七个——它们从多个方面详尽地描述了该项目取得的成效情况。这些指标都很符合 SMART 标准或 CREAM 标准（见第 7.2 节），具有很强的可操作性。在绩效指标的开发中，我们常常感到"成效"难以量化，该案例指标开发为我们提供了一个很好的范例。

7.2 如何开发恰当的绩效指标

建立一个科学的指标体系，并不完全是一个技术的问题。它必须对信息的需求者（利用信息处理其利益问题的人）有用才会有意义。这意味着，指标的开发和设计需要执行机构、部门专家以及测量专业人士的共同参与，因为指标的质量取决于对它的使用目标。

——［印］托马斯、骆许蓓，2012

指标的开发是构建绩效评价框架的核心环节。本节首先介绍什么是恰当的绩效指标（指标选择的标准），然后讨论绩效指标开发应采取的几个基本步骤。

7.2.1 合格绩效指标的判定标准

如上所述，绩效指标是一个用以衡量和反映评价对象绩效状况的工具。为了恰当地反映评价对象的绩效状况，绩效指标需要满足一定的标准。有多种方式呈现界定恰当的指标的关键特性。在绩效评价的实践中，常用的绩效指标判定标准有二：一为 SMART；二为 CREAM。除此外，亚洲开发银行还强调以下几个标准：绩效指标必须是实用的；仅测量重要的事项；将指标的数量限制在能够测量各种结果的所需的最低限度；确保测量方法的成本是低廉的。[①]

与上述不同，哈维·哈特里则提出七个标准：相关性（与项目的目标、使命、结果等相关）、重要性（指标要衡量重要的结果）、可行性（能够合理收集有效的数据）、可理解性（报告的使用者能够理解）、独特性（与其他的指标不重叠，能够反

---

① Asian Development Bank, *Guidelines for Preparing a Design and Monitoring Framework*, p.26.

映成效某一独特的方面)、不易操纵(不要选择那些项目人员易于操纵的指标)、全面性(涵盖顾客关心的各种关键问题,包括正面和负面问题)。[1]

由于 SMART 标准和 CREAM 标准较为多用,以下,我们着重介绍这两个标准。

● SMART 标准

SMART 为五个英文单词的首字母。其中,S 代表 specific(具体的),表示指标的描述要尽可能地具体;M 代表 measurable(可测量的),表示指标要以可测量的术语陈述;A 代表 achievable(可实现的),表示绩效指标在付出努力之后可以实现;R 代表 relevant(相关的),表示指标要与其他目标具有一定的相关性[2];T 代表 time bound(时限),表示绩效指标陈述中应带有目标日期。

● CREAM 标准

CREAM 也为五个英文词的首字母。其中,C 代表 clear(明确的),表示准确而无歧义;R 代表 relevant(相关的),表示适当且及时;E 代表的是 economic(经济的),表示以合理成本可实现;A 代表 adequate(充分的),表示足以评估绩效;M 代表 monitorable(可监测的),表示能够被独立地核实。

可以看出,SMART 标准和 CREAM 标准都要求指标是具体的(或明确的)、可测量的(或可监测的)、可实现的(或经济的)和相关的。不同的是,前者强调了绩效指标的时限性,后者则突出了绩效指标的充分性。这些标准看起来比较简单,但要真正将之付诸实施并不容易。以 Clear(明确的)标准来说,在指标的开发中,如何表达其含义就很复杂,常常需要请教相关专家,或是与有经验的项目管理人员进行探讨。如"项目完成后报告期内很大程度上获得帮助的顾客的百分比"指标,为了使其"具体化",就需要清楚地界定以下四个概念的含义:

● "很大程度上"的具体含义是什么?
● "报告期"的准确时限是多少?
● 接受多少服务的人可列为"顾客"("顾客"的标准)?
● "完成"的主要标志是什么("完成"的含义)?

回答这几个问题,评价人员"需要执行机构、部门专家以及测量专业人士的共同参与"[3]。单凭一个人或者少数几个人显然无法圆满地完成上述任务。再如时限(time bound)标准,每一个成效指标都要求列出明确的时限。有些指标需要列出报告期内事件发生的数量,例如过去 12 个月内发生交通事故死亡的数量。有些指标则需要报告特定的时间点发生事件的数量,如到 2015 年 3 月 31 日记录的肺结核病的发

---

[1] Harry Hatry. *Performance Measurement*, p. 58.
[2] SMART 标准中的 R 有两种解释,除了这里的一种解释"相关的"(relevant),还有一种解释是"现实的"(realistic)。
[3] Vinod Thomas & Xubei Luo, *Multilateral Banks and the Development Process*: *Vital Links in the Results Chain*, p.6.

病数量。还有些指标需要跟踪一段时间特定的顾客人数，如接受服务后 12 个月身体状况大为改善的顾客人数，等等。

7.2.2 开发绩效指标的基本步骤

"测量什么会促进去做什么。"[1]因此，为了促进政策和项目结果的实现，以正确的方式测量正确的事情至关重要。一般而言，绩效评价指标的开发应包含以下基本步骤：

第一步：明确组织与服务的使命与目标——弄清方向。"如果没有方向，你就无法对结果进行评估。"[2]因此，开发政府绩效评价指标，必须首先要明确组织的使命与目标，从整体的使命和成效目标开始。组织使命是组织存在的原因，体现了社会需求和组织的核心能力；目标则是完成组织使命的载体，是组织争取达到的一种未来状态，代表着组织的方向和未来。每一个政府组织，都应有自己的使命和目标。使命宣言一般要简洁清晰，但是必须转化为短期可实现的具体目标。如果没有了组织使命和目标，也就无法界定其具体的公共服务（政策或项目）指标的关键成果指标。为此，周志忍教授提出，"组织绩效评估的内容和侧重点必须严格围绕组织的使命和职责。其中最重要的是，绩效目标必须与组织使命保持高度一致，绩效评估指标必须与组织的任务高度相关"[3]。（专栏 7-5）

专栏 7-5 美国小企业管理局的使命与任务

为小企业群体提供高质量的客户服务是美国小企业管理局应尽的职能。资助、提供咨询、援助并保护小企业是小企业管理局的任务，也是其基本目标。小企业对经济复苏，对美国的未来，以及美国能否在全球市场的竞争中取胜，都是至关重要的。小企业管理局衷心地支持小企业，鼓励创新精神，这是其传统的核心，是其梦想的精髓。小企业管理局的这份协议紧紧围绕两个词：完善和管理。

完善：我们已经确定要以前所未有的姿态接近小企业，聆听它们的需要，向总统报告并提出新的政策建议。我们的工作是保证小企业在经济舞台上占有应有的位置，我们要继续承担做总统的"眼睛和耳朵"的职能。完善我们服务的一部分，就是开放资本，增加小企业群体得到贷款的机会。我们要切实地对那些最需要扶持的小企业增加管理，技术和金融方面的援助。

管理：在可预见的将来，小企业管理局要面临资源不足和需求不断增加的局面。为此，我们应更加高效和节约，着重提高服务质量。我们已认识到我们的组织思路和工作方式都需要改变，我们的管理目标是创建一个更加企业化的、以服务对象为导向的、高效的小企业管

---

[1] Vinod Thomas & Xubei Luo, *Multilateral Banks and the Development Process: Vital Links in the Results Chain*, p.6.
[2] 得克萨斯州奥斯丁市前任市政经理卡米尔·巴尼特语（Camille Barnett）。引自戴维·奥斯本等：《政府改革手册：战略与工具》，第 240 页。
[3] 周志忍.政府管理的行与知[M].北京：北京大学出版社，2008：255.

理局。我们要将有限的资源主要用于那些能创造和维持更多就业岗位的小企业,使我们的组织结构和办事程序更加合理化,消除重复、欺诈和浪费,重新树立提供高质量客户服务的理念。我们要努力使我们的工作人员具有自豪感,使我们的组织具有不怕困难的态度,把与客户的相互尊重建立在以人为本基础上,为客户服务并提高我们雇员的能力。

资料来源:财政部科研所《美国政府绩效评价体系》,2004

第二步:确定基本的指标——要测量什么。为全面衡量政府活动的结果,通常需要在项目的投入、活动、产出、成效和影响等各个环节都开发相应的绩效指标。但是,衡量的重点一般是政府活动的结果,即产出、成效和影响,因为它们(特别是成效)反映和体现了组织的使命与目标。为此,主要应将产出、成效和影响转化为一系列可衡量的基本绩效指标。根据上一节的分析,这些基本绩效指标主要包括:产出、效率、生产力、服务质量、成效、成本效益和客户满意度七类指标。其中,服务质量、成效、成本效益和客户满意度等四类指标是从顾客角度来反映项目活动的结果。专栏7-6为一个城市交通项目的绩效指标,包括便利性、时效性、舒适性、安全性、成本和环境质量六类指标。

专栏 7-6　一个城市交通项目的绩效指标

　　目标(goal):在不产生有害的副作用的前提下,以安全、迅捷、舒适和便利的方式为整个社区提供交通服务、设施和就业。
　　指标(indicators):
　　1. 便利性:距公共交通超过 x 米的社区居民百分比和社区居民对交通便利性的评价。
　　2. 时效性:从起点到终点所需时间和延迟的时间。
　　3. 舒适性:道路的粗糙指数和居民对交通舒适性评价。
　　4. 安全性:与交通有关的死亡、受伤人数,财产损失的案件数量和交通犯罪的案件数量。
　　5. 成本:用户的旅行成本和(从社区)到城市的项目成本。
　　6. 环境质量:沿交通走廊的噪声水平和交通原因造成的空气污染水平。

资料来源:Harry Hatry *Performance Measurement*,1999.

在确定要测量什么时,还应考虑到各利益相关者的利益,也就是要将各利益相关者所关心的问题,特别是政策受众关系的问题,融入合理而可行的绩效指标当中。为此,需要将成效和影响分解为多项指标,确保这些指标涉及所有利益相关群体的利益,而不应只关注到某一群体的利益。例如一个培训项目的成效是提高学生的学习效果,那么直接的利益相关群体自然就是学生。但是,要开发一个衡量学习成效的指标,我们不但要考虑学生的利益,还应该关注教师和家长所关心的问题,例如学生入学率以及学习资料等。此外,其他问题可能还包括合格教师的数量、家长对女孩上学就读重要性的认识、合理的教材等。所以，选择绩效指标是一个复杂的过程，需要考虑并协调不同利益相关者的利益诉求。在这里，至少应该有一些指标能够直接衡量预期的成效。比如要提高学生的学习效果，至少应当针对学生制定一个绩效指标，学生的考试成绩就可作为这样一个特定的指标。

一个规划良好的项目不仅规定项目实施结束时的长远性目标，还会规定监控进程的中期性目标。为此，绩效指标不仅需要结果指标，还需要能够反映中期性目标的引导性指标。引导性指标使我们能确定所选择的实施战略是否有效，其进程是否趋向于实现理想的成果。例如，一个环境项目的长远目标是抑制全球升温趋势，其中期目标则可能是减少耗油量与减少汽车的总里程数（引导性指标）。再如，一个森林开发项目的成果——可持续的木材生产——在15~20年后才会见成效，因此，它也需要一个合适的引导性的指标——项目实施各阶段植树的存活率。

第三步：确定数据来源与收集方法。"测量是关于寻找或收集数据的行为。"[1] 因此，每项绩效指标都应有相应的数据来源与收集方法。哈维·哈特里认为："只有确定了数据来源与收集方法，绩效指标的开发才可能完成。"[2] 数据来源与方法不仅反映了绩效指标的基本性质，而且常常揭示了一个指标的特定含义。例如，如果通过顾客调查测量一项服务的及时性，那么指标就可能是"对服务及时性评价满意的顾客百分比"。但是，如果数据来源是项目的记录，那么该项指标就可能是"服务超过了回应标准的服务申请的百分比"。

数据来源表明每项指标的状态信息从何处可以获得，哪些人或组织提供该信息，以及怎样收集该信息等。没有了数据来源，绩效指标就无法为我们收集和提供所需要的绩效信息。因此，确定数据来源是指标开发的一个不可或缺的环节。指标数据来源可以是直接的或间接的。直接的数据是由内部机构直接收集，可以通过行政、预算、个人信息资料、调查、访谈、直接观察等方式来获得。间接的数据是由外部的机构收集，可以通过政府或非政府机构的行政记录（书面或电子版），对目标客户、项目官员、服务提供商的访谈和调查，训练有素的观察员报告，专项的机械测量和测试等方式获得。

使用直接数据和间接数据各有利弊。直接数据通常能够提供有效、可靠的信息，但是它往往需要花费较高的成本；间接数据更具成本效益，但是由于它是其他的机构根据他们的目标或议程采集的，因此，在使用间接数据的过程中常常会出现数据是否有效可靠的问题。所以，使用间接数据必须谨慎，并需要了解外部机构是怎么获取这些数据，如何定义变量，又是如何保证数据的准确性的。数据如有缺失，还

---

[1] 詹姆斯·麦克戴维、劳拉·霍索恩. 项目评价与绩效测量：实践入门 [M]. 李凌艳，等，译. 北京：教育科学出版社，2011：110.
[2] Harry Hatry. *Performance Measurement*, p. 74.

应分析数据的缺失程度。

明确了数据来源,接下来就是确定数据的收集方法,即要确定通过哪些方法和手段来收集信息。图 7-1 列举了一些可行的数据采集方法。数据采集应考虑到成本、准确、可靠和及时等因素。例如,规范化的数据采集方式通常更准确、成本更高、耗时更长。如果数据需例行提供给管理决策层,应采取准确度稍低,成本低的非规范化数据采集方式。① 但不管选择什么方法,收集到的信息都可能会存在着偏差。为了增加收集数据的准确性,通常需要使用**三角验证法**,以收集更多的信息,并进行相互验证。当然,这种方法的三角验证法并不是唯一的三角验证法。除此以外,人们还经常使用另外的两种三角验证法:评价人员三角验证法和来源三角验证法(参见本书第 6.2 节)。

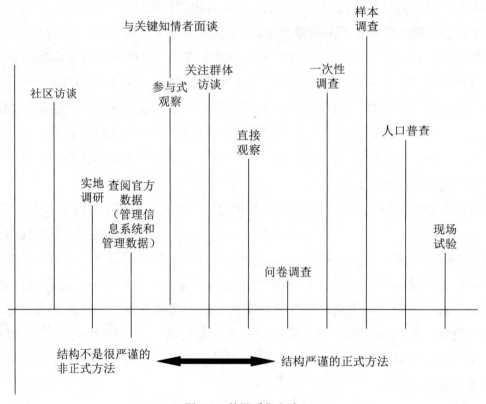

图 7-1　数据采集方法

资料来源:Kusek, Jody Zall, Ray C. Rist. *A Handbook for Development Practitioners: Ten Steps to a Results-based Monitoring and Evaluation System*,2004.

第四步:与关键的利益相关者交流并达成共识。绩效指标的主要目的是为关键的利益相关者——信息的需求者提供定期和有效的绩效数据。因此,建立一个科学

---

① 库赛克、瑞斯特. 十步法:以结果为导向的监测与评价体系[M]. 梁素萍,等,译. 北京:中国财政经济出版社,2011:94-95.

的指标体系,并不完全是一个技术的问题。它必须对信息需求者(利用信息处理其利益问题的人)有用才会有意义。[①] 这意味着,绩效指标的开发需要执行机构、部门专家、测量专业人士,特别是信息的需求者(即顾客)的共同参与。顾客参与有助于使指标的开发和设计与顾客关心的问题更为切合。因此,选择和开发恰当的绩效指标,评价人员首先需要确定什么问题(信息)对评价的主要客户(信息的需求者)来说是最重要的;然后,与之进行交流并达成共识。唯有如此,绩效评价的结果才会被关键的利益相关者——信息需求者认可并应用,从而实现绩效评价的价值。

第五步:通过实践不断地修改和改进指标。建立一个好的、适用的指标体系,不可能一次完成,它需要通过多次的评价试验(实践)。戴维·奥斯本说,"获得合适的绩效评估系统是一个持续调整的演进过程。"[②] 伯特·佩兰也说:"指标应该是动态的而不是静态的,这意味着指标开发不是一次性的,我们必须经常地进行检查以便改进它。"[③] 库赛克和瑞斯特则强调了指标开发中进行试点的重要性。他们说:"在对数据来源、收集分析方法和报告方式进行试点之前,在任何一个政府或组织全面推行某个绩效指标体系是存在很大风险的。"又说:"通过试点可以知道哪些可行,哪些不可行。它能在大问题出现之前提前发现小问题。试点可以提醒管理者哪些指标的数据不存在,哪些数据过于昂贵、耗时,或获得的过程过于复杂。"[④] 可见,绩效指标的开发不可能毕其功于一役,需要我们在实践的基础上不断修改和改进。

总之,开发绩效评价指标,首先是要求机构人员识别每一项服务的使命与目标,并且应根据这些使命陈述识别用于测量产出与成效的指标;然后,确定指标的数据来源与方法,并与主要利益相关方达成共识;最后,在实践的基础上不断修改和改进绩效评价指标。

7.3 指标开发应注意的几个问题

绩效指标是用于动态地描述、测量对象绩效状态的。其目的是回答"花政府的钱买到了什么",以及"与效果相关相比政府花的钱是否值得"两个问题。

——马国贤,2017

在绩效指标的开发中,我们经常犯有许多错误,比如:指标不够具体或者量化

---

① Vinod Thomas & Xubei Luo, *Multilateral Banks and the Development Process*: *Vital Links in the Results Chain*, p.6.
② 同上书,第 244 页。
③ Jonathan D. Breul and Carl Moravitz Edited, Integrating Performance and Budgets, NY: Rowman & Littlefield Publishers, Inc. 2007, p.148.
④ 库赛克、瑞斯特.十步法:以结果为导向的监测与评价体系[M].梁素萍,等,译.北京:中国财政经济出版社,2011:95-96.

不够，指标仅反映正面的影响或是充足性不够，指标的信度和效度不高，数据的来源与方法欠缺等。由于这些问题，常常导致绩效指标的可用性和可靠性不足。因此，我们需要对这些问题做一分析。

7.3.1 指标的明确性或具体性

从技术方面来说，绩效指标是关于如何获得项目绩效或结果而对绩效维度进行操作化界定的一种说明。因此，为了便于进行操作，SMART 和 CREAM 标准都要求指标必须明确、具体，也就是要准确而无歧义。在我国开发的绩效指标体系中，一个常见的问题就是，指标含义不够具体和明确。下面，以财政部预算司制定的"财政支出绩效评价指标框架"为例来进行分析。由表 7-2 可以看出，在该指标框架中，除了资金到位率、产出数量等少数指标，大多数指标均为定性指标，并且含义大多

表 7-2 财政支出绩效评价指标框架（参考）

一级指标	二级指标	三级指标	指标解释
项目决策	项目目标	目标内容	目标是否明确、细化、量化
	决策过程	决策依据	项目是否符合经济社会发展规划和部门年度工作计划；是否根据需要制定中长期实施规划
		决策程序	项目是否符合申报条件；申报、批复程序是否符合相关管理办法；项目调整是否履行相应手续
	资金分配	分配办法	是否根据需要制定相关资金管理办法，并在管理办法中明确资金分配办法；资金分配因素是否全面、合理
		分配结果	资金分配是否符合相关管理办法；分配结果是否合理
项目管理	资金到位	到位率	实际到位/计划到位×100%
		到位时效	资金是否及时到位；若未及时到位，是否影响项目进度
	资金管理	资金使用	是否存在支出依据不合规、虚列项目支出的情况；是否存在截留、挤占、挪用项目资金情况；是否存在超标准开支情况
		财务管理	资金管理、费用支出等制度是否健全，是否严格执行；会计核算是否规范
	组织实施	组织机构	机构是否健全、分工是否明确
		管理制度	是否建立健全项目管理制度；是否严格执行相关项目管理制度
项目绩效	项目产出	产出数量	项目产出数量是否达到绩效目标
		产出质量	项目产出质量是否达到绩效目标
		产出时效	项目产出时效是否达到绩效目标
		产出成本	项目产出成本是否按绩效目标控制
	项目效益	经济效益	项目实施是否产生直接或间接经济效益
		社会效益	项目实施是否产生社会综合效益
		环境效益	项目实施是否对环境产生积极或消极影响
		可持续影响	项目实施对人、自然、资源是否带来可持续影响
		服务对象满意度	项目预期服务对象对项目实施的满意程度

比较笼统。例如"项目管理"一级指标中"资金管理"二级指标下的"资金使用"三级指标，预算司对该指标的解释为以下三层含义：其一，是否存在支出依据不合规、虚列项目支出的情况；其二，是否存在截留、挤占、挪用项目资金情况；其三，是否存在超标准开支情况。从该解释来看，其含义都很不明确，非常模糊。比如，什么是虚列项目支出？它都包含哪几种情况？什么又是截留、挤占、挪用项目资金？其具体的判定标准是什么？何为超标准开支？国家有无明确的规定？等等。由于这些问题均未界定清楚，因此，根据该指标就无法做出准确判断。"资金管理"二级指标下的"财务管理"三级指标也是这种情况。该指标的解释为：资金管理、费用支出等制度是否健全，是否严格执行；会计核算是否规范。在这里，"健全""严格""规范"三个术语的含义均不明确。这样，评价人员就不得不根据自己的理解进行判断。由于不同评价人员会有不同理解，因此，就可能会做出不同的判断，如此无疑会降低评价的客观性和可靠性。

7.3.2　指标的全面性或充足性

绩效指标不仅要反映项目正面的成果，还应反映项目可能的负面或不利的影响。典型例子如骚扰公民实现大量的逮捕、起诉或税收。对于这类的政府活动，不但要记录有效的逮捕、投诉或税收的数量，还应跟踪其负面的影响（如公民投诉率、居民满意度等）。只有这样，才能全面地反映政府活动的绩效。美国国内收入署的绩效评价就提供了这样一个例子。该部门长期以来一直采用单个指标（岁入征收率）来测量和评价该部门工作人员的绩效。所造成结果是一些无人情味的工作人员、有疑问的实务以及苦恼的纳税人。最终，为了回应公众日益膨胀的怨气，国会在1998年做出了对国内收入署进行整顿、重组以及重新导向的决定。[①]

另外一个反映指标全面性问题的典型例子就是GDP及其增长率。GDP及其增长率是衡量一国经济运行情况的重要指标，但是，它不能准确反映经济增长的质量和结构，不能反映社会福利的增长，也不能反映收入分配差距和经济对环境的影响。为此，党的十八届三中全会通过的《关于全面深化改革若干重大问题的决定》提出，"完善发展成果考核评估体系，纠正单纯以经济增长速度评定政绩的偏向，加大资源消耗、环境损害、生态效益、产能过剩、科技创新、安全生产、新增债务等指标的权重，更加重视劳动就业、居民收入、社会保障、人民健康状况。"[②] 这一规定体现了我国政府对发展成果的一个更为全面的认识。

---

① 尼古拉斯·亨利. 公共行政与公共事务［M］. 第八版. 北京：中国人民大学出版社，2002：316-317.
② 中共中央关于全面深化改革若干重大问题的决定［M］. 北京：人民出版社，2013：17.

7.3.3 指标的信度与效度问题

"测量的目的是将构念转化成可观测变量,并且产生效度和信度较好的数据。"[①] 因此,一个好的、恰当的绩效指标必须要有高的指标信度和效度。指标信度主要表示,指标在多大程度上是正确的,反映的是指标的客观性和准确性的问题;而效度主要表示,指标能够在多大程度上表示所需表达的含义,主要反映的是指标有效代表绩效维度的程度。指标的信度和效度之间有着密切的联系。如果一个指标具有效度,那一定具有信度,反之则不然。我国开发的许多绩效评价指标由于不够具体、没有量化、充足性较差等原因,普遍存在着比较严重的信度和效度问题。比如,前面所讨论的"资金使用"和"财务管理"两个指标,由于指标解释不够明确、评价方法主观性强等原因,就存在着比较严重的信度和效度问题。西方国家开发的许多指标也有这方面的问题,但是相比而言,比较突出的是指标的效度问题。比如,国际上广为采用的营商指标(见专栏 7-7)就由于假设与方法上有缺陷,存在着比较严重的效度问题。

专栏 7-7 营商指标

营商指标(doing business indicators)主要衡量对工商企业的创办、运营和发展有影响的现有法律和法规。它覆盖 170 多个国家的商业管制给企业带来的 10 个方面的成本。其中 7 个指标假设监管越少越好。整个指标是 10 个维度成本的简单平均,每个维度又是各子指标的简单平均。单一的国家排名源自各个子指标的基数值转化而来的序数排名。其中包括了时间、成本、程序数量及其他类似内容。

资料来源:托马斯、骆许蓓《公共项目绩效评估:国际经验》,2015。

营商指标包含三个假设:一是管制越少越好;二是产权和债务的执行力是贷款和投资的重要决定因素;三是较少的管制和较低的税收能够鼓励非正式部门转入正式部门。这三个假设都存在着严重的缺陷,因为根据现有的文献,并不能确定这三个假设与商业增长、创造就业之间存在着因果关系。

首先,营商指标 10 个指标中有 7 个指标假设管制越少越好。然而,并非所有的管制都是越少越好。有些管制也能够带来显著的社会利益。比如公共安全、环境保护和劳工保护等,这些管制对社会就是有益的。其次,营商指标假定产权缺失者会被挡在正规经济之外。其理由主要是他们没有对自己土地的合法权利,因而无法用其作为抵押进行贷款来扩大经营或改善财产性能。营商指标中的 5 个指标(占 50%)衡量债务合同的可执行性和抵押品的可获得性,包括获得信用、执行合同、财产登

[①] 詹姆斯·麦克戴维、劳拉·霍索恩. 项目评价与绩效测量:实践入门 [M]. 北京:教育科学出版社,2011:110.

记、歇业，以及管理许可证。而研究并未表明，这些商业环境因素与最终的经济增长之间存在着因果关系。最后，营商指标假定，较少的管制和较低的税收会鼓励非正式公司进入正规的经济。但是，研究也未能说明：非正式的部门为何会长期存在，正规化是否能带来更多的工作岗位以及更高的经济增长。比如，如果面临着技术上和资本上高进入门槛，减少在开办企业上的管制障碍，并不必然能鼓励非正式的企业走向正规化。[1] 为此，这三个假设都存在着比较严重的缺陷，根据它们构建的指标也就难以有效地反映企业的营商环境。

7.3.4 指标的数据来源与方法问题

如上所述，每项绩效指标一般都应有相应的数据来源与收集方法。但是在我国，大多数的绩效评价指标体系没有数据的来源及收集方法。上文提到的财政部"财政支出绩效评价指标框架"（表 7-2）即是一个典型的例子。该指标框架大多数为定性指标，这些定性指标主要不是用来进行客观"测量"，而是主要用来进行打分。这样简单"打分式"的评价就缺少相应的数据来源及收集方法。[2]

指标的数据来源主要为二手数据，缺少一手数据。尚虎平教授做过一个基于数据挖掘的我国地方政府绩效评估指标设计的研究。该研究探索性地利用 Microsoft SQL Server2005 软件，以中国统计年鉴、地方统计年鉴、政府及各部门的行政日志等为数据源构建了面向南京、苏州、盐城、徐州等 4 个城市的政府绩效评估指标数据仓库，并用 RBF 软聚类、BIRCH 硬聚类相结合的综合聚类挖掘出了一套基于一定支持度的我国市级政府绩效评价的指标体系。[3] 这一研究对于我国地方政府绩效评价指标体系的完善虽然有着重要意义，但是该研究的指标数据源显然偏窄，其所用数据主要为政府统计年鉴等二手数据，缺少问卷调查、实地调研等一手数据（即原始数据）。开发绩效指标的基本目的是，回答"花政府的钱买到了什么"，以及"与效果相比政府花的钱是否值得"两个问题。[4] 回答这两个问题，既需要二手数据，更需要一手数据。如果没有一手数据，评价的可信度必然存有缺陷。所以，在数据来源上，我们需要尽量多渠道取证，并要重视收集原始数据。

---

[1] Vinod Thomas & Xubei Luo, *Multilateral Banks and the Development Process: Vital Links in the Results Chain*, pp.50-51.
[2] 2013 年，环保部为了对 2012 年度的部门预算开展绩效评价，根据项目周期，设计了两个一般项目绩效评价指标体系："绩效评价指标体系——适用于一般性项目年度评价"和"绩效评价指标体系——适用于一般性项目终期评价"。这两个部门预算项目指标体系也存在与上述财政部指标框架同样的问题。参见环保部对外合作中心. 绩效评价：国际经验与实践研究 [M]. 北京：中国环境出版社，2014：161-163.
[3] 尚虎平. 基于数据挖掘的我国地方政府绩效评估指标设计——面向江苏四市的探索性研究 [J]. 软科学，2011（12）.
[4] 马国贤. 政府绩效管理与绩效指标研究 [M]. 北京：经济科学出版社，2017：143.

7.3.5 指标的其他重要影响因素

开发绩效指标的主要目的是，为信息的需求者提供定期和有效的绩效数据。因此，在开发绩效评价指标时，除了要考虑数据的来源与收集方法，还需要考虑数据的分析、报告与使用等其他后续的工作。一般来说，开发绩效指标时，我们需要针对每个指标提出以下的八个问题（图 7-2）。①

指标	数据来源	数据收集方法	数据收集人员	数据收集频率	数据收集成本	数据收集难度	数据分析和汇报人员	数据使用人员
1.								
2.								
3.								

图 7-2　用于构建 / 使用指标的矩阵

- 数据的来源是什么？
- 数据的收集方法是什么？
- 谁（或哪个部门）负责收集数据？
- 数据收集的频率是多大？
- 收集数据的成本和难度怎样？
- 谁（或哪个部门）负责分析数据？
- 谁（或哪个部门）负责报告数据？
- 哪些人将使用数据？

这八个问题主要涉及两类问题：其一，信息需求问题。具体来说，就是在开发绩效指标时，要搞清楚哪些人是信息的需求者？他们对数据信息的需要是什么？信息的需求者一般会来自许多层面（中央的、地方的、社会的），每个层面的信息需求者都应给以关注。只有这样，才可能准确地定义项目的结果目标，并有针对性地开发所需要的绩效指标。其二，信息的提供问题，即数据信息的收集、分析与报告问题。这里应着重关注如何确定数据收集的来源和频率、数据收集的成本及数据的采集和分析能力。数据的收集频率和指标的准确度之间通常需要做个权衡，因为成本

---
① 库赛克、瑞斯特.十步法：以结果为导向的监测与评价体系［M］.梁素萍，等，译.北京：中国财政经济出版社，2011：90.

和能力也影响到指标衡量的频率和准确度。可以看出，这两类问题对于指标的开发来说都很重要。然而，在我国绩效指标开发中，许多部门往往都忽视这些问题。

7.4 绩效指标开发的几个案例

7.4.1 国家高新区评价指标体系

自国家高新区建立以来，由科技部火炬中心先后于 1993 年、1999 年和 2004 年三次制定和修改国家高新区评价指标体系。2008 年 5 月，为了适应党中央国务院对国家高新区提出的"要增强自主创新能力"的新要求，建立新的发展导向，引导国家高新区肩负起新的责任和使命，科技部在已有指标体系的基础上重新制定了新的《国家高新技术产业开发区评价指标体系》。与以往不同，本次制定的国家高新区评价指标体系定位于**"政策评价"**。其主要特点是：

一是政策评价，强调目的性。定位于"政策评价"，不是强调高新区自然发展达到的状态，而是强调高新区对国家导向目标的实现程度。

二是突出重点，引导方向。通过人才、专利、研发投入、高新技术产业、高技术服务业、规模以下科技企业等以及资本、技术、土地、资源等各种效率指标，重点强调"自主创新、创业环境、内生增长、资源有效利用"等方面，引导高新区的发展方向。

三是考虑差异，分类指导。充分考虑各高新区的土地面积、发展基础、支撑环境等差异，用"人均""地均"等指标，并引入"区域测度指标"，体现分类指导的思想，消除客观条件不平衡的影响，使评价结果和排序科学、公平、合理。

四是定量为主，定性为辅。在 44 个评价指标中，定量指标共 39 个，定性指标只有 5 个。

五是动态监测，国际接轨。评价指标借鉴《OECD 科学技术和工业记分牌》，建立高新区评价记分牌，通过长期观察和分析大样本的统计指标，既能不断筛选出更科学的评价指标，完善高新区统计和评价指标，又能实现对每个高新区发展状况的动态监测。

新的指标体系由国家高新区评价指标体系和区域环境测度指标两大部分组成。国家高新区评价指标体系由知识创造和孕育创新能力、产业化和规模经济能力、国际化和参与全球竞争能力、高新区可持续发展能力 4 个一级指标构成，下设 44 个二级指标。区域环境测度指标由经济支撑、知识支撑、环境支撑 3 个一级指标构成，下设 13 个二级指标。下面，主要对国家高新区评价指标体系（见表 7-3）进行分析。

该评价指标体系在许多方面都符合前面的 SMART 标准，如大多数指标都比较具体，并且已量化。在 44 个评价指标中，定量指标共 39 个，定性指标只有 5 个，多数指标都有明确的数据来源，等等。但是，在核心内容方面，该指标体系仍存在比较明显的缺陷。主要表现在，一些指标没有充分地反映"增强自主创新能力"的政策要求。如上所述，本次制定的国家高新区评价指标体系定位为**"政策评价"**，并重点强调"自主创新、创业环境、内生增长、资源有效利用"，为此，下面我们就着重从这一方面对该指标体系进行分析。

实施科学发展观，建设创新型国家，最关键的是要大幅提高自主创新[①]能力。为此，作为国家的政策工具，国家高新区的评价指标体系必须更为注重自主创新，引导企业更多关注和投入原始创新，大力增强高新区企业的原始创新能力。企业的自主创新活动或过程包括一系列环节，诸如研发决策、研发资金的筹集、研究开发、成果转化和产业化等。所以，企业自主创新能力可以进一步划分为创新投入能力、创新产出能力和创新成果转化（产业化）能力三个成效。其中，创新投入能力可以通过研发（R&D）经费投入、科技人才投入、研究开发机构和高技术企业的数量与质量等指标群来进行测度。创新产出能力，包括企业向社会提供的新科学发现以及拥有自主知识产权的技术发明、新产品、市场品牌等创新成果，可以用发明专利、科技创新奖、高新技术产值、技术收入等指标来测度。成果转化和产业化能力，可以通过高新技术产业营业总收入占企业营业总收入的比例、高技术服务业营业总收入占企业营业总收入的比例等指标群来测度。在上述指标中，企业的研发（R&D）经费投入、企业风险资本的投入、科技人才投入、创新型中小企业的数量、研发机构和高技术企业的数量与质量、境内专利申请量（尤其是发明专利申请量）、PCT 国际专利[②]申请量、专利授权量（尤其是发明专利授权量）、有效发明专利量、高新技术产业营业总收入占企业营业总收入的比例等几个指标应当为反映自主创新能力的关键指标。目前，我国产学研用结合不够紧密，科技成果向经济成果转化的比例较低，因此，高新区指标体系还应当强化成果转化和产业化能力指标，以促进从研究开发到产业化的有机衔接。

从表 7-3 所列的 44 个二级指标来看，大多数的指标都基本能满足上述的政策要求，但是仍有一部分指标尚不能很好反映自主创新能力。例如指标 1.2"千人拥有理

[①] 所谓自主创新，是指通过拥有自主知识产权的独特的核心技术以及在此基础上实现新产品的过程。自主创新包括原始创新、集成创新和引进消化吸收再创新。原始创新，指前所未有的重大科学发现、技术发明、原理性主导技术等创新成果。原始创新意味着在研究开发方面，特别是在基础研究和高技术研究领域取得独有的发现或发明。集成创新，指利用各种信息技术、管理技术与工具等，对各个创新要素和创新内容进行选择、集成和优化，形成优势互补的有机整体的动态过程，其目的是有效集成各种要素，在主动寻求最佳匹配要素的优化组合中产生"1+1>2"的集成效应。引进消化吸收再创新，指利用各种引进的技术资源，在消化吸收基础上完成重大创新。

[②] PCT（patent cooperation treaty），专利合作协定，是专利领域的一项国际合作条约。

工类本科（含）学历以上人数"，根据指标说明，其目的在于反映高新区整体的创新型人才环境和素质。但是，高新区需要的是大量高素质的科技和工程人才，而非一般的大学毕业生或研究生。目前，我国大学毕业生（包括理工类大学毕业生）已经普遍化了，各个公司招聘的人员几乎全为大学生（甚至研究生）。拥有理工类大学毕业生或者研究生不等于拥有高素质的科技和工程人才。因此，这一指标显然不能很好地反映高新区创新型人才的环境和素质。指标4.1"千人拥有的大专（含）学历以上从业人数"，根据指标说明，目的在于反映高新区企业员工的整体素质，也存在着与指标1.2一样的问题。指标1.12"企业利润率"是一个反映企业综合盈利能力的指标，也不能很好地反映企业的自主创新能力。相比于企业利润率，"全要素生产率"是一个能够更好地反映创新的指标。"全要素生产率"（TFP）是衡量单位总投入的总产量的生产率指标，即总产量与全部要素投入量之比。实践中，全要素生产率的增长率常常被视为科技进步的指标。产出增长率超出要素投入增长率的部分为全要素生产率增长率，其来源包括技术进步、组织创新、专业化和生产创新等。

在该指标体系的44个评价指标中，定量指标共39个，定性指标只有5个。这表明了，该指标体系是以定量指标为主，定性指标为辅。如前所述，定性指标意味着定性评价，即主要根据指标的性质、范围和维度了解体制进程的变化情况，以及个人态度、信仰、动机和行为的变化情况。可以看出，表7-3的定性指标大多都比较笼统，含义不很明确。例如指标4.6"高新区管委会体制与机制创新评价"，根据指标说明，主要反映高新区管理体制的科学性、有效性以及整体运行效率。这一指标解释就非常含糊。为了便于进行操作，该指标还须进一步地细化。高新区之所以具有一定的"黏性"，是因为其在设计、资产、特性和治理方面具有领先优势，拥有能支持新创意产生、争论、实验和完善的机制，能够吸引并留住优秀的企业和人才。为此，对高新区体制与机制创新的评价，就应当体现在许多具体的方面，诸如：拥有当地的知识网络，其研究机构足以支撑创新活动；拥有产业基地以聘用科技人才；拥有若干充满活力的公司，能够对研发进行大量投入；拥有数字网络和在线服务；管委会的行政办事效率比较高；等等。

表7-3 国家高新区评价指标体系[①]

一级指标	二级指标
知识创造和孕育创新的能力	1.1 千人拥有研发人员数
	1.2 千人拥有理工类本科（含）学历以上人数
	1.3 企业万元销售收入中R&D经费支出
	1.4 千人拥有科技活动经费筹集总额
	1.5 人均规模以下科技型企业直接股权投资

---

① 科技部："国家高新技术产业开发区评价指标体系"（2008年发布）。

续表

一级指标	二级指标
知识创造和孕育创新的能力	1.6　千人享有的政府对规模以下科技型企业的创新资助
	1.7　千人拥有发明专利累计授权数
	1.8　千人当年重要知识产权授权数
	1.9　单位面积新注册的 500 万（元）以下科技型企业数
	1.10　人均技术合同交易额
	1.11　科技活动经费中海外经费的比例
	1.12　企业利润率
	1.13　对高新区科研机构 - 企业 - 政府合作密切程度评价（定性）
产业化和规模经济能力	2.1　单位面积营业总收入
	2.2　单位面积的资产总额
	2.3　千人拥有的商标数
	2.4　新产品销售收入占产品总销售收入的比例
	2.5　单位直接投资形成的企业总资产
	2.6　万人拥有的上市企业数量
	2.7　主导产业集聚度
	2.8　主导产业首位度
	2.9　高新技术产业营业总收入占高新区营业总收入的比例
	2.10　高技术服务业营业总收入占高新区营业总收入的比例
	2.11　高新技术企业数占区内企业总数的比例
	2.12　高新技术产业对区域辐射和带动能力评价（定性）
	2.13　工业增加值率
	2.14　人均税收总额
国际化和参与全球竞争的能力	3.1　高新技术产品出口额占高新区出口总额的比例
	3.2　非外商独资企业的实收海外资本占高新区全部实收海外资本的比例
	3.3　内资控股企业高新技术产品出口额占高新区出口总额的比例
	3.4　千人拥有欧美日注册商标数
	3.5　千人拥有欧美日专利授权数
	3.6　内资控股企业专利授权数占高新区专利授权数的比例
	3.7　高新区企业"走出去"程度评价（定性）
高新区可持续发展能力	4.1　千人拥有的大专（含）学历以上从业人数
	4.2　千人拥有的高技术服务业从业人数
	4.3　千人拥有的投资机构和金融机构从业人数
	4.4　千人拥有的企业经营管理者人数
	4.5　科技人员年均收入
	4.6　高新区管委会体制与机制创新评价（定性）
	4.7　人居环境评价（定性）
	4.8　单位面积企业新增直接股权投资额
	4.9　万元产值综合能耗
	4.10　单位增加值综合能耗

指标说明：

1.1 千人拥有研发人员数：主要衡量高新区从事知识传播、科学研究与技术开发的主要人员数量。千人是指高新区内的从业人员数（下同）。

1.2 千人拥有理工类本科（含）学历以上人数：反映高新区整体的创新型人才环境和素质。

1.3 企业万元销售收入中R&D经费支出：反映高新区企业对研发和技术创新的重视程度以及投入能力。销售收入包括企业技术收入和产品销售收入。

1.4 千人拥有科技活动经费筹集总额：反映高新区研发和创新的投入能力。

1.5 人均规模以下科技型企业直接股权投资：反映高新区创业的旺盛程度；当地支持创业的资本繁荣程度；创业创新项目的商业价值程度；部分反映政府服务和中介服务的有效程度。

1.6 千人享有的政府对规模以下科技型企业的创新资助：反映政府和社会对创新创业的支持程度；整合社会及政府资源的能力；地方政府对高新区的重视程度以及官产（政府和产业）的结合程度。

1.7 千人拥有发明专利累计授权数：反映高新区知识产出的能力。

1.8 千人当年重要知识产权授权数：反映高新区的知识产出的价值和自主创新能力。重要知识产权授权数指发明专利授权数和其他知识产权授权数。当年其他知识产权授权数是指在报告年度内获得批准，且所有权属于高新区企业的其他知识产权授权，包括计算机软件、集成电路布图设计、生物工程技术、遗传基因技术、植物新品种等。

1.9 单位面积新注册的500万（元）以下科技企业数：反映高新区创业企业的活跃程度。500万（元）指新注册企业的实收资本。

1.10 人均技术合同交易额：反映高新区企业对技术的市场化应用程度以及知识和技术的转化能力。

1.11 科技活动经费中海外经费的比例：反映高新区企业技术研发能力在国际上的认可程度和合作程度。

1.12 企业利润率：反映高新区企业的获利能力和在产业价值链中所处的位置。

1.13 对高新区科研机构-企业-政府合作密切程度评价（定性指标）：反映高新区的产学研合作情况、知识的流动以及高新区整体运行机制态势。

2.1 单位面积营业总收入：反映高新区规模经济的总体发展状态和土地的使用效率。

2.2 单位面积的资产总额：反映高新区总的资产规模和密集状态。

2.3 千人拥有的商标数：反映高新区知识转化为产品的能力和高新区整体的商业竞争力。

2.4 新产品销售收入占产品总销售收入的比例：该指标是产出的绩效性指标，反映高新区知识转化为商品的能力和高新区自主创新能力。

2.5 单位直接投资形成的企业总资产：反映高新区内资本投资的效率和资本投资形成规模经济的能力。

2.6 万人拥有的上市企业数量：反映高新区企业规模运作的融资能力。

2.7 主导产业集聚度：反映高新区内一个或若干产业在高新区的集聚程度。

2.8 主导产业首位度：反映高新区主导产业在所有国家高新区中的集中程度和重要性。

2.9 高新技术产业营业总收入占高新区营业总收入的比例：反映高新技术产业在高新区经济规模中的比重。

2.10 高技术服务业营业总收入占高新区营业总收入的比例：反映高新区的产业结构和经济质量。

2.11 高新技术企业数占区内企业总数的比例：从企业数量上反映高新区总体的技术含量和技术水平。

2.12 高新技术产业对区域辐射和带动能力评价：整体评价高新区对区域发展的辐射带动能力。

2.13 工业增加值率：主要反映高新区企业技术水平和创造价值的能力。

2.14 人均税收总额：反映高新区企业对国家和社会的贡献，也反映了高新区创造价值的效率。

3.1 高新技术产品出口额占高新区出口总额的比例：反映高新区高新技术产品参与国际竞争的能力。

3.2 非外商独资企业的实收海外资本占高新区全部实收海外资本的比例：反映高新区非外商独资企业利用外资的能力。

3.3 内资控股企业高新技术产品出口额占高新区出口总额的比例：反映高新区企业自主创新的国际竞争力和创汇质量。

3.4 千人拥有欧美日注册商标数：反映高新区企业进入国际市场的程度，一定程度上也反映企业品牌的国际竞争力水平。

3.5 千人拥有欧美日专利授权数：一定程度上反映了高新区企业技术创新的国际能力。旨在引导高新区企业提高国际化专利申请意识和国际技术创新能力。

3.6 内资控股企业专利授权数占高新区专利授权数的比例：反映本国企业的自主创新能力。

3.7 高新区企业"走出去"程度评价：反映高新区企业走出国门参与国际竞争的程度和水平。

4.1 千人拥有的大专学历以上从业人数：反映高新区企业员工的整体素质。

4.2 千人高技术服务业从业人数：反映高新区高技术服务业的现状和发展高端产业的配套环境。

4.3 千人拥有的投资机构和金融机构从业人数：反映风险资本、金融资本等资本市场的动力程度。

4.4 千人拥有的企业经营管理者人数：反映高新区企业的管理人才数量，一定程度上也反映了企业的人员结构。企业经营管理者指企业中层（含）以上管理人员。

4.5 科技人员年均收入：反映高新区创造财富的能力和对人才的吸引能力。

4.6 高新区管委会体制与机制创新评价（定性指标）：反映高新区管理体制的科学性、有效性以及整体运行效率。

4.7 人居环境评价（定性指标）：从人文、地理、自然等方面，反映对人才的吸引能力。

4.8 单位面积企业新增直接股权投资额：反映高新区能否形成持续发展动力的绩效。

4.9　万元产值综合能耗：反映高新区企业的技术水平和社会环境责任。
4.10　单位增加值综合能耗：反映高新区企业对资源的利用效率。

由于 2008 年指标体系存在不足，科技部于 2012 年重新组织开发了一个指标体系——国家高新区创新能力评价指标体系（征求意见稿）。该指标体系依据中央提出的"提升自主创新能力、提升产业竞争力、提升引领辐射力、提升国际影响力"的新战略目标，重点从创新资源集聚、创新创业环境、创新活动绩效、创新的国际化和创新驱动发展五个方面，对国家高新区创新能力进行测度描述。此五个方面构成了评价指标体系的 5 个一级指标，在每个一级指标下又各设了 5 个二级（创新）指标，共计 25 个二级指标（见表 7-4）。二级（创新）指标的选取原则遵循系统性与独立性相协调、总量指标与相对指标相平衡、有效性与可操作性相适应、动态性与可扩展性相结合。创新指标为评价体系的基本单元，通过多层递阶综合评价方法形成对国家高新区创新能力发展状况的监测和评估。该指标体系设计还充分考虑了我国高新区的发展阶段和现行统计制度设置，确定了各个指标数据的来源。其指标数据均来源于经国家统计局批准、火炬中心组织实施的国家高新区年度统计调查，包括：国家高新技术产业开发区企业统计报表、国家高新技术产业开发区综合统计报表。

表 7-4　国家高新区创新能力评价指标体系[①]

一级指标	二级指标
创新资源集聚 20%	1. 企业研究与试验发展人员全时当量
	2. 企业研究与试验发展投入与增加值比例
	3. 财政科技支出与当年财政支出比例
	4. 各类研发机构数量
	5. 当年认定的高新技术企业数量
创新创业环境 20%	1. 当年新增企业数与企业总数比例
	2. 各类创新服务机构数量
	3. 企业从业人员中海外留学归国人员所占比重
	4. 科技企业孵化器及加速器内企业数量
	5. 创投机构当年对企业的风险投资总额
创新活动绩效 25%	1. 高新技术产业总收入与营业收入比例
	2. 企业 100 亿元增加值拥有知识产权数量
	3. 企业当年完成的技术合同交易额
	4. 高技术服务业从业人员占从业人员比重
	5. 企业净资产利润率

---

① 科技部："国家高新区创新能力评价指标体系"（2012 年征求意见稿）。

续表

一级指标	二级指标
创新的国际化 10%	1. 内资控股企业设立的海外研发机构数量
	2. 内资控股企业每万名从业人员拥有的欧美日专利授权数量及境外注册商标数量
	3. 技术服务出口占出口总额比重
	4. 企业当年引进国外技术和消化吸收再创新费用
	5. 企业从业人员中外籍常驻员工所占比重
创新驱动发展 25%	1. 园区 GDP 与所在城市 GDP 比例
	2. 企业单位增加值中劳动者报酬所占比重
	3. 规模以上企业万元增加值综合能耗
	4. 企业人均营业收入
	5. 全要素生产率

可以看出，该指标体系的指标设计更为科学，更能反映企业自主创新的能力。比如，"企业研究与试验发展人员全时当量"（由参加 R&D 项目人员直接花费在 R&D 活动上的工作时间折合为人员的全时当量）指标，反映了企业创新人力资源的直接投入强度，比之"千人拥有研发人员数"等指标，更能反映企业自主创新的能力。"企业研究与试验发展投入与增加值比例"是国际通用的指标，反映了研发投入的强度，比绝对数指标更好。"全要素生产率"[①] 指标则是反映自主创新能力的一个最重要的指标。

7.4.2　国际金融组织贷款农业项目绩效评价指标体系[②]

2010 年初，根据财政部国际司的委托，农业部对外经济合作中心（以下简称"外经中心"）研究开发了"国际金融组织贷款农业项目绩效评价指标体系"。该指标体系以财政部《国际金融组织贷款项目绩效评价操作指南》[③]（以下简称《操作指南》）

---

① 全要素生产率（total factor productivity）是指"生产活动在一定时间内的效率"，是衡量单位总投入的总产量的生产率指标，即总产量与全部要素投入量之比。全要素生产率的增长率常常被视为科技进步的指标，其来源包括了技术进步、组织创新、专业化和生产创新等。产出增长率超出要素投入增长率的部分为全要素生产率增长率。在计算上，它是除去劳动、资本、土地等要素投入之后的"余值"。
② 部分内容引自于作者 2010 年主持的农业部课题"国际金融组织贷款农业项目绩效评价研究"报告。
③ 财政部国际司. 国际金融组织贷款项目绩效评价操作指南 [M]. 北京：经济科学出版社，2010.

的评价框架体系为依托，在 4 个评价准则和 13 个关键问题[①]基础上，充分考虑农业项目的基本特点，重点开发了 36 个三级指标和 71 个四级指标，这些指标涵盖了对项目的投入、活动、产出以及效果的全过程评价。

《操作指南》建立了以"相关性、效果、效率、可持续性"四项评价准则为核心，共性指标与个性指标相结合的绩效评价框架体系。其中，"相关性、效果、效率、可持续性"四项准则为一级评价指标，13 个关键问题为二级评价指标，此二者为评价的共性指标；三级、四级指标为评价的个性指标，由评价人员根据项目的特点与评价目的的需要开发。这一评价框架体系是财政部《操作指南》的核心和基础，也是"外经中心"构建农业项目绩效评价指标体系的基本依托。

该指标体系的设计和开发遵循"一级指标为准则，二级指标定方向，三级指标重特点，四级指标选择用"的思路。一级指标规定了本指标体系四大评价准则。二级指标以 13 个评价问题规定了指标体系设计的具体方向。三级指标主要体现农业项目的行业特点。四级指标内容较多，以全面、实用、可操作为目标，在使用时可根据项目实际特点有选择性地使用。[②]以下，我们按照上述四项准则的顺序分析和介绍指标体系的具体内容。

1. "相关性"部分指标

在"相关性"部分，对应《操作指南》的 3 个二级指标，设计了 8 个三级指标。这些指标主要从项目的设计之时和绩效评价时两个时间点考查项目与中国的发展政策、国际金融组织对华援助战略和中国的实际需求与问题的一致性，因此可以将它们划分为两类：前相关与后相关。由于前相关在实际工作中意义不大，财政部国际司在 2012 年的评价框架中，根据实际需要去掉了前相关性问题（问题 1.1）。[③]相对来说，后相关问题比较重要，对农业项目来说尤其如此。农业项目与交通等行业的项目不同，大范围病虫害及疫病、宏观政策变化对其所涉及的项目活动有着极大影响，并且遭遇上述风险的可能性远大于其他行业的项目。这就要求农业项目在实施过程中应具备通畅、及时的调整机制。为此，评价农业项目的后相关时，如项目有中期调整，"项目目标"应当以中期调整后的项目目标为依据。如果项目目标能够针对外部环境的变化及时调整，符合发展战略，可打高分，反之，则打低分。

---

① 《国际金融组织贷款项目绩效评价操作指南》2012 年修订稿将 13 个关键问题改为了 11 个。
② "一级指标为准则，二级指标定方向，三级指标重特点，四级指标选择用。"这种说法把"评价准则（维度）"等同于"评价指标"，我们认为，在概念上混淆了"评价维度"和"评价指标"二者的区别。在我国，这种认识和做法比较普遍。比如，在财政部预算司 2011 年制定的"财政支出绩效评价指标体系（参考样表）"中，也是这样将评价维度（项目决策、项目管理和项目绩效）列为一级指标。
③ 参见本书第 6 章第 6.4 节。

后相关问题对农业项目来说虽然很重要，但是，该指标体系对于后相关指标的设计过于简单。如指标 1.3.2 "项目评价时，项目产出是否满足当地的实际问题与需求"，对问题回答只有"是""否"两个答案，这无法全面涵盖各个项目复杂的现实情况。一个比较好的做法是，将对该问题的回答分成三~四个等级，如完全满足、基本满足、基本不满足和完全不满足。

2. "效率"部分的指标

在"效率"部分，对应《操作指南》中的 4 个二级指标，设计了 7 个三级指标和 8 个四级指标。这些指标主要从项目执行时间、项目资金使用、项目产出完成情况、项目经济收益等方面进行考查，设计的三级指标侧重对项目资金使用情况的考查。值得注意的是，2.4.1 中的"项目实际经济内部收益率"往往不容易计算，因此只有在能获得项目准确的经济内部收益率时，才能使用此指标；在不能获得完整、合理的计算内部收益率的数据时，需要使用其他的效率性指标如"劳动生产率"等进行替代。

3. "效果"部分指标

在"效果"部分，对应《操作指南》中的 2 个二级指标，设有 10 个三级指标和 26 个四级指标，主要从项目的目标实现情况和受益群体瞄准度两方面对项目效果进行评价。其中，"项目目标的实现情况"涵盖了农村经济目标、农村社会目标、农村环境目标三大类，设计的指标包括了"农业生产与销售""农户收入""农村经济结构""人力资本""自然资源管理""就业""基础设施""生活水平""性别平等""项目示范带动""减贫""自然环境"等 12 个方面。这些二级指标是农业项目指标体系的核心内容。该类指标共设有 9 个三级指标，分别从"土地产出率""资源利用率""劳动生产率""农户人均收入""劳动者素质""农业的组织化程度""先进科技应用率""环境影响"和"社会影响"九个方面对项目是否实现了预期目标进行评价。以下为 9 个三级指标的内容说明[①]：

- "土地产出率"，该指标设计了"单位产量""单位产值"和"农产品质量"3 个四级指标。其中，"单位产量"指标考查单位农产品产量在项目实施前和项目完工后的变化情况；"单位产值"指标考查单位土地面积生产的农产品的产值（这里的产值是指农产品的市值）在项目实施前和项目完工后的变化情况；"农产品质量"指标考查生产的农产品的质量在项目实施前和项目完工后的变化情况。质量标准可以借助专业的技术标准或国家标准作为参照对象，所需信息运用实地调查等方法获得。另外，也可以运用间接指标，如农产品价格变化情况、农产品品牌注册数量情况等来测度

---

① 农业部对外经济合作中心：《国际金融组织贷款农业项目绩效评价指标体系开发报告》的指标说明，2010 年 11 月。

农产品质量提高程度。

- "资源利用率"，该指标设计了"光热资源利用率""水资源利用率""农业废弃物利用率""农药利用率""化肥利用率"和"能源利用率"6个四级指标。其中，"光热资源利用率"指标考查项目实施前和竣工后，土地的实际产量与当地光热条件下土地理论产量的比值的变化情况；"农业废弃物利用率"指标考查项目实施前和竣工后项目区农业废弃物（如秸秆、畜禽养殖废物等）利用率的变化；"农药（化肥）利用率"主要考查项目实施前和项目竣工后，单位面积农作物农药（化肥）使用量的变化情况；"能源利用率"指标考查项目实施前和竣工后，单位土地面积某种能源（如电能）的消耗量的变化情况。

- "劳动生产率"，该指标设计了"项目农户劳动生产率"1个四级指标，主要考查项目实施前和项目竣工后，项目农户劳动生产率的变化情况，即农户人均产出的变化情况。

- "农户人均收入"，该指标设计了"项目农户人均收入"1个四级指标，主要考查项目实施前和项目竣工后项目农户人均收入的变化情况。

- "劳动者素质"，该指标设计了"技能的普及率"和"行为方式的采用率"2个四级指标。其中，"技能的普及率"主要考查项目实施前和项目竣工后，知晓或能运用与项目活动相关的某种（些）技能的农户数占项目户总数的比重的变化情况；"行为方式的采用率"主要考查项目实施前和项目竣工后采取与项目活动相关的某种（些）行为方式的农户数占项目户总数的比重的变化情况。

- "农业的组织化程度"，该指标设计了"参与农民专业合作社农户的比例""二、三产业就业率"和"农产品商品率"3个四级指标。其中，"参与农民专业合作社农户的比例"主要考查有组织地进行生产、销售活动的农户（如参加农业合作社）的比例的变化情况；"二、三产业就业率"指标考查项目实施前和竣工后，农民在第二、三产业就业比重的变化情况；"农产品商品率"主要考查项目实施前后农产品总量中销售量所占比重的变化情况。

- "先进科技应用率"，该指标设计了"先进科技的采用率"和"科技贡献率"2个四级指标。其中，"先进科技的采用率"主要考查项目实施前和项目竣工后采用先进科技的项目农户数占项目户总数的比重的变化；"科技贡献率"主要考查某种先进科技采用情况对农产品产量变化的贡献情况。其着眼于考查先进科技采用情况与农产品产量变化的相关性。

- "环境影响"，该指标设计了"污染物排放量变化"和"农业单位增加值碳减排"2个四级指标。其中，"污染物排放量变化"主要考查项目实施前和项目竣工后，项目区污染物（如污水、垃圾等）排放量的变化情况；"农业单位增加值碳减排"主要考查项目实施前和竣工后，项目区内农产品单位增加值的碳减排情况。

- "社会影响"，该指标设计了"对性别平等的影响""对减贫的影响"和"对非项目区的影响"3个四级指标。其中，"对性别平等的影响"主要考查项目实施前和项目竣工后女性地位的变化情况（可以从参与项目活动的女性人数变化和女性年收入占家庭总收入的比重变化等方面入手）；"对减贫的影响"主要考查项目实施前和项目竣工后项目区贫困发生率的变化情况；"对非项目区的影响"主要关注采用了与项目设计相同/相似的活动、技术，或者受项目产出辐射影响的农户数量。这个指标从受项目辐射带动的农户总数的角度衡量"社会影响"的情况。

"项目受益群体瞄准度"方面，设计了1个三级指标——"项目受益群体瞄准度"。对应该指标，又设计了"项目受益群体符合率""项目受益群体的参与程度""项目受益群体的满意度"等3个四级指标。这3个指标可与"对性别平等的影响情况"指标相结合，了解相关的项目主体的满意度和回应性，以反映项目实施过程和结果是否公平以及是否民主。

4. "可持续性"部分的指标

在可持续性部分，对应《指南》的4个二级指标，主要从机构设置、项目产出、政策环境和还贷情况等四个方面设计了8个三级指标和15个四级指标，旨在系统评价影响项目可持续的外部因素和内部条件，从内外两个维度对项目可持续性进行绩效评价。

值得一提的是，指标体系根据农业项目的特点，在《指南》原有指标的基础上，增加了1个"农业生产安全性是否有保障"三级指标。该指标又分别从作物病虫害防治、牲畜疫病防治、农业保险、农户贷款等方面设了4个四级指标。其中：

指标4.2.3.1 "种植业病虫害防治的制度和措施的完善程度"考查种植业生产中，在农作物病虫害防治方面是否有相应的制度、措施，也关注这些措施制度的完善程度，以此考查农业生产过程的安全性与可持续性。在实际操作中可通过农户抽样调查、农户访谈等方法收集资料进行评价。

指标4.2.3.2 "养殖业的疫病防治的制度和措施的完善程度"，主要用以考查养殖业生产中牲畜疫病防治方面是否有相应的制度与措施及其完善程度。在实际操作中可通过农户抽样调查、农户访谈等方法收集资料进行评价。

指标4.2.3.3 "项目农产品的农业保险参保率"，主要用以分析项目农产品参加农业保险的情况，以此反映项目农户抵御自然灾害的能力和灾害发生后的再生产能力，最终实现考查项目农户生产的可持续性的目标。

指标4.2.3.4 "农户获得贷款的难易程度"，主要用以分析项目农户获得贷款（包括商业贷款、国家的政策性贷款等）的难易程度，考查项目农户能否容易获得再生产资金的情况。

上述的"国际金融组织贷款农业（完工）项目绩效评价指标体系"见表7-5。

表 7-5 国际金融组织贷款农业项目绩效评价指标体系

准则 （一级指标）	关键问题 （二级指标）	三级指标	四级指标	备 注
1. 相关性	1.1 在设计之时，项目是否符合中国的发展政策和/或优先重点以及国际金融组织对中国的援助战略？	1.1.1 项目设计时，项目目标与中国国家的发展政策的一致性	—	国家级：全国人大及其常委会制定的法律；国务院及其办公厅、各部委等职能部门颁布出台的与所评价项目目标相关的政策、规划
		1.1.2 项目设计时，项目目标与中国地方的发展政策的一致性	—	
		1.1.3 项目设计时，项目目标与国际金融组织对中国的援助战略的一致性	—	省级：省级人大及其常委会制定的法规；项目省制定出台的与所评价项目目标相关的法规及政策、规划
	1.2 在评价之时，项目是否符合中国的发展政策和/或优先重点以及国际金融组织对中国的援助战略？	1.2.1 项目评价时，项目目标与中国国家的发展政策的一致性	—	实施项目的地、县（市）级：项目地、县（市）制定出台的与所评价项目目标相关的法规及政策、规划
		1.2.2 项目评价时，项目目标与中国地方的发展政策的一致性	—	
		1.2.3 项目评价时，项目目标与国际金融组织对中国的援助战略的一致性	—	针对 1.1.3、1.2.3 主要参考世行等国际金融组织对华的国别发展战略报告等
	1.3 项目是否针对中国（或地方）的实际问题和需求？	1.3.1 项目设计时，项目活动是否针对当地的实际问题与需求	—	项目基线调查、项目规划内容
		1.3.2 项目评价时，项目产出是否满足当地的实际问题与需求	—	评价时的实地调查
2. 效率	2.1 项目是否按照计划的时间周期实施并完工？	2.1.1 项目开工时间与计划时间的相符程度	2.1.1.1 实际开工时间与计划开工时间相差的月数	如发生项目周期调整的情况，以调整后的周期为准。同时需要解释周期调整的原因
		2.1.2 项目完工时间与计划时间的相符程度	2.1.2.1 实际完工时间与计划完工时间相差的月数	
	2.2 项目是否按照计划的资金预算实施？	2.2.1 所有项目活动的实际使用资金与预算的相符程度	2.2.1.1 各项目活动实际使用资金与预算的一致性	各个项目活动资金分别计算，分别赋予权重
		2.2.2 项目资金到位程度	2.2.2.1 国际金融组织资金到位率	完工时的使用资金/预算资金
			2.2.2.2 国内配套资金的到位率	衡量政府投资的积极性，反映项目公共性。
		2.2.3 项目资金使用的合法合规性	2.2.3.1 项目违规资金总额占项目资金总额的比重	违规资金数据可参考项目审计报告

续表

准则（一级指标）	关键问题（二级指标）	三级指标	四级指标	备 注
2. 效率	2.3 项目是否实现了预期产出？	2.3.1 项目各部分项目活动的完成情况	2.3.1.1 各项目活动的完成率	各个项目活动分别计算，分别赋予权重
	2.4 项目完工后是否达到预期的经济内部收益率？	2.4.1 项目实际经济内部收益率与预期经济内部收益率的相符程度	2.4.1.1 项目实际经济内部收益率与预期经济内部收益率之差	农业项目的内部收益率由于很难获得数据，难以计算。可用效果中的劳动生产率作为替代指标来考察
3. 效果	3.1 项目是否实现了预期目标	3.1.1 土地产出率	3.1.1.1 单位产量	指农产品的单位产量在项目实施前后的变化
			3.1.1.2 单位产值	指农产品的单位产值在项目实施前后的变化
			3.1.1.3 农产品质量	可利用衡量农产品质量的技术指标，生产或消费者感观信息，产品价格，注册品牌情况等来衡量
		3.1.2 资源利用率	3.1.2.1 光热资源利用率	实际产量与当地自然光热条件下的理论产量之比
			3.1.2.2 水资源利用率	某作物单位面积用水量在项目实施前后的变化
			3.1.2.3 农业废弃物利用率	秸秆、废渣等农业废弃物的利用率在项目实施前后的变化
			3.1.2.4 农药利用率	某作物单位面积农药使用量在项目实施前后的变化
			3.1.2.5 化肥利用率	某作物单位面积化肥使用量在项目实施前后的变化
			3.1.2.6 能源利用率	某作物单位面积某种能源（如电能）消耗量在项目实施前后的变化
		3.1.3 劳动生产率	3.1.3.1 项目农户劳动生产率	项目实施前后农户劳动生产率的变化，即人均产出的变化
		3.1.4 农户人均收入	3.1.4.1 项目农户人均收入	项目前后农户年人均收入变化，也可用户均纯收入的变化来衡量
		3.1.5 劳动者素质	3.1.5.1 技能的普及率	项目实施前后知晓或能运用某种生产技能的户数占项目户总数比重的变化
			3.1.5.2 行为方式的采用率	项目前后采取某种行为方式的户数占项目总户数的比重变化。另外，也可定性衡量农户观念的变化来测度劳动者素质的提高情况

续表

准则（一级指标）	关键问题（二级指标）	三级指标	四级指标	备注
3. 效果	3.1 项目是否实现了预期目标	3.1.6 农业的组织化程度	3.1.6.1 参与农民专业合作社农户的比例	项目实施前后参与农民专业合作社农户的比例的变化。也可以用"公司+农户"等组织模式作为指标。本指标的目的通过参与有组织地进行生产、销售活动的农户比例的变化衡量农民组织化程度。进而判断农业标准化、规模化、专业化、集约化的提高情况
			3.1.6.2 二、三产业就业率	项目实施前后农民在第二、三产业就业比例的变化
			3.1.6.3 农产品商品率	项目实施前后农产品商品率变化
		3.1.7 先进科技应用率	3.1.7.1 先进科技的采用率	项目实施前后采用先进科技的户数占项目总户数的比重变化
			3.1.7.2 科技贡献率	衡量项目实施前后科技对生产贡献的提高情况
		3.1.8 环境影响	3.1.8.1 污染物排放量变化	项目实施前后污染物（如污水、垃圾）等排放量的变化。另外，对减少农业面源污染的衡量可借助上述农药和化肥利用率指标
			3.1.8.2 农业单位增加值碳减排	农业温室气体主要是甲烷和氧化亚氮等非二氧化碳温室气体的排放。农业的碳减排可以通过少使用化肥，多利用沼气等措施实现减排，另外可以采用农业土壤固碳减排的技术，进行环境管理，增加耕地、草地等的碳汇。本指标测量项目实施前后，农业单位产量或产值增加量所带来的碳排放的变化

续表

准则（一级指标）	关键问题（二级指标）	三级指标	四级指标	备注
3. 效果	3.1 项目是否实现了预期目标	3.1.9 社会影响	3.1.9.1 对性别平等的影响	项目实施前后女性地位变化情况，可用女性收入在家庭收入中的比例等来测度
			3.1.9.2 对减贫的影响	项目实施前后贫困发生率变化
			3.1.9.3 对非项目区的影响	项目实施前后受项目产出辐射的影响采用了与项目设计相同/或相似的活动、技术的非项目区农户数量。也体现项目的公共性
	3.2 项目的实际受益者是否是项目的目标受益群体？	3.2.1 项目受益群体瞄准度	3.2.1.1 项目受益群体符合率	衡量项目目标受益群体瞄准度
			3.2.1.2 项目受益群体的参与程度	体现项目公平、公正
			3.2.1.3 项目受益群体的满意度	通过满意度调查，从受益群体的视角考察项目目标实现情况，体现回应性与满意度
4. 可持续性	4.1 项目的管理和/或运行机构的设置、人力资源、经费能否满足项目持续运行的需要？	4.1.1 从事项目管理和服务的机构的可持续性	4.1.1.1 负责项目完工后管理工作的机构存在与否	—
		4.1.2 从事项目管理和服务的人力资源的可持续性	4.1.1.2 负责项目完工后管理工作的人员存在与否	—
		4.1.3 用于项目管理和服务的经费的可持续性	4.1.1.3 用于项目完工后管理工作的经费充足与否	—
	4.2 项目的产出能否得到持续的维护和利用？	4.2.1 项目产出能否得到有效利用	4.2.1.1 技术使用率、故障率、正常使用率等	项目的产出会涉及"基础设施、技术、户用设施、设备"等。产出呈现多样化，单一指标很难衡量产出的可持续性，可以开发多个指标。这些指标可以根据相应产出的特点选择性使用或开发
			4.2.1.2 项目运转负荷是否达到设计生产能力	
		4.2.2 项目产出能否得到及时的维护	4.2.2.1 资金、保障制度的存在与否	维护如果有资金、制度保证则项目产出是可持续利用的
		4.2.3 生产安全性是否有保障	4.2.3.1 种植业病虫害防治的制度与措施的完善程度	从农业生产的安全性角度考查农业项目完工后的可持续性。病虫害和疫情防治考查生产过程；保险参保率考察抵御灾害的能力；获得贷款的难易程度考察进行再生产的能力

续表

准则（一级指标）	关键问题（二级指标）	三级指标	四级指标	备注
4. 可持续性	4.2 项目的产出能否得到持续的维护和利用？	4.2.3 生产安全性是否有保障	4.2.3.2 养殖业的疫病防治的制度与措施的完善程度	在实际评价中，考查生产过程的指标可根据项目活动的内容开发新的可行的指标
			4.2.3.3 项目农产品的农业保险参保率	
			4.2.3.4 农户获得贷款的难易程度	
	4.3 项目制定的政策、制度和/或项目运行所依赖的政策、制度能否得到持续？	4.3.3 保证项目成果持续发挥作用的政策、制度的可持续性	4.3.3.1 项目制定的政策、制度能否持续发挥作用	项目制定的政策制度与其所依赖的政策制度应该是有一致性的
	4.4 项目贷款（包括国际金融组织贷款和国内贷款）是否能够按时偿还？	4.4.1 项目借贷主体的还贷及时性	4.4.1.1 项目省的到期还款率	—
			4.4.1.2 项目县（市）的到期还款率	—
			4.4.1.3 项目农户的到期还款率	—
			4.4.1.4 其他借贷主体的到期还款率	—

7.4.3 世行贷款"现代财政制度与国家治理"项目效果指标

2013年11月，党的十八届三中全会明确提出要深化财税体制改革、建立现代财政制度。2014年6月，中央政治局会议审议通过了深化财税体制改革总体方案，明确深化财税体制改革的目标就是建立现代财政制度，重点推进预算管理制度、税收制度和调整中央和地方政府之间财政关系等三方面改革。在这一背景下，为了构建中国现代财政制度框架的系统解决方案，丰富基于国际通行规则的财经对话机制，推动提升财政管理人员素质，中国财政部于2016—2025年实施了世界银行贷款"现代财政制度与国家治理"技援项目。

根据项目评估文件（PAD），本项目的项目发展目标（PDO）是，指导中央政府财政改革方案的设计与实施以及提升财政部财政管理能力。为此，PAD开发了如下两个项目发展目标测度指标（即效果指标）：

（1）向决策者分发财政政策改革方案（次数）。该指标适用于研究类项目，主要以财政部正式备忘录形式传阅的报告数量来测度；

（2）增强财政部核心预算管理体系的能力和技能（百分比）。该指标适用于能力建设项目，主要以后续调查中测得的使用培训活动中概念和技能的人员占比进行测度。

通过与子项目单位访谈，我们发现，上述两个项目发展目标（PDO）的指标设计有失完整，难以全面地衡量本项目的实施成效，需要对之进行补充和完善。为此，经与世行项目管理团队专家磋商后，我们将上述第一类指标（研究类指标）拓展为三个层面：（1）全国人大、中共中央、国务院和财政部出台的正式财政管理改革政策文件（个数）；（2）用于财政部内部管理、未正式出台的相关财政改革文件（个数），其形式主要包括备忘录，征求意见稿，政策简报，部领导批示研办或上报中央办公厅、国务院办公厅的重要报告（个数）；（3）在财政系统和社会上造成广泛的影响、用于政府各级领导的财政改革决策参考的研究成果（个数）。

同时，将上述第二类指标（能力建设类效果指标）也修改如下：（1）培训类人员沿用原有指标，即后续调查中测得的使用培训活动中新概念和财政管理技能人员占比。在此，财政管理技能主要包括：宏观财政预测和分析；财政政策制定；财政风险管理；预算的编制和执行；预算绩效管理与评价；货币政策与财政政策协调；国际经济与金融关系；税收政策与管理；国库现金管理；政府债务管理；政府内部控制与内部审计；政府综合财务报告；海关管理；政府间财政关系；银行和其他金融机构监管；公共资产管理；政府采购管理；财政转移支付等。（2）借调类人员新设两个指标：其一为回国后领导或参与了相关财政改革政策的制定或实施的借调人员，主要用其回国后主持或参与制定或实施的财政改革政策（个数）测度；其二为其他借调人员，主要用其回国后与单位同事进行知识共享的次数来测度。

复习思考题

1. 绩效指标与绩效目标有何不同？
2. 什么是绩效指标的信度和效度？
3. 如果项目针对的是某个特定群体，为什么说仅仅度量总体的平均值是不够的？
4. 为什么说只有确定了数据来源与收集方法，绩效指标的开发才可能完成？
5. 营商指标是国际上衡量营商环境的一个重要指标。该指标包含三个假设：一是管制越少越好，二是产权和债务的执行力是贷款和投资的重要决定因素，三是较少的管制和较低税收能够鼓励非正式部门转入正式部门。这三个假设是否科学？为什么？

第 8 章 绩效评价中的定量与定性研究方法

政府绩效评价是对政府活动效果与效率的一种实证性研究。作为一种实证性研究，它需要运用一系列社会研究方法，包括定量（量化）和定性（质性）研究方法。当前，在我国政府绩效评价中使用较多的是定性（质性）研究方法，如观察法、访谈法、案卷研究、专家评议和问卷调查法等；定量的研究方法，如倍差法、匹配法、回归分析法和数据包络法等，则使用得较少。为此，在今后的政府绩效评价中，我们有必要大量增加定量研究方法的运用。当然，这并不是说要放弃定性研究方法，关键是要知道什么时候单独使用定性方法，什么时候走定量化道路，以及什么时候考虑联合使用两种技术（戴维·罗伊斯，2007）。本章主要介绍四种常见的评价研究方法及其适用条件与场景，包括双重差分法（DID）、数据包络法（DEA）、顾客满意度模型（ACSI），以及定性比较法（QCA）。其中，双重差分法主要用于政策效果评估，数据包络法主要用于效率评价，顾客满意度模型主要用于公众满意度的评价，定性比较法则主要用于多重并发因果关系分析。

8.1 双重差分法（DID）及应用[①]

> 在确定公共政策（项目）是否达预期效果时，最大的困难就是区分哪些效果归因于政策（项目）的实施，哪些归因于其他因素的变化。
> ——[美]伊莉莎白森·奥沙利文，2014

"双重差分法"又称"倍差法"（differences-in-differences，DID），常被用作政策效应（效果）评价，目的在于研究政策在某一时点或者不同时点改变的效果。从方法论上讲，这一方法主要基于自变量相互独立、因果对称性和单向线性关系的基本假设，在控制其他因素的情况下，分析自变量（政策）对于因变量的边际"净效应"

---

① 该研究方法在本书第 11 章中还有进一步分析。

（徐淑英，2016）[1]。近年来，国际与国内的一些顶级管理学期刊都发表了大量的运用双重差分法进行政策评价的学术论文，美国、西班牙等西方国家及国际组织（如世界银行等）也一直在积极推进该项研究。这表明，双重差分法已成为政策评价的一种常用方法。

8.1.1　模型介绍

双重差分法的思想最初是由医学家约翰·斯诺（John Snow）研究伦敦的霍乱流行时提出的。1978 年，阿什菲尔特（Ashenferltr）将该方法应用于经济学领域，1984 年，布卢姆（Bloom）将其用于研究政府补贴对收入的影响。1985 年，赫克曼（Heckman）等将该方法应用于政策评价。1994 年，卡德（Card）[2]等人应用该方法来评估最低工资对就业的影响。该方法的基本思想为：首先设定研究对象，根据政策准自然实验将研究对象随机划分为实验组和对照组，将受政策影响的组称为实验组（treat group），未受政策影响的组称为对照组（control group）。接着对政策效应进行估计，先明确实验组在政策发生前后的变化（这部分变化可能含有时间效应），使用对照组衡量政策发生前后的变化，这一部分变化代表时间效应。为估计处理效果，比较处理后与处理前的差异，利用实验组的前后变化减去对照组的前后变化，就是处理效应，故名"双重差分"。

DID 方法的基本模型如下：

$$Y_i = a_0 + a_1 G_i + a_2 D_i + \beta G_i \cdot D_i + \varepsilon_i$$

其中，G_i 为政策虚拟变量，当该值为 1 时，表示为实验组；当该值为 0 时，表示为对照组。D_i 为时间虚拟变量，当该值为 1 时，表示政策发生后，当该值为 0 时，表示政策发生前。

当 $D_i=1$ 时，公式可以改写为：

$$Y_i = a_0 + a_2 + (a_1 + \beta) G_i + \varepsilon_i$$

当 $D_i=0$ 时，公式可以改写为：

$$Y_i = a_0 + a_1 G_i + \varepsilon_i$$

将上述两式相减可得：

$$\Delta Y_i = a_2 + \beta G_i + \Delta \varepsilon_i$$

对上式进行 OLS 估计，β 的估计量即为实验组和对照组的平均变化差，也就是

---

[1] 里豪克金和拉金. QCA 设计原理与应用：超越定性和定量的研究方法 [M]. 北京：机械工业出版社，2017：序.

[2] CARD D, KATZ L F, KRUEGER A B. Comment on David Neumark and William Wascher, "employment effects of minimum and subminimum wages: Panel data on state minimum wage laws" [J]. Industrial & amp; Labor Relations Review, 1994, 47（3）.

我们所要研究的政策处理效应,如图 8-1。

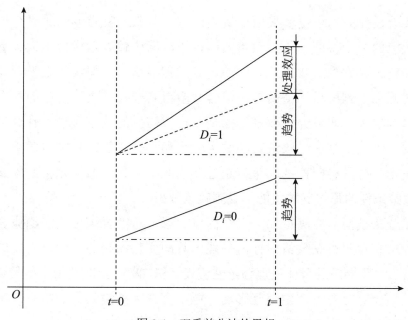

图 8-1 双重差分法的思想

通俗点讲,双重差分法就是利用政策的实验组和对照组(无政策)进行对比分析。如图 8-2 所示,这种方法是在政策执行前和政策执行后这两个时点上,分别就有政策和无政策两种情况,通过进行前测与后测对比,确定政策的效果。在图 8-2 中,A_1 和 B_1 分别表示执行前实验组和无政策的前测值,A_2 和 B_2 分别表示执行后实验组和对照组的后测值。(A_2-A_1) 为有政策条件下实验组的变化结果,(B_2-B_1) 为无政策条件下对照组的变化结果,$(A_2-A_1)-(B_2-B_1)$ 就是用双重差分法所计算的政策实际效果。

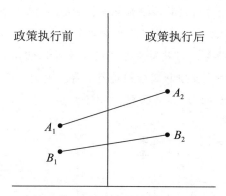

- A 实施政策;B 没有实施政策。
- $(A_2-A_1)-(B_2-B_1)$=所估计的政策效果。

图 8-2 双重差分法的政策效果

8.1.2 适用条件

基于实验设计的思维逻辑采用计量实证方法对某一特定的政策进行评价时，必须识别该政策的类型特征，依据政策实施过程，筛选较为适用的实证计量方法。通过前面的描述可以看到，双重差分法的计算过程很简单，即实验组干预前后的均值的差减去对照组干预前后均值的差。但若希望得到准确结果，对应的样本数据需要满足数据结构要求。即被评价政策不能是"一刀切"的政策类型，且至少存在两年的面板数据，也就是存在受政策影响的实验组和不受政策影响的对照组。"一刀切"政策主要是指某些具有门槛的政策，超过（或低于）某门槛，才会进入到政策范围或是符合政策条件的那些群体才能享受到政策效果。

双重差分法模型需要满足如下三个假设。第一，需要满足共同趋势这一前提假设，即实验组和对照组在政策施行前呈现出共同变化的趋势，因此需要进行平行趋势检验。第二，需要满足个体处理稳定性假设（SUTVA），即政策实施只会干预影响到实验组，不会对对照组产生交互影响，更不会产生外溢效应。第三，满足线性关系假设，潜在结果变量同处理变量和时间变量需满足线性条件。

专栏 8-1 平行趋势检验

平行趋势检验的原理是通过逐年对比两组数据以确认政策发生前实验组和处理组发展趋势是否有差异。通常情况下我们可以通过画图或者按照定义计算的方式验证样本是否满足假设。

在对比实验组和处理组时会出现两种情况，图 8-3 左图中实验组和处理组在政策提出前发展趋势就有很大不同，在政策实施后（虚线右侧）趋势的不同一部分是原趋势的延续（即 α_2），一部分来自于政策的影响（即 β），这就意味着实验组和对照组的 α 是不同的，无法通过差分消除。右图实验组和对照组的原趋势相同，故 α_2 可以消除来直接研究政策的效应。所以使用 DID，需要实验组和处理组在政策提出前发展趋势相同，即通过平行趋势检验。

可以看出，若为平行趋势，则政策发生前的每一年两组均无差异。如果不是平行趋势，则在政策发生前后的每一年处理组和实验组均有差异。所以，平行趋势检验需设置年份虚拟变量，以分析每一年实验组和处理组的区别。

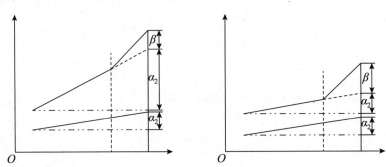

图 8-3 实验组和对照组发展趋势

平行趋势在随机实验下通常是满足的，但是在观察实验的情境下，有可能会不满足，此时不能简单粗暴、不加处理地直接使用 DID，需要对数据进行处理。当前常用的处理方式有如下三种：倾向得分匹配（propensity score matching，PSM）、三重差分法（difference-in-differences-in-differences，DDD）、合成控制法（synthetic control method）。可以理解为人工构建相对同质的实验组和对照组的方法。

8.1.3 稳健性检验

即使实验组和对照组政策实施之前的趋势相同，仍然担心是否同时发生了其他可能影响趋势变化的政策，也就是说，政策干预时点之后实验处理组趋势的变化，可能并不真正是由该项政策所导致的，而是同时期的其他政策导致的。这一问题可以概括为处理变量对产出变量作用机制的排他性。对此，可以进行如下的稳健性检验：

一是安慰剂检验，即通过虚构处理组进行回归。具体步骤如下：其一，将实施政策的时间前置构建"伪政策"效应，比如原来的政策发生在 2020 年，研究区间为 2018—2022 年，这时可以将研究区间前移至 2014—2018 年，并假定政策实施的年份为 2016 年，然后进行回归；其二，选取已知的并不受政策实施影响的群组作为处理组进行回归。如果不同虚构方式下的 DID 估计量的回归结果依然显著，说明原来的估计结果很有可能出现了偏误。

二是时间敏感性检验。该方法是通过截取不同时间段对政策效用进行评估。

三是选取一个完全不受政策影响的因素作为被解释变量进行回归，如果 DID 估计量的回归结果依然显著，说明原来的估计结果很有可能出现了偏误。

8.1.4 应用举例

该例为发表在《管理世界》上的一篇文章——《省级开发区升级改善了城市经济效率吗——来自异质性开发区的准实验证据》。[①]

自 1984 年中国在沿海城市批准设立国家级经济技术开发区以来，开发区始终肩负着中国经济发展的重任。据商务部统计，2016 年全国 219 家国家级经济技术开发区实现地区生产总值约 8.3 万亿元人民币，占全国生产总值的 11.2%。可见，开发区对中国经济增长的贡献已不容小觑。但是随着中国近年来经济增速的下滑以及贸易保护主义的抬头，经济体量的扩张不再是经济发展的主要目的，追求效率提升和质

---

① 柴泽阳. 省级开发区升级改善了城市经济效率吗——来自异质性开发区的准实验证据[J]. 管理世界，2021,37（01）:60-75+5.

量的改善才是未来经济发展的主旋律。然而，大量研究表明，中国整体的经济效率水平仍然较低，改革开放以来的经济增长主要依靠投资驱动，经济效率的提升动力依旧不足。因此，作为地方经济增长的"领头羊"，开发区在这一关键时期，如何充分利用其政策优势和开放优势提高经济效率，推动经济高质量发展，就成为现阶段刻不容缓的工作与责任。

从现有国内外文献来看，多数学者集中关注于国家级开发区设立的政策效果，或者将开发区设立与升格混为一谈。事实上，开发区的"设立"与"升格"是两个截然不同的过程。"设立"是一个从无到有的过程；"升格"则是原有开发区级别上的提升。开发区升格政策是面向所有城市的，在2006年国家完成开发区的清理整顿之后，新的国家级开发区基本上是由省级开发区升格而来。而在诸多的可能升格的省级开发区中，只有那些发展情况较好的开发区才会实现升格。鉴于此，作者在实证研究中仅使用有省级开发区升格城市为观测样本，利用各城市开发区升格时间点不同，来检验升格前后的经济效率变动。该文的研究在地级市层面进行，考察省级开发区升格政策对城市经济效率的影响。鉴于部分统计数据的缺失，作者将研究窗口期设为2004—2016年。首先，作者利用2006年目录整理出2006年之前的国家级开发区，并通过关键字识别出开发区所在城市（组1），再利用2018年目录整理出在2009—2016年间升格的国家级开发区，并识别出开发区所在城市（组2）。然后，作者将两组城市进行了匹配，匹配结果有三类：一类是既出现在组1中，也出现在组2中的城市，这些城市在2006年之前就设立了国家级开发区，在2009年之后又有省级开发区升格为国家级；二类是出现在组1中，但是未出现在组2中的城市，这些城市在2006年之前设立了国家级开发区，但在2009—2016年间没有省级开发区升格为国家级；三类是未出现在组1中，但是出现在组2中的城市，这些城市在2006年之前未设立国家级开发区，而在2009—2016年间有省级开发区升格为国家级。其中，第3类城市即为作者的观测样本，最终得到126个有省级开发区升格的城市。

该文采用倍差法进行实证研究，构造的基准模型如下：

$$\mathrm{lnpgdp}_{it} + \alpha + \beta_i \cdot \mathrm{upgrade}_{it} + \theta \cdot X_{it} + \gamma_i + \tau_i + \mu_i + \varepsilon_i$$

其中，lnpgdp_{it}为因变量城市经济效率，用人均实际GDP的对数值衡量；$\mathrm{upgrade}_{it}$为省级开发区升格的政策变量；X_{it}为一组控制变量，用于控制各城市的经济特征；γ_i为城市固定效应；τ_i为年份固定效应；μ_i为省份与年份的交叉固定效应；ε_i为随机误差项；α为常数项；β_i和θ均为模型估计参数，其中，β是本文关心的参数，若$\beta>0$，说明开发区升格对城市经济效率有正向影响，若$\beta<0$，说明开发区升格对城市经济效率有不利影响，若$\beta=0$，说明政策效果不明显。

基准回归估计结果显示，upgrade系数显著为正，说明开发区升格政策实施后城市经济效率显著提升,所以可以认为开发区升格政策促进了城市经济效率的提升。为了保证基准结果的稳定性和可靠性,该文还通过同趋势检验、安慰剂检验以及其他方案,对模型进行了稳健性检验。

8.2 数据包络分析(DEA)及应用

> 实验研究着重于对项目(政策)的效果进行计算,而成本-效益分析则把费用、效益表示为输入和输出,用货币来计算哪一种项目的效率最高。
> ——[美]格拉姆利克,1990

对于政策单个的投入和产出,通常可以进行比较简单的效率评价。[1] 但是对于多个投入和多个产出,就需要赋予各个投入与各个产出以合适的权重,使得这个加权产出与加权投入之比尽可能地大,然后进行相对效率的评价。那么,如何来定这个权重?数据包络分析(DEA)就是广泛用于解决此类问题的一个方法。

8.2.1 模型介绍

数据包络分析(DEA)是由美国著名运筹学家查恩斯(Charnes)、库珀(Cooper)和罗德斯(E. Rhodes)[2] 于1978年首先提出,在相对效率评价概念的基础上发展起来的一种非参数检验方法。在 DEA 中,被评估的单位或组织被称为决策单元(以下简称 DMU)。DEA 通过选取决策单元的多项投入和产出数据,利用线性规划,以最优投入与产出作为生产前沿,构建数据包络曲线。其中,有效点会位于前沿面上,效率值标定为 1;无效点则会位于前沿面外,并被赋予一个大于 0 但小于 1 的相对的效率值指标。

DEA 模型具体又可以细分为三种类型:一是 CCR(A. Charnes & W. W. Cooper & E. Rhodes)模型,该模型假定规模报酬不变,主要用来测量技术效率;二是 BCC (Banker-Charnes-Cooper)模型,该模型假定规模报酬可变,主要测算纯技术效率,即技术效率与规模效率的比值;三是 DEA-Malmquist 指数模型,该模型可以测算出决策单元(DMUs)的生产效率在不同时期的动态变化情况。

DEA 模型具有以下特点:首先,该方法适用于多输出—多输入的有效性综合评价问题,在处理多输出—多输入的有效性评价方面具有显著优势。其次,该方法并

---

[1] 参见本书第 6 章、第 9 章的效果内容。
[2] Charnes, A., W. W. Cooper, and E. Rhodes. (1978) Measuring the Efficiency of Decision Making Units. *European Journal of Operational Research* 2: 429–444.

不直接对数据进行综合,因此决策单元的最优效率指标与投入指标值及产出指标值的量纲选取无关,应用 DEA 方法建立模型前无须对数据进行无量纲化处理。再次,该方法无须任何权重假设,而以决策单元输入输出的实际数据求得最优权重,排除了很多主观因素,具有很强的客观性。最后,该方法假定每个输入都关联到一个或者多个输出,且输入与输出之间确实存在某种联系,但不必确定这种关系的显示表达式。

8.2.2 CCR模型

CCR 模型是最早也最经典的 DEA 模型,通过"投入一定数量的生产要素,并产出一定数量的产品的经济系统来判断各个单元的相对合理性和有效性"。从投入资源的角度来看,在当前产出的水准下,比较投入资源的使用情况,以此作为效益评价的依据,这种模式称为"投入导向模式"。

该模型如下:假设数据可以分为 n 个 DMU(样本个数), m 个输入(投入)变量, s 个输出(产出)变量, x_{ij} 表示第 j 个决策单元(样本)的第 i 个输入变量, y_{rj} 表示第 j 个决策单元(样本)的第 r 个输出变量。

定义决策单元 j 的效率评价指数为

$$\theta_j = \max \frac{\sum_{r=1}^{s} u_r y_{rj}}{\sum_{i=1}^{m} v_i x_{ij}}$$

其中, v_i 为第 i 个投入的权重, u_r 为第 r 个产出的权重。

评价决策单元 j 的效率目标函数如下:

$$\max \theta = \frac{\sum_{r=1}^{s} u_r y_{rj}}{\sum_{i=1}^{m} v_i x_{ij}}$$

约束条件如下:

$$\frac{\sum_{r=1}^{s} u_r y_{rj}}{\sum_{i=1}^{m} v_i x_{ij}} \leq 1, \quad j = 1, 2, \cdots, n$$

$$u_r \geq 0, \quad r = 1, 2, \cdots, s$$

$$v_i \geq 0, \quad i = 1, 2, \cdots, m$$

在上述规划的对偶规划中我们引入松弛变量 s^+ 和剩余变量 s^-,松弛变量表示达到最优配置需要减少的投入量,剩余变量表示达到最优配置需要增加的产出量。由此,不等式约束会变为等式约束,模型可以简化为:

$$\min \theta$$

约束条件：

$$\sum_{j=1}^{n} \lambda_j x_{ij} + s_i^- = \theta x_{io}, \quad i=1,2,\cdots,m$$

$$\sum_{r=1}^{n} \lambda_j y_{rj} - s_r^+ = y_{ro}, \quad r=1,2,\cdots,s$$

$$\lambda_j \geq 0, \quad j=1,2,\cdots,n$$

$$s_i^- \geq 0, \quad i=1,2,\cdots,m$$

$$s_r^+ \geq 0, \quad r=1,2,\cdots,s$$

若满足 $\theta=1$ 且 $s^+=0$，$s^-=0$，则决策单元为 DEA 有效，决策单元的经济活动同时为技术有效和规模有效；

若满足 $\theta=1$，但至少某个投入或者产出大于 0，则决策单元为弱 DEA 有效，决策单元的经济活动不是同时为技术有效和规模有效；

若满足 $\theta<1$，决策单元不是 DEA 有效，经济活动既不是技术有效，也不是规模有效。

8.2.3 BCC模型

CCR 模型是在规模报酬不变的前提下所得到的，但是技术创新的规模报酬是不固定的，现实中存在的不平等竞争也会导致某些决策单元不能以最佳规模运行，于是班克（Banker）、查恩斯（Charnes）和库珀（Cooper）[①] 在 1984 年对之前仅讨论固定规模效益的 DEA 分析进行了扩展，提出了 BCC 模型。

BCC 模型考虑到在可变规模收益（VRS）情况，即当有的决策单元不是以最佳的规模运行时，技术效益（technology efficiency，TE）的测度会受到规模效率（scale efficiency，SE）的影响。因此，在构建 BCC 模型时，我们需要假设规模报酬可变，对 CCR 模型的约束条件进行简单的改进，增加凸性假设条件：

$$\sum \lambda_j = 1, j=1,2,\cdots,n$$

即可得：

$$\min \theta$$

---

① Banker, R. D., A. Charnes, and W. W. Cooper. (1984) Some Models for Estimating Technical and Scale Inefficiencies in Data Envelopment Analysis. *Management Science* 30: 1078–1092.

$$\text{s.t.} \sum_{j=1}^{n} \lambda_j y_j + s^+ = \theta x_0$$

$$\sum_{j=1}^{n} \lambda_j y_j - s^- = \theta y_0$$

$$\sum \lambda_j = 1, j = 1, 2, \cdots, n$$

$$s^+ \geqslant 0, \ s^- \leqslant 0$$

我们可以对数据同时做 CCR 模型和 BCC 模型的 DEA 分析来评判决策单元的规模效率（SE）。如果决策单元 CCR 和 BCC 的技术效益存在差异，则表明此决策单元规模无效，并且规模无效效率可以由 BCC 模型的技术效益和 CCR 模型的技术效益之间的差异计算出来。

8.2.4 应用举例

该例子也选自发表在《管理世界》杂志上的一篇文章——《基于 DEA-Malmquist 指数的北部湾经济区行政效率分析》。[①]

2008 年 1 月，国务院批准通过《广西北部湾经济区发展规划》，标志着北部湾经济区开发上升为国家战略。北部湾经济区区域行政的协调发展既关系到广西自身发展，也关系到国家整体均衡发展，具有十分重要的战略意义：有利于推动广西经济社会全面进步，从整体上带动和提升民族地区发展水平，保障边疆稳定；有利于深入实施西部大开发战略，增强西南出海大通道功能，形成带动和支撑西部大开发的战略高地；有利于完善我国沿海沿边经济布局，为国家经济社会发展战略注入新的强大动力；有利于加快建设中国—东盟自由贸易区，深化中国与东盟面向繁荣与和平的战略伙伴关系。

该文采用 DEA 模型和 Malmquist 指数方法，以北部湾经济区 4 个城市为例，研究其区域行政的效率，全部数据来自于 2001—2010 年广西统计年鉴。投入变量的指标主要从人力和资金两个方面来考虑。在人力投入指标的选取上，采用公务员数量表示政府在人力上的投入。在资金投入指标的选取方面，政府的社会公共服务职能决定了其对科教卫文事业的投入，故选用城市基建支出、教育支出和医疗卫生支出来表示政府在资金上的投入。产出指标的直接体现就是在收益方面，是投入指标转化的效益。将在校生人数、公路里程数和公用设施（图书馆、卫生机构）等指标作

---

① 张协奎，杨林慧，陈伟清，林剑. 基于 DEA-Malmquist 指数的北部湾经济区行政效率分析 [J]. 管理世界，2012，No.227（8）176-177.

为政府通过城市基建、教育和医疗卫生等指标的转化收益。

文章实证检验分为两部分：一是分析 4 个城市 2000～2009 年技术效率、纯技术效率和规模效率的变动，二是 4 个城市的 Malmquist 指数变动。该文采用 DEAP2.1 软件计算模型。基于 DEA 模型测算的北部湾经济区区域行政的技术效率、纯技术效率和规模效率见表 8-1。测算结果表明在 2006 年北部湾经济区成立之前，南宁、北海、钦州和防城港行政效率增长迅速，每年的技术效率基本维持在 0.9 以上，这种高效率来自经济发展的推动。2006—2009 年呈现下降上升的波动状态，主要是因为北部湾经济区刚刚成立，管理机制和机构尚在调整和适应中，不免出现波动下降。2009 年虽然遭遇金融危机，但是技术效率仍然比 2008 年有所增长，可以看出北部湾经济区的成立对提高行政效率发挥了重要作用。分区域来看，4 个城市不同程度地存在无效率情况，尤其是防城港，技术效率和规模效率绝大部分低于同期 4 个城市的均值。4 个城市存在无效率的情况，除少数年份是纯技术效率问题，大部分都是规模效率不高导致了行政效率的低下。

表 8-1 广西北部湾经济区区域行政效率

年份	南宁			北海			钦州			防城港			平均值		
	技术效率	纯技术效率	规模效率	技术效率	纯技术效率	规模效率	技术效率	纯技术效率	规模效率	技术效率	纯技术效率	规模效率	技术效率	纯技术效率	规模效率
2000	1	1	1	1	1	1	1	1	1	1	1	1	1	1	1
2001	1	1	1	1	1	1	1	1	1	0.85	0.85	1	0.96	0.96	1
2002	0.75	0.88	0.85	0.97	0.98	0.98	0.99	1	0.99	0.81	1	0.81	0.88	0.96	0.91
2003	1	1	1	1	1	1	0.97	1	0.97	0.72	0.83	0.72	0.92	0.95	0.96
2004	1	1	1	1	1	1	1	1	1	0.97	1	0.97	0.99	1	0.99
2005	0.99	0.98	1	0.97	0.99	0.97	0.85	1	0.85	0.88	1	0.89	0.92	0.99	0.93
2006	1	1	1	1	1	1	0.82	1	0.82	0.68	0.74	0.68	0.87	0.93	0.93
2007	1	1	1	0.83	1	0.83	0.68	1	0.68	1	1	1	0.88	1	0.88
2008	0.97	1	0.97	0.75	1	0.77	0.80	1	0.80	0.80	1	0.80	0.89	1	0.83
2009	0.86	1	0.86	1	1	1	0.83	1	0.83	0.76	1	0.76	0.86	1	0.86

综合 2000—2009 年的数据，南宁的 Malmquist 指数为 0.866，位居首位。这主要得益于较高的行政管理水平、较为合理的行政管理结构。北海因其发挥其旅游

优势，能够合理规划、利用自身资源，所以行政效率提升较快，Malmquist 指数为 0.838，居于第二位，发展潜力较大。钦州和防城港的区域行政技术效率和规模效率均为 1，发展水平较高；而技术变化率分别仅为 0.731 和 0.819，说明行政技术没有得到进一步的发展，因此促进 Malmquist 指数由量的积累到质的提升的关键点就是推动行政管理技术的进步。对于 4 个城市而言，北部湾经济区成立初期管理机制的调整或多或少地降低了 Malmquist 指数。采用 DEA 模型和 Malmquist 指数对北部湾经济区在 2000—2009 年的行政效率进行分析后发现：(1) 北部湾经济区的行政效率在 2006 年之前发展较快，基本维持在 0.9 以上，主要是由于经济的快速发展和规模效益的增加。北部湾经济区成立后，由于管理机制和机构尚在调整和适应中，因此，规模效率有所下降。2009 年虽遭遇金融危机，但北部湾经济区的成立已将 4 个城市紧密联系在一起，通过加强内部合作，建立合理的分工体系和利益补偿机制，减少重复建设、恶性竞争，行政效率较 2008 年有所增长。(2) 由 Malmquist 指数分析可知，2006 年之前北部湾经济区的平均规模变化率一直在 1 左右，呈现上下波动状态，说明城市间内部合作不稳定，没有形成固定机制，而北部湾经济区成立后平均规模变化率一直处于 1 以上，说明城市间合作得到逐步加强和巩固，规模效应开始慢慢显现；技术变化率多数处在 0.7 左右，发展水平较低，应将推动技术进步作为提高行政效率的重要方法。

8.3　顾客满意度模型（ACSI）及应用

满意度并非效果评价唯一有用的量度，但是它却是最重要的一项指标，也是最引人关注的指标。

——［美］戴维·奥斯本，2004

伯奇·延森（A. Birch-Jensen，2020）提出，公众满意度不是一个象征性的名词，需要根据定量的方法进行测评来获得，在这个过程中要注重方法的具体操作，并以此为依据对于存在的问题进行改进。[1] 有的学者采用已有计量经济学的模型对影响公众满意度的因素进行分析，有的则是另辟蹊径，在满意度的基础上建立满意度模型对相关的问题进行研究。1989 年瑞典学者构建了第一个满意度模型。[2] 随后，美国学者于 1994 年也构建了一个顾客满意度模型——ACSI 模型（美国顾客满意度指数）。ACSI

---

[1] A. Birch-Jensen, I. Gremyr, J. Hallencreutz [J]. Total Quality Management & Business Excellence, 2020, 31（5-6）：596-582.

[2] 刘宇. 顾客满意度测评 [M]. 北京：社会科学文献出版社，2003：84-86.

模型在提出之后，主要应用于私人部门领域研究产品的顾客满意度。在经过不断的实践验证与应用之后，逐步扩展到公共领域，用来研究公众对政府服务的满意度。

8.3.1 模型介绍

ACSI 模型即美国顾客满意度模型。如图 8-4 所示，该模型包含了六个结构变量。这六个变量的含义分别是：**顾客期望**，表示按照自己的经验以及了解到的他人的评价，在购买或使用产品、服务之前顾客对其质量的期待；**感知质量**，是顾客使用产品、服务之后的真实感受；**感知价值**，是指顾客在购买产品、服务时会付出一定的成本，将这种成本与购买后自身从产品及服务中获得的价值进行对比之后的一种感受；**顾客满意度**，是顾客对产品、服务的心理预期与其使用后的真实感受的差异，其经过计量经济学的转换可以得到量化顾客满意度指数；**顾客抱怨**，是指当顾客购买或使用产品、服务后体验不好时，会向外界进行负面倾诉；**顾客信任**，与顾客抱怨相反，顾客体验良好时会向外界传送积极信息。

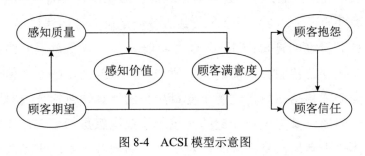

图 8-4　ACSI 模型示意图

8.3.2　改造后的 ACSI 模型

ACSI 模型提出后，主要用于研究私人产品的顾客满意度。随后，逐步扩展到公共领域，也被用来研究公众对政府服务的满意度。由于政府与企业在社会价值方面是不同的，所以用于公众满意度的 ACSI 模型应该与用于顾客满意度的 ACSI 模型有所区分。

奥斯本和盖德勒（Osborne & Gaebler，1993）认为，公众满意度是指公众对政府提供的（公共）物品和服务的满意程度。[①] 政府在向社会公众提供公共物品或者服务时往往是无偿的，也就是说，公众在享受政府提供的公共物品或者服务时往往不需要付出金钱的成本。相反，企业在提供产品和服务时，通常是要向顾客收费的，也就是说，顾客购买企业产品和服务时通常是需要花钱的。顾客对这个所付出的金钱价值的感知就称为感知价值。由于公众在享受政府服务时不需要付出金钱成本，因而公众满意度 ACSI 模型（图 8-5）与顾客满意度 ACSI 模型的主要差异就是，公众

---

① David Osborne, Ted Gaebler. REINVENTIN GOVERNMENT [M]. Amercia: Plume. 1993.

满意度 ACSI 模型不存在感知价值。

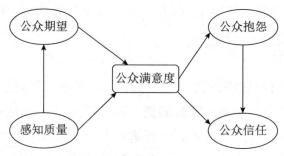

图 8-5　公众满意度 ACSI 模型

在上述改造后的 ACSI 模型中，**公众期望**是指社会公众根据自己的经验以及他人对公共文化服务的评价对该服务的质量与水平产生的预期。其观测变量有三个：公众总体期望、公众需求程度的期望、公众服务质量可靠性的期望。**感知质量**是在公众体验公共产品或服务之后产生的整体感知，是对产品质量或服务态度等方面的总体评价。具体包括五个方面：（1）公众对公共服务质量的总体评价；（2）公众对公共服务满足需求程度的评价；（3）公众对公共服务质量可靠性的评价；（4）公众对政府公共服务获取便利程度的评价；（5）公众对政府公共服务受益程度的评价。**公众满意度**是指公众在接受公共服务之前的预期值与体验服务之后的感知值的差值。公众满意度是与公众期望和感知质量这两个变量相关的。具体包括公众对公共服务的总体满意度、公众感知质量与公众期望的比较。**公众抱怨**是指公众在体验公共产品或服务之后，当体验不满足自身需求时，对所接受的服务产生的不满与抱怨。**公众信任**是公众在对公共服务体验良好时，会对政府产生积极的态度，包括支持政府工作，对政府工作进行正面宣传。公众信任是模型中的最终变量，其代表的是公众对政府公共物品或服务的信任程度。

8.3.3　应用举例

该例子选自中央财经大学的一篇硕士论文——《基于 ACSI 模型分析的某地地方基本公共文化服务公众满意度研究》。① 该文即运用了上述改造后的 ACSI 模型，以 G 县为例，通过问卷调研得到的数据对地方基本公共文化公众满意度进行了实证研究。

1. 指标设计

该论文旨在对政府基本公共文化服务公众满意度进行量化研究，得出具体的公众满意度值。指标体系设置方面，在满意度一级指标的基础上制定潜变量二级指标和观测变量三级指标，四级指标在问卷中具体呈现（表 8-2）。

---

① 常晓靖. 基于 ACSI 模型的地方基本公共文化服务公众满意度研究［D］. 北京：中央财经大学，2021.

表 8-2　地方基本公共文化服务公众满意度测评指标

一级指标	潜变量（二级指标）	观测变量（二级指标）	四级指标（体现在问卷中）	变量标识
地方基本公共文化服务公众满意度指数	公众期望	对基本公共文化服务的总体期望	您在来文化活动中心之前，对基本公共文化服务的期望程度	X1
		基本公共文化服务对满足个人需求的预期	您在来文化活动中心之前，认为政府提供的基本公共文化服务能满足您的个人需要吗	X2
		基本公共文化服务可靠性预期	您在来文化活动中心之前，认为政府提供的基本公共文化服务是值得依赖的吗	X3
	感知质量	场馆环境	您对当地文化活动中心的场馆环境是否满意	X4
		便利程度	您觉得前往当地的文化活动中心便利吗	X5
		设施设备	您对当地文化服务机构的设施设备满意吗	X6
		开放时间	您对当地文化服务机构日常开放时间是否满意	X7
		人员素质	您对当地文化服务机构的工作人员的素养和服务是否满意	X8
		文艺活动	您对当地文化服务机构开展的文艺活动是否满意	X9
		线上文化服务	您对当地文化服务中心开展的线上文化服务内容是否满意	X10
		受益程度	当地文化服务中心对您的业余生活的丰富是否满意	X11
	公众满意度	对政府基本公共文化服务总体满意度	总的来说，你对当地文化服务中心是否满意呢	X12
		与理想中的政府基本公共文化服务相比的满意情况	与您的理想情况相比您对当地文化活动中心是否满意呢	X13
		与期望中的政府基本公共文化服务相比的满意情况	当地文化服务中心是否达到您的期望	X14
	公众抱怨	公众投诉	您是否对当地文化活动中心有过投诉或提出意见的想法	X15
		公众抱怨	您有过在对当地文化中心满时向他人抱怨的经历吗	X16
	公众信任	信任程度	您会再次前往并使用当地文化服务中心提供的设施与服务吗	X17
		正面宣传	您会推荐他人参与到当地文化服务中心提供的服务与活动中吗	X18
		心理上的信心	您会支持政府提供基本公共文化服务这项工作吗	X19

一级指标。由于地方基本公共文化服务公众满意度是一个抽象的概念，因而需要用满意度指数来代替，并将其作为该指标体系的一级指标。

二级指标。二级指标主要根据模型内各潜变量进行设置。具体的二级指标包括五个，分别是公众期望、感知质量、公众满意度、公众抱怨和公众信任。

三级指标。以上五个变量具有抽象性，还不能够直接进行测量。根据已有研究成果，结合地方政府基本公共文化服务的特点，该论文选取各潜变量的观测变量为本指标体系中的三级指标。对于公众期望变量来说，主要借鉴上述改造后的 ACSI 模型中公众期望的三个观测变量,将公众期望的观测变量概括为总体期望、能够满足需求程度的期望、质量可靠性期望三个部分。感知质量的观测变量根据我国基本公共文化服务标准及文献研究,从服务人员、服务内容、服务方式等三个方面将感知质量的观测变量设置为文艺活动、网络服务、场馆环境、设施设备、开放时间、人员素质六个部分。公众满意度则结合相关研究文献,选取了公众对政府基本公共文化服务的总体满意度、与理想情况相比的满意度、与自身预期相比的满意度三个观测变量。公众抱怨和公众信任的观测变量,依据 ACSI 模型中顾客抱怨和顾客信任潜变量下的观测变量设置而成。公众抱怨具体观测变量也设置为公众抱怨以及公众投诉两个。公众信任观测变量主要设为信任程度、正面宣传、心理上的信心三个方面。

2. 问卷设计

公众对地方基本公共服务满意度涵盖公众对地方政府基本公共文化服务的期望、实际感受到的质量、具体满意水平、公众抱怨以及公众信任五个维度;每个维度下又设观测变量,每一变量的题项均有"非常不满意、比较不满意、一般、比较满意、非常满意"五个选项,并分别对其赋值"1、2、3、4、5"。满意度是一种主观性的判断,很难直接测量,往往只能用一些观测变量去间接地测量潜变量,并用结构方程模型来处理模型内各变量之间的关系。具体而言,公众期望是外生结构变量;感知质量、公众满意度、公众信任和公众抱怨变量都是内生结构变量。X1~X19 分别是各观测变量,e1、e10、e14、e15 分别是感知质量、公众满意度、公众抱怨和公众信任的残差项,其余是各观测变量的残差项。模型标准化路径如图 8-6 所示。

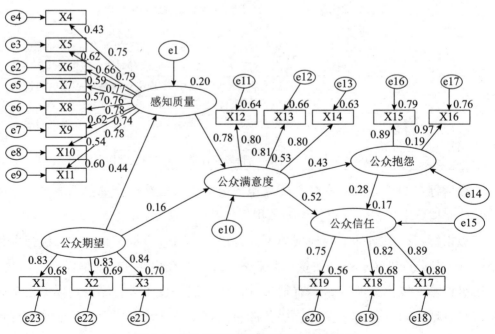

图 8-6　公众满意度模型标准化路径系数图

3. 问卷调查与分析

首先，对收集数据进行描述性统计分析，其次，对量表收集的结果一致性水平进行信度和效度测量分析，采用 Cronbach's Alpha 系数的数值大小来判断。Cronbach's Alpha 系数数值越接近 1，量表信度越高。进行因子分析，判断公众满意度问卷量表的 KMO 是否大于 0.70；进行 Bartlett 球度检验，计算近似卡方值，判断显著性概率，分析量表效度结构。最后，按照公众满意度指数计算公众满意度，计算通过潜变量公众满意度下面三个观测变量的满意度平均值、最大值与最小值以及结构方程模型因果关系路径图中公众满度与总体满意度、与预期相比的满意度和与理想相比的满意度三个观测变量之间的标准化路径系数得出。公众满意度指数（CSI）数学表达式如下：

$$\text{CSI} = \frac{E[\text{CS}] - \min[\text{CS}]}{\max[\text{CS}] - \min[\text{CS}]} \times 100$$

8.4 定性比较法（QCA）及应用[①]

社会现象发生的原因条件间多数相互依赖而非独立的，因此解释现象发生的原因需要采取"整体的"、组合的方式。

——[美]拉金，2000

上述的定量分析方法对变量均采取了孤立的分析视角，很难回答变量间相互依赖及其构成的组态如何影响结果的复杂性的因果关系。下面的组态分析与定性比较方法（QCA）则与上述的研究视角与方法不同。它基于整体的分析视角，把评价维度视作条件变量不同组合的组态，通过集合分析发现组态与结果的集合关系，用以回答政策多重并发的因果关系、因果非对称性等复杂性问题。

8.4.1 组态分析

自 20 世纪 50 年代以来，实证主义的思想一直在社会科学中占有举足轻重的地位。科学研究的核心问题在于判断变量间的因果关系。实证主义研究范式提出了判断因果关系的三个前提条件：（1）假设的因与果必须存在某种联系；（2）它们之间存在时间顺序的差异，因必须先于果而发生；（3）它们的关系必须是恒定存在，在

---

① 该节参考了里豪克斯和拉金合著的《QCA 设计原理与应用：超越定性与定量研究的新方法》（机械工业出版社，2017）一书部分内容。

果出现时必须伴随因的存在（库克和坎贝尔，1979）。① 但是在实际研究中，满足这些条件并不一定保证能够得到清晰的因果推论。波普（Popper，1977）进一步修订了实证主义的研究范式，他强调推论变量间的因果关系需要我们消除其他可能的各种替代解释。换言之，就是其他无关的、没有加以控制的外生变量可能会影响我们观察到的因变量和自变量的关系。正是因为推论因果关系的复杂性，波普认为，假设检验的过程只是证伪的过程，也就是得到的支持性证据只能证明假设的因果联系没有被否认。作为对一个复杂社会系统的检验，没有得到否认还远不能称为得到证实。

除此之外，实证主义的研究范式不能解答普遍存在的复杂性因果关系。在社会中，存在更多的是关于原因条件与结果的集合关系规律，而非单向的、线性因果关系规律。要认识原因条件与结果的集合关系规律，需要进行整体的和系统的分析。"组态分析"就是这样的一种整体的、系统的分析方式。在这里，"组态"是指任何共同发生的、概念上可区分的特征构成的多维度特征群。这些不同的维度特征包括：环境、产业、技术、战略、结构、文化、意识、团队、成员、过程、实践、信念和结果等。这些特征组合成不同的组态，表达出不同功能及其效果。"组态分析"就是通过对这些（主要是案例层面）"组态"的分析，探究现实可能存在的因果系统，揭示一组潜在机制之间的复杂关系。这组潜在机制往往并非指明单一因素与其结果的直接关系，而是说明一组因素间关系（组态）与其结果之间的关系（徐淑英，2016）。

组态分析源于类型学和分类学。类型学基于实证经验把多种属性组合成不同类型；分类学则基于理论选择特定属性进行穷尽的分类。它们虽然有所不同，但是相互互补，给组态分析提供了理论和实证的基础。不同类型或分类，是若干属性的组合，表达相同或不同的功能，这也是组态分析的基本思想。任何功能的表达都不是单个因素所导致的，而是多种因素组合所导致的，多种因素的不同组合既可以表达相同的功能，也可以表达不同的功能，以及功能和单个因素之间不是对称的关系，这些因果复杂性正是组态分析所试图要解决的。② 传统的实证主义研究范式主要基于自变量相互独立、单向线性关系和因果对称性的统计技术，忽略了组织属性（自变量）间的相互依赖，以及可能的"化学反应"（杜运周、贾良定，2017），因而不能解答具有复杂性的因果关系。

与实证主义的研究范式相比，组态分析具有以下三个基本的特征（优点）：其一，

---

① 陈晓萍、徐淑英、樊景立.组织与管理研究的实证方法[M].北京：北京大学出版社，2010：109.
② 里豪克斯和拉金.QCA设计原理与应用：超越定性与定量研究的新方法[M].北京：机械工业出版社，2017：推荐序.

组态分析采取整体和系统分析的视角。这一分析的视角更符合组织变量间相互依赖性和因果复杂性，因而能够回答变量间复杂因果关系问题。实证主义研究（定量回归分析）对于变量采取孤立的分析视角，不能回答变量间相互依赖及其构成的组态如何影响结果的复杂因果关系。其二，组态分析可以更好地回答因果关系中的非对称性问题。所谓对称性是指，如果发现智商（情商）与个人成功有关，便推论高智商（情商）导致个人成功；反之，低智商（或情商）导致个人失败也成立。而非对称视角认为，不能简单运用成功原因的反面来解释失败。其三，组态分析整合了定性与定量分析的优点，所以该分析方法既有深度，又有广度。传统定性分析聚焦于案例的整体和深入分析，但外部推广度差；定量研究聚焦于从大样本中发现可推广的模式，但对个案的独特性和深度分析不够。由于具有这些优点，组态分析30多年来受到了许多学者的青睐，并运用在了多个研究领域。如米勒（1986）就指出传统线性二元或多元变量关系分析思路不符合战略与结构的关系等战略现实，提出应采用组态视角及其相应的方法，分析战略与组织结构的组态关系。

8.4.2　定性比较分析

定性比较分析（qualitative comparative analysis，QCA）是拉金（1987）提出的一种以布尔代数和集合论思想为理论基础，比较案例中的多个因果条件，寻求被解释变量和解释变量间多重并发因果关系与多种组态的分析方法。它是一种新的组态分析方法。近年来，QCA的技术从清晰集、多值集，再到模糊集不断发展（参见专栏8-2），对现实问题的解决能力不断提升，在组织管理研究领域的应用也不断拓展。

专栏 8-2　定性比较分析：清晰集、多值集和模糊集

定性比较分析（QCA）包括清晰集定性比较分析（csQCA）、多值集定性比较分析（mvQCA）和模糊集定性比较分析（fsQCA）。
- 当明确指向初始的布尔版本定性比较分析方法时，通常使用csQCA。
- 当明确指向多范畴条件版本定性比较分析方法时，通常使用mvQCA。
- 当明确指向连接模糊集和真值表版本定性比较分析方法时，通常使用fsQCA。

资料来源：Rihoux & Ragin《QCA设计原理与应用》，2016。

与组态分析理论一致，QCA分析原因条件构成的组态对于结果的影响。QCA放松了基于传统分析技术的假定，提出适合复杂因果分析的三个重要假设："并发因果关系""等效性"和"非对称性"（里豪克斯和拉金，2009）。

首先，QCA分析原因条件相互依赖和不同组合构成的多重并发因果关系。QCA

采取整体的（holistic）的视角，开展案例层面比较分析，每个案例被视为条件变量的"组态"（里豪克斯和拉金，2009）。QCA分析旨在通过案例间的分析比较，找出条件组态与结果变量间的因果关系，回答"条件的哪些组态可以导致期望结果出现？哪些组态导致结果的不出现？"这类问题。简单地说，QCA采用整体视角，聚焦于"组态效应"分析，而传统的回归分析采用原子视角，聚焦于分析单个变量的独特"净效应"（里豪克斯和拉金，2009）。

其次，组态间具有等效性。等效意指多种路径（组态）可以产生同一结果。这就意味着实现某一期望结果或者出现非合意结果的可能路径是多样的，并不存在传统的分析方法认为的均衡的唯一最佳路径的解。这种等效组态又分为两类：一是核心条件不同的组态间构成的多个等效组态；二是在同一类型下，即核心条件相同的组态，可能由于边缘条件不同产生等效的中性排列。核心条件指对于结果产生重要影响的条件，边缘条件指起辅助作用的条件。

最后，非对称性假设。QCA的非对称假设可分为：因果的非对称，以及条件作用的非对称性。因果的非对称是指，期望结果的出现（如高绩效）与不出现（如低绩效）的原因是不一样的。这一点不同于传统分析技术的对称性假设：如在对称性假设下发现创业导向与绩效正相关，我们便可以推论创业导向是高绩效的原因，低创业导向是低绩效的原因。QCA非对称假设下，高创业导向是高绩效的原因，并不能推论低创业导向是低绩效的原因，也即期望结果的出现与否的原因是非对称的，需要分别分析。条件作用的非对称性指在某一组态中起作用的条件，在其他组态中可能不起作用或起相反的作用。条件作用的非对称性放松了线性回归中因果关系效应的统一性假定，能够更好地解释案例间的差异性和条件间相互依赖的组态效应。

QCA是通过案例进行比较分析，立足整体视角的一种组态比较方法。QCA方法可分为清晰集定性比较分析法（csQCA）和模糊集定性比较分析法（fsQCA）两类。前者是将条件变量与结果变量转换为二分变量（取值0和1），主要适合于中小数量的案例分析。后者则是将每一个条件和结果都视为一个独立的集合，每个案例在这些集合中均有隶属分数。采用"模糊集得分"方式，表示变量发生的程度，赋值一般在0-1区间内选取数值。在实际操作中，通常分为三个步骤：第一，样本案例的选取及变量的设定。第二，构建真值表进行数据分析。第三，讨论变量之间的条件组态和作用机制并做定性总结。

模糊集QCA需进行条件必要性的检验，即Combined（相连度）、Raw Coverage（原始覆盖率）和Consistency（一致性）三项检验。

Combined（相连度），表示单个条件变量与结果之间相互联系的程度，结果越大,说明单变量下的影响因素越大。

Raw Coverage(原始覆盖率),表示符合该变量的案例在案例库中所占比例,是一项经验性指标,覆盖率越大,说明该变量的推动效果越显著。覆盖率计算公式如下:

$$\text{Coverage}(X_i \leqslant Y_i) = \frac{\sum[\min(X_i, Y_i)]}{\sum Y_i}$$

Consistency(一致性),一般情况下,变量一致性如果大于0.9,说明该变量是该结果的必要性条件。计算公式如下:

$$\text{Consistency}(X_i \leqslant Y_i) = \frac{\sum[\min(X_i, Y_i)]}{\sum X_i}$$

8.4.3 应用举例

该案例为农业农村部2021年度的一个重点政策绩效评价项目——农机深松整地补助政策(以下简称"农机深松政策")绩效评价。农机深松政策主要依据原农业部编制的《全国农机深松整地作业实施规划(2016—2020年)》而设立。根据该规划,农机深松政策的主要目标是,2018—2020年全国规划实施农机深松整地每年约1.5亿亩,三年总量达到4.76亿亩次,并实现适宜深松土地全覆盖;提升耕地质量,改善农田生态环境;增加粮食产量,保障国家的粮食安全;增加农民收入,助力乡村振兴。2021年9月,为了全面了解农机深松政策2018—2020年的实施成效,农业农村部计划财务司委托(农业农村部)工程建设服务中心对该政策进行绩效评价。

1. 绩效评价框架与评价方法

2021年11月,工程建设服务中心组成评价小组,遵循组态视域下以结果为导向的评价理念和逻辑设计了绩效评价框架(指标体系)。该评价框架包括如下6个评价维度:相关性、效果性、效率性、公平性、可持续性与满意度(见表8-3)。

第一,相关性。该评价主要包含两个方面:一方面,对政策目标的适当性进行评价。考虑到深松整地政策的实际需求主要是指按照当地耕地深松间隔年限标准,农户每年有实际支付能力的深松耕地的面积,因此只有政策目标与当地深松整地的实际需求相匹配时,政策目标设计才是适当的;另一方面,在目标设计适当的基础上,需要分别判断政策实施方案和预算安排与政策绩效目标是否匹配,即分析具体实施方案和资金方案能否很好地实现政策绩效目标。值得注意的是,相关性作为第一级次的评价维度,评价小组规定,若政策相关性得分低于评分值的70%,则根据实际情况和影响系数对后续的评价维度得分进行扣分。

第二，效果性。效果性评价主要包含两个方面：一方面是分析政策预期目标的实现情况；另一方面是分析政策实施而产生的非预期效果。由于该政策实施没有明显的非预期效果，评价小组重点设置两个二级评价指标：一是政策产出完成情况，包括深松作业面积和深松作业质量（质量指标）；二是政策效果实现情况，包括亩均增产情况和耕地质量提升情况。若政策相关性的得分较低，则需要对其信息化检测数据和现场情况进行重点复核，并根据实际情况和影响系数对效果性进行扣分。

第三，效率性。评价组主要设置两个二级评价指标，一是单位深松整地面积的成本（即深松整地的成本/深松整地面积），主要用于评估农户亩均深松耕地面积成本的变化（深松整地前后）；二是深松整地亩均产量提高所需成本（即深松整地成本/由于深松整地而提高的作物产量），主要用于评估农户深松耕地的单位产量提高而带来的（深松整地前后的）成本变化情况。其中，评价组同时也重点关注相关性和效果性得分对效率性得分的影响，若政策产出和效果实现情况得分低于50%，则会直接影响效率性评价得分。

第四，公平性。主要分析所有的目标农户（尤其是弱势群体）是否有公平的机会或便利的条件知悉和了解政策内容、获得咨询服务以及实际享受政策的收益。深松整地补助政策旨在惠及所有农户，但是由于种种原因，还会有一部分农户不能享受到补助政策带来的收益。因此，评价组主要设置了目标群体政策知晓度和政策受惠覆盖率两个评价指标对公平性进行评价。

第五，可持续性。主要用于考察地方政府有无长期的政策实施规划以及后续的资金保障，即深松整地补助政策的实施和收益随着时间的推移，是否具有可持续性。评价组主要考察已实施政策的制度执行和长期规划的制度保障两个指标，其中重点关注相关的风险防控措施（比如农业保险）是否到位，农业产业具有弱质性的特征，较高的自然风险与市场风险都可能会影响政策收益的可持续性。其中，可持续性维度和效果性维度得分相互联系，如果政策实施和收益没有可持续性，那么政策的实施效果也会大打折扣。

第六，满意度。满意度调查是政策实施主体和受益主体对政策效果的主观性评价，评价组分别针对农业经营主体和政策受众设计了两类调查问卷，旨在了解各类政策主体对政策的满意度情况。除此之外，工作组重点关注前五个评价维度和公众满意度之间的影响链条，在评价得分中反映其逻辑联系，规避自相矛盾的得分现象。

具体的评价指标框架（体系）见表8-3。

表 8-3 评价指标框架（体系）

评价维度（一级指标）	具体指标（二级指标）	评价问题（三级指标）
相关性	绩效目标与耕地深松需求是否匹配？	耕地深松需求明确性
		绩效目标明确性
		绩效目标与需求一致性
	实施方案与绩效目标是否匹配？	实施方案明确性
		实施方案是否最优
	预算安排与绩效目标是否匹配？	资金分配占比
		补助标准合理性
效果性	政策是否实现了预定绩效目标？	深松作业面积
		深松作业质量
	政策是否实现了预期效果？	农机深松带来亩均增产情况
		农机深松带来耕地质量提升情况
效率性	政策的资源投入是否经济有效？	单位面积作业成本纵向变化
		单位产量作业产出成本纵向变化
		单位产量成本-效益比较
公平性	各相关主体是否拥有同等的渠道获取信息？	政策知晓度
	是否采取措施提高补助对象的受益程度？	政策受益度
可持续性	政策的实施计划是否具有可持续性？	制度保障
	实施计划执行是否具有可持续性？	制度执行
满意度	政策的相关主体是否满意？	农业经营主体满意度
		政策受众满意度

评价组主要采用资料查阅、视频会议、视频答辩、问卷调查、电话访谈等方式收集数据资料（受疫情的影响），对该政策开展评价。评价主要采用专家评价法对各项评价维度及其指标赋以权重，并根据各评价标准及指标的具体得分标准和影响系数综合运用规范分析、变化分析和贡献分析方法对各评价指标数值进行评价打分。在评价过程中，评价组遵循"政策需求（政策问题）→政策目标→政策方案→政策效果（目标实现度）→政策效率与政策公平→满意度→政策绩效"这一影响链条，基于组态视域对2018—2020年我国农机深松整地补助政策进行绩效评价，该政策的综合评价等级为"良好"。其中：

相关性维度得分为86.2分，农机深松整地政策目标符合国家粮食安全保障战略，能够与各地深松需求相匹配，政策实施方案能够较好地实现政策绩效目标，同时也发现，部分省中央下达到省的财政资金未全部用于农机深松任务；效果性维度得分为 88.2 分，政策实施实现了预定绩效目标，不仅扩大了深松作业面积，而且改善了耕地质量、增强了土壤蓄水能力，提高了耕地亩产量和农业综合生产能力，同时也发现，陕西、辽宁等 6 省在深松的信息化监测上仍存在明显薄弱环节，监测面积未达要求；效率性维度得分为 90.3 分，实施深松整地虽然会带来一定成本，但是在农户增产增收方面具有显著成效，有着明显的成本效益性；公平性维度得分为 92.5 分，实施深松作业的农机户、农机合作社和种粮大户等各个政策实施主体基本都能及时获悉政策信息，也是政策的直接受益者，而广大拥有深松耕地、无农机的普通农户一般是政策的间接受益者；可持续性维度得分为 68.8 分，大多数省区只是按照部委五年规划执行，并没有制定本省区的长期农机深松作业规划，不仅如此，每年各省区都制定了深松整地实施方案，但是，其资金来源均过于依赖中央财政补助资金，这意味着如果减少或取消中央的补助资金，深松整地政策将难以持续；满意度维度得分为 96.2 分，无论是农业经营主体，还是普通农户，大多数都对当前的农机深松整地补助政策表示满意，其中农业经营主体的满意度达到了 90% 以上，但是调查也发现有的地方在资金监管中存在着较大漏洞。

2. 指标体系的组态效应分析

（1）研究方法

我们选择模糊集定性比较分析法（fsQCA）作为研究工具，研究农机深松政策评价指标体系的逻辑机制，证明并分析组态视域下财政支出政策评价的基本逻辑的科学性和有效性。将各区域内绩效得分作为结果变量，其对应的 6 个条件变量分别为：相关性、效果性、效率性、公平性、可持续性和公众满意度。

（2）变量校准

将上述条件变量的二级指标和三级指标均采用效用值法进行无量纲化处理，效用取值范围为 [0.100]，效应值越高则得分越高，进而通过加权平均法计算出 6 个条件变量的综合值。而模糊集定性比较分析方法（fsQCA）需要通过变量校准给案例赋予集合隶属分数，我们采用直接校准法，即用完全隶属阈值、完全不隶属阈值及交叉点这三个定性锚点来进行结构化校准，分别设置为案例样本描述性统计的上四分位数（75%）、下四分位数（25%）与中位数。

（3）必要结果分析

在进行条件组态分析前，首先需要对各条件变量的必要性进行逐一的检验。我们使用 fsQCA3.0 软件检验单一条件变量（包括其是集和非集）是否是构成深松整地补助政策高绩效的必要条件，根据一般分析结果呈现为两个指标，即一致性和原始覆盖率。其中，在一般情况下，当变量一致性大于 0.9 时，则说明该条件变量是结变量的必要性条件。原始覆盖率作为一项经验性指标，指的是该条件变量在案例库中所占的比例，其数值越大，则说明该条件变量对结果变量的影响效果越显著。

计算结果如表 8-4 所示，可以看出本文的 6 个条件变量一致性均小于 0.9，表示相关性、效果性、效率性、公平性、可持续性、公平性和公众满意度都不是高绩效的必要条件。这反映出，农机深松整地补助政策的综合评价并不是某个条件变量单独所致的，各个条件变量对其评价结果的影响是相互依赖的，需要进一步考察条件变量组合的影响。

表 8-4 必要条件分析

条件变量	高绩效		~高绩效	
	一致性	覆盖度	一致性	覆盖度
相关性	0.886	0.907	0.237	0.232
~相关性	0.242	0.247	0.905	0.883
效果性	0.460	0.497	0.528	0.552
~效果性	0.586	0.563	0.519	0.482
效率性	0.846	0.891	0.283	0.288
~效率性	0.323	0.318	0.893	0.849
公平性	0.744	0.736	0.355	0.339
~公平性	0.332	0.348	0.724	0.732
可持续性	0.730	0.681	0.451	0.407
~可持续性	0.366	0.408	0.647	0.698
公众满意度	0.688	0.697	0.386	0.378
~公众满意度	0.385	0.393	0.689	0.682

注：~表示逻辑非。

（4）条件变量组态分析

组态分析通过探讨多个条件变量构成的组态合集是否为结果集合的子集，来揭示多个条件变量构成的不同组态引起结果产生的充分性。首先，采用 fs-QCA 软件进行数据处理，将原始一致性阈值设置为 0.80，满足一致性后用覆盖度检验条件变量对结果变量的解释度；其次，因农机深松整地政策的案例样本数为中小样本，故设置频数阈值为 1；最后，组态分析结果出现复杂解、简约解和中间解，以中间解中的条件变量为辅助条件，以出现在简化解和中间解中的条件变量为核心条件。结果如表 8-5 所示，可以看出共有 4 种具有解释力的前因组态，总体一致性大于 0.8 的门槛值能覆盖 60% 以上的样本，意味着这 4 种不同的组态均可较好地解释农机深松整地财政补助政策的评价结果，具有等效性。

表 8-5　组态分析结果

条件变量	组态 1	组态 2	组态 3	组态 4
相关性	●	●	●	●
效果性	●	●	●	●
效率性	•	•	⊗	•
公平性	•	•		•
可持续性	⊗		•	•
公众满意度	⊗	⊗	•	•
原始覆盖率	0.180	0.136	0.353	0.353
唯一覆盖度	0.077	0.082	0.082	0.131
总体一致性	0.967			
总体覆盖度	0.662			

注：●或•表示该条件存在，⊗或⊗表示该条件不存在；●或⊗表示核心条件，•或⊗表示边缘条件。空白代表条件可存在也可不存在。

这四种组态均以高相关性和高效果性为核心条件，所以可以归纳为同一类高绩效模式，这表明相关性和效果性的存在发挥了核心作用，也侧面印证了相关性和效果性作为政策评价逻辑链条中第一、二级次评价维度的逻辑，具有"全局性"和"系统性"影响。具体来看，在组态 1 中，以高相关性和高效果性为核心条件，高效率性、高公平性、非高可持续性和非高公众满意度为边缘条件以实现高政策绩效；在组态 2 中，以高相关性和高效果性为核心条件，高公平性、高可持续性和非高公众满意度为边缘条件可以实现高政策绩效；在组态 3 中，以高相关性和高效果性为核心条件，非高效率性、高可持续性和公众满意度为边缘条件可以实现高政策绩效；在组态 4 中，以高相关性和高效果性为核心条件，高效率性、高公平性和高公众满意度为边缘条件可以实现高政策绩效。组态 4 的原始覆盖率为 0.353，是 4 个组态中原始覆盖率最高的一个组态，能够解释 35% 的样本。

复习思考题

1. 运用双重差分法需要满足哪些基本假设？
2. 运用双重差分法为何需要进行稳健性检验？
3. DEA 模型在处理何种评价方面具有优势？
4. 与用于顾客满意度的 ACSI 模型相比，用于公众满意度的 ACSI 模型有何不同特点？
5. 与实证主义的研究范式相比，组态分析具有哪些特征（优点）？
6. 什么是多重并发因果关系，请举例说明。

第 3 篇
评价实践与发展

总结性评价：传统的绩效评价
形成性评价与前瞻性评价
绩效评价发展的两个趋势

第 9 章 总结性评价：传统的绩效评价

9.1 总结性评价的特点与作用

> 总结性评价可能很昂贵、很费时间。而且，总结性评价易受政治上的蓄意破坏或攻击，以及技术、法律或伦理道德背景的影响。然而，如果没有这种评价，就很难知道事情是否由于所实施的变革而变得更好，并在哪些方面变得更好。
>
> ——［美］约翰·布赖森，2010

9.1.1 总结性评价的性质及特点

2020 年 9 月 1 日，习近平总书记在中央全面深化改革委员会第 15 次会议上发表讲话时指出，要做好党的十八届三中全会以来改革任务落实情况的总结评估，把总结评估同谋划"十四五"时期改革思路结合起来。习总书记在此讲的总结评估就是总结性评价（summative evaluation）。总结性评价是一种传统的绩效评价。OECD/DAC（2002）认为，总结性评价是在干预（intervention）结束后实施的研究，主要评价政策预期目标的实现程度，其主要目的是确定政策成功或失败的原因，并得出结论，以为未来的政策提供经验和决策参考。并认为，总结性评价既可以在干预活动完成之后马上进行，也可以在干预完成较长时间之后进行。[1]

总结性评价通常被称为结果或影响评价，注重于评价项目活动的结果和影响，其关心的主要问题包括：相关性、绩效、影响、可持续性、外部效用以及经验教训等。总结性评价旨在提供有关项目的价值和影响的信息，主要包括成效评价、影响评价、成本－效果分析、准实验设计、随机实验和案例研究等。[2] 其中：**成效评价**（outcome evaluation）主要评估项目目标的实现程度。该评价着重关注于项目的产出和成效（包括非预期结果），旨在确定项目结果；它也关注项目过程，目的在于分

---

[1] 《经济合作组织关于以结果为导向的管理的关键术语》，引自库赛克、瑞斯特：《十步法：以结果为导向的监测与评价体系》，第 257 页和 269 页。
[2] 琳达、雷：《通向结果之路》（2011 年中文版），第 4-5 页。

析项目结果产生的原因。正如罗伯特·麦克纳马拉（世界银行前行长）所说："独立评价部门的主要任务是，审查过去的贷款业务及建立的中心目标，检查完工项目的实际收益与预评时的预期收益是否相符，如果不相符，分析其原因何在。"[①] **影响评价**（impact evaluation）则是成效评价的一种特殊形式。该评价将项目的成效与估计的无项目情况下的成效进行比较，以此确定项目的净效果。影响评价主要适用于以下情况：影响项目（或政策）成效的外部因素已知，从而可以确定项目（或政策）对结果带来的贡献。**成本–效果分析**（cost-effectiveness analysis）主要将实现某一目标的各种可行方案进行比较，以确定一个成本最低的行动方案。[②] 当管理人员需要深入相关信息，以便更清楚地掌握政策或项目具体进行情况时，**案例研究**（case study）将是最合适的评价方案。一般而言，开展案例研究有助于提高评价的深度。

在上述的几种评价形式中，成效评价是总结性评价最主要的形式。它着重关注于项目（政策）的产出和成效，旨在分析和确定项目（政策）的结果（包括非预期结果），分析政策目标人群是否实际受益。其他几种形式如成本–效果分析、案例研究等，一般是作为成效评价的辅助和补充，根据评价目的的特殊需要来开展。

需要指出的是，影响评价——尤其是那些包含（准）随机实验的影响评价，能够对干预活动的结果和影响及其原因提供有力的证据，该评价将分析记录中哪些影响是由于干预活动本身产生的，哪些因素是由其他因素产生的，目的是对记录中的变化进行归因。但是，这一评价通常难度也较高——不仅需要更为专业的评价人员与技术（如计量经济学的方法），而且需要花费更多的时间和更多的资源。该部分的内容将在第 11 章进行重点阐述。

9.1.2 总结性评价的作用或目的

总结性评价的作用（或目的）主要有二：一是通过对经验教训的反馈来改进未来的干预政策、计划和项目；二是提供"问责"的基础，包括向投资者、利益相关者和公众提供政府绩效信息。[③] 前者旨在帮助人们做出有关继续、复制、扩大规模或终止某一政策或项目的决策；后者则旨在支持和促进政府问责。

（1）为政策的延续、革新或终结提供决策的依据。总结性评价是政策（或项目）运行过程中不可缺少的重要一环。一个完整的政策（或项目）过程，除了科学的制

[①] Vinod Thomas & Xubei Luo, *Multilateral Banks and the Development Process: Vital Links in the Results Chain*. p.120.
[②] Grover Starling, *Managing Public Sector*, 中国人民大学出版社 2005（英文影印版），pp.216-217.
[③] 见《OECD DAC 发展评价网络评价发展合作关键规范和标准概述》（第 22 段）。

定和有效执行外，还需要对政策（或项目）执行以后的效果进行评价，以便确定政策（或项目）的价值和发现政策存在的问题，从而决定政策（或项目）的延续、革新或终结。通过总结性评价，可以提供关于政策（或项目）绩效的客观信息，这些信息可用来为政策（或项目）的延续、革新或终结提供依据。具体来说：①通过评价，如果发现政策（项目）所指向的问题还未得到解决，其政策（或项目）环境也未发生大的变化，那么，该项政策就需要继续。②如果发现政策（项目）在执行过程中遇到了新情况、新变化，原来的政策（或项目）已明显不适应新的形势，那么就需要对原有政策（或项目）进行调整或革新，以适应新的变化。③如果发现政策（或项目）目标已经实现，原有政策的存在已经没有意义，那么该政策（或项目）就应终止；或者是政策（或项目）环境或问题本身发生了非常大的变化，原有政策（或项目）已明显不能解决，甚至会使问题变得更为严重，而且进行调整已无济于事，这时就需要终结旧政策，代之以新的、更为有效的政策（或项目）。这就是说，无论是政策的延续、调整还是终结，都建立在总结性评价的基础上。

（2）支持和加强政府问责。总结性评价可以通过揭示政策目标的实现程度，来增强政策透明度，并为支持政府的问责关系——例如，政府与议会的问责关系，政府与公众的问责关系，以及政府与捐助者的问责关系——提供必要证据。如前所述，政府问责的内容主要有二：一是制度问责，专注于强调制度规则，以防止政府官员腐败和违法；二是绩效问责，专注于强调工作结果，旨在提高政府行为效率和效果。很显然，总结性评价的主要作用是支持和加强政府的绩效问责。正如托马斯和骆许蓓所言，"事后评价（总结性评价）主要关注的是，发展机构对于管理当局的承诺实现情况及其资金的使用情况，所以，它对实施绩效问责特别有用。"[①] 事实上，总结性评价与绩效问责具有内在的关联性，绩效问责是总结性评价的一个重要环节，是总结性评价结果应用的一个具体的体现。

9.1.3　总结性评价的局限性

总结性评价虽然对于决定政策的延续、革新或终结，以及实施绩效问责有重要作用，但是它也存在明显的局限性。其局限性主要表现在三个方面：其一，政策（项目）目标带有不确定性。总结性评价旨在评价政策（或项目）实施结果——即政策（或项目）目标实现情况，但是现实中政策（项目）目标常常不可避免地带有一定的模糊性和不确定性。这样就使得政策（项目）的结果难以衡量和评价。其二，因果关系常常难以确定。总结性评价一般都需要分析和确定政策（项目）与结果之间

---

① Vinod Thomas & Xubei Luo, *Multilateral Banks and the Development Process: Vital Links in the Results Chain.* p.120.

的因果关系,也就是对政策(项目)绩效的变化进行归因。但是,现实中影响政策(项目)结果的因素通常都是错综复杂,往往有多个政策在同一领域同时发挥着作用,因此,要准确地分析和确定政策(项目)与结果之间的因果关系并不容易。其三,不能及时反馈所需要的绩效信息。总结性评价一般都是事后评价,因此它常常不能及时反馈和改进政策(项目)执行中存在的问题。鉴于此,经合组织发展援助委员会(OECD/DAC)强调指出,"评价必须及时,即在决策需要时可以用得上。这就是说,评价在项目或计划实施的各个阶段都发挥着重要作用,因此不应仅仅当作一项事后的工作来开展"。[①] 关于公共政策的事前评价(前瞻性评价)和事中评价(形成性评价),将在后文进行介绍。

9.2 总结性评价:国际评价准则

好的评价问题必须是合理并且恰当的,同时也必须是可以回答的。也就是说,好的评价问题应当是能够得到清晰界定的项目绩效的可观察维度,这些可观察维度关乎项目目的,并且代表了项目能够实际产生预期成果的领域。

——[美]彼得·罗希,2007

如上所述,总结性评价注重于评价结果和影响,其关心的主要问题包括:相关性、成效、影响、可持续性、外部效用及经验教训等。在评价实践中,由于具体的评价目的不同,各国总结性评价的内容和准则也不尽相同。2007年,世界银行独立评价局(IEG)受OECD/DAC之委托制定了《全球与地区合作伙伴项目评价手册》。在该《评价手册》中,IEG提出了7项评价内容和准则:相关性、效果、效率、治理与管理、资源动员与财务管理、可持续性(风险与退出战略)、影响评价。此七项评价准则不仅比较全面、准确地反映了结果评价的特点与要求,而且是"关乎项目目的,并代表了项目能够实际产生预期成果的领域。"[②] 因此,它们被作为OECD组织开展全球与地区合作伙伴项目(总结性)评价的一个通用评价准则。其中,相关性、效果、效率、可持续性(风险)、影响评价等五项准则,主要用于评估项目活动的结果和影响;而治理与管理、资源动员与财务管理,则主要用于分析造成这些结果的主要原因、过程和影响因素。

---

① 见《OECD/DAC发展评价网络评价发展合作关键规范和标准概述》(第22段)。
② 彼得·罗希、马克·李普希、霍华德·弗里曼.评估:方法与技术[M].重庆:重庆大学出版社,2007:68.

9.2.1 相关性

相关性（relevance）是总结性评价的第一个重要内容。它主要分析项目或政策的目标和设计与国家（地区）在某一特定的部门面临的问题与挑战，以及受益者的要求或需要的一致性。特别是要评价项目实施之后或者其目标改变的情况下，项目的目标和设计是否仍然适当（专栏9-1）。其具体内容如下：

专栏9-1 相关性：世界粮食计划署对索马里救济与重建商品援助的评价

此项评价是由两位外籍人士于2001年7月中旬对索马里进行了三周访问后做出的。该评价评估了为期三年、耗资5500万美元、向130万人分发63000吨食品的援助计划。在援助计划中，51%应当用于恢复重建，30%用于紧急救助，19%用于支持社会机构。这一长时间的救济和重建的主要目标是，"在保有既把握发展机会，又能应对紧急情况的灵活性的同时，在索马里形成广泛的整合重建计划框架"。因此，这一评价需要分析食品分配组合的相关性，并分析每一类干预是否恰当。

在评价时，在索马里援助的政治经济背景下对干预的总体相关性给予了考虑，同时也兼顾了在索马里提供食品援助的合理性。支持食品援助的理由在于索马里总是陷入食品匮乏危机，许多地方的人根本无法接触到商品市场，并且没有工作也没有任何财产。反对食品援助的观点建议，给受益人提供资金以购买当地可能买到的食物或许更有意义，援助既可以采用工作换现金的方式，也可以采用工作换食品的方式。这类承诺往往是长期项目，但却没有退出策略。这项评价对广泛的和特定的问题进行了分析，这也证明其相关性分析是全面的。

资料来源：琳达、雷《通向结果之路》，2011，第23页。

（1）检查项目或政策的目标和设计与国家或地区在某一特定部门面临的问题与挑战，以及与投资部门或机构（供给方）的发展战略与重点是否一致。这一点主要是从供给方来对项目、计划或政策的目标和设计进行评价。

（2）检查项目或政策的目标和设计与受援者（需求方）的发展需求与愿望，以及与受援方（地区）的发展需求与战略是否一致。这里，需要检查项目实施后是否仍然针对当地的实际需求，解决当地的实际问题——这也就是前面所讲的后相关问题。后相关问题评价的核心是**需求分析**，亦即分析对于项目的需求性质与程度。

（3）检查项目或政策设计的适当性，即评价项目或政策的活动和产出与项目或政策目标即预期的成效和影响是否一致，也就是分析该项活动、产出能否实现预期的成效和影响。如果有其他竞争性方案或者更为有效的可替代的方案，即表明该项目活动的相关性不高。

可见，相关性评价首先需要明确陈述项目或政策的目标和设计。如果被评价项目或政策的目标和战略没有明确阐述，或评价期间项目或政策的目标和战略发生变化,那么评价人员就需要与评价监管部门协商,明确或重新阐述项目或政策的目标和战略。或者评价人员需要与项目管理人员协商,构建项目变革理论或逻辑框架。通过构建变革理论或逻辑框架,清晰勾画项目或政策的目标和战略。

对于相关性评价,加拿大财政部的一份文件中有一个简明的定义:项目实施区域合作项目活动是否继续产生一些能够反映政府的优先政策以及加拿大公民的需求的结果?项目设定了什么样的目标?这些目标达到了吗?[①]可以看出,该定义揭示了相关性的基本内涵,另外还有一个特点,就是它特别强调项目的**需求分析**。

9.2.2 效果

效果性(effectiveness or efficacy)评价是总结性评价的一个核心的内容。其主要的目的是:(1)向利益相关者说明项目或政策的预定目标的实现情况;(2)如果形势发生变化,需要说明项目的预定目标与战略是否进行了调整;(3)说明是否制定了必要的保障措施以减少非预期的负面效果。

根据上述的目的,进行效果性评价首先需要检查项目(或政策)预期目标或结果的实现情况。检查的内容主要包括:(1)预期目标的完整性,主要从不同利益相关者的角度分析有无遗漏重要目标;(2)预期目标的完成(或期望完成)数量,重点是要考察项目的主要目标是否完成;(3)各个预期目标的完成程度,即要分析这些目标完成(或期望的完成)的百分比是多少。其次,要检查项目目标和战略的调整情况。这种调整可能由于外部环境的变化、技术变化或者目标群体的变化等。最后,需要检查项目或政策的各种非预期结果,包括了正面和负面的结果。比如,交通运输的目标是支持经济增长,但也会对社会和环境带来许多负面影响(非预期结果)。这些负面影响评价时就必须予以考虑(专栏9-2)。

专栏9-2 效果:DfID对支持世界粮食计划署在孟加拉国救灾努力的评价

2000年9月,孟加拉国西南部六个地区的水灾严重影响到270万人。DfID对世界粮食计划署提供了支持,提供了包括配给量充分的大米、豆类和食用油在内的三批食品。在第一次食品分配中,26万人得到了食品援助;在第二批和第三批食品分配中,42万人得到了食品援助。DfID的评价报告(DfID 2001)从配给的规模、食品种类和分配日程等方面,对援助项目的目标是否达成做了全面的分析。

评价同时采用了定量和定性方法。在项目覆盖的所有村庄中,随机选取2644户家庭,收集了定量数据。选取了六个具有代表性的受洪灾影响的村庄,对其生计系统、生活现状和生活前景等在内的状况进行评估,获取了相关定性数据。在第一次定性评估结束大约五个星

[①] 引自詹姆斯·麦克戴维、劳拉·霍索恩. 项目评价与绩效测量:实践入门[M]. 李凌艳,等,译. 北京:教育科学出版社,2011:174.

期后,另一支小规模的评价团队进行了调研,了解社区民众对食物配给相关计划的感受和行为,内容包括食物分配是否及时、食品类别是否符合需要以及食用方式等。在分析中综合运用了定量数据和定性数据。

评价报告包含了效果性评价的主要要素,包括:
- 对干预目标形成的分析,包括对逻辑框架的分析;
- 受益人选择标准的评估,包括主要利益相关者对这些标准的看法;
- 对执行机制的分析,包括社区参与程度;
- 根据性别和社会经济状况对受益人分组,对针对目标群体实施援助的准确性进行估计;
- 对所提供的资源(配给规模和食品种类)进行评估,包括提供特定规模和种类的原因(这一点也可在相关性标准下评估);
- 审查食品分配流程是否恰当;
- 分析受益人对干预的看法,此项评价是由两位外籍人士于2001年7月中旬对索马里进行了三周访问后做出的;
- 在索马里形成广泛的整合重建计划框架。

因此,这一评价需要分析食品分配组合的相关性,并分析每一类干预是否恰当。

资料来源:琳达、雷《通向结果之路》,2011,第23-24页。

应当注意的是,无论是检查项目预期目标的实现情况,还是分析非预期结果的实现情况,效果性分析都必须有充足、可靠的证据。为此,证据的来源应当多元化(triangulation),不应只有一个来源。其次,要求有完善的项目监测框架,这一框架需要运用定量或定性的指标对项目的投入、产出、成效和影响进行监测,以为评价人员判断项目预期目标的实现程度提供依据。如果发现项目预期目标没有实现或者没有完全实现,那么评价人员还需要分析其原因所在。进行原因分析,除了需要考虑投入因素(如预算、人员等),还需要考虑其他可能的影响因素,如项目地点、法律规定和治理结构等的变化。

还应注意的是,进行效果性分析需要区分不同层面的结果。由于评价的对象有不同的层面(如国家、地区、政策、计划、项目等),因而结果也会有不同的层面。不同层面结果通常不能简单相加。因此,实现满意的项目结果并不等于实现了满意的国家计划结果。正确实施项目是实现国家计划结果的一个重要部分,但是项目以外的因素也有着很大影响。要正确评价国家计划结果,评价人员需要了解国家结果与项目结果之间的相互联系,同时还需要考虑其他因素的影响。对于不同层面的效果,需要构建不同的变革理论,并且运用不同的指标对其投入、产出、成效和影响进行监测,从而确定其运行结果。

9.2.3 效率

为了有效地使用资源，对资源使用的效率（efficiency or cost-effectiveness）或者成本–效果分析也极为重要。与效果不同，效率或成本–效果不是反映我们取得了什么，而是主要反映了预期的成效是如何达到的。效率主要测量每一个单位产出的成本，而成本–效果主要测量所花资金能带来多大的成果。效率意味着"从给定的投入得到最大的产出"或"用最小的成本来达到目标"，成本–效果常常意味着以较低的成本或代价取得成果。效率包括两类：技术效率和配置效率。技术效率是指项目投入与项目产出的比率与特定的基准相比是否在可接受的范围内，它主要关注各项投入是否得到充分有效的利用；而配置效率（又称经济效率）侧重于项目收益与其经济成本的比较，它主要关注各项投入是否达到最佳组合和最佳比例，亦即在政府部门所提供的各种项目中，其预算配置的比例是否符合民众的偏好顺序（专栏9-3）。

专栏9-3　技术效率与经济效率（配置效率）

某邮局在改革过程中想引进一台自动分拣机从事信件的自动分拣，它只需一人管理就行了，一天就可处理10万封信件。但是目前使用人工分拣，需50个工人才能完成10万封信件的分拣任务。两种方法都能完成信件分拣任务，也就是都实现了技术效率。但是邮局又算了一笔账，买一台分拣机需要投资400万元，使用寿命是10年，每年折旧40万元，当时银行贷款利率10%，邮局每年需支付利息40万元，再加上维护费用约5万元，使用它的年成本将为85万元。而现在共使用50个分拣工人，每人年薪为1.4万元，合计为70万元，再加上其他支出大约每年5万元，共计年支出成本75万元。显然继续使用人工进行信件分拣在经济上是合算的，也就是用人工分拣实现了经济效率。经过如此算账后，该邮局决定放弃购买自动分拣机的想法。其好处还在于为更多的人提供了就业机会，这是符合我国国情的。

资料来源：梁小民，2000

评价单个的政策或项目，其效率评价主要为技术效率。技术效率评价，一般通过计算生产或者提供服务的平均（单位）成本，然后，通过与能达到同样产出的其他方法相比较来判断是否最有效；当项目的时间跨度较长需要考虑货币的时间价值时，一般通过计算项目的内部收益率，再通过与能达到同样产出的其他方法相比较，判断是否最有效。相对于平均成本，内部收益率的计算难度往往较大，它不但计算上比较复杂，很多时候则是缺乏必要的数据资料。平均成本和内部收益率法可以广泛用于投入（成本）和产出（收益或效果）都能准确计量的项目的评价，如公共工程项目等，但是其局限性也显而易见，即不能用于对成本和收益无法用货币计量的以社会效益为主的项目的评价。此时，可以采用成本–效果分析。这一方法与上述评价方法的主要区别是，不用货币单位计量备选项目的成本和效果，只进行定性的分析和比较。如果有其他的成本更低的可替代方案，则可以认为该项目的效率性不高。另外，评价人员还可以通过询问下列问题对项目效率或成本－效果进行评价[①]：

- 与计划相比，项目的成本是更高还是更低？这些成本是如何衡量的？
- 在同类项目或活动中，实际成本如何与标准成本进行比较？项目有无明显的低效率或者资源浪费现象？
- 项目的收益是否超过了其成本？
- 什么是取得期望结果的最有效方式？
- 项目以较高的成本收益率实现了预期结果（产出与成效）吗？

不同的利益相关者往往会有不同的成本和收益。从受益者的角度，效率或成本－效果评价需要考虑：项目的收益是否反映了受益者的需要？在受益者之间，所获得的收益是否公平？在收益既定的情况下，参与者付出的成本是否值得？什么方式能够进一步减少项目受益者的交易成本？等等。而站在投资者的角度，则一般需要考虑如下问题：项目提供是否适时？与传统的投资方式相比，项目的收益和成本怎么样？绩效评价报告是否足以满足投资者对于报告可获得性的需要？投资者之间的重复性工作（如监测和评价）有无减少？对投资者成本有何影响？等等。[②]

专栏 9-4　效率：紧急救灾委员会对莫桑比克洪灾救助资金的评价

2000 年莫桑比克洪灾之后，紧急救灾委员会（DEC）对 DEC 机构采取的人道主义行动进行了仔细分析。评价的目的是向英国公众报告援助资金的使用方式和用途，并为未来紧急行动提供良好的实践范例。评价中所用的方法包括：大规模访谈、背景研究、现场访问和详细的受益人调查。

此评价报告中关于效率的章节包含了评价所必需的诸多要素，如：

- 对 EDC 机构使用军用物资的情况进行了分析，由于军用直升机的调用缺乏有效配合，因此开展了需求评估；使用西方军事力量而非商业设施实施人道主义救助的成本很高；皇家空军、美国军队和南非国防力量的比较成本（报告提到昂贵的军队运作耗费了大量的资金，也影响了后来援助方对 NGO 项目的资助）。
- 欠发达的承包服务市场对效率的影响（例如，尽管使用当地的合同承包商能使救援机构以较低成本开展一些机械化的工作，如修路等，但他们经常不能按时履行其职责）。
- 不同反应方式的效率（通过直接实施某些计划来干预；与当地合作伙伴一起开展工作；或通过国际网络成员开展工作）；评价发现，在决定效率的因素中，工作人员构成比反应方式更为重要（这也是可以在相关性标准下讨论的）。
- 援助机构基于受援国现有能力或是基于国际雇员来做出反应，两者之中哪一个更有

---

① IEG: *Sourcebook for Evaluating Global and Regional Partnership Programs*, 2007, p. 67.
② Ibid, pp. 69-70.

效率？
- 已经拥有合作伙伴的援助机构的工作是否比尚无合作伙伴的援助机构的工作更有效率？
- 如何在前期准备工作上投资才能使援助更有效率？
- 会计系统的效率。

在评价过程中，原本尝试比较不同机构的投入成本，但由于项目细节不同且使用渠道不同，进行这种比较是不可能的。评价分析了经营活动总成本，如仓储成本和运输成本。评价也按部门统计了资金支出明细，并对每个 DEC 机构的成本进行评估，成本内容包括日用品和原材料、人工和非人工成本及机构管理成本。

资料来源：琳达、雷《通向结果之路》，2011，第 24 页。

9.2.4 治理与管理

项目的治理结构与管理制度对项目的效率和效果有着很重要的影响，因此，检查项目的治理和管理（governance and management）也构成为总结性评价的重要内容。

全球治理委员会把"治理"定义为，公民个人与公私机构管理他们自己事务的各种不同方式之总和。治理涉及的是结构、功能、程序与组织文化，它们构成了项目管理的活动背景，而管理涉及的是项目的日常运营活动。治理关注的是"做正确的事情"，而管理关注的则是"正确地做事"。因此，治理和管理是两个不同层次的概念，一般而言，治理的优劣直接影响和制约着管理活动的效果。

那么，什么是好的治理呢？一般来说，好的治理（善治）拥有以下特征：合法、公正、透明、诚实、高效和负责任。它们构成了"治理和管理"评价的主要准则（标准）。其中，"合法"指的是治理和管理权力行使的方式，它主要关注各种不同利益相关者在项目治理和管理结构中参与重要治理和管理决策的程度。"公正"意味着，不同的投资者在对项目影响和从项目获益方面拥有的机会相同。"透明"是指，项目的决策、报告和评价过程对普通公众是开放的，换句话说，项目的重要信息要向普通公众公开和披露。"诚实"意味着，处于领导地位的人员在管理制度执行上都应坚守高的道德和职业标准。"高效"意味着，项目治理结构和管理制度在资源配置和使用上有高的效率。"负责任"有两层含义：一是 accountability；二是 responsibility。前者指的是项目命令和控制链中，从股东大会、执行董事、首席执行官，直到任务团队领导、项目实施人员等一系列关键利益相关者应负有的责任（直接责任）。后者主要指的是上述项目命令和控制链之外的其他利益相关者负有的责任（间接责任）。[1]

---

[1] IEG: *Sourcebook for Evaluating Global and Regional Partnership Programs*, 2007，pp. 75-78.

9.2.5 资源动员与财务管理

动员项目或政策活动所需要的各种资源（主要是资金资源）和进行审慎的财务管理对项目的成败来说至关重要。如果没有充足的资源，或者资金管理不善，项目活动的效果必然也会受到影响。为此，检查项目的"资源动员（resource mobilization）和财务管理"也构成总结性评价的重要内容。一般来说，对"资源动员"的检查，应重点分析其有无资源动员战略，以及资源动员战略的可行性等；对"财务管理"的检查，应重点分析资金分配的方法、标准及结果等，如是否根据需要制定相关资金管理办法，并在管理办法中明确资金分配办法；资金是否及时到位；资金分配结果是否合理；等等。

9.2.6 可持续性与风险

一个有效的项目（或政策），不但应具有效果性，而且其活动的收益还应当具有可持续性。可持续性（sustainability）是项目能够长期、可持续地获取收益的可能性，或者说项目的净收益流随着时间变化的风险弹性（resilience to risk）。与可持续性相对应的，是项目的风险性。在这里，所谓项目风险（risk）是指，在评价之时项目的预期成效不能实现的可能性。这主要有两种情况：（1）某些危害预期成效最终实现的情况可能发生；（2）实际发生的某些或者全部变化对预期成效会造成影响。该影响的大小取决于变化的性质及严重性，也取决于项目设计与活动的适应变化的能力。对于项目风险，项目启动伊始就应进行识别，并且应当建立相应的指标进行监测。[①] 如果没有风险监测，就表明缺乏必要的风险防范意识，不仅效果的实现成疑，可持续性也堪忧。

对可持续性进行评价，通常需要考虑下列问题：假设项目仍然具有相关性，投资伙伴还可在多大程度上继续合作？政治承诺与支持、项目资金与目标在多大程度上还可持续？给定利益相关者来源多元化的情况下，是否仍有足够的利益协调能力？在知识管理、人事管理和基于绩效的管理等方面，是否进行必要的制度能力建设？[②]

专栏 9-5　可持续性：日本国际协力事业团对信息与通信技术第三国培训计划评价

日本国际协力事业团（the Japan International Cooperation Agency，JICA）对在菲律宾开展的一个项目进行了评价。该项目旨在为来自柬埔寨、老挝、缅甸和越南的人员提供培训，以提升他们在创业所需要的信息和通信技术领域的知识和技能。

---

① IEG: *Sourcebook for Evaluating Global and Regional Partnership Programs*, 2007, p. 87.
② Ibid, p. 92.

由于信息技术和教育发展基金会（the Foundation for Information Technology and Education Development, FIT-ED）承诺将负责未来的培训计划以达成项目目标，该项评价（JICA, 2005b）得出结论，该项目是可以持续的。FIT-ED 已经建立了一个电子小组以方便参加培训人员间的网络建设，并能帮助 FIT-ED 分享知识和提升能力。作为旨在帮助东盟国家的政府和商业部门提高信息技术认知程度的机构，FIT-ED 将继续为东盟国家开展与信息和通信技术有关的活动。

FIT-ED 对三次培训活动充分而又及时的资源投入印证了其持续实施培训计划的承诺。参加培训的人员也表达了对培训活动的坚定支持。他们认识到了信息和通信技术在其事业中的重要性，84% 的受访者已经将在培训中学到的知识和技巧运用到工作之中（如网站开发、通信、纺织服装、工艺品进出口、建筑、咖啡生产、政府事务等）。受访者表示他们从培训课程中获益巨大，并将此看作培训计划的开始。除了将参加培训期间起草的电子商务战略计划用作参考外，参加培训人员也已开始使用互联网，并运用所学到的知识促进有关部门的发展。

资料来源：琳达、雷《通向结果之路》，2011，第 25-26 页。

9.2.7 影响评价

影响是指一项干预（项目、计划或政策）带来的长期变化，包括正面的和负面的、直接的和间接的、意料之中的和意料之外的变化。相应地，影响评价（impact evaluation）就是对这种长期变化的一个系统性评价，这种评价既要求评估干预给受影响的个人、家庭和社区带来的最终成效或变化，还要求进行归因分析，也就是分析干预活动在多大程度上带来了上述变化。进行归因分析，通常需要建立反事实场景来进行分析，即分析如果没有实施项目，是否还会产生这些变化以及变化的比例。

归因分析有三种常用方法：定量的影响评价、参与式的影响评价和基于逻辑模型的影响评价。[①] 定量的影响评价通常采用实验性设计或准实验性设计，具体方法参见本书第 11 章。定量的影响评价能够为干预活动的结果和影响及其原因提供有力的证据，但这一评价通常难度也很高。参与式影响评价有助于为评价提供有关项目活动的背景性的信息。基于理论的影响评价（theory-based impact evaluation）则能够跟踪项目在结果链不同节点上的成效和影响，可以帮助更好地理解项目在哪个环节有成效，为什么有成效。可见，三种方法各有利弊，为此，世界银行建议将三种方法综合起来进行运用。[②]

由于影响评价试图衡量特定项目对潜在受益群体的福利所带来的改变，即要在项目与受益群众福利之间进行"因果推断"，因此，它往往难度较大，实施起来成本很

[①] IEG: *Sourcebook for Evaluating Global and Regional Partnership Programs*, 2007, p. 97.

[②] Ibid, p. 97.

高,特别是经常要求对项目进行控制,另外对定量数据的要求也很高(区别于定性的访谈数据),所以,影响评价一般不能大面积地开展,只能选择一部分项目来进行。

专栏 9-6　影响:对卢旺达紧急援助的联合评价

对卢旺达紧急援助的联合评价(JEEAR 1996)是有史以来规模最大、最为复杂的人道主义行动评价。52位顾问和研究人员参加了评价。在对复杂而又紧急情况下的政治行动(及缺乏行动)的影响进行评价方面,该评价报告设定了如何开展联合评价的标准。

尽管有重大迹象表明,卢旺达军事武装为种族屠杀和政治谋杀做了舆论和组织上的准备,但国际社会却没有在卢采取干预行动。JEEAR主要据此对影响进行了评估。JEEAR认为,人道主义包含政治和社会经济两大功能,而政治结构在很大程度上决定了人道主义的行动和影响,因此需要对政治结构进行分析。

国际干预缺乏的原因主要有以下两方面:对种族屠杀历史原因的分析和直接导致种族屠杀具体事件的描述。联合评价的价值在于其超出了对单一部门干预分析的范围,而是扩展至对政治经济的分析。在评价人道主义行动的有效性时也用了政治经济分析方法。

这一方法与科索沃冲突及后果、Mitch飓风的影响、阿富汗干预行动等其他危机评价中所使用的方法不同。在那些案例中,评价对象都是单一机构或单一部门,因此在很大程度上不能把握住事件的政治性质及相关反应。在科索沃冲突和阿富汗干预行动评价案例中,所采用的评价方法导致评价人员对人权保护问题关注不够(ALNAP 2001,2004)。在Mitch飓风评价案例中,没有足够关注人道主义行动在多大程度上支持了斯德哥尔摩宣言所倡导的改革议程(ALNAP 2002)。

由于JEEAR重点关注了国际社会为何没有兴趣在卢旺达采取干预措施(主要因为卢旺达缺乏地缘政治上的重要性),而不是单单罗列相关事件及其后果,因此,JEEAR的影响评价是独树一帜的。对评价人员的一个教训是:在影响评价中,不仅要看采取了何种干预措施,还要看在其他各种情况和不同的干预措施下可能会发生什么。

资料来源:琳达、雷《通向结果之路》,2011,第25页。

在上述七个评价内容和准则中,相关性、效果性和效率是总结性评价的重点和必备内容,此三者的内容及关系可用 Nagarajan & Vanheukelen 的项目开放式系统模型(图9-1)来形象地描述。该系统模型的基础是一个变革理论图:投入被转换为项目活动或流程,进而产生出结果。项目在环境中运作,在该环境中产生相应的结果,环境又为项目提供机遇和限制。

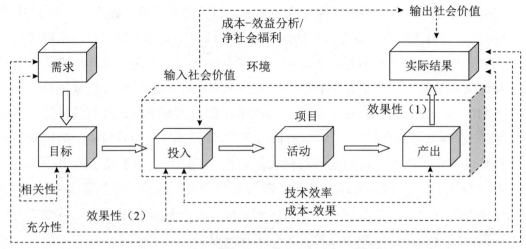

图 9-1　项目及项目评价关键点的开放式系统模型

资料来源：詹姆斯·麦克戴维、劳拉·霍索恩《项目评价与绩效测量：实践入门》，第 17 页。

从图 9-1 可以看出，目标驱动整个项目遵循以下进程：它们通过效果性（2）与实际结果相联系，观察结果是否与预期目标相符。效果性（1）是结果的归因问题，分析项目是否引发了或产生了该观察结果。成本－效果将投入与实际结果联系在一起，而成本－效益分析将收益的经济价值与成本的经济价值联系在一起。充分性（adequacy）将实际产出与需求联系起来，分析项目的目标是否充分，能否满足需求。相关性将需求与目标联系在一起，可分析项目目标是否在解决最先出现的问题。此外，它还可以分析项目的逻辑关系，即分析投入、活动、产出以及结果之间的相互关系是否适当。

9.3　总结性评价在我国的实践

要坚持结果导向，聚焦重点、紧盯实效，开展重要领域改革进展情况的评估检查，克服形式主义、官僚主义。

——中央全面深化改革委员会第十二次会议，2020

9.3.1　总结性评价在我国的实践与发展

自 20 世纪 80 年代以来，我国许多政府部门和地方政府积极开展绩效评价的探索和实践，创造了丰富的政府绩效评价形式，例如目标责任考核、效能建设、部门绩效评价、公众评议和财政支出绩效评价等。这些评价的目的都是评价政府活动的结果，因此它们本质上都是总结性评价。其中，目标责任考核（评价）发轫于20世纪80年代，普遍被运用于地方政府的绩效评价实践中。其基本做法是，上级部门制定对下级部门工作的考核目标，下级部门根据上级部门下达的目标开展工作，上级在年终时对各地目标完成情况进行考核。由此可见，早期的目标责任考核是一种自上而下的内部评价，缺少公众的参与。1994年，山西运城市在政府部门推行"新效率工作法"，确立办公室机关工作效率标准，成为我国地方政府行政机关效能建设的一个标杆。不过，政府效能建设与目标责任考核一样，也是一种自上而下的内部评价。自2000年始，我国部分地方使用"部门绩效评价"取代原有的机关效能建设，它们以提高公共服务质量为核心，以公民满意度为主要标准，以建设服务型政府为基本导向，实行公共部门绩效评价。公众评议则是我国地方政府绩效评价的又一新形式。1994年，烟台市借鉴英国和我国香港地区的做法，率先在我国推行了政府"社会服务承诺制"，由群众根据政府的服务承诺来评价政府的工作效果。比之上述的"目标责任考核"和"政府效能建设"，"部门绩效评价"和"社会服务承诺制"有了更多的公民参与，但是由于没有实现制度化和规范化，不久均趋于式微。

2003年开始，财政部大力推动各地、各部门开展财政支出绩效评价工作，我国总结性评价的重点由部门绩效评价转向财政支出绩效评价。2011年4月，财政部发布了《财政支出绩效评价管理暂行办法》（财预〔2011〕285号）。①该《暂行办法》规定，财政支出绩效评价对象包括纳入政府预算管理的资金和纳入部门预算管理的资金。具体来说，包括部门预算支出和政府转移支付。其中，部门预算支出绩效评价对象又包括基本支出、项目支出和部门整体支出。政府转移支付主要是上级政府对下级政府的转移支付，包括一般性转移支付和专项转移支付。一般性转移支付重点对贯彻中央重大政策出台的转移支付项目进行绩效评价；专项转移支付以对社会、经济发展和民生有重大影响的支出为重点进行绩效评价。2018年9月，中共中央发布《关于全面实施预算绩效管理的意见》，要求"对预算执行情况全面开展绩效评价"。为了适应新的形势需要，财政部预算司于2020年2月颁布了正式的《项目支出绩效评价管理办法》（财预〔2020〕10号）。该《办法》明确提出，绩效评价的主要内容是经济性、效率性、效益性和公平性（下简称为4E），并同时发布了《项目支出绩效评价指标体系框架》（表

---

① 2009年，财政部预算司首次制定和颁布了《财政支出绩效评价管理暂行办法》（财预〔2009〕76号）。该《暂行办法》规定，"财政支出绩效评价（简称为绩效评价）是财政部门和预算部门（单位）根据设定的绩效目标，运用科学、合理的评价方法、指标体系和评价标准，对财政支出**产出和效果**进行客观、公正的评价"。其评价的主要内容是"财政支出**产出和效果**"。2011年4月，财政部预算司修订和颁布了新的《财政支出绩效评价管理暂行办法》（财预〔2011〕285号）。与上述绩效评价的定义不同，新的《暂行办法》规定，"财政支出绩效评价（简称绩效评价）是指财政部门和预算部门（单位）根据设定的绩效目标，运用科学、合理的绩效评价指标、评价标准和评价方法，对财政支出的**经济性、效率性和效益性**进行客观、公正的评价"。其评价的主要内容是"财政支出的**经济性、效率性和效益性**"（3E）。

9-1)。然而，该指标体系与上述的 4E 评价标准要求不尽一致，同时也未充分反映和体现结果导向的评价理念与逻辑。其主要缺陷是，更为重视"决策""过程"和"产出"，而对于"效果"（效益）则明显关注不够，同时忽略了"决策""过程""产出"和"效果"及其指标之间的相互联系与影响（把它们看成相互孤立的变量）。

表 9-1　项目支出绩效评价指标体系框架（参考）

一级指标	二级指标	三级指标	指标解释	指标说明
决策	项目立项	立项依据充分性	项目立项是否符合法律法规、相关政策、发展规划以及部门职责，用以反映和考核项目立项依据情况。	评价要点： ①项目立项是否符合国家法律法规、国民经济发展规划和相关政策； ②项目立项是否符合行业发展规划和政策要求； ③项目立项是否与部门职责范围相符，属于部门履职所需； ④项目是否属于公共财政支持范围，是否符合中央、地方事权支出责任划分原则； ⑤项目是否与相关部门同类项目或部门内部相关项目重复。
		立项程序规范性	项目申请、设立过程是否符合相关要求，用以反映和考核项目立项的规范情况。	评价要点： ①项目是否按照规定的程序申请设立； ②审批文件、材料是否符合相关要求； ③事前是否已经过必要的可行性研究、专家论证、风险评估、绩效评估、集体决策。
	绩效目标	绩效目标合理性	项目所设定的绩效目标是否依据充分，是否符合客观实际，用以反映和考核项目绩效目标与项目实施的相符情况。	评价要点： （如未设定预算绩效目标，也可考核其他工作任务目标） ①项目是否有绩效目标； ②项目绩效目标与实际工作内容是否具有相关性； ③项目预期产出效益和效果是否符合正常的业绩水平； ④是否与预算确定的项目投资额或资金量相匹配。
		绩效指标明确性	依据绩效目标设定的绩效指标是否清晰、细化、可衡量等，用以反映和考核项目绩效目标的明细化情况。	评价要点： ①是否将项目绩效目标细化分解为具体的绩效指标； ②是否通过清晰、可衡量的指标值予以体现； ③是否与项目目标任务数或计划数相对应。
	资金投入	预算编制科学性	项目预算编制是否经过科学论证、有明确标准，资金额度与年度目标是否相适应，用以反映和考核项目预算编制的科学性、合理性情况。	评价要点： ①预算编制是否经过科学论证； ②预算内容与项目内容是否匹配； ③预算额度测算依据是否充分，是否按照标准编制； ④预算确定的项目投资额或资金量是否与工作任务相匹配。

续表

一级指标	二级指标	三级指标	指标解释	指标说明
决策	资金投入	资金分配合理性	项目预算资金分配是否有测算依据，与补助单位或地方实际是否相适应，用以反映和考核项目预算资金分配的科学性、合理性情况。	评价要点： ①预算资金分配依据是否充分； ②资金分配额度是否合理，与项目单位或地方实际是否相适应。
过程	资金管理	资金到位率	实际到位资金与预算资金的比率，用以反映和考核资金落实情况对项目实施的总体保障程度。	资金到位率=（实际到位资金/预算资金）×100%。 实际到位资金：一定时期（本年度或项目期）内落实到具体项目的资金。 预算资金：一定时期（本年度或项目期）内预算安排到具体项目的资金。
过程	资金管理	预算执行率	项目预算资金是否按照计划执行，用以反映或考核项目预算执行情况。	预算执行率=（实际支出资金/实际到位资金）×100%。 实际支出资金：一定时期（本年度或项目期）内项目实际拨付的资金。
过程	资金管理	资金使用合规性	项目资金使用是否符合相关的财务管理制度规定，用以反映和考核项目资金的规范运行情况。	评价要点： ①是否符合国家财经法规和财务管理制度以及有关专项资金管理办法的规定； ②资金的拨付是否有完整的审批程序和手续； ③是否符合项目预算批复或合同规定的用途； ④是否存在截留、挤占、挪用、虚列支出等情况。
过程	组织实施	管理制度健全性	项目实施单位的财务和业务管理制度是否健全，用以反映和考核财务和业务管理制度对项目顺利实施的保障情况。	评价要点： ①是否已制定或具有相应的财务和业务管理制度； ②财务和业务管理制度是否合法、合规、完整。
过程	组织实施	制度执行有效性	项目实施是否符合相关管理规定，用以反映和考核相关管理制度的有效执行情况。	评价要点： ①是否遵守相关法律法规和相关管理规定； ②项目调整及支出调整手续是否完备； ③项目合同书、验收报告、技术鉴定等资料是否齐全并及时归档； ④项目实施的人员条件、场地设备、信息支撑等是否落实到位。
产出	产出数量	实际完成率	项目实施的实际产出数与计划产出数的比率，用以反映和考核项目产出数量目标的实现程度。	实际完成率=（实际产出数/计划产出数）×100%。 实际产出数：一定时期（本年度或项目期）内项目实际产出的产品或提供的服务数量。 计划产出数：项目绩效目标确定的在一定时期（本年度或项目期）内计划产出的产品或提供的服务数量。

续表

一级指标	二级指标	三级指标	指标解释	指标说明
产出	产出质量	质量达标率	项目完成的质量达标产出数与实际产出数的比率，用以反映和考核项目产出质量目标的实现程度。	质量达标率=（质量达标产出数/实际产出数）×100%。 质量达标产出数：一定时期（本年度或项目期）内实际达到既定质量标准的产品或服务数量。既定质量标准是指项目实施单位设立绩效目标时依据计划标准、行业标准、历史标准或其他标准而设定的绩效指标值。
产出	产出时效	完成及时性	项目实际完成时间与计划完成时间的比较，用以反映和考核项目产出时效目标的实现程度。	实际完成时间：项目实施单位完成该项目实际所耗用的时间。 计划完成时间：按照项目实施计划或相关规定完成该项目所需的时间。
产出	产出成本	成本节约率	完成项目计划工作目标的实际节约成本与计划成本的比率，用以反映和考核项目的成本节约程度。	成本节约率=[（计划成本-实际成本）/计划成本]×100%。 实际成本：项目实施单位如期、保质、保量完成既定工作目标实际所耗费的支出。 计划成本：项目实施单位为完成工作目标计划安排的支出，一般以项目预算为参考。
效益	项目效益	实施效益	项目实施所产生的效益。	项目实施所产生的社会效益、经济效益、生态效益、可持续影响等。可根据项目实际情况有选择地设置和细化。
效益	项目效益	满意度	社会公众或服务对象对项目实施效果的满意程度。	社会公众或服务对象是指因该项目实施而受到影响的部门（单位）、群体或个人。一般采取社会调查的方式。

资料来源：财政部《项目支出绩效评价管理办法》（财预〔2020〕10号）。

如前所述，总结性评价注重于项目的结果和影响，因此其本质上是一种以结果为导向的评价。在2020年2月召开的中央全面深化改革委员会第12次会议上，习近平总书记明确指出，要坚持结果导向，聚焦重点、紧盯实效，开展重要领域改革进展情况评估检查。为此，上述的财政支出绩效评价指标体系均需要按结果导向的理念与要求，做进一步的修改和完善。

9.3.2 公共政策评价的结果演进逻辑框架

鉴于上述评价指标体系存在的问题，我们从结果导向的评价理念出发，基于整体分析的视角，在借鉴前述OECD/DAC七项评价准则（见9.2节）的基础上，以"相关性、效果性、效率性、公平性、可持续性与公众满意度"六项评价标准为核心，建构了一个公共政策评价的结果演进逻辑框架（图9-2）。该逻辑框架主要用于公共政策的事后评价，也就是总结性评价。

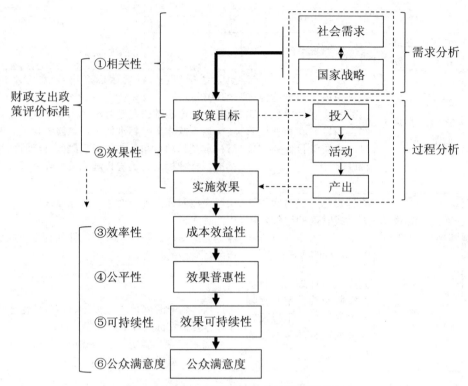

图 9-2　公共政策评价的结果演进逻辑框架

如图 9-2 所示，该逻辑框架从分析和评价公共政策目标，特别是效果目标开始，建立公共政策绩效评价标准（准则）之间的逻辑联系。其一，联系社会需求（问题）和国家发展战略，对政策目标的适当性进行评价。其二，联系政策目标对政策实施的效果性进行评价。其三，联系政策投入，对政策的成本 – 效益性（效率性）进行评价。其四，联系政策目标群体，对目标群体受益的普惠性（公平性）进行评价。其五，联系制度和资金保障及风险变化，对政策收益的可持续性进行评价。其六，联系主要利益相关方，分析公众满意度。具体分析步骤如下：

1. 相关性评价

相关性评价是对政策目标与方案设计适当性的基本考量，是评价政策实施效果的一个基本前提。首先，对政策目标的适当性进行评价：（1）分析政策目标与社会需求的匹配性（政策目标是否反映了一定的社会需求）；（2）分析政策目标与国家战略的匹配性（政策目标是否反映了国家战略的优先发展方向）。其次，分析政策方案与政策目标的匹配性（政策实施方案能否合理有效地实现政策预期目标）。

由于"明晰的目标和方法是政府政策和项目的核心"，[①] 所以，上述三个"匹配性"（尤其是前两个）的评价都会牵一发而动全身。举例来说，如果第一个"匹配

---

① 马克·穆尔. 创造公共价值：政府战略管理 [M]. 伍满桂, 译. 北京：商务印书馆, 2016：54-55.

性"评价不达标（如评分低于60%），不仅直接影响（降低）政策目标的评价，也会影响（降低）政策方案（第三个"匹配性"）和相关性的评价，还会影响到（降低）后续的效果性、效率性、公平性与可持续性等标准以及整个公共政策的评价。同理，如果第二个或第三个"匹配性"未达标，也会影响到（降低）后续的各个评价标准及整个政策的评价。

2. 效果性评价

总结性评价主要评价政策预期目标的实现程度，因此效果性评价是政策评价的关键所在。效果性评价主要包括两方面内容：一是政策是否实现了（或者可能实现）预期的政策目标，以及实现的程度如何？二是政策实施的非预期结果（包括正面的和负面的）。

上述两个评价内容中，第一个预期目标实现情况的评价最为重要，其在公共政策评价中的作用是"一言九鼎"。如果评价发现政策目标未达预期，或实现情况较差，那么就说明政策实施不成功（或失败）。此时不仅效果性不会达标（无论非预期结果如何），效率性、公平性与可持续性等均不可能达标，因为它们实际都是对政策效益或效果的进一步展开。其中，效率性分析的主要是目标达成的成本–效益性；公平性分析的主要是政策受益人群的覆盖率（政策效益的广泛性）；可持续性分析的主要是随着时间的推移政策发挥效益的可持续性。

3. 效率性评价

公共政策的目标、方案设计和取得的成效，对于利益相关方而言都是不可缺少的重要信息，但是除此之外，政策决策者还需要知道，与成本相比较，财政支出政策实施的效果如何。因此，效果性之后，还需要分析政策的效率性（即政策目标达成的成本–效益性）。

评价政策的效率性，一般通过计算生产或提供服务的平均（单位）成本，然后，通过与能达到同样产出的其他方法相比较来判断是否最有效；当政策的时间跨度较长需要考虑货币的时间价值时，一般通过计算政策的内部收益率，再通过与能达到同样产出的其他方法相比较，判断是否最有效。平均成本和内部收益率法可以广泛用于投入（成本）和产出（收益或效果）都能准确计量的项目的评价，但不能用于成本和收益无法用货币计量的以社会效益为主的项目的评价。此时，可以采用成本–效果分析。这一方法的主要特点是，不用货币单位计量备选项目的成本和效果，只进行定性的分析和比较。如果有其他的成本更低的可替代方案，则可认为该项目的效率性不高。

4. 公平性评价

公平性与法律和社会理性密切相关，是指相关效果和努力在社会不同群体中的分配。一项公平的政策是指效果（如服务的数量或货币化的收益）或努力（如货币成本）能被公平或公正地分配。一项政策方案可能既有效益（效果），又有效率，但是由于成本和收益的不公平的分配而缺乏公平性。

公平性分析意味着，财政支出政策应当体现更强的包容性和普惠性，使得政策带来的收益惠及绝大多数民众。公平性的评价主要关注：第一，各个目标群体是否都可获取有关政策信息？第二，大多数目标群体是否都能够享受到政策收益，特别是弱势群体是否能获得相同或类似政策收益？

5. 可持续性评价

一项有效的政策不仅要具有效果性、效率性和公平性，其活动的收益还应该随着时间的推移具有可持续性。可持续性分析主要关注财政支出政策能够长期、持续地获取收益的可能性，或者其净收益流是否具有随时间变化的风险弹性。在此，风险弹性主要是指政策面对着各种风险（如经济和社会体制改革、技术变革等），仍能够实现或保持预期的收益。

6. 公众满意度评价

与上述几个评价标准不同，公众满意度是一种公众对接受的政府公共服务的综合性评价。该评价是公众对使用公共服务后的产生的实际效果与主观感受之间的反映，可以用公式 $PSI=q/e$ 来表示。其中，PSI 为公众满意度；q 代表着公众对服务的感知；e 代表公众期望。PSI 数值越大，表示公众满意度越高，战略实施效果符合公众预期，满足其需求；反之，PSI 数值越小，公众满意度越低。基于此，公众满意度就是公众对公共政策绩效的评价与他们对此政策期望值之间的差距。

上述 6 个评价标准中，除了相关性（分析政策设计的合理性）外，其余的 5 个评价标准（效果、效率、公平、可持续性与公众满意度）都反映了公共政策的实施结果。可以看出，此 6 个评价标准及其指标之间不仅是相互联系的，还是相互影响的。这种相互影响表现在了各个评价标准分值的确定上，就是不能孤立地分别对各个评价标准及指标打分，必须要同时考虑它们之间的相互影响。其中，相关性的评价分值对其他各个评价标准的分值确定都有着重要影响。效果性的评价分值则对其他评价标准及整个政策的分值确定都有着"决定性"的影响。这意味着，若政策的效果性评分较差，不仅影响其本身分值，其他的评价标准如效率性、公平性、可持续性、公众满意度绩效与政策的整体绩效也会较差。

9.3.3 结果演进逻辑评价框架的实践应用

2021年10月,农业农村部工程建设服务中心(以下简称"工程中心")受部计划财务司委托,承担农机深松整地财政补助政策绩效评价工作。农机深松整地政策主要依据《全国农机深松整地作业实施规划(2016—2020年)》而设立。其主要目标是,2018—2020年全国规划实施农机深松整地每年深松约1.5亿亩,三年总量达到4.76亿亩次,并实现适宜深松土地全覆盖;提升耕地质量,改善农田生态环境;增加粮食产量,保障国家的粮食安全;增加农民收入,调动农民深松整地积极性。"工程中心"对该政策的评价即采用了上述的政策评价的结果演进逻辑框架,其评价的具体内容包括六个方面(维度):相关性、效果性、效率性、公平性、可持续性、满意度。[①]

(1)相关性。一是评估政策绩效目标的适当性,主要分析绩效目标与受益地区发展需求、政策受众需求以及国家、行业发展战略目标是否一致;二是评估政策设计的适当性,主要分析实施方案与政策绩效目标是否一致,即是否能很好地实现绩效目标。

(2)效果性。主要评估政策绩效目标实现程度,主要包括政策产出和政策效果两方面。其中,政策产出评估政策实施的直接产出,如完成的耕地深松面积、完成培训人数;政策效果评估由政策产出带来的效果变化,如耕地质量提升、亩产量提高等。

(3)效率性。主要评估政策的成本效益性,亦即联系政策成本进一步分析政策的效果性,主要用单位产出成本和单位效果成本两项指标进行评估。

(4)公平性。主要评估所有的目标群体是否有公平的机会或便利的条件了解政策内容及享受政策收益。主要用目标群体政策知晓度、受惠(益)覆盖率两项指标进行评估。

(5)可持续性。主要评估政策收益随着时间的推移是否具有可持续性,着重对促进农机深松整地财政补助政策长期实施和达到稳定效果的保障措施进行评估,如有无长期的政策实施规划、后续的资金保障等。

(6)满意度。主要评估政策实施主体和受益主体两方面满意度。针对三项政策,按照上述两类主体分别设计调查问卷(每类主体中不同的人群应全面涵盖),通过问卷反映满意度情况。

具体见表9-2。

---

① 农业农村部工程建设服务中心《中央财政农业相关转移支付政策评价方案》。该政策评价实施方案由作者(施青军)于2021年11月代为"工程中心"制定,并经"工程中心"讨论通过。

表 9-2 农机深松整地政策绩效评价指标框架

一级指标（评价维度）	分值	二级指标（评价问题）	分值	三级指标	分值	评价要点	评分标准及评分规则	评分依据
相关性	20	绩效目标与耕地深松需求是否匹配？	6	绩效目标明确性	2	绩效目标是否细化，是否有相应的绩效指标及目标值。	有明确和细化的指标及目标值，得2分；无细化指标或目标值得1分，两者均缺得0分。	
				深松需求明确性	2	对农户耕地深松需求是否了解。耕地的深松需求是指，按照当地耕地深松间隔年限标准，农户每年实际有支付能力的深松的耕地面积。	耕地的深松需求明确得2分，不明确为0分。	
				绩效目标与需求一致性	2	分析政策的绩效目标是否与当地农户耕地的深松需求是否一致。	完全一致得2分，50%一致得1分，否则，得0分。	
		实施方案与绩效目标是否匹配？	4	实施方案明确性	2	重点了解以下两项内容：①耕地深松补助对象选择条件是否明确；②预算分配是否有标准，如有标准，标准是否合理。	具备①②，各增加分值50%。	
				实施方案合理性	2	实施方案是否为实现绩效目标的最佳选择，重点了解：①实现该目标是否还有其他更好方案；②选择最佳方案的标准是什么，是否合理。	如没有其他更好实施方案，得1分，否则，得0分。最佳方案选择的标准合理得1合理得0分。	
		预算安排与绩效目标是否匹配？	10	资金分配占比	5	了解实际安排用于农机深松整地任务的中央财政资金情况。计算公式为：实际拨付到县用于农机深松整地任务的中央财政资金/下达到省的中央财政资金×100%。	按比例计算分值。	

续表

一级指标（评价维度）	分值	二级指标（评价问题）	分值	三级指标	分值	评价要点	评分标准及评分规则	评分依据
相关性	20	预算安排与绩效目标是否匹配？	10	补助标准合理性	5	主要分析中央补助部分占总成本的比例。	大于等于预期或规定成本比例得满分，小于预期或规定成本比例酌情扣分。	
效果性	30	政策是否实现了预定绩效目标？	15	深松作业面积	5	当年完成深松作业面积。数据来源于深松作业监管平台，查看抽查县上报数据与监管平台数据是否一致。	按完成比例计算分值。	
				深松作业质量	5	达到当地深松标准，且不低于25cm。	查看核验意见。	
					5	不漏耕，符合国标要求。	查看核验意见。	
		政策是否实现了预期效果？	15	亩均增产	7	调查参加耕地深松农民，分析和评价其耕地深松前后作物亩产的变化情况。	有显著增产的，得满分，无显著增产的酌情扣分。	
				耕地质量提升	8	评价耕地深松前后指标变化情况：①土壤耕层结构改善，重点了解土壤容重及坚实度降低和空隙度增加情况；②土壤和作物蓄水保墒能力提升，重点了解田间蓄水量和作物耐旱时间增加情况；数据获取困难的，也可用已深松耕地与深松耕地指标代替数据。	符合①②，各增加50%分值。	

续表

一级指标（评价维度）	分值	二级指标（评价问题）	分值	三级指标	分值	评价要点	评分标准及评分规则	评分依据
效率性	20	政策资源投入是否经济有效？	20	单位深松面积成本纵向比较	10	评价亩均深松面积成本变化情况（全部成本/深松整地面积）。与往年同比，单位深松整地面积成本是否增加或减少。单位深松面积成本可用亩均深松整地收费标准数据代替。	成本减少或持平得满分；成本增加，根据合理与否酌情扣分，不合理增加，不得分。	
				深松耕地亩均产量提高所需成本纵向比较	10	评价深松整地单位产量提高成本变化情况（全部成本/深松耕地产量）。与往年同比，评价深松耕地单位产出成本是否增加或减少。	成本减少或持平得满分；成本增加，根据合理与否酌情扣分，不合理增加，不得分。	
公平性	10	各相关主体是否拥有同等获取渠道的信息？	5	政策知晓度	5	了解政策透明程度，宣传是否到位。拥有深松作业能力的合作社、家庭农场等农业经营主体都知晓补助政策内容。	通过问卷和座谈结果计算分值。	
		是否采取措施提高弱势群体的受益程度？	5	政策受益度	5	了解当地各目标群体的政策受益情况。重点了解：符合申领补助条件的主体数量、补助对象筛选标准、未申领到补助的主体数量，特别是弱势群体未申领到补助的数量及原因。	通过相关的监测数据，辅以问卷和座谈结果计算分值。	
可持续性	10	政策的实施计划是否具有可持续性？	5	制度保障	5	有无制定长期的深松作业规划或计划。	如有长期计划，得满分；如没有，不得分。	

续表

一级指标 （评价维度）	分值	二级指标（评价问题）	分值	三级指标	分值	评价要点	评分标准及评分规则	评分依据
可持续性	10	实施计划执行是否具有可持续性？	5	执行有效性	5	是否按深松作业规划或计划实施，做到适宜深耕地块全覆盖。	按长期计划执行，得满分，未按长期计划执行不得分。	
满意度	10	政策的相关主体是否满意？	10	经营主体满意度	5	深松作业实施主体（承担农机深松作业任务的农业生产服务组织及个人等）满意度的调查。通过问卷调查与重点访谈（3~5个类型主体）。	根据问卷和座谈结果计算分值。	
				政策受众满意度	5	接受深松作业的实际种粮农民对政策效果、效率及公平的满意度。	通过问卷和座谈结果计算分值。	
合计	100		100		100			

9.4　总结性评价的程序与方法

> 我们不但要提出任务,而且要解决完成任务的方法问题。我们的任务是过河,但是没有桥或没有船就不能过。不解决桥或船的问题,过河就是一句空话。
>
> ——毛泽东

评价程序是指绩效评价工作应遵循的步骤。总结性评价的程序与方法一般包括如下五个步骤:其一,与主要的利益相关者进行磋商;其二,评估或建立变革理论;其三,构建评价设计矩阵(或框架);其四,实施绩效评价;其五,撰写评价报告与评价结果运用等。

9.4.1　与主要利益相关者进行磋商

在评价计划阶段,评价人员通常需要与主要利益相关者就**评价任务大纲**(terms of reference,TOR)进行讨论和磋商,以便清楚地了解利益相关者对评价的目的和范围、需要的资源以及评价报告要求等提出的不同看法与要求,并且与之达成共识。

评价任务大纲(TOR)载明了评价的目的和范围、评价使用的方法、绩效评价标准(准则)、需要的资源、时间安排和评价报告要求,是整个绩效评价工作必须遵循的一个核心文件。如果没有与利益相关者进行磋商,那么后续评价工作就难以得到利益相关者的积极支持和配合。

由于利益相关者比较多,因此辨别关键的利益相关者至关重要。利益相关者并不都是一样的,不同的利益相关者在绩效评价中扮演着不同的角色。一般而言,项目主管部门、项目投资人(组织)、项目执行机构、项目购买者、项目的受益人和受害者等,都是关键的利益相关者。为了进一步分清主次,评价人员不妨按照他们对评价的重要性大小来排列一个粗略的顺序。当然,这一顺序可能会因问题的不同而有变化,但这个大致的排序会让评价人员意识到利益相关者最关注的事情。对利益相关者进行分类和排序有很多的方法,伊登和阿克曼提出的权力 VS 利益网络就是一个常用的方法。权力 VS 利益网络主要按照利益相关者对评价的关注、资源或产出方面所施加的影响大小以及在对评价的关注、资源或产出方面的利益大小进行排列的。据此,可将利益相关者分为如下四类[①]:

- 拥有高影响力和高利益的群体被称为局中人(player)。
- 拥有高影响力和低利益的群体被称为情景设置者(context setters),因为他们利用权

[①] 约翰·布赖森. 公共与非营利组织战略规划[M]. 第三版. 孙春霞,译. 北京:北京大学出版社,2010:93.

力设置了情景却不愿意成为局中人。
- 拥有低影响力和高利益的群体被称为主体（subjects），因为他们受制于他人的权力。
- 影响力和利益都很小的群体被称为群众（crowd）。

不同的利益相关者对评价通常会有不同的看法和要求。受时间和资源的制约，评价者不可能在一个评价中考虑到全部利益相关者的利益。为此，评价者必须就评价所需回答的问题与用户签订严格的协议。这个过程中，评价者需要"告诉他们要在预算范围内工作的现实，澄清每个问题的相对重要性，并且要明确那些通过评价仍旧不能解答的问题"。①

9.4.2 评估政策（项目）变革理论

项目变革理论提供了关于项目如何达到预期结果的一个简明的、视觉化的映像。这样的因果关系模型对评价者理解项目的运行原理及开展总结性评价来说都大有益处。为此，评价人员通常需要对项目的变革理论进行评估。评估主要基于以前类似的情况和文献研究，判定是否能实现期望中的结果。评估的目的是避免因不良设计造成的失败，因为不良设计不能产生预期的成效，或只能产生少量的成效。基于该评估工作的重要性，世界银行评价专家琳达和雷认为，"不管是在研究的事前阶段还是事后阶段，评价的基本逻辑或变革理论都是一个重要的话题"。②

但是，在实际的政策绩效评价工作中，经常缺乏明确的变革理论。为此，评价人员就需要在文献研究和咨询的基础上构建一个变革理论。一般来说，构建项目变革理论首先要了解项目（政策）所要解决的问题和实现的目标，然后，明确公共项目（政策）的各个组成部分及其相互之间的关系，也就是明确公共项目（政策）的逻辑和关键假设，并就它们与利益相关者达成共识。达成共识之后，将其放入一个绘制的事件链中，形成一个项目变革理论图表。③ 表 9-3 列示了构建项目变革理论的一个基本框架。

表 9-3 构建项目变革理论的基本框架

项目实施				预期结果（成效）			
投入	项目活动	实施目标	产出	链接构念	短期成效	中期成效	影响
• 资金 • 人力 • 设备 • 场所	主要的项目活动群	• 为了提供…… • 为了给…… • 为了做…… • 为了使……	• 完成的工作 • 完成的项目活动	将产出和结果链接在一起的过渡因素	• 由项目的设计所决定 • 和项目目标相关的结果和影响		

资料来源：詹姆斯•麦克戴维、劳拉•霍索恩《项目评价与绩效测量：实践入门》，第40页。

---

① 詹姆斯•麦克戴维、劳拉•霍索恩《项目评价与绩效测量：实践入门》，第24页。
② 琳达、雷：《通向结果之路》（2011年中文版），第106页。
③ 参见本书第5章5.3节。

9.4.3 构建绩效评价矩阵

开展总结性评价之前，需要进行评价设计。构建绩效评价矩阵的目的就是进行评价设计，以便组织好评价目的和内容，并且保证评价内容（或问题）与合适的评价指标及相应的数据收集和分析方法相匹配。一般来说，绩效评价矩阵包括以下要素：评价维度（或准则）、子问题、评价指标、评价方案、基线数据、绩效目标（标准）、证据或数据来源、数据收集与分析工具等（参见图6-1）。

第一，确定评价维度（准则）。上文的"相关性、效果、效率、公平、可持续性和公众满意度"就可作为总结性评价的评价维度。第二，针对每个评价维度，列出若干子问题。第三，针对每个评价维度及其评价子问题，开发相应的评价指标。第四，确定评价方案，针对每个子问题选择恰当的评价设计。第五，列出评价指标相对应的基线数据与目标（或标准）。第六，列出每个指标的数据来源，采用的数据收集工具及数据分析方法。

9.4.4 实施绩效评价

在绩效评价实施阶段，评价人员的主要任务是围绕评价指标收集、分析和解读绩效数据。根据指标的不同类型，数据的收集方法可以分为两类：定量方法与定性方法。定量方法主要有以下四种方法：机构记录、客户调查、观察员评级（即训练有素的观察员报告）和专项的机械测量和测试等。其中，最为常用的是前两种方法。

机构记录是总结性评价的一个常见的信息来源。机构记录包括政府部门数据库、公益性组织记录和代理机构记录等，这些都属于现存的数据资源。现存的数据资源可以为评价提供许多重要的绩效信息，例如：警察、消防等电话服务的及时性与回应时间数据，收到的客户抱怨数量，参与娱乐服务、图书馆服务及社会服务项目的人数，发生交通事故的数量及伤亡人数，接受政府援助的人数，累犯人员比例等。使用现存数据的主要优点是成本较低，容易获取，缺点主要是需要验证数据的有效性和可信度。因此，当使用现存数据的时候，就很有必要知道这些数据是如何收集到的，变量是如何定义的，数据是如何编码及清理的，包括丢失数据、无回答、回收率低等问题是如何处理的。一般而言，评价人员在决定是否使用现存（二手）数据做分析的时候，需要考虑以下关键问题：（1）现有的数据是否有效？（2）现有的数据是否可靠？（3）现有的数据是否准确？（4）反馈率以及数据缺失率是多少？[①]

客户调查是总结性评价的另一个重要信息来源。与机构记录不同，客户调查提供的是原始绩效信息，因此其数据的有效性和可信度较高。评价者可以针对服务质

---

① 琳达、雷：《通向结果之路》（2011年中文版），第223页。

量、项目成效和客户满意度等，对顾客及其他利益相关者进行电话、邮件和其他问卷调查等形式的调查。专业化的客户调查，是总结性评价获取可靠的顾客反馈和项目结果信息的一个主要途径（见专栏9-7）。专业化客户调查可以是结构化的，也可以是半结构化的。结构化调查是用相同的方法收集所有数据，半结构化的调查则并非每次数据的收集都用完全相同的方法。比起结构化调查，半结构化的调查更为开放和多变，它能够使受访者以自己的方式回答评价人员的问题。

专栏9-7 客户调查可获取的重要绩效信息

- 接受服务后顾客的状况与态度，以及服务结果。
- 接受项目服务后顾客的行动或行为。
- 对服务的总满意度。
- 对具体服务的质量评级。
- 对服务的利用程度。
- 对服务的认识程度。
- 对服务不满意，或者不利用的原因。
- 改进服务的建议。
- 顾客的人口统计信息。

资料来源：哈维·哈特里《绩效测量》，1999，P76。

相对于半结构化的调查方法，定性的数据收集方法更加开放，并且对于收集和分析那些不容易转化为数字的数据更为重要。这些方法和数据来源一般包括：访谈、焦点小组（focus group）、叙事型数据、通过观察得来的田野笔记以及记录下来的各种文件。通常，定性方法选择的样本数量较小。对于定性分析来说，掌握访谈和观察能力是评价者必需的基本技能。相比之下，定量方法主要使用相对较大的样本获取数据，并且使用统计程序来描述以及推广变量之间的关系。

无论是定量方法还是定性方法，数据收集完之后，评价者都要进行数据的分析，因为"绩效数据不会自己说明结果产生的原因"[①]。为此，将数据转换为对结果的解释，是评价者应该且必须要做的工作。与数据收集相同，数据的分析也分为定性分析和定量分析。定量分析主要用来描述和分析收集来的定量数据，定性分析则主要用来获取对干预活动的深入理解。相对于定性分析，定量分析往往要用统计分析的方法，如描述性统计和推断性统计方法。

---

① 维诺德·托马斯.公共项目与绩效评估：国际经验[M].施青军，等，译.北京：中国劳动社会保障出版社，2015：144.

9.4.5 撰写评价报告

总结性评价报告一般包括执行摘要、报告正文及附件三个部分。

1. 执行摘要

为了使利益相关者能够迅速了解绩效评价结果，需要编写评价的执行摘要，提炼总结性评价报告的主要信息。执行摘要一般包含三个方面内容：概述、绩效评价描述和评价的结论、经验教训和建议。

在概述部分，首先需要说明评价项目的背景、目标、投入情况、活动内容和实施情况，使受众能够了解政府绩效评价项目的基本情况。其次，阐述绩效评价的目的和实施过程，使受众能够通过绩效评价的实施过程，判断绩效评价结果的可靠性。在绩效评价描述与评价结论部分，首先概要介绍报告的主要发现，并找出对读者或受众最重要的内容，随后列出主要的评价结论。在经验教训和建议部分，将经验、教训和建议以简练的语言逐条列出，帮助受众迅速了解评价报告中可供分享的知识。

2. 报告正文

总结性评价报告正文一般包括：

（1）项目描述。主要对评价项目的背景、项目的目标、投入情况、活动内容和实施情况进行简要的说明。

（2）绩效评价概述。主要对绩效评价活动的目的、评价的范围、评价的框架、评价的方法、评价的实施过程以及评价的局限性进行说明，以便使受众能够通过该部分来判断绩效评价本身的质量，从而判断评价的结论、经验、教训和建议的可靠性。

（3）评价发现、结论、经验教训和建议。在评价工作描述之后是评价结果，包括评价发现、结论、经验教训和建议。应当围绕研究问题、主题来组织评价结果，并应用便于受众或读者理解的方式来展示结果，使用图、表等形式来突出要点。经验教训和建议主要是为有需要的受众（如上级管理部门或有相似项目的部门）提供经验参考。

3. 附件

附件主要是对执行摘要和报告正文的补充，如项目的变革理论、评价任务大纲、绩效评价指标框架、访谈人员的名单、地址和记录、访谈提纲、利益相关者对报告的反馈意见、主要参阅的文件记录等。总之，评价人员认为有助于增强绩效评价报告可信度、说明绩效评价报告质量的文件都可以在附件中体现。

9.4.6 评价结果运用

总结性评价的结果运用通常包括:

(1) 向议会(人大)和公众提供客观、可靠的政府绩效信息,促进政府问责,以实现和落实政府的责任。

(2) 向政策的制定者和一线的管理者提供经验与教训的反馈,改进和完善政府的决策与管理,以优化资源的配置,并提高公共服务供给的质量和效率。

(3) 把评价的结果运用到领导班子考核、干部选拔任用、公务员考核管理以及财政预算、机构编制等方面,加大奖优治庸罚劣力度,以改进政府的激励。

复习思考题

1. 什么是总结性评价?其主要的特点是什么?
2. 为什么要开展总结性评价?它有哪些优势?
3. 总结性评价有何局限?这些局限意味着什么?
4. 总结性评价有哪几种类型?常见类型是什么?
5. 总结性评价应关注何种结果?为什么不应忽略重要的效果目标?
6. 总结性评价包括三个主要部分:分析干预(政策)目标、测量干预(政策)效果、总结经验与教训。谈谈你对这段话的认识和理解。

第 10 章　形成性评价与前瞻性评价

10.1　形成性评价的特点与作用

　　评价必须及时，即在决策需要时可以用得上。这就是说，评价在项目或计划实施的各个阶段都发挥着重要作用，因此不应仅仅当作一项事后的工作来开展。

——OECD/DAC，2002

　　绩效评价不仅包括总结性评价（后评价），还包括形成性评价（formative evaluation）。总结性评价一般在项目结束后进行，注重于评价项目、计划和政策的结果和影响，旨在总结项目的经验或教训，为未来项目的建设提供经验和决策参考；形成性的评价（过程评价），绝大多数在项目的实施阶段进行，注重于项目、计划和政策的执行和改进。两种绩效评价，司职于项目（或政策）管理的不同阶段，发挥着各自不同的作用。

10.1.1　形成性评价的性质与特点

　　对形成性评价问题的研究，最早可以追溯到 20 世纪的 60 年代。有学者提出，在项目（或政策）结束后才进行评价，即使发现问题，对已结束的项目也起不到改进作用。[1] 在此背景下，学术界逐渐形成了形成性评价的思想，并将绩效评价分为了形成性评价和总结性评价两大类。但是在对绩效评价的探讨过程中，学者们对于形成性评价与总结性评价的评价内容和目的存在着比较多的争论。如有的学者认为，形成性评价是为总结性评价服务的，并默认形成性评价是过程评价，而总结性评价是结果评价。[2] 还有的学者认为形成性评价与总结性评价都应该关注过程与结果，无论过程评价还是结果评价，不应该作为形成性评价和总结性评价的区别。总结性评价集中于价值判断，包括判断项目目标达成的程度，总结目标达成条件并判断是否

---

[1]　Cronbach, Lee, J. Course Improvement Through Evaluation [J]. *Teachers College Record,* 64, 1963: 672-683.
[2]　Scriven, M, Beyond Formative and Summative Evaluation [A], In M. W. Mclaughlin&D.D.Phillips（Eds.）, *Evaluation and education: at quarter century* [C]. Chicago: University of Chicago press, 1991: 19-64.

能够普及,[1] 其目的主要是影响政策或预算的决策;而形成性评价则聚焦于项目过程的改善,并反馈项目目标实现过程中的经验及教训,同时为总结性评价做好准备,其目的是提高正在运行的政策和项目的绩效。[2]

目前,国际上广泛采用项目逻辑模型(变革理论)来分析和界定形成性评价和总结性评价。[3] 如图10-1所示,从投入到产出(也包含短期成效)主要是形成性评价关注的范围;从短期成效到影响(长期成效)主要是总结性评价的关注领域。形成性评价重在研究项目或政策执行的方式,主要检测其事先假设的"运行逻辑"与实际情况是否一致,其关心的主要问题包括相关性、效率、效果以及经验教训等。该评价大多数是在项目或计划执行阶段进行的,由于侧重于运行阶段,也被称作过程评价。如果评价是在中间阶段进行,形成性评价又可以称为中期评价(midterm evaluation)。中期评价是形成性评价的一种特殊的类型。总结性评价经常被称为结果或影响评价,一般在项目完成后进行,主要评价项目预期结果的实现程度。其关心的主要问题包括:相关性、效果、影响、可持续性、外部效用以及经验教训等。

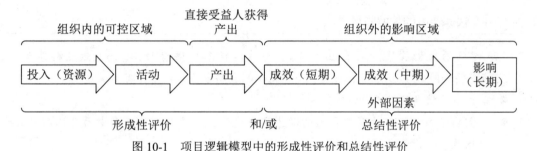

图10-1 项目逻辑模型中的形成性评价和总结性评价

根据上述的界定,我们可以把形成性评价的性质与特点概括如下:形成性评价是**为了改善项目绩效,通常在项目或计划实施阶段进行的评价活动**。它具有以下特点:首先,评价目的。形成性评价的目的是为项目(政策)提供评价信息,用于改进项目(政策)绩效。其次,评价组织。形成性评价是通过委托第三方,为了实现过程改进而设计并执行的评价活动,评价结果反馈给项目方以帮助项目绩效的提高。再次,评价本质。形成性评价是一个产生知识的(knowledge-generating)、发展的、过程性的评价,主要用来支持项目的改进。[4] 最后,评价的内容。形成性评价侧重于实施的细节,例如各项活动是否已按照计划实施或尚未实施?计划与实际实施

---

[1] Michael, Q. P. Developmental evaluation [J]. *Evaluation Practice*, 1994, Vol.15(3): 311-319.
[2] Wholey, J. S.. Assessing the feasibility and likely usefulness of evaluation [A]. In J. S. Wholey, H.Harty, & K. Newcomer(Eds.). *Handbook of practical program evaluation*, San Francisco: Jossey-Bass, 1994: 15-39.
[3] Linda G. Morra Imas, Ray C.Rist. *The Road to Results* [M]. The World Bank, 2009: 71.
[4] Michael Quinn Patton, A World Larger than Formative and Summative [J]. *American Journal of Evaluation*, 1996, Vol.17: 131-143.

之间存在哪些偏差？成本在何种程度上是适当的并与计划成本接近的？员工的资格和能力如何？具备哪些财力、设备、人力？获得哪些政治支持？在实施阶段出现了哪些未预见的结果？实施阶段是长期的还是短期的？等等。这里强调的是对实施过程的研究。管理人员可根据这些信息来确定他们是否需要进行中期修正以达成预期成效。①

形成性评价最大的特点就是提供决策和管理所需要的"即时"的信息，因此它实际是一种实时评价（real-time evaluation）。在国际上，实时评价是一种新的评价方式，从2000年开始发展起来，评价的内容主要为：项目设计的现实性和实用性、项目如何更好瞄准预期的目标受益者、项目执行的方法等。目前，各国广为开展的快速评价也是一种实时评价。快速评价的特点是运用多种数据收集方法来进行评价（专栏10-1）。"快速评价方法……（被认为是）根据应用研究的目标来进行的；也就是说，该方法为决策者在项目或计划调整时提供及时、相关的信息。应用研究的目的是……推进现实环境中更为理性的决策过程。"②

专栏10-1　快速评价的数据收集方法

快速评价的数据收集方法有五种：(a) 与关键信息提供者面谈；(b) 焦点群体面谈；(c) 社区访谈；(d) 有组织地直接观察；(e) 调查。这些方法对以下情况尤其适用：
- 当描述的信息足以进行决策时。
- 当需要了解可能影响员工行为的动力和态度时，尤其是影响活动中的目标人群或利益相关者的行为时。
- 当需要对获得的数据信息进行分析解释时。
- 当研究的主要目的是提出意见或建议时。
- 在更加复杂、全面的研究中，需要对问题、假设和建议进行扩展时。

资料来源：库赛克和瑞斯特《十步法：以结果为导向的监测与评价体系》，2011

10.1.2　形成性评价的意义和作用

绩效评价是一个对政府行为和结果的信息反馈系统。为了有效地促进和完善政府决策和管理，评价信息不仅要求是客观的和可靠的，而且要求必须是及时的。换言之，评价信息必须要在决策和管理需要的时候提供。正如古谚语里所说，时机虽然不是一切，但它几乎就是一切。如果评价信息的提供与决策者的应用之间间隔太

---

① Jody Zall Kusek, Ray C. Rist. *A hand book for development Practitioners: Ten steps to a Results-based Monitoring and Evaluation System,* The WORLD BANK, Washington,DC, 2004: 225.
② 引自库赛克、瑞斯特《十步法：以结果为导向的监测与评价体系》，第133页。

长，那么信息就可能被遗忘或者过时。在决策之后才提供信息，是对资源的浪费。[①]
总结性评价一般都是事后评价，提供的主要是一种"过去"的信息。因此，它不能提供决策和管理所需要的"即时"的信息。形成性评价则能够克服总结性评价的缺陷，为决策和管理提供即时的信息反馈，促进政策（或项目）的绩效改善。特别是形成性评价往往能揭示出结果链中的一些重要的和经常被忽略的环节，为政策（或项目）制定者提供一些应当注意的关键事项，帮助他们改进政策（或项目）的绩效。具体来说，形成性评价的作用主要有三个方面：

第一，促进政策或项目的改进与完善。如上所述，形成性评价是一个产生知识的、发展的、过程性的评价，主要用来支持项目的改进。因此，形成性评价的主要职能就是通过检查政策（项目）的过程与实施，促进政策（项目）的绩效改进。例如在金融危机时期，美国政府问责办公室（GAO）对美国的《复兴和再投资法案》2009年实施的一揽子经济刺激方案进行了形成性评价。评价报告指出了一揽子经济刺激方案需要改正的地方，许多的建议很快付诸实施。英国的国家审计办公室也在一系列报告中检查其金融危机的应对问题，至少是在最初阶段主要关注了执行的问题。在我国，形成性评价也发挥着重要的作用。2014年6月，国务院委托全国工商联、国家行政学院等评估机构对"落实企业投资自主权，向非国有资本推出一批投资项目的政策措施""取消和下放行政审批事项、激发企业和市场活力"等部分出台政策措施的落实情况进行了第三方评估（即形成性评价）。此次评估发现了不少的"真问题"，比如，民营企业在市场准入方面仍遭遇不少体制性和政策性障碍；部分实施细则不具体、操作性不强或门槛设置过高，实践中很难落实；对政策落实缺乏考核监督，一些法律规章也没有及时地做出调整；等等。针对这些问题，国务院对症下药，推出了为民间投资参与市场竞争"松绑开路"的五大举措，即：坚决打破各种对民间投资制造隐形障碍的"玻璃门""弹簧门"，彻底拆除"表面迎进去、实际推出来"的"旋转门"，尽快在金融、石油、电力、铁路、电信、资源开发、公用事业等领域向民间资本推出一批符合产业导向、有利于转型升级的项目，全面清理和修订有关民间投资的行政法规、部门规章及规范性文件。

第二，有助于及时地终止一些无效的政策或项目，使人们避免犯代价很大的错误，并防止遭受实际的损害。例如美国的防止药物滥用教育项目，其目的在于阻止年轻人使用被控制的药物。该项目被认为是有效的，最后被全国75%的学区采用。但是，形成性评价发现它并不是有效的，而是浪费了财政资源和学校时间。再如美国的震慑从善项目（scared straight），旨在通过带领高危青少年访问监狱，并听取罪

---

① 维诺德·托马斯、骆许蓓.公共项目与绩效评估：国际经验[M].施青军，等，译.北京：中国劳动社会保障出版社，2015：144.

犯们讲述他们犯罪道路的经历来减少青少年犯罪。但是形成性评价却表明，这个有着良好意图的项目却导致了项目的参与者的青少年犯罪比率比未参与者的更高。这说明，该项目不仅不会达到预期的目标，而且可能会适得其反。由于形成性评价提供了有效的证据，美国政府及时终止了上述两个项目。[①]

第三，支持有效政策（项目）的继续和扩大。许多正在实施的政策（项目）能否继续和扩大，往往存在很多争议或不确定性。形成性评价通过检查政策（项目）的相关性、效率、效果以及风险管理等，可以给有效的政策或项目以强有力的支持。如墨西哥的有附带条件的转移支付项目——普罗雷萨（Progresa）即是一个例子。通过形成性评价，发现该项目前期在教育、卫生、劳动力供给和消费方面都有着积极的影响。这些积极的结果不仅帮助说服了管理者保持了该项目，而且还使该项目扩大到了新的领域，并给予了项目最初覆盖区域更多的孩子参与资格。[②]

总之，形成性评价的主要作用就是为政府决策和管理提供及时的信息反馈。在一个不确定性的世界中，形成性评价可根据现有的最佳证据，为政策或项目提供一些重要的、即时的信息。依据这些重要的信息，对项目或政策过程甚至是做微小的修正，都可以产生很大影响。如果我们固守传统的事后评价，那么就可能会失去学习和达到更好结果的机会。

10.2　形成性评价的指标设计

一旦一个项目被归入形成性评价，其评价过程就和总结性评价过程大不相同。而且项目管理者对这两种评价的反应也是大不相同。

——［加］詹姆斯·麦克戴维，2011

10.2.1　形成性评价的评价维度

形成性评价是为了改善项目绩效，通常在项目或计划实施阶段进行的评价活动，重在研究项目或政策执行的方式，其关心的主要问题包括相关性、效率、效果以及经验教训等。因此，形成性评价的评价维度包括相关性、效率、效果和风险控制，而不包括可持续性和影响评价。可持续性和影响评价主要是针对总结性评价而言的。相关性、效率、效果和风险控制四个维度虽然既可用于总结性评价，也可用于形成性评价，但是它们的侧重点有着显著不同。由于形成性评价是一种**过程性的评价**，

---

① 维诺德·托马斯、骆许蓓. 公共项目与绩效评估：国际经验[M]. 施青军，等，译. 北京：中国劳动社会保障出版社，147.
② 同上书，第147-148页。

因此，形成性评价的评价维度均带有"过程性"的特点。以下，我们主要从评价维度与逻辑模型之间的联系（图 10-2）出发，分析形成性评价维度的具体内容及特点。

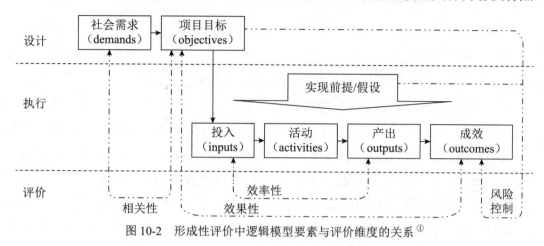

图 10-2　形成性评价中逻辑模型要素与评价维度的关系①

1. 相关性（relevance）

如图 10-2 所示，相关性主要分析项目或政策实施之后，其目标和设计与地区（受益者）的发展需求的一致性。具体的内容有二：其一，分析项目或政策目标与地区发展需求的一致性，也就是检查项目实施后项目或政策目标是否仍然针对当地的实际需求，解决当地的实际问题。其二，检查项目或政策设计的适当性，即评价项目或政策活动和产出与其预期成效（目标）及地方需求是否一致。

可以看出，相关性评价的核心是需求分析，主要关注的是项目所提供的服务和社会的需求之间的差距。通常，评价者通过调查现有的及潜在的用户来了解他们对已有的项目的感受，并询问他们关于需求和他们获得的服务之间的差距。为了保证需求分析的质量，在设计和实施需求分析时需要注意抽样的问题，也要注意调查问卷的设计和实施。

社会需求是不断变化的。公共政策或项目是实现国家和地区发展战略，满足社会发展需求的重要工具和手段，其目标必须自始至终与国家/地区的发展战略、政策，特别是地方发展或受益群体的需求保持一致。为此，形成性评价中，进行相关性分析必须要密切关注社会需求及地区发展战略的变化，不能只是简单地与过去制定的国家/地区的发展战略相对照。例如水资源项目，随着水资源问题的日益严峻，我国对水资源的需求已发生了明显的变化。过去水资源项目主要关注的是水资源的可利用问题（即可及性），现在需要关注的则是水资源的管理和可持续利用的问题。因此，水资源可持续性管理的需求引发了新的亟须解决的问题。在这种情况下，就需要通过相关性评价跟踪项目与国家/地区的战略和需求变化，在必要时做出更改与

---

① 引自赵敏，彭润中．国际组织绩效评价的比较研究及启示［J］．财政研究，2010（8）：42-45.

调整，以提高项目对环境变化的适应性，确保项目（政策）的成功。

2. 效果性（effectiveness）

如图 10-2 所示，效果性评价主要分析项目或政策目标的实现情况。对形成性评价来说，主要内容有二：一是分析阶段性目标（产出或短期成效）实现情况；二是分析产出与短期成效、中间成效与最终成效之间的联系环节。

如上所述，形成性评价和总结性评价司职于项目（或政策）管理的不同阶段。从投入到产出（也可包含短期成效）主要是形成性评价关注的范围；从短期成效到影响（即长期成效）则主要是总结性评价关注的领域（见图 10-1）。因此，在形成性评价中，效果性评价针对的目标主要是产出和短期成效。为此，形成性评价中目标的实现情况主要分析项目产出或短期成效是否实现，以及实现的程度如何。

通过评价，如果发现项目阶段性目标全部按计划实现，那么接下来需要分析结果链中联结行动与结果的一些关键环节（主要是产出、短期成效与最终成效之间的联系环节）有无断裂或者缺失。如果其间的某些关键的环节缺失，阶段性目标的实现便不可能带来最终目标的实现。在这种情况下，我们就不能仅仅依据前者而断定该项目或政策的效果为"满意"。比如，对于一个教育项目来说，提高学生入学率和保有率（阶段性目标）有助于提高学生的学习成效（最终目标）。但是，从提高入学率和保有率到提高学习成效之间，还有许多的中间环节——如教师的人数与质量、学校的管理与制度结构（如学校自治权与考试制度）及其他相关的环境因素等。如果上述的某些中间环节缺失，该项目即使有很高的入学率和保有率，其效果性也不能评价为"满意"。

3. 效率性（efficiency）

效率是关于资源或投入（资金、人员、时间等）转化为结果的经济性的测度，主要反映投入与产出、投入与效果的对比关系。在总结性评价中，效率关注的重点主要是项目的单位成本、内部收益率等结果性的指标；在形成性评价中，效率评价除了关注单位成本、内部收益率等结果性的指标，同时它还关注与之相紧密联系的一些过程性指标，诸如项目活动、项目资金落实与使用、项目产出完成等方面的进展情况是否按计划进行，以及项目管理情况和成本有效性情况等。过程性效率指标是结果性效率指标实现的必要条件。因此，如果过程性的效率指标没有实现，那么结果性效率指标一般也不可能实现。

形成性评价的主要目的是，提高正在运行的政策或项目的绩效，因此，它重在研究政策或项目的执行方式，主要检测项目事先假设的"运行逻辑"与实际情况是否一致，以便及时发现和纠正项目执行中存在的各种问题。"效率性"的评价体现了形成性评价的基本目的，因而也构成形成性评价的一个核心内容。

4. 风险控制（risk control）

项目在实现目标的过程中，会遇到各种不确定性事件，比如发生重大的自然灾害、出现严重的经济危机等，这些事件将对项目活动产生影响，从而影响项目目标实现的程度。这种在一定环境下和一定限期内客观存在的、影响项目目标实现的各种不确定性事件或因素就是项目（或政策）风险。经合组织（OECD）定义了项目"风险分析"的主要内涵，包括两个方面：一是项目目标完成的风险；二是项目带来不利影响的风险，如由于项目活动的开展，对人类生命、健康、财产或环境产生了潜在的有害或负面的结果。[①]世界银行称风险分析为"风险和风险管理"，主要识别并有效管理与项目相关的风险。[②]亚洲开发银行在其项目绩效监测系统（PPMS）中则称为"假设/风险"，主要分析产出结果实现的前提条件及负面影响因素。显而易见，风险分析及风险控制直接影响项目目标的实现和实际效果，因此，无疑是公共项目（政策）形成性评价关注的一个重点内容。

综上所述，形成性评价的维度主要有四个方面：相关性、效果性、效率性、风险控制。[③]其评价的逻辑为：项目是否符合战略与需要——目标达成度——目标达成效率——风险控制（图10-3）。

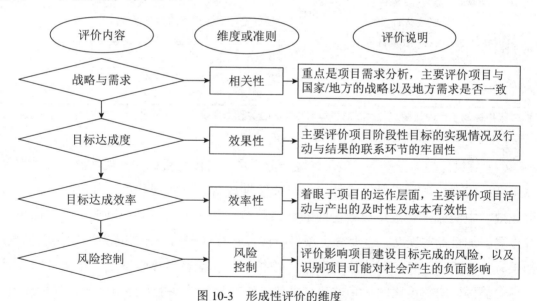

图 10-3　形成性评价的维度

---

① Development assistance Committee. *Glossary of key terms in evaluation and results based management*. www.oecd.org/dac/evaluationnetwork, 2002.

② The world bank. Development Grant Facility (DGF) Technical note: Independent Evaluation: Principles, Guidelines and good practice. www.oecd.org/dac/evaluationnetwork, 2002.

③ 在目前许多评价中，评价准则一般都出现"可持续性"准则。根据《国际金融组织贷款项目绩效评价操作指南》（2010），可持续性是指项目完工后能够持续运行和发挥成效的可能性。OECD（2002）认为，可持续性是指在主要开发援助完成后，从开发活动中获得收益的可能性。世界银行（2003）认为，可持续性是针对项目的成效和影响而言的，即成效和影响如何发挥作用。由不同机构对可持续性的定义可以看出，可持续性评价主要是针对完工项目而言的。因此，可持续性不适用于形成性评价。

10.2.2 形成性评价的指标设置[①]

评价维度(准则)是对评价对象、评价行为的类型划分,规定了评价的基本向面。评价指标则进一步说明绩效评价的具体内容。以下,我们探讨形成性评价的指标设计,其内容主要包括两个方面:一是评价指标的设置;二是评价标准(标杆)的设定。

1. 评价指标的设置

(1)相关性的指标设置。相关性主要分析项目或政策实施之后,其目标和设计与国家发展战略以及地方需求的一致性。其评价指标可以从三个方面进行设置:①项目或政策目标与国家发展战略、优先重点的相符程度;②项目或政策目标与地方需求的一致性;③项目或政策设计的适当性。其中,项目(政策)目标与地区发展需求的一致性分析是相关性评价的重点(参见表10-1)。

表 10-1 形成性评价相关性指标

评价维度	一级指标	二级指标	评价内容	数据来源与收集方法
相关性	1.1 项目/政策目标与国家发展战略的一致性	个性指标	评价之时,项目目标与国家/地区发展战略、优先重点的相符程度	
	1.2 项目/政策目标与地方发展需求的一致性	个性指标	评价之时,项目目标与国家/地区实际需求的相符程度	
	1.3 项目设计的适当性	个性指标	项目投入和活动是否与预期目标及地方需求一致	

注:二级指标属于个性指标,个性指标根据项目/政策的实际由评价人员开发设计,评价内容是对二级指标的说明,数据的来源和收集方法则与个性指标相关联。下同。

(2)效果性的指标设置。效果性主要分析项目阶段性目标的实现情况。其内容具体包括:其一,项目阶段性目标(产出或短期成效)的实现程度;其二,产出与短期成效、中间成效和最终成效之间的联系环节。其评价指标可从以下三个方面来进行设置:①目标实现度,主要分析项目阶段性目标(产出与短期成效)的实现情况。如果有多个目标,还可相应设置若干二级指标。②受益群体瞄准度,主要分析项目目标受益群体的覆盖比例。③行动与成效联结的紧密性,主要分析产出、短期成效、中间成效、最终成效之间的联系环节有无断裂(参见表10-2)。如果说目标实现度和受益群体瞄准度为"瞻前",那么,行动与成效联结的紧密性则为"顾后"。这就是说,进行效果性评价需要"瞻前顾后"。三者中,行动与成效联结的紧密性最为重要。

[①] 参见施青军、扈剑辉.政府投资项目形成性评价研究[J].中国行政管理,2014(12):43-47.

表 10-2　形成性评价效果性指标

评价维度	一级指标	二级指标	评价内容	数据来源与收集方法
效果性	2.1 目标达成度	个性指标	根据项目/政策特点，确定不同的个性指标，并评价各阶段性目标的完成情况	
	2.2 受益分配优化度	2.2.1 受益群体瞄准度	项目/政策的受益群体是否与设计时保持一致	
		2.2.2 受益群体覆盖率	项目/政策对受益群体的覆盖比例	
	2.3 行动与成效联结的紧密性	个性指标	主要分析产出、短期成效、中间成效、最终成效之间的联系环节有无断裂	

（3）效率性的指标设置。效率是关于资源或投入（资金、专业人员、时间等）转化为结果的经济性的测度，可通过两个方面来说明：①资金、专业人员、时间等资源转化的经济性，其指标可从资金到位率、项目活动开展的进度、产出完成情况、成本有效性四个方面进行设置。②项目治理结构。其指标可从项目管理机构及职责分配角度进行设置（见表10-3）。

表 10-3　形成性评价效率性指标

评价维度	一级指标	二级指标	评价内容	数据来源与收集方法
效率性	3.1 资金到位率	个性指标	根据资金的不同来源设立个性指标，并评价各资金按计划的到位率	
	3.2 项目活动进度	个性指标	评价活动的实施进度与计划进度的相符程度（包括项目按计划执行的进度、移民安置进度、环境监测、招标采购等活动等）	
	3.3 产出完成情况	个性指标	阶段性产出与计划产出的相符程度	
	3.4 成本有效性	个性指标	通过几种可选方案的优劣对比，评价目前方案或活动是否是成本有效的	
	3.5 项目治理结构	个性指标	评价内容包括组织机构设置及职责安排的合理性、各机构开展管理活动是否符合规定及是否有效等	

（4）风险控制指标的设置。风险控制从项目（政策）建设完成的风险及项目对社会负面影响出现的风险识别及控制的能力两个方面设置指标。前者揭示影响项目或政策目标实现的风险，并对项目是否有能力抵御这类风险进行评价；后者识别项目建设中或建设完成后可能对社会、环境产生的负面影响的风险，并评价项目是否对此做出必要的防范（表10-4）。

表 10-4　形成性评价风险控制指标

评价维度	一级指标	二级指标	评价内容	数据来源与收集方法
风险控制	4.1 项目目标不能实现的风险	个性指标	对项目目标实现的前提进行识别，并对其对项目目标实现的影响进行评价	
	4.2 项目产生负面影响的可能性	个性指标	评价项目建设或完工后，对社会经济、环境等可能产生的负面影响，并评价是否采取了有效措施对其进行控制	

2. 评价标准的设定

绩效评价后的数据需要通过与绩效标准（benchmark）进行比较才能说明绩效。绩效评价有四种比较的标准：一是当前绩效与过去绩效的比较；二是实际绩效与绩效标准或目标的比较；三是组织或项目子单位间的绩效的比较；四是一个组织或项目的绩效与其他相似组织或项目绩效之间的比较。因此，评价标准可以是同类项目的平均水平（一般为统计性指标），也可以是项目自身的纵向比较。前者称外部标杆或公共类标杆，关注的是所谓的最佳行为，而后者称为内部标杆。[①] 外部标杆由于多为统计性指标，能使绩效评价结果更具可比性且比较客观，但由于其强调最佳行为方法，并不适用于所有评价，使用时应注意适用性。[②] 形成性评价多采用规范评价方法，强调运用逻辑演绎法，以一定的价值判断为基础，确立某些标准作为分析处理问题的准则，并研究如何才能使项目绩效符合这些准则。一般而言，形成性评价主要以项目计划或目标为标准，通过对实际与计划或者目标的比较，来分析和揭示项目（政策）的过程绩效。

10.3　形成性评价在我国的实践

结合实施情况及国内外发展环境新变化，组织开展规划纲要中期评估，按照新形势新要求调整完善规划内容。

——习近平 2018 年在深入推动长江经济带发展座谈会上的讲话

从实践上看，我国形成性评价除了上面提到的国务院对现行政策开展的第三方评估外，还有发改委和财政部组织的对跨年度的重大（重点）公共投资项目开展的中期绩效评价，以及财政部国际司组织的国际金融组织贷款在建项目绩效评价。其

[①] 西奥多·H. 波伊斯特：《公共与非营利组织绩效考评：方法与应用》。
[②] Keehey, P., Medlin, S., MacBride, S., and Longmire, L., Benchmarking for Best Practices in the Public Sector[M], San Francisco: Jossey-Bassy, 1997.

中，国际金融组织贷款在建项目绩效评价已经形成了一套详尽的操作规范。下面，我们主要对这一评价的几个重要问题进行分析和讨论。

10.3.1 国际金融组织贷款在建项目：评价准则与关键评价问题

2010年，财政部国际司借鉴世行等国际金融组织的经验，对国际金融组织贷款在建项目绩效评价（形成性评价）进行了实践探索。在实践探索的基础上，依据《国际金融组织贷款项目绩效评价操作指南》（2010），制定了《国际金融组织贷款在建项目绩效评价指标框架》。指标框架以《操作指南》确立的"四性准则"（"相关性""效率性""效果性""可持续性"）为基本框架。其中，对"效率性"的评价是其核心内容，包括对项目活动、项目资金落实与使用、项目产出以及项目管理情况的评价等。2011年，财政部国际司尝试着对上述"四性准则"的内容做出调整，并增加了两项新的评价准则——"合规性"与"资产质量"。"合规性"主要分析项目资金的合规性和项目管理合规性；"资产质量"主要分析项目资产质量和经济性（说明资产投资成本与后期运营维护成本之间的匹配是否良好）。不难看出，这一框架只是对《操作指南》（2010）确立的"四性准则"框架的部分调整和修订，并非一个全新的框架。"合规性"与"资产质量"只是反映了项目管理的基础性要求，并未突出体现形成性评价"注重项目执行和绩效改进"的目的和要求（参见表10-5）。

表10-5 财政部国际司在建项目的评价准则

评价准则	国际评价研究机构[①]	财政部国际司（2010年）	财政部国际司（2011年）
相关性	评价开发活动的目标与受益者的需要、国家的需求、全球的优先发展重点、合作伙伴方与援助方的政策的相符程度	评价项目在设计时与实施时，项目目标与所在国家和地区的战略和需求的相关/吻合程度	评价项目在设计时与实施时，项目目标与所在国家和地区的战略和需求的相关/吻合程度
效果性[②]	评价各种项目目标的完成程度	评价项目目标完成的程度、项目对相关受益群体的覆盖及其受益程度	评价项目目标完成的程度（包括项目技术合理性）、项目对相关受益群体的覆盖及其受益程度以及成本有效性
效率性	评价成本的有效性（cost-effectiveness）和及时性	评价项目活动、产出与资金到位的进度，及项目管理的效率	评价项目活动与产出的进度，及项目管理的效率
可持续性	技术合理性；政府的支持（法律和规则）；利益相关者支持；经济可行性；财务可行性；机构、组织及管理的成效；环境影响等	贷款方还贷能力及政策—机构的安排的合理性	评价项目资金的到位程度、贷款方还贷能力及政策—机构的安排的合理性

续表

评价准则	国际评价研究机构①	财政部国际司（2010年）	财政部国际司（2011年）
补充准则	**机构发展**：机构的设置及管理效率	—	**合规性**：评价资金的使用和管理的合规性
	借贷双方的绩效：借贷双方责任的明确性、在项目建设和管理过程中所做的努力	—	**项目资产**：评价项目资产的经济性与项目的资产质量

注：①国际评价研究组织的评价准则主要参考OECD、世界银行及多边发展银行的评价准则说明。其评价准则不仅仅只有表中列出的六项，这里为了与国内准则进行对比，只选择了上述的六项。

②在国际评价研究机构中，一般顺序为先"效果"后"效率"，但在"四性框架"中，则为先"效率"后"效果"。这里为了方便比较，均按国际评价研究机构的顺序排列。

鉴于2011年的评价框架结构存在不足，2013年，财政部国际司对"六性准则"进行了修改，取消了"合规性"与"资产质量"准则，评价准则又恢复为四性准则——"相关性""效率性""效果性""可持续性"，并依此对在建项目设计了9个关键评价问题（见表10-6）。从表10-6可以看出，"相关性""效果性"和"可持续性"3个准则各设计了2个关键评价问题，而对"效率性"则设计了3个关键评价问题。在权重的分配上，也是向"效率性"倾斜（占40%）。从准则排序上看，"效率性"也排在了"效果性"前面。很显然，在财政部国际司制定的《国际金融组织贷款项目绩效评价操作指南》（2013）中，"效率性"是评价的重点，比"效果性"更为重要。

表10-6　在建项目关键评价问题框架

准则	权重	关键评价问题
相关性	20%	1.1 项目目标和内容设计是否符合当前国家、行业和所在区域的发展战略和政策重点？
		1.2 项目提供的产品和服务是否针对当前国家、行业和所在区域经济社会发展的实际问题和需求？
效率性	40%	2.1 项目是否按计划进度实施，并实现了相应的阶段性产出？
		2.2 项目预算是否按计划投入和使用？
		2.3 项目管理及内部控制是否到位并确保项目有效实施？
效果性	20%	3.1 项目是否实现了阶段性绩效目标？
		3.2 项目实际受益群体是否是项目的目标受益群体？
可持续性	20%	4.1 项目财务是否具有可持续性？
		4.2 项目实施是否具有可持续性？

资料来源：财政部国际司：《国际金融组织贷款项目绩效评价操作指南》（2013）。

在上一节，我们分析了形成性评价的四个维度：相关性、效果性、效率性、风险控制。其评价的内容逻辑为：项目是否符合战略与需要—目标达成度—目标达成效率—风险控制。这一内容逻辑决定了形成性评价维度的逻辑排序。将此四个维度与上述的四性准则——"相关性""效率性""效果性""可持续性"相比较，我们可以发现两者存在以下两点差异：其一，最后一个评价维度（准则）不同，前者为"风险控制"，后者为"可持续性"；其二，维度的排序不同，前者是先"效果"后"效率"，后者则是先"效率"后"效果"。为了阐明形成性评价的维度及其排序，下面，我们就这两个差异做一分析和讨论。

1."可持续性"还是"风险控制"？

对于形成性评价来说，评价维度（准则）是应该采用"可持续性"还是采用"风险控制"？

根据《国际金融组织贷款项目绩效评价操作指南》（2010），可持续性是指项目完工后能够持续运行和发挥成效的可能性，主要包括项目管理或运行机构的持续性、项目产出的维护和利用、制度保障等。经合组织（OECD，2002）认为，可持续性是指在主要开发援助完成后，从开发活动中获得收益的可能性。世界银行（2003）认为，可持续性是针对项目的成效和影响而言的，即成效和影响如何发挥作用。由此可见，"可持续性"主要是针对完工项目或总结性评价而言的。

"风险分析与风险控制"则不同。OECD认为，"风险分析"的内涵主要包括两个方面：一是项目目标完成的风险；二是项目带来不利影响的风险，比如由于项目活动的开展，对人类生命、健康、财产或环境产生了潜在的有害或负面的结果。显而易见，无论是前者还是后者，都影响着项目的实施效果。特别是前一风险，由于项目在实现目标的过程中会遇到各种不确定性事件，比如发生重大的自然灾害、严重的经济危机等，这些事件将对项目活动产生影响，从而影响项目目标的实现。为此，为了改善项目的绩效，在项目的实施过程中需要进行风险分析与控制。显然，它与形成性评价的主要目的是一致的。也就是说，风险分析与控制主要是针对形成性评价而言的——当然，也包括国际金融组织贷款项目在建项目绩效评价。

所以，我们认为：在形成性评价中，应当采用"风险控制"作为评价的维度（准则）。

2."效果"和"效率"孰为先？

在国际评价机构中，二者通常的顺序为先"效果"后"效率"；但在财政部国际司"四性准则"中，其顺序为先"效率"后"效果"。那么，在形成性评价中，"效率"和"效果"究竟应该是孰为先呢？

根据前面的分析，我们知道，效率性表达的是投入和产出的关系，而效果性表达的则是产出与结果（效果）之间的关系。效率只是告诉我们用最小的努力来达到目的，但是并不告诉方向；而效果性则衡量政策目标的实现程度，告诉工作努力的方向。因此,效果性代表的是"目的",而效率性代表的是"手段"。显然,相比于效率性,效果性更为重要。无论是总结性评价还是形成性评价,评价维度(准则)的排序都应当是:先"效果"后"效率"。

10.3.2 国际金融组织贷款在建项目:评价指标开发

《国际金融组织贷款项目绩效评价操作指南》(2013)(以下简称《指南2013》)规定,每个关键评价问题对应一个或若干个二级评价指标,二级指标下还可设三级指标。言外之意,关键评价问题为一级指标,并且为共性指标。所谓评价指标的开发,主要是指二级指标及下设三级指标的开发。《指南2013》以世界银行贷款APL三期项目(见专栏10-2)为例,分别从相关性、效率性、效果性和可持续性四个方面,详释了在建项目评价指标的开发。下面,我们结合上一节提出的观点,依循上述四性准则的顺序,就《指南2013》评价指标的开发问题进行分析。

专栏10-2 世界银行贷款APL三期项目简介

APL三期项目是由世界银行提供贷款建设的项目,目标是协助上海市(借款人)通过在水务及污水行业的战略性重点投资和选择性机构改革,改善其中心城区和区(县)的资源和环境可持续性。APL项目旨在建设一个环境友好型和可持续性的城市,改善上海的供水能力和污水管理从而提高居民的生活质量,实现国家和上海市的环境计划。项目实施后,城市的污水收集和处理能力将有所提高,供水能力将有所加强,城市环境将有所改善。其中APL三期将继续深化环境工作,改善城市综合环境质量,主要关注上海市郊区的整体原水供水和排水系统,并为城市郊区环境服务建立一个可持续的财务系统。

APL三期项目包括三部分内容:南汇支线工程、白龙港南线工程、郊区融资工具DFV项目。

APL三期项目计划总投资约30亿元人民币,其中世行贷款2亿美元。项目于2009年9月签订贷款协定,计划于2015年6月关账。

资料来源:财政部国际司,2012。

1. 相关性指标的开发

根据《指南2013》,相关性准则有2个关键评价问题(一级指标):(1)项目目标和内容设计是否符合当前国家、行业和所在区域的发展战略和政策重点?(2)项目提供的产品和服务是否针对当前国家、行业和所在区域经济社会发展的实际问题和需求?其中,前者旨在分析项目目标和设计与国家(地区)发展战略的一致性;后者旨在分析项目目标与发展需求的相符程度。这两个指标为所有在建项目相关性评价的共性指标。

二级指标（个性指标）体现了不同项目的特点，由评价人员依据两个关键评价问题并结合不同项目的特点和需要进行开发。例如世界银行贷款 APL 三期项目，根据需要共设计了 5 个二级指标（见表 10-7）。其中，第一个关键评价问题下设计了 2 个二级指标；第二个关键评价问题下设计了 3 个二级指标。这一指标设计体现了相关性评价的重点是项目需求分析，它旨在分析项目所提供的服务和社会的需求之间的差距。

表 10-7 相关性指标开发（在建项目）——以世界银行贷款 APL 三期项目为例

准则	关键评价问题	评价指标
相关性	1.1 项目目标和内容设计是否符合当前国家、行业和所在区域的发展战略和政策重点？	项目目标与中国城市环境综合治理发展战略和政策重点的相符程度
		项目与国民经济规划、水利、城建环保规划中优先发展重点相符程度
	1.2 项目提供的产品和服务是否针对当前国家、行业和所在区域经济社会发展的实际问题和需求？	项目与当前上海市城市发展对原水需求的相符程度
		项目与上海市希望改善原水水质的需求相符程度
		项目与解决当前行业发展实际问题的相符程度

资料来源：财政部国际司《国际金融组织贷款项目绩效评价操作指南》(2013)。

2. 效率指标的开发

《指南 2013》对在建项目的效率性准则开发了 3 个关键评价问题（一级指标）：（1）项目是否按计划进度实施，并实现了相应的阶段性产出？（2）项目预算是否按计划投入和使用？（3）项目管理及内部控制是否到位并确保项目有效实施？其中，第一个问题主要分析项目进度与产出是否与项目计划相符；第二个问题旨在分析项目资金的投入和使用是否与计划一致；第三个问题则主要分析项目的管理制度及实施是否健全有效。

《指南 2013》指出，开发二级指标（个性指标）时，针对效率的关键评价问题，评价人员首先要明确项目的计划和实际的实施周期、项目的资金预算及使用情况、项目预期要开展的和实际开展的活动、项目的预期和实际产出、项目是否测算其经济内部收益率、如有预期值是多少，然后基于这些内容开发评价指标。并认为，对于问题（1）应尽量使用项目评估文件或设计文件中的产出指标，因为：(a) 项目设计的指标是经过国际金融组织和国内管理部门同意的，通过这些指标衡量项目产出的结果更能获得双方的认同；(b) 项目单位主要是以这些指标进行监测和数据收集，所以评价小组更容易获得评价证据。如果评价小组认为项目设计的产出指标存在重大缺陷，无法对产出进行客观的衡量，可以设计新的指标，但要与管理部门、项目办协商，并考虑证据收集的难度和成本。

例如，世界银行贷款 APL 三期项目效率性准则共设计了 9 个二级指标，6 个三级指标（见表 10-8）。其中，第一个关键评价问题下设计了 2 个二级指标（第一个二级指标下还设计了 2 个三级指标，第二个二级指标下还设计了 4 个三级指标）；第二个关键评价问题下设计了 3 个二级指标；第三个关键评价问题下设计了 4 个二级指标。

表 10-8　效率评价指标开发（在建项目）——以世界银行贷款 APL 三期项目为例

准则	关键评价问题	评价指标	
效率	2.1　项目是否按计划进度实施，并实现了相应的阶段性产出？	2.1.1　项目是否按计划的时间周期实施并完工？	项目开工的及时性
			项目预期和实际的实施周期相符程度
		2.1.2　项目是否实现了所有预期产出？	项目移民安置工作的实施情况与预计进度的相符程度
			项目环境评价的实施情况与预计进度的相符程度
			项目招标采购的实施情况与预计进度的相符程度
			项目工程建设的实施情况与预计进度的相符程度
	2.2　项目预算是否按计划投入和使用？	2.2.1　外方资金到位率	
		2.2.2　配套资金到位率	
		2.2.3　资金按计划使用率	
	2.3　项目管理及内部控制是否到位并确保项目有效实施？	2.3.1　是否有专门的项目管理办公室	
		2.3.2　是否制定了相关的管理办法和实施细则	
		2.3.3　是否有相应的人事管理制度	
		2.3.4　是否有有效的信息收集渠道	

资料来源：财政部国际司《国际金融组织贷款项目绩效评价操作指南》（2013）。

对照上一节的效率性指标设计，可以看出，《指南 2013》的效率指标开发没有涉及成本有效性、单位（产出）成本等结果性效率指标。这主要是因为，《指南 2013》中的在建项目评价与形成性评价包含的范围不同。形成性评价的范围包括从投入到产出（也可包含短期成效），因而能够计算成本有效性、单位成本等结果性指标；而《指南 2013》中的在建项目，按照定义全部都是未完工项目，因而难以计算结果性指标。

3. 效果指标的开发

根据《指南 2013》，效果性准则有 2 个关键评价问题（一级指标）：（1）项目是否实现了阶段性绩效目标？（2）项目实际受益群体是否是项目的目标受益群体？为了回答这两个关键评价问题，《指南 2013》指出，在开发评价指标前，要明确项目的绩效目标，项目提供的产品或服务是什么，项目的目标群体是谁。绩效目标应以项目评估文件或项目设计文件中确定的绩效目标为准，并以此开发评价指标（即二级指标）。如果项目绩效目标分为若干个子目标，则每个子目标都应有一个或若干个对应的评价指标（二级指标）。在开发效果评价指标时应综合考虑项目的经济效益、社会效益、环境效益和创新性四个方面。

例如，世界银行贷款 APL 三期项目效果性准则共设计了 5 个二级指标（见表 10-9）。其中，第一个关键评价问题下设计了 2 个二级指标；第二个关键评价问题下设计了 3 个二级指标。这些二级指标既包括了目标实现度（项目绩效目标当前实现程度）和受益群体瞄准度（项目对受益群体瞄准度、项目受益群体满意度等），还包括了行动与成效联结的紧密性分析（预期项目完工时能否实现计划成果）。

表 10-9　效果评价指标开发（在建项目）——以世界银行贷款 APL 三期项目为例

准则	关键评价问题	评价指标
效果	3.1　项目是否实现了阶段性绩效目标？	项目绩效目标当前实现程度
		预期项目完工时能否实现计划成果
	3.2　项目实际受益群体是否是项目的目标受益群体？	项目对受益群体的瞄准度
		实际受益群体数量是否达到预期目标
		项目受益群体满意度

资料来源：财政部国际司《国际金融组织贷款项目绩效评价操作指南》(2013)。

4. 可持续性指标的开发

根据《指南 2013》，可持续性准则含有 2 个关键评价问题（一级指标）：（1）项目财务是否具有可持续性？（2）项目实施是否具有可持续性？为了回答这两个关键问题，需要开发相应的二级评价指标。《指南 2013》认为，开发二级指标时，应从资金来源、还款机制等方面考察其财务可持续性，从管理部门和人员的可持续性、政策制度的保障能力、经济社会环境的变化等方面考察其实施运转的可持续性，从实物产出、服务供给、经济效益、社会效益、环境效益等方面考察其绩效的可持续性。表 10-10 列出了世界银行贷款 APL 三期项目开发的可持续性评价指标。

表 10-10　可持续性评价指标开发（在建项目）——以世界银行贷款 APL 三期项目为例

准则	关键评价问题	评价指标	
可持续性	4.1　项目财务是否具有可持续性？	4.1.1　项目资金是否能满足项目实施的需要	
		4.1.2　项目是否能按时偿还贷款	各级还款协议签署和还贷责任落实情况
			还贷资金落实可能性
			地方财政还贷准备金的储备情况
	4.2　项目实施是否具有可持续性？	4.2.1　当前经济社会环境是否存在阻碍项目实施的因素	
		4.2.2　项目政策可持续性	
		4.2.3　项目运行机构可持续性	

资料来源：财政部国际司《国际金融组织贷款项目绩效评价操作指南》(2013)。

10.4 前瞻性评价的方法与实践

不仅是事后评价可以带来价值，实时评价（形成性评价）和前瞻性评价也具有价值。

——[印]托马斯、骆许蓓，2012

10.4.1 前瞻性评价的基本特点与方法

由于超越了事后的和回顾性的评价模式，形成性评价大大增强了评价的时效性和相关性。但是，这一评价方法的关注点一般只限于项目或政策的实施阶段和早期结果。相比之下，**前瞻性评价**则试图运用评价工具对项目或政策初始的规划和设计活动进行评估。[①] 换言之，前瞻性评价（prospective evaluation）一般在项目或政策实施之前进行，主要评价所建议的项目或政策的可能结果（专栏 10-3）。它是一种带有**预测性质**的分析和评价，需要将项目或政策未来的全部可能的结果包括正面的、负面的，以及利益相关者的行为即可能遇到的支持和反对意见，都揭示或估计出来，以为政策或项目的决策提供即时信息反馈。作为一种事前评价，前瞻性评价的重要作用在于，将绩效评价从单纯的事后监督变为事前控制。

进行结果预测需要用到一些特定的技术或方法，这些方法主要有：外推预测、理论预测和直觉（判断）预测。**外推预测**带有归纳推理的性质，是一种从特殊的观察陈述到一般结论的推理过程。外推预测的方法主要来自于统计学，尤其是以时间序列分析和回归分析作为基础。**理论预测**则带有演绎推理性质，是一种从一般的命题或定理推出一系列结论的过程。理论预测在形式上是因果性的，其特别作用是解释和预演，通常都需要运用建立数学模型的方法。与外推、理论预测技术不同，**直觉预测**依据的是判断、直觉、灵感和洞察力，其过程是回溯推理过程，即从一个猜测的事态出发，然后寻找支持这一猜测的数据和假定。在实践中，直觉预测法较为常用，其具体方法主要有四种：

1. 德尔菲法

该方法是在 20 世纪 40 年代由 O. 赫尔姆和 N. 达尔克首创，经过 T.J. 戈尔登和兰德公司进一步发展而成的。德尔菲这一名称起源于古希腊有关太阳神阿波罗的神话。传说中阿波罗具有预见未来的能力。因此，这种预测方法被命名为德尔菲法。传统的德尔菲法采用函询调查的形式，向与预测问题有关领域的专家分别提出问题，

[①] 维诺德·托马斯、骆许蓓. 公共项目与绩效评估：国际经验 [M]. 施青军，等，译. 北京：中国劳动社会保障出版社，2015：150.

使专家在彼此不见面的情况下发表意见、交流信息，而后将他们的答复意见加以整理、综合。这样经过多次反复循环，经过技术处理，最后汇总得出一个比较一致的、可靠的预测结果。这种方法有效地避免了专家会议及头脑风暴法中出现的沟通不良、专家易于屈从权威和随大流、人格冲突等弊端，有助于专家更充分地发表己见以及彼此交流和信息反馈。60年代之后，一些学者在传统德尔菲法技术基础上加入价值分析等因素，发展出政策德尔菲法。政策德尔菲法除了保持传统德尔菲法的循环反复和控制反馈两个原则外，修改或改进了其他几项原则，如有选择的匿名，信息灵通的多方面倡导，回答统计的两极化，冲突的建构和电子计算机的辅助等。

2. 情景分析法

情景分析法又称为脚本写作。所谓脚本，是对所要分析、设计和评估的政策或项目被设想将要实现的各种条件的描述或预言；**脚本写作**则是准备一系列的从现在到未来的某个时候的假设可信事件的逻辑序列。脚本写作有其不同于其他评价分析方法的特征：一方面，脚本写作以一系列的假设作为基础，而不是以某一假设做基础，这些假设是对未来特定时间内（3年、5年、8年、10年等）政策或项目及环境的发展趋势或状况的描述或预测；另一方面，由于未来的项目、政策及环境存在着各种不确定因素，而任何脚本只能描述一种可能的前景，因此，在前瞻性评价中，往往要编写几个可能的脚本，而不是单一的脚本。一些脚本规定典型的任务、典型的条件和典型的限制；而另一些脚本则规定独特的、不可能的甚至所谓极端的条件（在这些条件下，政策仍可能运行）。一个常见的做法是同时准备三个脚本：无突变的脚本A（即假定目前趋势下不会产生重大改变的未来情况的脚本）、备选脚本B和C（条件可能发生大的变化、时间更长、范围更广的脚本）。例如，在欧洲委员会的评价工作中，兰德（RAND）公司评价者通常会评估三项：首选建议、无为的建议和一个更为极端的建议。他们对这三项建议的可能效果进行测试和比较。此类分析的另一个方法是，将首选建议与对未来的各种合理假设进行对比测试。简而言之，情景分析就是评价者在一系列不同的假设或情景下，评估建议的可能结果。

3. 前瞻性评价综合方法

前瞻性评价综合方法是20世纪80年代美国审计总署（GAO）开发的一种评价方法。运用该方法需要具备下列三个条件：
- 提出一个新的计划或方法。
- 不知道最有效的方法。
- 相似的方法在过去进行过试验。

假设上述的条件完全具备，该方法的分析步骤如下：首先，确定政策或项目主要用于解决什么问题，并且确定解决问题的逻辑模型，即政策或项目活动如何改善或消除问题的机制。另外，还要考虑开展政策或项目活动所需要的资源或者预期可获得的资源。其次，检查和综合已有的评价或其他研究文献，确定可以获得哪些证据，对政策的可能结果做出分析和判断。这一分析需要对研究所用的数据质量及其相关性进行严格审查，剔除设计或实施不良的研究，以及那些在方法、目标群体或其他条件上与要求不相符、不能提供有用信息建议的研究。最后，对剩余的研究证据进行分析，以评估其对有效回应问题的政策或项目在多大程度上可以形成支持。①

4. 交叉影响分析法

交叉影响分析法通过考虑事件的相互作用来预测事件发生的概率，它所依据的是条件概率原则，换言之，交叉影响分析法是根据相关事件出现或不出现而做出未来事件出现概率的直觉判断。

通过预测结果，评价人员可以获得有关政策或项目方案的前景及结果方面的信息。为了在各个备选方案之间进行择优或排序，需要对这些方案再做进一步详细的比较。比较的内容主要有三个方面：技术可行性、经济可行性和政治可行性。

第一，技术可行性，主要是指被提出的方案或项目能否取得预期的效果，它所关心的主要问题有二：一是现有的技术或方法能否使目标的实现成为可能；二是备选方案在技术上能够在多大程度上实现政策目标。这是任何一项政策或项目都必须首先考虑的问题。

第二，经济可行性，它主要有两层含义：一是指一项政策或项目方案的执行能获得经济（财政）资源的充分支持；二是指方案或项目的执行能取得比较令人满意的经济效益。显然，一项政策或项目如果执行的成本过高，或者没有必要的资金支持，那么，即使其技术水平很先进，也无法接受和实施它。

第三，政治可行性。一项政策或项目要能够有效实施，除了要考虑技术可行性和经济可行性，还要考虑政治可行性。政治可行性主要指一项政策或项目能够满足所有相关的政治性约束。美国著名学者马杰在《论政治可行性概念》一文中，将政治性约束归纳为三类：第一类是政治资源约束，它是由政治资源可利用所引起的对政策可能性的限制，包括对所提出政策的政治支持程度（指各级领导和群众对政策的反映）、政治和行政技巧的熟练程度（指政府领导人的政治手腕和行政能力）。第二类是分配约束，反映在受政策影响的个人和群体中分配利益和成本时所必须考虑的限制，它通常被人们表述为帕累托可适性条件。第三类是体制约束，即政治体制和决策程序或规范的限制。

---

① 维诺德·托马斯、骆许蓓. 公共项目与绩效评估：国际经验 [M]. 施青军，等. 译. 北京：中国劳动社会保障出版社，2015：150.

只有以上三方面的条件（技术可行性、经济可行性和政治可行性）均能满足的方案才是可行的政策或项目方案，三方面可行度均较高的方案才是较优方案。

> **专栏 10-3　三种评价的不同特点**
>
> **总结性评价（summative evaluation）**
> 注重（项目、计划或政策）结果。
> **形成性评价（formative evaluation）**
> 注重（项目、计划或政策）执行前和执行中绩效的提高。
> **前瞻性评价（prospective evaluation）**
> ● 对提出的干预活动所产生的可能结果进行评估。
> ● 该计划/项目/政策值得进行评价吗？
> ● 评价获得的收益值得付出这些努力和资源吗？
>
> 资料来源：琳达、雷《通向结果之路》，2011。

10.4.2　前瞻性评价：英国的实践与做法

在英国，前瞻性评价通常称为预评估。英国政府非常重视政策预评估，并且有效将其融入了政府的政策决策过程（参见图10-4）。2003年，英国财政部发布了政府绿皮书——《中央政府预评估与评价指南》，其主要目的是对政策的预评估（appraisal）与评价（evaluation）[①]进行指导和规范。2018年，英国财政部对2003年《绿皮书》进行了修订。修订后《绿皮书》在旧版基础上，增加了英国近年来在预评估和评价方面的重要进展，并将监测和评价纳入了政策运行的全过程。其次，在强调传统成本-效益分析的同时，更为强调对政策提案的交付计划的稳健性进行评估。此外，该版还充分考虑了政府监管对商业的影响。以下，我们介绍2018年新版《绿皮书》主要内容，包括：预评估如何融入政府决策过程；干预缘由分析；生成备选方案和长列表的评估；短列表评估；监测和评价。

1. 预评估与政府决策过程

预评估是英国政府决策过程的一部分。新版《绿皮书》阐述了预评估如何融入政府决策的过程，内容主要包括政策周期、五案例模型等。

（1）预评估与政策周期。《绿皮书》提出了政策制定的循环周期，政策的制定过程因机构而异，一般都包含政策测试，旨在考察政策的制定和推行，提高决策的科学性。

---

① 根据《绿皮书》术语表，appraisal（预评估）是指在决策之前确定目标、审查各种备选方案和权衡相关的成本、利益、风险及不确定性的过程；evaluation（评价）是对干预的设计、实施和结果进行的系统评估。

根据政策制定的循环周期,其一,需要在政策制定之前进行干预缘由分析(rationale),以说明进行干预的必要性。其二,在干预必要性确认之后,确定政策SMART目标(objective)。其三,根据政策目标制定备选方案,进行方案预评估(appraisal)。其四,开展政策监测(monitoring)和评价(evaluation),主要目的是改进政策执行并为今后的干预提供依据。其五,将评价的结果反馈(feedback)给决策制定者,旨在为政策的制定提供决策依据。如图10-4所示。

图10-4 英国政策循环周期图

(2)预评估和五案例模型。英国财政部业务案例指南(HM Treasury Business Case Guidance)提供了一个为财政支出提案准备业务案例的框架。这一框架即五案例模型,包括五个维度:战略维度、经济维度、业务维度、财务维度和管理维度(表10-11)。

表10-11 五案例模型

战略维度	变革的理由,包括干预的理由是什么?目前的情况是什么?该怎么办?预期的结果是什么?这些措施如何与更广泛的政府政策和目标相适应?
经济维度	干预对社会的净价值(社会价值)与"照常经营"相比是多少?风险和成本是什么以及如何最好地管理它们?哪个备选方案反映了社会最佳净价值?
业务维度	一个现实可信的业务交易能达成吗?谁来管理哪些风险?
财务维度	就资本和收入的总成本而言,该提案对公共部门预算有何影响?
管理维度	是否有切实可靠的交付计划?如何提交提案?

2. 干预的缘由分析

预评估是为达到政府目标而对拟采用的备选方案的**成本、效益和风险**的评估过程。它通过为决策提供客观证据,帮助决策者了解各个选项的潜在影响和总体影响。

(1)认清现状或"正常运营状态"。在预评估开始时,应当首先认清现状或"正常运营状态",以为有效干预提供基础。"正常运营状态"是当前安排的延续,其意是继续进行,但不做任何更改。对于预评估来说,必须弄清楚不作为的后果是什么（即使不太可能被接受），因为它提供了相关的反事实来比较备选方案（见前文的"情景分析"）。

（2）提供干预的理由。这可以建立在确保市场有效运作的基础上，例如确保企业对污染负责，或者实现分配目标，如促进公平的受教育机会。另外，可能涉及提供通常不由市场机制提供的商品，如国防。应使用明确的干预理由来确定政府希望通过干预实现的目标或结果。干预的理由可基于战略目标、对现有政策的改进、市场失灵或者政府希望实现的分配目标。为进行干预提供一个有用的理论基础，有必要确定需要解决的具体的市场失灵，而不是用一般性的空洞话语来描述。其次，还需对政策进行评估，以确保政府的行动和干预本身不会导致不正当的激励或产生道德风险。了解政府行动和干预对个人、企业和市场的影响很重要。这在评估任何形式的公私合作或者与私营部门的战略合作安排时尤其重要。了解公共和私人参与者之间转移的风险也至关重要，合同旨在确保私营部门合作伙伴能够管理这些风险，并为此承担责任。

（3）确立 SMART 目标。明确的目标对于成功的政策和项目来说至关重要。缺乏明确的目标会限制有效的评估、规划、监控和评价。目标的设立首先应遵循 SMART 原则（具体的、可测量、可实现的、现实的、有时间范围的）。另外，建立最多 5~6 个 SMART 目标。通常，SMART 目标表示为干预旨在产生的结果变化，在某些情况下还表示预期产出（如提供服务的水平或质量）。这些目标可以描述为：增加现有的服务水平、提供新的服务或是改变服务效率和效力。在以降低成本或提高效率为目标的情况下，SMART 目标还需要包括对所提供服务质量的潜在影响。业务需求是组织需要对自己的运营进行更改，以交付满足 SMART 目标所需的产出。SMART 的目标应当是客观、可观察的和可测量的，以便适合于监测和评价。

3. 生成备选方案和长列表的评估

（1）根据 SMART 目标生成长列表备选方案。下一步是考虑如何最好地实现政策目标。可能的选项包括政府直接提供、市场创造、监管、税收变化或公共信息倡议。还有各种各样的交付和筹资的备选方案。在评估过程开始时列出一个备选方案长列表，确保考虑到各种各样的可能性。应通过与利益相关方磋商、从以往干预措施中吸取的教训、国际最佳实践和更广泛的证据基础来获悉这一点。从一组狭窄的备选方案或预先确定的解决方案开始，可能会错过探索更新颖、更创新的解决方案的机会。

在构造长列表时，不应立即将选项完全指定为端到端解决方案。而应该通过考虑"战略选项过滤框架"来构建，具体包括：①交付内容和地点，包括地理覆盖范围、接收者人数、服务质量、时间限制和任何其他相关因素。②考虑到现有技术和最佳实践，应如何交付成果，包括创造新市场，引入新的或者修订的监管安排，使用基于行为心理学和经济学的"推动技术"，赠款和补贴，公共信息倡议，新的或变更的服务条款。③考虑哪个组织最适合提供服务或产品，如公共部门直接拨款、公私合作（PPP）、非营利性私营机构、私营部门供应商。④何时、以何种形式实施。例如，这将是初步试点、分阶段实施，还是"大爆炸"方法？是否根据地理、年龄、现有安排到期或其他因素推出？是否应考虑和测试一系列推出选项？⑤将产生多少成本，以及如何融资？这可能与交付选项相互影响。

在适当评估以前或类似干预措施、国际证据和福祉证据的情况下，应利用它们来设计基于有效措施的备选方案，以避免重复过去的错误。涉及按结果支付、绩效目标或奖金系统的选项需要谨慎，以避免博弈造成意外后果。在某些情况下，公私合作（PPP）可能是一种适当的选择。市场创造可用于实现目标。要评估这一点，需准确地了解当前市场供给的障碍，需要了解市场或潜在市场。还必须考虑到干预可能导致的潜在博弈和行为变化。

（2）**长列表评估**（形成短列表）。一旦制定了一份长列表备选方案，就可在进行详细的经济分析之前，将其筛选为一套可行的短列表备选方案。可行性可以从符合更广泛政策目标的战略、潜在的资金价值、可负担性和可实现性的角度来评估，还应该考虑依赖关系和约束（如法律框架）。

对于支出决策，可以通过评估它们满足"关键成功因素（CSF）"的程度来筛选长列表，这些成功因素包括：①战略契合。选项满足预定目标的程度如何，以及与更广泛的组织或者公共部门目标的契合程度如何？②潜在的货币价值。该选项是否可能在成本、收益和风险方面实现社会价值？③供应商的能力。如果需要采购，是否有供应商可以提供所需的服务？④潜在的可承受性。如何为选项融资，以及在现有预算内是否可承受？⑤潜在的可实现性。考虑到组织能力和可用的技能，交付选项的可能性有多大？

其他因素包括：①约束（如法律和道德）；②依赖性（例如基础设施）；③不可评估和不可量化的因素（考虑这些因素可能需要使用结构化技术，如多标准决策分析）；④考虑可能发生的附带影响和意外后果，并将其纳入短列表分析阶段。

在长列表阶段和整个评估过程中，需要进行均等性分析。2010年《平等法》建立的公共部门平等义务（PSED）要求公共部门机构适当考虑促进平等。平等问题的考虑必须影响公共机构做出的决定，决策者应了解干预对具有法案所确定特征的群体或个人的潜在影响。此外，自2014年以来，还要求考虑决定对家庭的影响。

（3）**制定短列表**。通过构建和评估长名单备选方案，筛选和制定短列表备选方案。短列表应包括"首选前进道路"（最有可能实现 SMART 目标的组合），"正常运营基准"，满足最低核心要求以实现所确定目标的可行"最低限度"选择，以及至少一个可行的替代选择。

4. 短列表评估

短列表备选方案的分析是经济评估（economic appraisal）的核心。此时需要估计干预的预期成本和收益，并进行成本和收益之间的比较。即进行社会成本－收益分析（CBA）或者社会成本－效果分析（CEA），比较具有相同或类似产出的备选方法的成本。

（1）**评估相关成本和收益**。社会 CBA 要求对于"正常运营"下的所有影响（社会、经济、环境、金融等）都进行评估。相关的成本和收益是社会整体的成本和收益，而不仅仅是部门或发起机构的成本和收益。它们包括企业、家庭、个人和非营利部门的成本和收益。评估所有受影响群体的成本和效益非常重要，因为一种相对低成本的公共部门选择，例如一项新规定，可能会给企业或家庭带来重大的成本。应尽可能对备选方案的成本或收益进行估价，并尽可能将其货币化，以便提供一个共同的衡量标准。这通常是通过评估反映商品或服务的最佳替代用途的价值，即机会成本价值来实现的。市场价格通常是对成本和收益进行估价的起点。有些成本和收益可能没有市场价格，或市场价格不能充分反映社会成本或收益，如环境价值。在这种情况下，可以使用估值技术和一系列特定的标准值。在不可能或无法相应地将成本和收益货币化的情况下，仍应将它们作为评估的一部分进行记录和呈现。成本和收益应在干预和资产的整个生命周期内计算。对于许多干预，10 年的时间范围是合适的。在涉及如建筑物和基础设施等重要资产等情况下，合适的时间范围则可能长达 60 年。对于可能在 60 年后产生重大成本或收益的干预措施，如核废料储存，应在开始时商定一个适当的评估期。

（2）**分配分析**。当干预具有再分配目标，或者可能对不同群体、不同类型的企业、英国的部分地区或权力下放管理产生重大影响时，分配分析是必要的。分配分析可以包括基于地理区域概念的区域、州和地方分析。

（3）**乐观偏见，风险和敏感性分析**。在预评估时，亦须考虑以下内容：①乐观偏见。经证实，评估者对主要参数（包括资本成本、营运成本、项目持续时间和效益）过于乐观。这些过于乐观的估计可能锁定无法交付的目标，因此对此进行调整很重要。成本估计增加了一个固定的百分比，以反映先前类似干预措施估计不足的证据。调整应基于一个组织自身乐观主义偏见的历史水平的证据基础。如果没有此功能，则提供一般的价值。②风险。这些主要是在设计、规划和实施干预时出现的具体不确定性。风险成本是在预期可能性的基础上，对风险的具体化、规避风险、分担风险和减轻风险的成本进行估计。政策制定者需要确保这些风险得到充分理解和管理，包括低概率但高影响的事件。③敏感性分析研究预期干预结果对主要输入变量的潜在变化的敏感性。在适当的情况下，切换值可以作为灵敏度分析的一部分进行估计。这些是投入变量需要更改的值，以便使某个选项不再可行。

（4）折现。折现将成本和收益转换为现值，以用于比较不同时期的成本和收益。在政府评估中，一般使用 3.5% 的社会时间偏好率折现成本和效益。

（5）识别首选项。选择首选选项比较每一个短列表方案，以及它们相对于"正常运营"的优势，可以确定提供社会价值的最佳方案。折现福利减去成本的总价值提供了干预的净现值（NPSV）。NPSV 和收益成本比（收益除以相关成本），以及风险和任何其他相关考虑因素，如不可货币化的成本和效益，有助于确定首选方案。

（6）呈现评价结果。评价结果应以总结的形式提出结果，并辅以更详细的表格和书面分析。摘要应包括关键措施，如净现值（NPSV）、效益成本比（BCR）、风险和重大的未货币化成本和效益或其他无法量化的因素。它应清楚地说明评价的时间范围选择以及这种选择的理由；列出与量化分析结果同时使用的主要假设，并就任何未量化的数值提供陈述。在进行社会成本效益分析的同时，应当明确影响较大的假设；提供清晰的参考资料和证据，并附有资料来源的链接。应该对首选方案进行敏感性分析，其他方案可能也需要进行敏感性分析；在可能的情况下，应尽量以绝对数字量化业务，并在评估结果的旁边列出有关期权的递增效应。

5. 监测和评价

监测是政策执行期间和执行后的数据收集。这些数据可以反馈到执行、当前决策和评估过程中，以改进未来的决策。它需要收集实施之前的数据作为基线。评价是对政府干预措施的设计、实施和结果的系统评价。所有提案的监测和评价应作为建议的备选方案的组成部分加以规划、计算费用和提供。这有助于确保它们得到系统的执行。将监测和评价结合起来可以明确可吸取的教训来指导未来干预措施的设计和实施。事前监测和评价，整合现有的证据基础并建立基准线；事中监测和评价，允许新出现的证据对干预、实施和运营交付的持续调整产生影响；事后监测和评价，主要评估结果和经验教训。

10.4.3 前瞻性评价：我国的实践与做法

前瞻性评价在我国一般称为事前评估。2018 年 9 月，中共中央、国务院发布了《关于全面实施预算绩效管理的意见》（以下简称《意见》）。《意见》指出，"要建立重大政策和项目的事前绩效评估机制"。并指出，"对新增重大政策、项目及转移支付开展事前绩效评估,要重点论证立项必要性、投入经济性、绩效目标合理性、实施方案可行性和筹资合规性等"。2020年党的十九届五中全会通过的《关于制定国民经济和社会发展第十四个五年规划和2035年远景目标的建议》中也明确提出,要健全重大政策事前评估制度。这表明,事前绩效评估已正式步入我国最高决策层的政策决策舞台。尽管事前绩效评估在我国各地(特别是北京)已开展了多年,但是对于如何开展政策事前评估我们仍然缺乏科学、系统性的方法框架。国内的学术文献和实践经验能够给予的指导仍很有限。为此,本节在借鉴上述前瞻性评价的基本理论与方法的基础上,围绕《意见》的"五性"要求,提出我国开展事前绩效评估的基本思路与方法。[1]

1. 项目立项的必要性评估

项目立项必要性评估是事前绩效评估的第一步,其重点是项目的需求评估(需求分析)。其主要目的是,确定是否真的存在实施项目的需求,如果确实存在这种需求,确定什么样的项目服务最适合满足这种需求。其基本的任务包括:界定社会问题的精确概念,评估社会问题存在的范围,定义和识别项目干预对象,准确描述项目干预对象所需范围的性质。如果分析发现,根本不存在什么问题或项目提供的服务与社会问题实际上无关,那么项目就没有立项的必要。进行需求评估,评价者通常要分析和利用现有的统计资料或者进行深入的社会调查。

除了需求评估之外,项目立项的必要性评估还要对以下事项进行分析:项目的立项依据是否充分,项目的需求或问题是否是市场失效,项目与部门职责和宏观政策的衔接性是否紧密,以及与其他项目是否存在交叉重复等。市场失效的分析,就是将政策必要性、需求的来源与市场失灵联系起来,以判断该问题是否属于市场失灵,从而决定是否需要政府干预。在我国,人们常常忽略对于市场失效的分析,因此今后我们应该给以特别的注意。

2. 绩效目标合理性的评估

事前绩效评估的第二步是对绩效目标的合理性进行评估。项目绩效目标是判断项目实施是否成功,以及预算配置是否恰当的主要依据。因此,开展事前绩效评估,必须要看是否有明确的、可计量的绩效目标,以及绩效目标的设置是否科学、合理。如果项目没有明确的绩效目标,或者绩效目标的设置有误,那么该项目就不应支持。

---

[1] 2021年10月,北京市财政局发布了《北京市市级财政支出事前绩效评估管理办法》(京财绩效〔2021〕1837号)。《办法》规定:政策事前评估重点评估政策必要性、可行性、效益性,兼顾政策效率性和经济性,并对其分别规定了不同的权重。从权重上看,其评估的重点是"必要性"(30分)和"效益性"(25分),其余均为15分。从内容上看,此处的"五性"与中发〔2018〕34号文中规定的"五性"实际大同小异。由于京财绩效〔2021〕1837号文针对的是北京市,而中发〔2018〕34号针对的是全国,故在此,我们主要讨论中发〔2018〕34号文的事前评估思路与方法。

公共政策或项目活动通常用于解决某些社会问题、满足某种社会需要，因此，绩效目标的评估一般建立在需求评估的基础上。财政部的《中央部门预算绩效目标管理办法》（2015）指出，"绩效目标是指财政预算资金计划在一定期限内达到的预期产出和效果"。这表明，绩效目标反映的是预算资金的预期产出（output）和效果（outcome）。亚洲开发银行（2006）认为，效果是项目规划的关键支撑，它描述了在项目实施结束时项目要完成的任务以及借此要解决的发展（社会）问题。因此，绩效目标评估的重点就是政策的预期效果。具体来说，其关注的主要问题如下：

- 政策要解决的社会问题是什么？与解决这些社会问题相对应，项目的主要目标（绩效目标）是什么？该目标的时间框架是什么？目标受众是哪些人和组织？
- 为了实现主要的绩效目标，所需要的政策产出是什么？用什么指标来衡量上述的政策产出和政策效果？指标的数据来源是哪些？
- 政策的绩效目标能否实现？或者说，政策所面临的主要的挑战与障碍有哪些？社区或利益群体中哪些条件有利于绩效目标的实现？

在我国，进行绩效目标评估，一般都需要借助于审核项目的绩效目标申报表（见表10-12）。根据财政部印发的《中央部门预算绩效目标管理办法》（2015），对绩效目标合理性的分析应包括以下内容：

（1）完整性审核。绩效目标的内容是否完整，绩效目标是否明确，清晰。（2）相关性审核。绩效目标的设定与部门职能、事业发展规划是否相关，是否对绩效目标设定了相关的绩效指标，绩效指标是否细化、量化。（3）适当性审核。资金的规模与绩效目标是否匹配，在既定资金规模下，绩效目标是否过高或过低；或者要完成既定绩效目标，资金规模是否过大或过小。（4）可行性审核。绩效目标是否经过充分论证和合理测算。所采取的措施是否切实可行，并能确保绩效目标如期实现。综合考虑成本效益，是否有必要安排财政资金。

表 10-12　项目支出绩效目标申报表（XX 年度）

项目名称				
主管部门及代码			实施单位	
项目属性			项目期	
项目资金（万元）	中期资金总额		年度资金总额：	
	其中：财政拨款		其中：财政拨款	
	其他资金		其他资金	
总体目标	中期目标（20××年—20××+n 年）		年度目标	
	目标1： 目标2： 目标3：		目标1： 目标2： 目标3：	

续表

一级指标	二级指标	三级指标	指标值	二级指标	三级指标	指标值
绩效指标	产出指标	数量指标	指标1: 指标2: ……		数量指标	指标1: 指标2: ……	
		质量指标	指标1: 指标2: ……		质量指标	指标1: 指标2: ……	
		时效指标	指标1: 指标2: ……		时效指标	指标1: 指标2: ……	
		成本指标	指标1: 指标2: ……		成本指标	指标1: 指标2: ……	
		……			……		
	效益指标	经济效益指标	指标1: 指标2: ……		经济效益指标	指标1: 指标2: ……	
		社会效益指标	指标1: 指标2: ……		社会效益指标	指标1: 指标2: ……	
		生态效益指标	指标1: 指标2: ……		生态效益指标	指标1: 指标2: ……	
		可持续影响指标	指标1: 指标2: ……		可持续影响指标	指标1: 指标2: ……	
		……			……		
	满意度指标	服务对象满意度指标	指标1: 指标2: ……		服务对象满意度指标	指标1: 指标2: ……	

资料来源:财政部预算司《中央部门预算编制指南》(2019),第500-501页。

3. 实施方案可行性的评估

事前绩效评估的第三步是项目实施方案可行性的评估。实施方案可行性评估的内容一般包括:项目实施方案、项目可行性研究及项目预算表。

在政策绩效目标评估之后,就需要分析项目是否具有一个有条理且可靠的实施计划,也就是要依据绩效目标评估项目实施的方案是否科学、合理、可行。一般而言,一个良好的政策(项目)实施方案具有以下特点:能最大限度地实现政策目标;能最少地付出政策代价;能够对多种风险具有最大的应变性;能在政策实施中产生最小的负面效应。

政策实施需要资源，特别是需要预算资金。项目实施方案中如果预算金额太高，即使从目标分析看是很好的，但其可行性仍然存疑。因此，必须评估项目预算编制是否符合相关规定，依据是否充分，费用测算标准是否合理等。另外，还要评估实施方案是否具有应变性。在政策执行过程中，不可能一帆风顺，总会遇到意外或反常的情况。能否承受外界条件的突然变化，基本不改变政策实施的总进程，这是检验项目实施方案应变性的主要标志。总之，要把项目的需要和可能结合起来，综合评估项目实施方案。

为了阐明这一点，我们在此举一个北京市财政局事前评估的实例——"促进农产品加工推进产业化发展资金项目"事前评估。

"促进农产品加工推进产业化发展资金项目"于 2010 年立项，项目主要内容为：以奖励形式重点扶持涉农企业上市培育工程、龙头企业规模提升工程、农产品加工基地示范带动工程和中小型农产品加工企业培育改造工程等。受北京市财政局的委托，专家组于 2011 年 10 月对该项目进行了事前绩效评估。①

通过认真的分析和评估，专家组认为，该项目具有公益性（农业行业的基本特征：基础性、公益性、弱质性），属于财政支持的范围，但具体支持的方式不符合财政资金公共性特点和要求，具体表现在："以奖代补"的支持方式②过于单一，并且只是一种"事后支持"，不能有效解决农民和企业的实际经营困难（主要是技术和资金）。因此，建议应根据农产品加工业发展的不同情况，采用多种方式给予不同的财政支持。具体建议如下：

（1）通过税收优惠的方式，支持农业企业的技术改造。

（2）通过财政贴息的方式，扩大商业银行的农贷活动。

（3）通过建立财政支农周转金，支持农企的产业化发展（包括推动企业上市）。

（4）通过价格补贴手段，维护农产品的价格稳定，保护农民和消费者的利益（如可选择在农产品收购环节进行价格补贴）。

（5）对农业保险进行优惠，一是对经营农业保险的企业免税；二是对农村保险实行补贴。

---

① 作者为该事前评估专家组的成员，事前评估的建议为作者提出并由专家组讨论通过。
② 《北京市人民政府办公厅转发市农委关于加快发展农产品加工业推进农业产业化经营意见的通知》（京政办发〔2009〕41号）指出："各级财政部门要加大对农产品加工业的扶持力度。对带动区域主导产业发展、促进农业结构调整和农民就业增收作用突出的项目，采取**以奖代补**的形式给予奖励，并对获得中国名牌、北京市名牌产品、中国驰名商标、北京市著名商标、绿色食品认证、有机食品认证的农产品加工企业进行奖励。市科技、商务等部门也要加大资金支持力度。对国家级农产品加工示范基地和创业基地建设通过补助、贴息等方式给予扶持。"

可以看出，专家组建议的财政支持方式要比原方式（"以奖代补"的支持方式）更为科学、合理，更有利于实现项目的绩效目标。

在国际上，进行政策或项目实施方案的评估，一般都需要借助于分析和评估项目的逻辑模型（或结果链）。项目逻辑模型是一种概念体系，也就是关于为实现政策目标应该做些什么的设想，是项目正确执行的基础。如果项目的逻辑模型是明确合理的，就会明确地界定项目的功能和影响，阐述项目的活动以及作为该活动的预期结果。一个好的项目逻辑模型能够使我们知道怎样做才能达到项目目标，哪些事情是项目必须做的。相反，一个差的项目逻辑模型就算执行没有问题，也不能产生预期的结果。所以，在项目实施方案可行性评估中，我们也可以通过评估项目逻辑模型（结果链）的优劣，评价项目实施方案的可行性。这种评估具有重要的意义，因为如果项目是建立在含混或错误的概念基础上，那么项目获取预期结果的希望或可能性就很小。

4. 投入经济性的评价

事前绩效评估的第四步是投入经济性（成本效益性）评价。投入经济性评价是一种经济评价，它通过将项目成本与效果联系起来进行比较，帮助决策者进行项目选择和资源配置。投入经济性评价一般需要回答以下问题：

- 项目（政策）的真实成本是什么？
- 取得的结果能否证明资源的投入是正当的？
- 目前的选择是否是实现预定结果最有效的方式，换言之，能否通过其他方式以更低的成本获得同样的结果？
- 多余的资源该如何使用？

为了回答这些问题，人们经常需要运用以下三大经济评价方法：成本-效益分析（CBA）及其两大变式成本—效果分析（CEA）和成本-效用（CUA）分析。

在这些方法中，项目成本均可量化为货币，但是对收益的量化存在着差异。其中，成本-效益分析（CBA）将成本与收益均量化为货币，计算是否存在社会净收益；成本-效果分析（CEA）将成本与单一的非货币化产出（产出单位）进行比较；成本-效用（CUA）则与一个包含多种结果的非货币化的指标（例如"质量调整寿命年"）进行比较。由于成本—效益分析（CBA）要求将全部社会收益货币化，因此，在某些重要的收益难以货币化时，人们往往采用成本-效果分析（CEA）和成本-效用（CUA）分析。例如在预防老年人摔倒的项目中，可以采用成本-效果分析（CEA）基于每防止一次摔倒的成本对其进行评价。在成本-效益分析（CBA）中，人们常用的成本与收益比较方法主要有三种：净现值法、内部收益率法和收益-成本法。净现值（NPV）的计算公式如下：

$$NPV = \frac{B_1 - C_1}{(1+r)} + \frac{B_2 - C_2}{(1+r)^2} + \frac{B_3 - C_3}{(1+r)^3} + \cdots + \frac{B_n - C_n}{(1+r)^n} = \sum_{i=1}^{n}\left(\frac{B_i - C_i}{(1+r)^i}\right)$$

其中，NPV 代表净现值，B 代表收益，C 代表成本，r 代表资金成本（贴现率），n 为项目寿命年限。如果 NPV 为正值，说明项目有效益，因而是可以接受的；如果 NPV 为负值，说明项目没有效益，因而是不可以接受的。NPV 越大，表明项目的效益就越好。

内部收益率法则主要计算净现值为零时贴现率是多少。也就是说，当项目的净现金效益量的总现值与净现金投资量相等时，贴现率应当是多少。这个贴现率称之为内部收益率（IRR）。如果内部收益率大于金融市场上的预期资金成本（IRR>r），项目是可取的；否则，就是不可取的。也可以采用收益－成本法来比较。如果项目的总收益超过总成本，或者收益－成本比率超过 1（内部贴现率大于市场利率），那么，项目可行。如果政府必须从一批项目中做出选择，那么应该选择净收益最高的项目，而不是收益－成本比率最高的项目。因为一个非常小的项目具有小的收益以及更小的成本，能够产生非常高的收益－成本比率，但是得到的净收益相对很小。

5. 筹资合规性的评估

项目筹资合规性的评估虽然不属于事前绩效评估的重点，但是，它是效益性评估的基础和前提。由于许多的公共政策或项目资金除了来源于财政预算资金，还可能来源于金融部门和社会的资金，此时，我们需要对这些筹资的合规性进行必要的考察和分析。

总之，政策事前绩效评估的主要目的是，弄清楚政策到底有没有必要做，通过什么方式做得最好，绩效目标是不是科学合理，资金预算是不是做得实。其重点是，评估项目该做还是不该做，主要解决的是财政支持与否的问题。事前绩效评估的基本方法是成本－效益分析方法（CBA）及其两大变式成本效果分析（CEA）和成本效用（CUA）分析。由于成本－效益分析方法（CBA）要求量化所有的成本和收益，因此，在事前绩效评估实践中，人们更为常用的是成本－效果分析（CEA）和成本－效用（CUA）分析。

综上，总结性评价、形成性评价和前瞻性评价是三种不同类型的评价，它们的不同主要在于：总结性评价是一种"回顾性"的评价，关注的主要是政策或项目的结果；而形成性评价是一种"过程性"的评价，主要关注的是政策或项目的实施过程；前瞻性评价（前评价）则是一种"预测性"的评价，关注的主要是政策或项目的未来可能的结果。它们共同构成一个有效的政府行为和结果的信息反馈系统。

复习思考题

1. 形成性评价有何重要意义与作用？
2. 形成性评价与总结性评价有何区别与联系？
3. 对于形成性评价来说，评价维度（准则）是应该采用"可持续性"还是采用"风险控制"？
4. 请分析前瞻性评价综合方法与情景分析法有何不同特点。
5. 请分析英国预评估（appraisal）的"五案例模型"与我国事前评估的"五性模型"有何异同。

第 11 章 绩效评价发展的两个趋势

为适应不断深化的项目精细化管理的发展需要,国际上绩效评价实践在两个方向上产生了方法论的新发展:一个是作为一种"归因分析"方法的影响评价;另一个是面对复杂性环境的针对"社会革新"项目的演进性评价。前者代表了传统绩效评价发展的最严谨(rigorous)形式,后者则是不确定性时代出现的一种新型评价形式。

11.1 基于因果分析的绩效评价——影响评价

影响评价的基本目标是对某项干预活动的净效果进行估计,也就是说,估计在没有其他过程和事件的影响下干预的纯粹效果。

——[美]彼得·罗希,2004

影响评价是一种传统的绩效评价,也是一种最为严谨(rigorous)的绩效评价,它尝试找出已经发生的变化及其原因,就是说,该评价将分析记录中的哪些影响是由干预活动本身产生的,以及哪些影响是由其他因素产生的,目的是对记录中的变化进行归因。显然,这是一种难度较高的评价。影响评价的"最佳方法"是随机实验方法。由于许多的公共政策出于逻辑和伦理原因不能进行随机实验,因此,评价者必须采用其他的方法如准实验方法来衡量政策干预的影响。

随着结果为导向管理方式的推进,越来越多的人要求论证影响,从而导致了对影响评价的更大的需求。目前,国际上已有许多机构如世界银行、西班牙 – 世界银行影响评价信托基金、国际粮食政策研究所(IFPRI)、影响评价国际倡议(International Initiative for Impact Evaluation,简称"3IE")等,正致力于开展影响评价工作及相关研究。同时,不断有新的机构加入到这一行列中来。例如,隶属美国麻省理工学院(MIT)经济系的阿卜杜勒·拉蒂夫·贾米尔(Abdul Latif Jameel)贫困行动实验室已成为国际减贫影响评价领域的"领头羊"之一。反观我国,这种严谨的、基于因果分析的影响评价还不多见。目前唯一形成规模的机构是由中国科学院中国农村政策研究中心与斯坦福大学的弗里曼·斯波格利

（Freeman Spogli）国际研究所合办的农村教育行动工程（REAP-China）。本节我们主要根据国际上开展的影响评价实践，分析和讨论影响评价的基本原理与国际上常用的几种影响评价方法，包括：随机控制试验、回归断点设计、倍差法（也称双重差分法）及匹配法等。

11.1.1 什么是影响评价？

政府制定政策和实施干预项目的主要目的，是改变潜在受益群体的某种状况，达到某个目标，或获得某种收益。例如，开发减贫项目是为了提高贫困地区居民的生活水平；对贫困儿童进行营养干预，是为了提高他们的身体素质，降低疾病（如贫血）发生率，进而提高他们的学业成绩；在农村地区开展合作医疗，主要是为了使农户摆脱"因病致贫"和"因贫致病"的恶性循环；等等。

开发项目能否实现这些改变是经济学、公共管理和公共政策领域共同关注的一个重要问题。以减贫项目为例，我们主要关心：对贫困地区所发放的扶贫资金是否真正提高了当地居民的生活水平？提高的幅度有多大？这些款项通过哪些渠道来改善贫困居民的生活水平？比如，是直接提高他们的消费水平，还是间接地通过提高他们的生产性投资来提高他们的生活水平？等等。

在传统的公共项目管理实践中，管理者和决策者往往把项目评价的重心放在监督、控制和衡量项目的投入（inputs）和产出（outputs）上。例如，传统的绩效评价工作试图回答：实施对贫困儿童的营养干预需要购置多少营养品，需要雇用多少营养师？对贫困儿童父母的营养知识培训需要雇用多少讲师和技术员？需要印制多少培训教材？需要租用多少教室？这些资源是否按时、按质、按量安排到位？项目的实际受益群体是否与项目设计的目标受益群体一致？等等。但这类评价往往不十分关注项目是否最终带来了潜在受益群体长远福利的提高。诚然，传统的绩效评价经常也发现项目潜在受益者的福利在项目实施过程中发生了某种改变，如儿童入学率提高了，贫血发生率下降了。但是这并不能充分回答，我们所观察到的这些变化是否能归因于受评的项目？为了更加完整地把握和了解公共项目的运营情况及其实施效果，提高项目的管理水平，我们需要运用一些科学方法来识别受评项目带来了受益群体哪些方面的变化，度量这些变化的大小，并研究其在不同群体（如男性与女性，儿童与成年人）间的分布规律和特征。

影响评价就是为了满足这一目的而发展出来的一套定量分析和评价方法。区别于传统的、侧重项目运营管理情况的项目绩效评价，影响评价更注重结果，特别关注项目为潜在受益群体所带来的短期和长期变化，更强调归因分析。为了识别受评项目与受益者的某个福利指标之间的因果关系，影响评价往往需要构造与受益者群体（干预组）在统计特征上非常类似，但未受项目干预的对照组，[①] 并通过干预组和对照组之间的对比来识别并度量项目对干预组所产生的影响。下面，我们将分析和介绍国际上常用的几种影响评价方法，包括：随机控制试验、回归断点设计（regression discontinuity design）、倍差法（也称双差分法）及（倾向性分值）匹配法等。

关于影响评价，我们需要注意以下几点。

第一，影响评价的方法是一系列定量分析方法的集合，并非像传统的绩效评价方法那样可以用一套统一的"操作指南"作为指导来开展工作。由于不同项目在所涉及领域（如城建环保还是农业科技推广项目？）、干预对象（如针对在校学生还是学前儿童？）、干预方式（同时还是分期分批实施？）、项目区的自然和经济条件（如村庄的空间分布、交通的便达性等）、数据的可得性（如基线数据是否可得？）等方面往往存在着很大差异，一般情况下，不存在对所有类型项目都适用的一成不变的影响评价方法。因此，影响评价方法的选择和运用往往要与受评项目的特点紧密结合。

第二，精心设计的（特别是与受评项目的设计紧密结合的）影响评价方案可以大大提高影响评价工作的效率。例如，下文专栏介绍的墨西哥 PROGRESA 项目，其成功经验在拉美和东南亚地区得到广泛推广，关键之一便是其精心设计的影响评价方案。早在 1997 年项目设计之初，管理者便把后续影响评价工作考虑在内，不仅在项目实施前在项目区开展了大规模的基线数据收集工作，还结合当地实际情况采用分阶段干预的方法，既保证干预的公平性（这有利于项目的开展），又保证优质评价数据的可得性（这有利于后期影响评价工作的开展）。相比较而言，很多其他干预项目由于缺乏良好的设计，导致影响评价工作无法开展。

第三，影响评价工作对数据的要求较高，特别是，高质量基线数据的可得性对评价结果的可靠性影响很大。与传统的绩效评价不同，大规模的定量抽样数据（区别于定性的座谈、访谈数据）是有效开展影响评价工作的客观基础。尽管并非每一种影响评价方法都要求使用基线数据，但是有了基线数据的支持，评价结果的可靠性会大大加强。此外，基线数据还有助于我们认识和理解潜在受益群体的重要社会、经济和人口学特征，便于我们理解项目的受益瞄准度，揭示项目产生影响的渠道，进而理解和解释影响评价的结果及所发现的问题。

11.1.2 以影响评价辅助决策

精心设计的、实施顺利的影响评价工作可以为政策制定提供可靠的科学证据。

[①] 构造对照组的方法因具体项目条件而异，有时可以将项目地区未受项目干预的群体作为对照组，有时需要用一定的统计方法来"生成"一个合适的对照组。具体见下文分析。

首先，影响评价可以帮助决策者和管理者了解项目是否产生了预期的影响。项目决策者和管理者所关心的问题，如"在项目地区提供自来水可以在多大程度上降低农村儿童的痢疾发生率？""降低幅度有多大？"等等，这些问题均可以通过良好设计和实施的影响评价工作来回答。

其次，影响评价往往可以帮助决策者和管理者了解何种干预措施产生了预期效果，哪些措施未能起到预期的作用。关键是为每种干预措施的受益群体找到或构造合适的对照组。

再次，影响评价可以帮助决策者在不同项目之间进行选择（专栏 11-1）。由于影响评价可以帮助识别项目与受益者福利之间的因果关系并度量影响的大小，那么管理者可以在不同项目间进行比较，选择其中产生效益较大的项目。此外，通过将有关项目影响的信息与各种干预活动的成本信息相结合，管理者还可以对不同项目进行成本－效益分析，从中选择最具成本－效益性的项目，也就是从经济上来看最优的项目。

专栏 11-1　墨西哥条件现金转移支付项目——影响评价和政府扶持的可持续性

1997 年，墨西哥启动了一项很具创新意义的条件现金转移支付项目——PROGRESA 项目[①]。该项目试图通过向该国最贫困的 505 个村中的贫困家庭提供短期的现金转移支付，来鼓励他们对子女的人力资本进行投资，条件是他们的子女必须保持一定水平的学校出勤率，并定期到当地的健康中心接受体检。在项目的设计阶段，墨西哥政府便认为有必要对这个项目进行细致的监测和评价，并责成项目管理方聘请科研人员来设计影响评价方案，并纳入到项目活动之中。后续影响评价的结果表明，该项目在贫困儿童人力资本的形成方面带来了预期的变化。例如，在教育方面，舒尔茨（Schultz，2004）发现，该项目显著提高了适龄儿童的入学率，并使儿童在校平均年数提高了 0.7 年。在健康方面，盖特勒（Gertler，2004）发现，5 岁以下儿童的疾病发生率下降了 23%。

这些研究结果对墨西哥政府的决策提供了有力的支持。尽管 2000 年总统选举导致该国的执政党发生了变化，但由于看到了项目对贫困人群福利所带来的巨大影响，新政府决定继续实施该项目，并将其推广到了贫困的城市地区。该项目影响评价的结果还被用来修正政府对其他项目的投入，如缩减若干收效甚微的项目的规模。该项目影响评价的结果还使得项目的成功经验备受发展中国家各界的关注，使得 CCT 项目在广大发展中国家得以广泛推广。

资料来源：世界银行网站，2014。

最后，影响评价还可以帮助决策者更深入地理解受益群体的行为及其决定因素，从而更有针对性地制定政策。近年来针对发展中国家贫困地区所开展的影响评价研究

[①] PROGRESA 是西班牙语"教育与健康项目"的首字母的缩写；2003 年起该项目由于政府换届而更名为"Oportunidades"。

表明，有相当部分受益者不愿意接受项目的干预。如在印度的乌代浦（Udaipur）地区，很多为幼儿提供免疫服务的项目收效甚微，原因是很多家长不愿让他们的孩子接受免疫。进一步的研究发现，当地居民不愿接受免疫的原因是他们对医疗知识的缺乏以及对传统巫医的迷信。据此，后续的干预项目不仅为当地儿童提供免疫，还向他们的家长普及医学知识并提供经济激励，使项目收到了预期的效果。这些发现使得决策者开始关注并重新思考潜在受益者对干预措施的反应及其影响因素，以便对症下药。

11.1.3 评价难题和选择偏误

上文述及，影响评价试图回答："受评项目 P 对于潜在受益者的状态或行为 Y 产生了什么样的（因果）影响？"在回答这一问题时，我们需要清楚地界定何谓"项目所产生的影响（以下简称'项目的影响'）"。同时，项目所产生的影响往往因人而异，因此除了清楚地界定"项目的影响"之外，还需要清楚地界定"项目的影响"指的是对"谁"的影响。

1. 相关关系和因果关系

在正式定义"项目的影响"之前，有必要先对"因果关系"这一概念进行讨论。如果我们观察到一位贫困居民在参加了某就业培训活动后打工收入增加了，我们能否从这个观察推断出就业培训提高了该居民的打工收入这一结论？显然，为了回答上述问题，我们需要考虑并排除项目 P 之外其他因素对结果 Y 的影响。例如，该居民在参加就业培训时，是否同时在参加其他的培训或者自己在家进行了自学？另外，该地区未参与培训的居民打工收入是否也（由于地区经济发展）增加了？该居民打工收入的提高可能是由于这些因素，而非受评项目带来的。

事实上，我们观察到的很多相关关系不一定代表着某种因果关系。只有在排除了其他因素的影响之后，我们才有可能识别一个变量（P）和另一个变量（Y）之间的某种因果关系[1]。但是困难在于，需要排除的因素（例如该居民是否参与其他项目）往往不可观测。因此，需要借助一些方法来"控制"（或"排除"）这些因素对 Y 的影响。在介绍这些方法之前，我们需要建立一个用以指导我们如何运用这些方法的理论框架。

2. 潜在结果、反事实和因果推断

为方便讨论，定义 P 为一个二值变量，以表征某潜在受益个体[2]对受评项目（如

---

[1] 因果关系可以从另一个角度来理解，即，如果某一项目 P 对我们关心的结果 Y 产生了某种因果影响，那么在不存在项目 P 的情况下，我们不应该看到 Y 的这种变化，因为在此情况下，我们看到的变化必然是由于其他因素引起的。
[2] "个体"可以指个人（例如个体居民或学生）或社区（例如学校、班级等）。

就业培训）的参与情况：

$$P = 0: \text{个体未受到干预;}$$
$$P = 1: \text{个体受到了干预。} \tag{11-1}$$

同时，用变量 Y 来指代某种可被 P 所潜在影响的结果或状态（如打工收入）。对于任何个体而言，Y 在理论上存在两种潜在的取值，分别对应两种不同的项目参与状态：

$$Y_0 = [Y | P = 0]: \text{某个体在未受到干预状态下 } Y \text{ 的取值;}$$
$$Y_1 = [Y | P = 1]: \text{同一个体在受到干预状态下 } Y \text{ 的取值。} \tag{11-2}$$

值得强调的是，Y_0 和 Y_1 指的是同一个体在同一时点上不同状态下的**潜在结果**（potential outcome）。[①] 诚然，现实中任何个体都不可能在同一时点处于两种不同的状态，但是在理论上，我们完全可以定义这两种状态下 Y 的潜在取值。P 对结果 Y 所产生的影响可以定义为 Y_1 和 Y_0 之间的差别。即，我们把项目 P 对 Y 产生的影响定义为[②]

$$\Delta = Y_1 - Y_0 \tag{11-3}$$

然而，运用式（11-3）的困难是，对于任何个体而言，我们都不可能同时观测到其 Y_0 和 Y_1 值（尽管这两者对任何个体而言，理论上同时存在）：对于项目参与者而言，我们只能观测到其 Y_1 而非 Y_0；而对于未参与项目者而言，我们只能观测到其 Y_0 而非 Y_1，这一现象使得式（11-3）所定义的项目影响（Δ）对任何个体而言都不可被直接观测或计算。此即所谓的评价难题。评价难题引出了**反事实结果**这一重要概念。对项目参与者而言，Y_1 可被观测，是其事实结果；Y_0 即为其反事实的结果，也即"同一时点上，项目参与者在没有参与项目的状态下，被观察到的结果"。由于项目影响是 $\Delta = Y_1 - Y_0$，影响评价对 Δ 的估算实际上是通过估算反事实来实现的。影响评价实践常常寻找或构造一个与项目参与者在统计特征上很相似的对照组来估算反事实。下面将介绍几种不同的统计学方法，并说明如何使用这些方法来估算反事实。

3. 影响评价所涉及的一些重要参数

实际上，大部分时候我们只能估算出某些潜在受益个体 Δ 的平均值，而非每个个体的 Δ 值，因此，几乎所有的影响评价工作都集中于估算**项目对某个群体的某种平均影响**上。我们称这些平均影响**是影响评价试图估算的参数**。

为方便对这些参数的讨论，考虑以下例子：项目 P 是一个旨在提高某地贫困居

[①] 一种常见的错误理解是，把 Y_0 理解为项目开始之前的结果，而把 Y_1 理解为项目结束后的结果。
[②] 这一定义很好地"控制"了其他因素对结果 Y 的影响，因为对于同一个体区而言，所有其他因素对 Y 的影响在上述 Δ 定义式中的差分中相互抵消了。

民消费水平 Y 的项目。假设该地区常驻的所有 1 000 户贫困农户都具有参与项目 P 的资格，而且项目允许农户自主选择是否参与项目。结果，500 户参与了该项目，另外 500 户没有参与。

上述例子涉及了以下几个重要的参数：

(1) 项目产生的总平均影响

项目对所有 1 000 户农户产生的总平均影响为

$$\text{ATE} = E[Y_1 - Y_0] = E[\Delta] \tag{11-4}$$

其中，符号 $E[\ ]$ 代表"取期望值"或"求平均值"的数学操作。**参数 ATE 常被称为"平均干预影响"**（average treatment effect）。在本例中项目地区全部 1 000 户农户 Δ 的均值即是 ATE。但是，一个自然的问题是，对于那 500 户没有参与的农户而言，项目的影响不应该是零吗？估算项目影响时为何要包括这 500 户农户？

有几点需要说明。首先，ATE 所度量的是，如果全部 1 000 户农户都参与了项目，那么平均而言，项目 P 会对他们的 Y 带来多大的影响。因此，ATE 在考虑把同类项目推广到其他类似地区时具有重要的参考价值。其次，这里的 ATE 是直接从潜在结果 Y_1 和 Y_0 推导而来的待估参数（见式 11-4），而非实际观测值。即便对未参与项目的 500 户农户而言，每家每户也都存在 Y_1 和 Y_0 这两个潜在结果，因而只要 Y_1 和 Y_0 的取值存在差别，这 500 农户的 $\Delta = Y_1 - Y_0$ 的均值就不一定为零。最后，在允许农户自主选择是否参与项目的情况下，项目参与者的 Δ 均值与未参与项目者的 Δ 均值很可能不相等，因此，包含未参与项目者与不包含未参与项目者对 Δ 均值的估算可能是有差别的。下面这个参数就只考虑项目对参加者的 Y 所产生的影响。

(2) 项目对参与者的平均影响

项目对参与了项目的 500 农户的平均影响定义为

$$\text{ATT} = E[Y_1 - Y_0 | P = 1] = E[\Delta | P = 1] \tag{11-5}$$

其中，符号 $E[Y|X]$ 是"给定 X 时 Y 的条件期望值"。① **参数 ATT 被称为参与者平均项目影响**（average treatment effect on the treated）。本例中项目对参与了该项目的 500 户农户所产生的平均影响即是 ATT。这一参数度量的是项目对参与者实际产生的平均影响，因此，它往往是影响评价工作试图估算的核心参数。

(3) 选择偏误

对定义式（11-5）稍作变形，可以用来讨论影响评价中另一个重要的概念——选择偏误（selection bias）。将式（11-5）展开，可得

$$E[Y_1 - Y_0 | P = 1] = E[Y_1 | P = 1] - E[Y_0 | P = 1] \tag{11-6}$$

---

① 符号 $E[Y|X]$ 是"给定 X 时 Y 的期望值"，例如 $E[$ 月收入 $|$ 受教育程度 = 高中 $]$ 表示的是教育程度为高中的人的平均月收入。

其中，等号右边第二项 $E[Y_0|P=1]$ 即项目参与者的反事实，因为对项目参加者（$P=1$）而言 Y_0 不可观测。一个常见（但不一定正确）的做法是拿项目参与者 Y 的均值与未参与项目者 Y 的均值进行比较。这一比较产生了以下估计量（estimator）：

$$\Delta^N = E[Y_1|P=1] - E[Y_0|P=0]$$
$$= E[Y_1|P=1] - E[Y_0|P=1] + E[Y_0|P=1] - E[Y_0|P=0]$$
$$= ATT + E[Y_0|P=1] - E[Y_0|P=0]$$
$$= ATT + 选择偏误 \tag{11-7}$$

上式右边由加上并减去 $E[Y_0|P=1]$ 得来，式中第3行右半部分 $E[Y_0|P=1] - E[Y_0|P=0]$ 即是所谓的"选择偏误"。从定义上看，选择偏误是项目参与者与未参与者在 Y_0 上的平均区别，即这两组人在不受项目影响状态下 Y 值的区别。从式（11-7）可以清楚地看出，如果选择偏误 $E[Y_0|P=1] - E[Y_0|P=0]$ 不为零，那么用估计量 Δ^N 估算出来的值将不等于 ATT，其误差正好是选择偏误的大小。因此，式（11-7）提供了理解影响评价的另一个角度 [区别于式（11-3）]，即影响评价的任务是运用统计方法来消除选择偏误。

仍考虑上述的扶贫项目。假设农户知道自己的 Y_0 和 Y_1，其取值如表 11-1 所示（但如前所述，现实中这两者不能同时被观测）。

表 11-1 受评项目涉及农户的潜在结果

	不参与（$P=0$）	参与（$P=1$）	均值
不参与项目状态下的月收入（Y_0）	760	680	720
参与项目状态下的月收入（Y_1）	740	720	730
样本量	500	500	

数据来源：作者构造。

进一步假设农户基于以下的模型考虑其项目参与决策：

$$P=1，如果 Y_0 < Y_1;$$
$$P=0，如果 Y_0 \geqslant Y_1。 \tag{11-8}$$

即：当某农户计算出其参与项目所得收益为正时，将参与项目；相反，如计算出其参与项目收益为负或为零时，将不参与该项目。

假设作为研究者，我们也能观测到所有农户的 Y_0 和 Y_1 值（现实中，我们仅能够观测到表 11-2 中加黑的数字，但为了方便讨论，我们假设可以观测到表中所有数字）。在该假设下，我们可以计算 ATE 和 ATT。

按定义：

ATE $= E[Y_1 - Y_0]\ \ = [（740-760）+（720-680）]/2 = 10$

ATT $= E[Y_1 - Y_0|P=1] = 720 - 680 = 40$

注意到，对这几个参数的计算都用到了一些不可观测的数值，得以算出这些数值是因为我们假设可以同时观测到所有人的 Y_0 和 Y_1 值。为方便计算，如果采用式（11-8）中的估计量 $\Delta^N = E[Y_1|P=1] - E[Y_0|P=0]$（注意，该式子中 $E[Y_1|P=1]$ 及 $E[Y_0|P=0]$ 均可观测），有

$$\Delta^N = E[Y_1|P=1] - E[Y_0|P=0] = 720 - 760 = -40$$

该估计量隐含地假设 $E[Y_0|P=1] = E[Y_0|P=0]$，即参与项目和未参与项目的农户在不存在项目状态下的平均消费水平 Y 类似。但表 11-2 表明这两者并不相等。实际上，式（11-9）所示的项目参与决策模型表示，恰恰是这两者的不同导致了两组人采取了不同的参与决策，即，只有能从项目中获得正收益的农户才会选择参与项目。

11.1.4 常用的影响评价方法

这里，我们主要分析介绍国际上常用的四种影响评价方法，包括：随机控制试验（randomized controlled trial）、回归断点设计（regression discontinuity design）、倍差法（difference-in-differences）及匹配法（matching）等。

1. 随机控制试验法

前文提到，选择偏误 $E[Y_0|P=1] - E[Y_0|P=0]$ 是项目参与者和未参与者在不受干预状态下存在的系统性差别。随机控制试验（randomized controlled trial，简称 RCT）方法[①]通过将潜在受益个体随机分成干预组和控制组来消除选择偏误。由于该方法在很大程度上模仿了自然科学里的实验室实验，使用该方法所获得的证据有很高的可信度。

（1）用随机分组消除选择偏误

随机控制试验通过人为地对潜在受益者（或评价样本）进行随机分组来构造在不受干预状态下不存在系统性差别的两个组，从而消除选择偏误。具体而言，该方法将待评价样本随机分成两组，[②]一组接受干预（"干预"组，$P=1$），另一组则不接受干预（"控制"组，$P=0$）[③]，进而比较项目实施后两组之间在结果 Y 的差别。随机分组保证了干预组和控制组之间各种变量（包括可观测和不可观测的变量，包括 Y_0）在统计意义上非常相似，特别是保证了 $E[Y_0|P=1] = E[Y_0|P=0]$。这一方法使得两组人之间唯一的区别，是干预组参与了项目而控制组没有参与。在这种情况下，我们

[①] 这一方法有时也称"随机评价"（randomized evaluation）或"社会实验"（social experiment）。
[②] 随机分组方法包括抽签、抛币等。例如，可以让待评价样本中的每一个人抛币，图案朝上的人分配到干预组，文字朝上的人分配到控制组。当然也可利用计算机产生随机数，由随机数字大小来决定谁被分配到干预组，谁被分配到控制组。
[③] "控制组"即上一章提到的"对照组"的一个特例。

可以认为两个组 Y 之间的差别确实是由项目的干预 P（而非其他因素）带来的。

图 11-1 展示了这一思路。假设一个项目的受评样本包含了 1 000 个家庭中的居民，其中，女性占 45%，大学学历者占 20%，70% 的人是农村户口，等等。如果我们从这 1 000 户中随机地抽取 500 户作为干预组，而将剩余的 500 户作为控制组，那么分组的随机性保证了在干预组的 500 户居民中，女性大约占 45%，大学学历者大约占 20%，大约 70% 的人是农村户口，等等。可以想象，控制组 500 户居民中，女性也大约占 45%，大学学历者也大约占 20%，农村户口大约占 70%，等等。换言之，随机抽样和分组保证了受评样本的基本统计特征（至少在均值意义上）可以很好地被"保存"到干预组和控制组中。

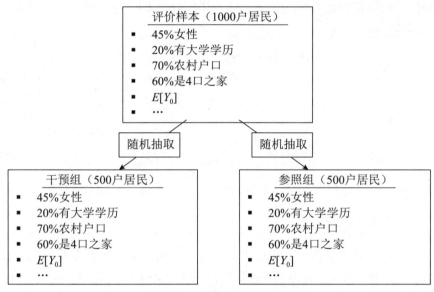

图 11-1　随机分组示意图

值得注意的是，随机分组只能保证两个组之间在统计意义上，特别是在各变量的均值上类似，并不能保证干预组和控制组在每个个体的个体特征上都类似。假如我们只从评价样本的 1 000 户里随机抽取一户居民到干预组，随机抽取另一户到控制组，那么，由于抽样的随机性，被分配到干预组的那户居民可能是年收入不超过 1 万元的贫困户，而被分配到控制组的农户可能是年收入超过 10 万元的小康家庭。尽管实际上该项目可能大幅度提高了干预组家庭的收入水平，但如果该家庭的年收入在受到干预的状态下仍然不超过 10 万元的话，简单地对比这两户的收入水平，就可能会得出"扶贫项目对家庭收入产生了负面影响"的错误结论。导致这一错误的最主要的原因是，在样本很小的情况下，即便干预组和控制组是通过随机分组产生的，两组中的单个个体也不一定可比。而**在样本量足够大的情况下，大数定律保证了样本的平均特征可以很好地反映总体的平均特征**。直观地理解，两个组个体之间的随机差异在求平均的过程相互抵消掉了。这也从另一个角度说明了为何影响评价往往只能针对一组群体（而非单个个体）进行。

（2）参数估算

按定义，$\Delta = Y_1 - Y_0$。因此，在理想条件下（即符合三个条件：受评样本足够大；干预组和控制组的分配严格随机；受评样本中所有个体都严格服从分配）采用随机控制试验时，有

$$\begin{aligned}\text{ATE} &= E[\Delta] = E[Y_1 - Y_0] = E[Y_1] - E[Y_0] \\ &= E[Y|P=1] - E[Y|P=0]\end{aligned} \quad (11\text{-}9)$$

式（11-9）最后一个等号表示，我们可以用干预组 Y 的均值 $E[Y|P=1]$ 来估算 $E[Y_1]$，同时，可用控制组 Y 的均值 $E[Y|P=0]$ 来估算 $E[Y_0]$。同理，对于项目对受干预者的平均影响 ATT，有

$$\begin{aligned}\text{ATT} &= E[\Delta|P=1] = E[Y_1 - Y_0|P=1] \\ &= E[Y_1|P=1] - E[Y_0|P=1] \\ &= E[Y_1|P=1] - E[Y_0|P=0] \\ &= E[Y|P=1] - E[Y|P=0]\end{aligned} \quad (11\text{-}10)$$

式（11-10）最后一个等号表示，我们可以用干预组 Y 的均值 $E[Y|P=1]$ 来估算 $E[Y_1|P=1]$，同时，可用控制组 Y 的均值 $E[Y|P=0]$ 来估算 $E[Y_0|P=0]$。

专栏 11-2 条件现金转移支付项目

墨西哥政府在 1997 年开展的 PROGRESA 条件现金转移支付项目要求干预组里 0~5 岁儿童的母亲必须保证她们的孩子定期到医院体检；同时，孕妇必须到医院进行 5 次定期的产检护理。项目采取了滚动开发的方法开展活动。在第一阶段（1997—1999 年），项目从墨西哥 505 个国家级贫困村中**随机选择** 320 个作为干预组，将剩下的 185 个贫困村作为控制组，在第一阶段不对其进行干预。这一滚动式设计使得有关人员可以使用随机控制试验对第一阶段的活动进行影响评价，并将其结果用于决定是否开展第二阶段的活动。由于很多研究显示，该项目在第一阶段对潜在受益者产生了很多正面的影响，项目在第二阶段（2000—2003 年）被推广到在第一阶段作为控制组的 185 个贫困村。Gertler（2004）对该项目所产生健康影响的研究显示，与控制组相比，干预组的新生儿患病概率下降了 25.3%，1~1.5 岁儿童的身高要高出 1 厘米，而 1~4 岁的儿童贫血的概率要低 25.5%。

资料来源：世界银行网站，2014。

2. 回归断点设计

很多时候出于成本或道德上的考虑，我们无法使用全局的随机控制试验。但在某些条件下，可以通过构造一个局部的随机试验来进行影响评价。回归断点设计即建立在该思路之上。

很多项目会使用一个连续分布的资格指数（Z）来决定某个体是否具有参加项目的资格。如减贫项目经常根据家庭所拥有的资产价值来构造一个财富指数，以确定项目区家庭的项目参与资格，如只有财富指数的分值低于某一临界值（C）的家庭才具有项目参与资格。

回归断点设计的基本思想是比较资格指数刚刚超过临界值（即刚好获得项目参与资格）的个体——（局部）干预组——和资格指数差一点就达到该临界值的个体（因而刚好未能获得参与资格）——（局部）对照组——在结果 Y（如贫困家庭的消费水平和学生获得助学金之后的学业成就等）上的区别。如果影响 Y 的其他因素在资格指数临界值的两边是连续变化的，那么当把注意力集中在资格指数临界值附近时，可以认为，除了干预组受到项目干预而对照组没有这一差别之外，这两组个体在各个方面的差别很小。因此，这两组个体在结果变量 Y 上的差别是由项目带来的，这一差别度量的正是项目所产生的影响。

还可以从另一个角度来理解回归断点设计。在资格指数临界值附近时，谁获得资格和谁未能获得资格可以近似地认为是随机决定的，特别是当人们没有十足的把握去操控自己的资格指数时。例如，在某门考试成绩在 59~61 分之间的学生中，谁及格了（成绩 ≥ 60 分）和谁不及格（成绩 <60 分）在很大程度上是随机决定的。[①]
从这个角度看，我们可以认为回归断点设计是在构造一个局部的随机控制试验。在此试验中，刚刚获得项目参与资格的个体的反事实可以由差一点就获得资格的个体的结果 Y 来估算。这样，两组个体在结果变量上的差别便度量了项目对 Y 产生的影响。

图 11-2 提供了直观的图示。该图示意了一个食物补贴项目的情况。项目旨在对某地贫穷家庭的食物支出进行补贴，但由于资金有限，只能对部分家庭进行补贴。为了确定谁有资格获得现金补贴，项目构造了一个财富指数，用以反映一个家庭的富有（贫困）程度，该指数在 0 到 100 之间取值，数值越大表示越富有。项目规定，财富指数在 50 及以下的家庭能够获得补贴，而大于 50 的家庭则没有资格获得补贴。回归断点设计利用项目参与资格 P 在临界值两边（从 $P = 0$ 到 $P = 1$）的跳跃来估计项目产生的影响。如图 11-2 所示，在项目实施后，参与项目家庭的食品支出均值线（回归拟合线）在临界值的截距（点 B）高于未参与项目家庭的食品支出均值线的截距（点 A）。

---

① 同时，直观地看，刚刚及格的学生和刚刚不及格的学生在很多方面应该都是类似的。但是如果我们关注成绩在 50 和 70 分之间的学生时，成绩接近 50 分的学生和成绩接近 70 分的学生可能在很多方面是不可比的。

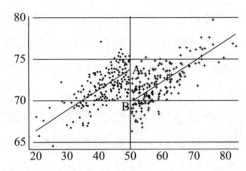

图11-2 现金补贴对家庭月食物支出产生的影响

如果其他影响结果 Y 的因素在临界值附近是连续变化的（即没有跳跃），说明财富指数刚好低于临界值的家庭（如财富指数 = 49）与财富指数刚好高于临界值的家庭（如财富指数 = 50）在各方面都很相似，唯一的区别是前者获得了补贴，而后者没有。因此，我们可以将后者（"差点贫困"家庭）的结果 Y 作为前者（"刚好贫困"家庭）结果 Y 的反事实，进而估算项目的影响。在本例中，两类家庭的食品支出均值线（即回归线）在临界值处的截距之差（A–B）便度量了该补贴项目对家庭食物支出产生的影响：

$$\Delta_{RD} = E[Y|P=1] - E[Y|P=0] \mid c - \delta < Z < c + \delta$$

其中 δ 是个取值很小的正数（如 3~5 个财富指数单位）。

3. 倍差法

上述两种方法通过全局或局部随机分组来保证干预组与参照组在统计意义上的对等。另一种方法——倍差法（有时被称为"自然实验"方法）则通过差分的方式消除或减少干预组和参照组之间的（不随时间变化的）系统性差别。一般情况下，该方法要求收集基线数据。

为了便于理解，我们用图解的方法来对倍差法（DD）原理进行说明。考虑一个旨在提高潜在受益者日工资（Y）的就业培训项目 P。在所有潜在受益者中，有些个体参与了项目（干预组）而有些没有参与（对照组）。如果基线数据可得，如图11-3表示，项目实施前，干预组的平均日工资（点 A）为 $Y_A = 100$ 元/天，对照组平均日工资（点 B）为 $Y_B = 50$ 元/天。终线数据表示，项目实施后干预组的平均日工资（点 C）为 $Y_C = 300$ 元/天，对照组平均日工资（点 D）为 $Y_D = 200$ 元/天。

在考虑倍差法的估算之前，先来考虑两个常见（但不一定正确）的评价方法。第一种方法是比较干预组的日工资 Y 在项目实施前后的差别（"前后对比"），即

$$\Delta_{\text{前后, 干预组}} = Y_C - Y_A = 300 - 100 = 200 \text{（元/天）}$$

由于干预组确实受到了项目的干预，这 200 元中的确包含了项目对干预组工资所产生的影响。但是，这 200 元中包含的不仅仅是项目所产生的影响。从图中容易

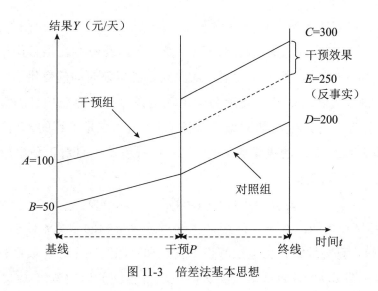

图 11-3 倍差法基本思想

看到,尽管对照组没有受到项目影响,其平均工资水平在项目实施前后也发生了变化,即

$$\Delta_{\text{前后, 对照组}} = Y_D - Y_B = 200 - 50 = 150\ (元/天)$$

但对照组从基线到终线这 150 元的工资增加并不是由项目所带来的。因此,对于干预组而言,项目实施前后这 200 元/天的工资增加也不仅仅是由项目带来的,还包含了其他因素的影响。一般而言,除了项目以外,很多社会经济变量,例如价格、收入等都会随时间变化,它们都可能对干预组的工资产生影响,因此,简单地比较干预组工资在项目实施前后的差别,往往将其他因素产生的影响错误地归因于项目的实施。

第二种方法是比较干预组和对照组在项目实施后的工资差别,即"横截面"比较:

$$\Delta_{\text{横截面}} = Y_C - Y_D = 300 - 200 = 100\ (元/天)$$

该方法往往在基线数据不可得的情况下使用。由于对照组自始至终没有受到项目的影响,干预组和对照组在终线上的 100 元/天的工资差别多多少少包含了项目的影响。然而,从图中看到,干预组和对照组的日工资率即便在项目实施之前(基线)也存在差别,这意味着,这两组人在未受到项目干预的情况下存在(如学历、智力、身体条件等方面)"系统性"差别。因此,这两组人之间在终线上这 100 元的差别不完全是由项目带来的。

上述两种方法(即"前后"和"横截面"对比)都可能将项目以外其他因素的影响错误地归因于项目,从而过高或过低地估算项目的影响。因此,一个简单的思路是,如果可以将项目以外其他因素的影响消除或减少,我们将可以获得对项目影响更好的估计。倍差法便按照这一思路设计。倍差法假设，在不存在项目的情况下，干预组和对照组 Y 随时间的变化趋势一致。换言之，在不存在项目的情况下，点 B 和 D 之间的差别（150 元 / 天）既度量了对照组日工资随时间的变化趋势，也很好地度量了干预组日工资随时间的变化趋势。也就是说，在不存在项目的情况下，干预组的平均日工资应该在终线时达到 E 点（注意 AE 和 BD 是平行的），而非我们所观察的 C 点（即 E 点是 C 点的反事实）。在这一假设下，项目对干预组所产生的影响可以由 CE 之间的距离度量。也即：

$$\Delta_{DD} = Y_C - Y_E = (Y_C - Y_A) - (Y_D - Y_B)$$

上式表明，CE 之间的距离（即用倍差法对项目影响的估算）可以由 CA 之差减去 BD 之差获得。直观地讲，倍差法假设干预组和对照组在不存在项目时，随时间变化的趋势一致，即 BD，进而从干预组 Y 值在项目实施前后的差值（CA 之差）中减去时间趋势 BD。由于 BD 之差度量了"项目以外其他因素"的影响，CA 之差与 BD 之差的差度量的恰恰是项目的影响。

专栏 11-3　印度尼西亚的学校建设项目

1973 年，印度尼西亚政府启动了一个名为 SekolahDasar INPRES 的学校建设项目。1973—1978 年间，该项目建设了 60 000 余所小学。同期，7~12 岁儿童的入学率从 1973 年的 69% 上升到 1978 年的 83%。这与印度尼西亚在 1970 年代早期不存在大型的资本扩张及入学率的下降形成鲜明的对比。Esther Duflo 利用这一政策的变化来对学校建设项目进行影响评价。

对这一项目进行影响评价的困难在于，各地区学校的建设的密度并非随机决定。由于建设经费部分地由地方承担，较为富裕的地区可能建设更多的学校。同时，政府也可能主动选择在相对贫困的地区建立更多的学校。因而项目区和非项目区的学校可能存在很大的差别，简单比较项目区和非项目区儿童的受教育程度可能反映的是地区发展水平的差异，而非学校建设的作用。

注意到不同区域不同年龄的儿童受到项目的潜在影响不同，Duflo 用倍差法来避开上述问题。注意到，年纪小的儿童受到学校建设的影响要大于年纪大的儿童（如果某儿童在项目建设时已经从学校毕业了，那么该项目对其受教育程度几乎不存在影响）；同时，对于同龄儿童而言，那些生活在项目建设密度大的地区的儿童将受到更大的影响。因此，Duflo 比较了两个差别。首先，她分别计算了（1）项目区年纪较大的儿童与年纪较小儿童教育程度上的差别，和（2）非项目区中年纪较大的儿童与年纪较小儿童教育程度上的差别，这一差别消除了本地经济条件等不可观测因素的影响。她进而比较了这一差别在项目区和非项目区之间的差别，这第二个比较的结果便是对学校建设项目所产生影响的倍差法估计。表 11-2 展示了 Duflo 的倍差法应用，结果表明，该项目为项目区学龄儿童带来了 0.12 年的额外教育年限。

表 11-2　印度尼西亚学校建设项目对教育年限和工资影响的倍差法分析

	受教育年数		
	项目活动强度		
	高 (1)	低 (2)	差 =(2)-(1)
(A) 1974 年 2~6 岁	8.49	9.76	-1.27
(B) 1974 年 12~17 岁	8.02	9.40	-1.39

资料来源：世界银行"贫困影响评估"。

资料来源：世界银行网站，2014。

4. 匹配法

当既无法采用实验和准实验方法，也不存在基线数据时，可以用匹配法来进行影响评价。匹配法中最直观、最简单的一种方法是"精确匹配"法。

（1）精确匹配（exact matching）

假设某大学对贫困学生实施一个助学金项目，项目分两个步骤来决定谁能获得助学金。第一步，只有 GPA 在 3.2 以上，且家庭年收入在 3 万元以下者才有资格申请助学金。第二步，在具有申请资格的学生中，谁最终获得助学金不仅取决于他们的可观测特征 X（如成绩、年级和家庭收入等），还取决于一些不可观测的变量，比如评审委员会对申请者的主观评价，助学金基金会最终所能提供的资助名额等。为了估算助学金对学生未来学业成就的影响，精确匹配法假设：给定学生的可观测特征 X，谁获得了助学金是随机决定的（注意：这一假设不一定成立）。在此假设下，如果能够找到与助学金获得者在可观测特征上完全一致但没有获得助学金的同学，则这两者之间结果变量 Y 的区别可以被认为是由助学金带来的。

图 11-4 说明了精确匹配法的原理。在所有 16 名具有申请资格的学生中，8 名获得了助学金（干预组）而 8 名没有获得（对照组）。在 8 位获得助学金的学生中，有 3 位可以与 3 位未获得助学金的学生进行精确匹配，每对成功匹配的（即颜色相同的）学生在所有可观测特征（性别、年级、GPA 和家庭收入）上完全相同。这三对匹配成功的学生中，获得助学金的同学与未获得助学金的同学在结果变量 Y（学业成

获得助学金的学生（干预组）				未获得助学金的学生（对照组）			
性别	大学年级	成绩绩点	家庭年收入/万元	性别	大学年级	成绩绩点	家庭年收入/万元
女	2	3.6	2~3	男	3	3.8	>6
女	1	3.8	1~2	女	1	4.0	<1
男	2	3.7	2~3	男	1	3.5	2~3
女	1	3.5	1~2	女	2	3.0	1~2
女	3	3.6	<1	女	2	3.6	2~3
女	1	4.0	<1	男	2	3.7	2~3
女	2	3.6	1~2	女	2	3.7	2~3
男	1	3.4	<1	女	2	3.2	3~4

图 11-4　精确匹配的例子（贫困大学生助学金项目）

就）上的平均区别就是精确匹配法所估算的项目影响，即

$$\text{ATT}_{\text{精确匹配}} = (E[Y|X, P=1] - E[Y|X, P=0] | X \text{精确匹配})$$

值得注意的是，本例中精确匹配根据学生的四个可观测特征进行逐一配对，只要其中有一个特征不同，精确匹配便无法实现。在这个例子里，只有三对学生进行匹配，可想而知，当需要进行匹配的可观测特征更多时，精确匹配就会变得非常困难。这一困难即是所谓的"匹配维度"问题。

（2）倾向性分值匹配

另一种匹配方法，倾向性分值匹配法（propensity score matching，简称 PSM），则用统计学方法来规避"匹配维度"问题。与精确匹配一样，倾向性分值匹配假设给定可观测的特征 X，谁获得助学金是随机决定的（注意：这一假设仍然不一定成立）。但与精确匹配不同的是，倾向性分值匹配不是严格按照个体的可观测特征逐一进行配对的，而是通过估算每个个体（给定其可观测特征时）参与项目的概率值（即倾向性分值——往往通过估算一个 logit 或 probit 模型来求得），进而选择倾向分值相同或相近的个体进行匹配。统计学家罗森伯姆（Rosenbaum，1983）证明：如果假设给定个体的一组可观测特征，他们参与项目的决策可视为是随机决定的，那么给定这些可观测特征的某个函数的函数值，个体参与项目的决策仍可被视为是随机决定的。这样，倾向性分值匹配可以只通过一个可观测变量（即倾向性分值）对干预组个体和对照组个体进行匹配，从而大大减小实际操作的工作量。

图 11-5 说明了倾向性分值匹配方法的原理。例如，给定每位学生的倾向性匹配分值，获得助学金的第一位学生可以与未获得助学金的 3 位同学进行匹配。这位学生与她所匹配的参照组成员在可观测特征上不尽一致（如这位女生的匹配者中有一位是男生），但是他们参与项目的倾向性分值很接近（都在 0.65 左右）。与精确匹配一样，估算项目所产生的影响的时候，每一对匹配成功的学生中，获得助学金的同

获得助学金的学生（干预组）					未获得助学金的学生（对照组）				
性别	年级	成绩绩点	家庭年收入/万元	倾向性分值 Pr(X)	性别	年级	成绩绩点	家庭年收入/万元	倾向性分值 Pr(X)
女	2	3.5	2~3	0.65	男	3	3.3	>6	0.20
女	1	3.8	1~2	0.95	女	1	3.7	1-2	0.85
男	2	3.7	2~3	0.83	男	1	3.5	2~3	0.63
女	2	3.5	1~2	0.45	女	2	3.0	1~2	0.10
女	3	3.6	<1	0.82	女	2	3.6	2~3	0.67
女	1	4.0	<1	0.99	男	2	3.6	2~3	0.75
女	2	3.6	1~2	0.75	女	2	3.6	4~5	0.61
男	1	3.4	<1	0.48	女	2	3.8	3~4	0.44

图 11-5　倾向性分值匹配例子（贫困大学生助学金项目）

学与未获得助学金同学在结果变量 Y（如未来的学业成就）上的差别的平均值就是用倾向性分值匹配法估算出来的项目的影响：

$$\text{ATT}_{\text{PSM}} = (E[Y|\text{Pr}(X), P=1] - E[Y|\text{Pr}(X), P=0]) | \text{Pr}(X) \text{ 匹配}$$

其中，$\text{Pr}(X)$ 是用统计方法（如 logit 回归）所估算的，给定个体可观测特征 X 的倾向性分值。

专栏 11-4　印度自来水工程对儿童健康的影响

Jalan 和 Ravallion（2003）以印度农村 5 岁以下的儿童作为研究对象，评价了该国自来水工程对儿童腹泻发生率和持续时间的影响。分析所用的数据来自于印度应用经济研究国家委员会在 1993 到 1994 年进行的大样本抽样调查。该数据集包含了印度 16 个州、33 000 户农村家庭人群的健康和教育状况。由于信息量和样本量都比较大，这使得研究者可以利用倾向性分值匹配法来评价自来水工程对儿童健康产生的影响。该项目评价结果表明，与没有受到自来水工程影响的家庭相比，那些参与了该工程项目的家庭的儿童腹泻发生率要比前者低 21 个百分点，腹泻持续时间也要比前者低 29 个百分点。可见，自来水工程确实改善了印度农村的饮水安全状况，对当地儿童的健康成长起到了积极作用。

资料来源：世界银行网站，2014。

11.1.5　内部有效性和外部有效性

在选择影响评价方法时，对评价结果的可用性存在两种考量。首先，我们是否成功地识别了项目 P 和结果 Y 之间的因果关系？其次，我们所识别的因果关系是否能对其他条件下类似项目的可能影响提供一个可靠的估计？影响评价一般用内部有效性（internal validity）和外部有效性（external validity）来分别描述这两种考量。但在实践中，内外部有效性之间往往存在某种消长关系。这种消长关系主要受两方面因素的影响：第一，我们在多大程度上可以控制个体的项目参与资格；第二，被研究的个体及其环境在多大程度上接近真实世界。

1. 内部有效性

当评价者能够充分说明某项影响评价工作中揭示的，受评项目 P 和结果变量 Y 之间的相关性代表了一种因果关系时，我们便认为这项影响评价工作有很强的内部有效性，即我们可以很有把握地认为是项目 P，而非其他因素带来了结果 Y 上的变化。通过前文的分析我们可以看到，当评价人员能够构造一个好的对照组来估算干预组的反事实结果时，该研究往往具有很强的内部有效性。为了保证强的内部有效性，评价人员可能希望去人为地控制干预项目的环境和干预措施，例如在实验室里进行随机试验以获得实验数据（experimental data）。而一般的观测性数据

（observational data），如入户调研，往往是在不受评价者控制的环境里产生的，基于这些数据所得出的结果往往不具备很强的内部有效性。

专栏 11-5　启蒙计划项目的内部有效性

　　启蒙计划（Head Start）是一个由美国联邦政府资助的项目，其目标人群是美国6岁以下的来自弱势群体家庭的儿童。该项目为这些儿童提供了教育、营养和健康服务。1969年，美国政府雇用了Westinghouse Learning公司来评价该项目对儿童学业产生的影响。该公司对比了在1965—1968年间参与该项目的近2000名儿童和2000名未参加项目的儿童的学业成绩，发现启蒙计划对儿童学习的影响"极其微弱"。例如，该研究发现Head Start的暑期活动对儿童的学业未产生任何正的影响。而对于参加了一整年活动的儿童而言，研究发现Head Start只对一、二年级的儿童有影响，而且影响很小。根据这些报告，尼克松总统宣布在进行下一步研究之前将不再增加对任何联邦扶贫项目的投资。后来，很多学者质疑了Westinghouse Learning公司的评价结果。例如，1982年，Magidson和Sorbon重新分析了启蒙计划项目的数据，发现Westinghouse Learning公司所选取的对照组在社会经济地位上超过了干预组，也即，至少在社会经济地位这一因素上，干预组和对照组存在着显著的系统性差别。因此，1969年Westinghouse Learning公司的影响评价具有很弱的内部有效性。2010年，启蒙计划项目又开展了新的一轮全国性的随机干预试验，结果发现了该项目对弱势儿童的学业带来了很显著的正面影响。

　　资料来源：世界银行网站，2014。

2. 外部有效性

　　如果从某个研究中所找到的因果关系可以被推广到其他的人群、地点或者时点，那么该研究具有很强的外部有效性。罗伊和贾斯特（Roe & Just，2009）总结出了可能影响研究外部有效性的几点因素：

　　（1）与研究环境中特定因素的交互作用：有时在实验室中被控制住的因素在现实环境中无法被控制住，因而产生了干扰作用。在这种情况下，试验室研究得出的结论可能无法推广到现实中去。

　　（2）干预措施或结果缺乏变化：在可控环境里，干预措施和结果存在的范围有限，比如我们往往在一个固定的时间段后才能观察到试验的结果。那么，现实中，如果干预措施所发生的时间、强度和规模发生了变化，其产生的作用也可能与试验室结果不一致。

　　（3）被研究群体和总体之间存在系统性区别：如果被研究的群体对于我们所关心的总体来说不具有代表性，那么从被研究群体得出的结论很难被推广到总体人群上。例如，从某地大学生数据中得出的结论可能无法代表整个当地人口的情况。

专栏 11-6　激素替代疗法研究的外部有效性

美国妇女健康协会（Women's Health Initiative）在 2002 年发表了一项关于激素替代疗法（hormone replacement therapy）的研究，该研究着眼于了解激素替代疗法对于妇女更年期症状的影响。研究发现，激素替代疗法增加了参与这项研究的妇女罹患心脏病和中风的危险。但美国内分泌协会（Endocrine Society）批评了这项研究，指出该研究所采用的样本对于适用激素替代疗法的总体人群而言并不具有代表性：前者平均年龄为 63 岁，而后者一般是 50 岁出头的妇女。内分泌协会进而回顾了很多关于 50 岁出头妇女的激素替代疗法的研究，发现相对于没有接受激素替代疗法的妇女，接受了该疗法的妇女的死亡率下降了 30%~40%。美国内分泌协会的批评说明了美国妇女健康协会这一研究缺乏外部有效性。

资料来源：世界银行网站，2014。

3. 内部有效性与外部有效性之间的权衡

内外部有效性之间经常存在的消长关系——当某项研究具有很强的内部有效性时，该项目的外部有效性往往有限，反之亦然。下面分别讨论不同类型研究所面临的这种权衡（图 11-6）。

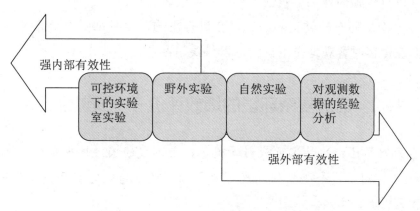

图 11-6　不同类型项目内外部有效性的权衡

实验室实验（lab experiment）。这种实验在高度可控的环境下进行，研究者可以控制除了干预措施之外的所有因素。正因为控制住了其他因素，这种实验的结果往往具有很强的内部有效性。但是，因为实验室环境往往与现实环境存在差异，在讨论外部有效性时我们需要清楚地考虑在多大的程度上这些结果可能在现实条件下获得。

野外实验（field experiment）。有时研究者（特别是在进行随机可控试验时）会在"野外"，即一个"真实世界"环境下控制研究项目所涉及的干预措施。在一个适当选取的样本中，一部分个体被随机地选择来接受干预措施，另一部分个体则被选为对照组。这样的随机分组使得研究者可以跟在实验室实验中一样清楚地识别干预措施的作用，但比实验室实验更加困难的是如何控制环境因素及人的行为对项目结果的影响。例如，可能有人不愿意遵守实验的计划。另外，由于野外实验在自然环境下进行，其结果一般比实验室实验具有更强的外部有效性。

自然实验（natural experiment）。自然实验是指研究者要寻找某种自然发生的"外生"因素使样本中某些人受到"冲击"（如使用倍差法时利用的政策变革），这种冲击像实验干预一样使得样本中的一部分人受到了干预。这种外生的冲击往往来自某种突然实施的政策。由于这类情况发生在真实世界中，自然实验往往具有很强的外部有效性。其内部有效性的高低程度取决于外生冲击的本质（如规模、范围、持续性等）。

观测型研究（observational studies）。有时研究者完全不参与项目干预阶段，而只是对观测到的数据进行分析。当研究者用"观测数据"来试图估算一个项目的影响时，必须清楚地说明使用了何种策略来识别该项目的影响。由于这种策略不一定可行，这类研究的内部有效性往往受到限制。但是由于观测数据所记录的信息完全不受研究者的干预，同时往往来自一个较大的具有代表性的样本，用观测数据得到的结果往往具有较强的外部有效性。

总之，无论是哪一种类型的研究，在进行影响评价时都需要综合考虑其内外部有效性，并在评价时客观地做出说明，以供决策参考。

11.2 面对复杂环境的绩效评价——演进性评价

> 现代自然科学已经终结了近代科学观基础上形成的确定性世界观，使人类对自然世界的认识达到了一个全新的高度：确定性不过是特定时空条件下的一种例外，不确定性才是世界的本质。
>
> —— 刘尚希，2010

与传统的评价方法（如形成性评价和总结性评价）不同，演进性评价（developmental evaluation）①的根本目的不是评价一个项目的表现（如资金投入是否到位，项目活动是否按时按量进行，是否获得预期产出，等等）。演进性评价的根本出发点是"以评价促发展"。演进性评价通过周期性的评价和快速反馈，支持项目的创新（innovation）发展（如从原有项目活动中衍化发展出新课题、新项目活动、新产品、组织结构和人员变化，或结合项目参与者提供的新背景信息、政策的

---

① Development evaluation 通常译为发展评价，为了区别于 development evaluation，本书将 developmental evaluation 译为演进性评价。

新变动以及外界环境和政策因素调整项目的干预方法和形式,甚至形成新的项目目标),以引导评价工作适应衍化发展的(emergent)、动态的(dynamic)、复杂性环境(complexity),并通过评价工作的发现,促进项目的新发展。

11.2.1 与演进性评价相关的几个概念

研究和开发演进性评价的目的,并不是取代传统的评价方法,而是为了解决特定环境下传统评价所无法解决的问题。这一评价方法和理念在预期能够带来大范围社会变革的领域(如发展中国家的大规模减贫项目)尤为重要,因为对于这类项目而言,已知干预手段的有效性有限,同时其所处政策环境变化频繁,如何通过开展活动以达到项目目标并不确定。国际上,越来越多的项目评价经验表明,许多目标明确的(如"在若干年内消除贫困")项目,往往由于采用了新的干预手段、对项目潜在受益者背景和行为的不断深入认识、项目参与者对干预手段效果的反馈、宏观政策变化(如对贫困线的重新界定)等,以及这些元素之间的交互作用,而无法按初期设计的技术路线实施。因此,演进性评价被作为一种解决问题并促进项目发展的方法而被提出来。在理解演进性评价时,需要理解一些重要的相关概念。

1. 社会革新

演进性评价主要适用于社会革新(social innovation)领域的项目。国际评价专家维斯特里、兹莫曼和帕顿(Westley, Zimmerman, & Patton)在《通向"也许":世界如何变化》一书中,将社会革新定义为一种通过引入新元素或形式(如引入新的理念、采用新的实践方法或使用新的资源)对既成事物的改变,特别是,针对具有广泛基础的社会问题的改变。因此,社会革新可能,也可能不以传统的项目建设和发展的形式出现。因而,(内容和形式上的)不确定性(uncertainty)是社会革新活动的一大特点。社会革新活动往往由富有远见的社会革新者(social innovator)所倡导和领导。

2. 复杂性系统

社会革新活动所处的系统往往是一个复杂性系统(complexity system)。一个复杂性系统是一个存在大量的相互依赖并发生交互作用的元素,但不存在中央控制单元的一个系统。复杂性系统中,元素间自发形成学习、演化及发展等行为,而非通过高级的智能化信息处理机制来控制这些行为(Mitchell, 2009, p.13)。[①] 社会变革领域所处的复杂性环境的一个显著特征是:如何解决当前的问题是不确定的,而且

---

① 对复杂性系统的更详细论述,可见 Michael Quinn Patton, *Developmental Evaluation: Applying Complexity Concepts to Enhance Innovation and Use*(第 4-5 章), New York London: The Guilford Press, 2011.

革新活动所涉及的利益相关方对于如何开展下一步的工作往往存在意见上的不一致。

3. 评价理念

演进性评价以系统性思维（systemeic thinking）为指导，把评价工作和项目发展视为一个有机整体，具备对项目的复杂性、非线性以及动态性的敏感性，以连续、及时的评价发现支持社会变革及相应的适应性调整（adaptive）管理。在这一理念下，评价过程包括提出评价问题，及时地收集实时数据，快速反馈，及时把握项目进展中的决策调整，最终促成项目的发展。

4. 评价者的角色

在"以评价促发展"的理念和面对复杂性环境的情况下，演进性评价的评价者往往是项目开发团队（development team）的成员。该团队负责在一个长期的、连续的开发、调整和试错过程中对项目的目标、方法等进行概念化、设计及检验，时刻关注未预期结果，并探索和发现这些结果对项目的启示和含义（implication）。评价者在此团队中的主要功能是在讨论中引入评价问题，引起思考并主动收集评价信息和数据，进而促使项目团队和利益相关者针对项目发展的过程进行系统的、基于数据的反思和决策。

11.2.2 演进性评价与传统评价的区别

前文述及，演进性评价并非是对传统评价方法的取代，而是为了解决特定环境下传统评价所无法解决的问题，这也意味着演进性评价与传统评价之间存在显著的区别，具体包括：

1. 评价目的

传统的评价实践往往把一个项目的评价过程分为两段。前面一段用来进行形成性评价（formative evaluation），目的是使项目的运营、活动等得以完善，使项目的活动和模型稳定化；后一段则用来进行总结性评价（summative evaluation），对项目是否成功，是否有继续开展的价值等问题进行总体判断。形成性评价以改善项目为核心，项目的内容和活动在此阶段往往进行很多的调整，如雇用更多的实施人员，依据项目参与者的反馈调整项目活动，纳入新的资源，开展新的项目活动，等等。项目管理方往往热切地希望得到反馈，借以提高项目的运行效率和效果。当项目推移到总结性评价阶段，评价目的则是对项目的整体价值进行总结性判断。例如，评价者试图回答：该项目是否切实可行？是否继续开展甚至扩展该项目（覆盖面）？是否可以从该项目中总结出一个有用的模式，供其他项目借鉴？总结性评价的这一目的意味着，在这一阶段，项目往往不再侧重新的提高，而是试图保持项目活动和运行方式的稳定性，使用固定的干预手段，严格地按（在形成性评价阶段调整过）计划完成项目活动。因此，很大程度上，第一阶段形成性评价的目的是通过适当调整使项目的内容和模式稳定下来，以便于开展第二阶段的总结性评价。

与之相反，演进性评价并不寻求一个稳定的项目发展模式。它认为受评项目的内容和运行模型应该不断进行适应性（adaptive）调整，以适应新的环境、新的需求，以及项目开展过程中衍化出来（emergent）的新事物。这是因为在社会革新领域，项目参与人的人口学、经济学背景，项目可用的技术、信息等都在随时间变化，项目前一阶段的项目成果也可能会对后续项目的内容和模式带来很大变化。因此，不应该狭隘地"为评价而评价"或"为评价而求稳定"，盲目追求项目内容和运行模式的固定化，而应该允许项目根据新的情况不断适应调整并促使其衍化发展。简言之，演进性评价是一个"边干边学"（learning by doing）的过程，在允许项目不断发展，不断更新项目目标和策略的前提下，不断提出和回答新的评价问题，同时不断通过周期性的"总结性评价"对项目进行评价和反馈。演进性评价本身（如内容和方式）也在不断演化（evolve），而与此同时，项目依赖于不断演化中的评价实践，也得以不断演化、发展。

2. 评价时点和内容

在评价时点上，演进性评价以周期性的一系列"总结性评价"取代传统评价实践中只在项目终期（或在项目内容和模式稳定下来之后）才进行的总结性评价。总结性评价（包括项目开展过程中的周期性总结性评价）之所以必要，是因为投资方需要了解项目的本质、运行情况和结果，判断是否应采取重大的项目调整，以及决定是否继续进行投资。但是，这些周期性的"总结性评价"从内容上有别于传统的、标准化、常规化的总结性评价。这些周期性的总结性评价主要侧重在对不断变化的环境、新学习到的教训、项目地区新出现的需求、新的政策、新出现的项目参与者与潜在受益者等条件做出反应。

3. 适用领域

给定演进性评价"以评价促发展"的作用，是否该以演进性评价取代传统的形成性和总结性评价？答案是否定的。原因在于，不同的方法有各自的使用范围，用以满足特定目的，并提供某种相应的价值。前已述及，演进性评价对于社会革新者以及社会变革领域的项目非常有用，这些人或组织往往能够在对抗贫困、艾滋病、家庭暴力、慢性病、自然灾害及政治冲突等相关领域带来重大的社会变化。在寻求对付这些社会问题的方法时，社会改革者需要大胆设想，大步展望。复杂性理论说明了巨大的社会变革往往源于细微的个体活动（如著名的"蝴蝶效应"）。因此，这些变革基于"相信一切可能，甚至不可能的事情"这样一种信念。社会变革不会遵循一条线性、静止的道路而发展，社会改革的领域总是充满起伏，充满系统元素间的动态交互，未预期的变化和衍化，以及由量变导致的质变（突变）。而且，事物往往在向好的方面发展之前，可能会经历一个向不好的方向发展的阶段（例如，很多减贫项目发现，受益者在获得扶贫款项时，首先是扩大自己的消费，而非进行生产性的投资），这往往产生了对新发展方向的质疑，正是社会改革者"相信一切可能，甚至不可能的事情"这一信念，使得社会革新活动得以最终往良好方向发展。①

因此，给定社会变革领域的这些特点，传统的评价方法并不适用这一领域的项目。传统评价的目标是"控制"和"预测"，希望为含混复杂的现实（chaos）建立秩序（order）。相比较而言，演进性评价则允许在复杂性环境中的社会变革中存在混沌，去认识、理解，并做出积极的反应，进行评价，并依据对复杂、动态、非线性的现实的理解而对项目进行调整，而非强制性地对一个充满不确定性的世界施加秩序。社会改革者往往发现传统的评价方法在这一领域不适用，有时甚至完全与正在开展中的社会变革项目毫不相关。传统评价的做法，如在项目开始之前明确清楚、具体和可测度的结果，可能不仅难以做到，而且强制执行这些活动的效果可能是适得其反的。在社会改革者的眼里，"结果将随着项目的进展而变化"。

4. 评价内容

基于上述在目的、使用范围等方面的差别，演进性评价和传统评价在具体内容和做法上也存在一系列的不同。表11-3系统地总结了，形成性评价、总结性评价和演进性评价在关键使用条件、优先评价问题、常用方法和影响应用效果的关键要素上的主要区别。

---

① Collins 在《从好到伟大》（From Good to Great）一书中研究了众多的企业成功的经验。该书发现，真正能做到从好到伟大的转变的企业都具备下面一系列特征：对未来的信心绝不轻易动摇，特别是对于被其他人认为是幻想的未来远景绝不动摇。同时，他们极其重视关于他们所面对的现实的数据，对他们活动的结果进行严谨的监督（monitoring），并积极对何种活动产生了实效，何种活动并未产生预期效果，以及所处环境的变化进行实时反馈。

表 11-3　形成性评价、总结性评价和演进性评价的对比

目的	关键条件	优先问题	常用方法	影响应用效果的关键要素
1. 总结性评价 • 对项目和模式的整体价值和重要性进行判断，以辅助重要性决策； • 决定项目和模式的未来，如是否作为最佳实践进行推广。	• 基于某一可检验的变化理论和一定义明确的干预模式； • 具有稳定、统一、标准化和高质量的实施过程； • 具备清楚、具体、可测、可达、有时效的结果指标； • 有足够的对照组来进行归因分析； • 有可靠的监测和成本数据； • 投资者和决策者愿意并已准备好参与总结性评价。	• 该项目是否可行？ • 项目是否能满足参与者的需要？是否能取得预期成果？ • 是否该继续开展该项目？是否停止？是否扩展？ • 项目是否带来未来增值？ • 本项目的成果和成本与其他项目相比如何？ • 在多大程度上，项目的成果可以归因于本项目的干预？ • 本项目的模式和理论是否清晰，可验证，并且实施情况良好？ • 项目是否产生计划外、未预期的结果？ • 何种环境因素（contextual factors）影响了项目的效果（effectiveness）？ • 该项目的实践和经验可否作为"最佳实践"加以推广？	• 项目结束（关账）时的外部独立评价； • 结果或影响评价； • 成本-效益分析； • 基于理论的评价。	• 评价者的独立性和可靠性； • 评价设计的严谨程度；方法的有用性和可归纳性； • 时效性； • 环境的稳定性； • 出资方及决策者对参与总结性及运行总结性决策的承诺。
2. 形成性评价 • 改善项目； • 调试模型，明确从投入到项目活动和过程、到产出、结果及影响的关键要素； • 找出项目运行中的错漏和重复项； • 在"试点调研"的程度上判断项目的效果和效率，为总结性评价做准备； • 稳定并标准化项目模型，为总结性评价做准备； • 为总结性评价检验准备做准备，并实证项目实施工具和程序。	• 起草项目模型供后续调整和善之用； • 建立实施过程质量控制的准则，并聚焦实施过程进步； • 有清晰、具体、可测、可达时效的结果，将努力引导并集中于改善项目； • 有获得参与者反馈的工具； • 为监测进行信息管理； • 项目人员愿意并已准备好识别项目已存在问题，并着手改善项目。	• 项目实施过程中暴露出什么优势和缺点？ • 项目参与者对项目有何反应？如何才能提高他们的满意度？ • 何种活动在何种情况下对准有效？ • 如何控制何种甚至减少成本？ • 如何提高项目质量？ • 是否识别了所有主要模型的元素？实施方式是否协调一致？ • 模型的各部分能否整合到一块？ • 发现了什么未预期的结果、产出和环境因素？这些未预期结果和环境因素在本项目作为其他项目的先例方面，具有何种启示？ • 该项目是否已适合进行总结性评价？	• 中期评价； • 逻辑模型的使用及评价； • 参与者的反馈； • 对实施过程和参与者情况的监测数据； • 质量提高； • 总结经验； • 过程评价； • 形成性结果评价。	• 创造一种适合获得反馈和变化的开放的学习氛围； • 确保在取得进步之前，项目弱点的证据不会被用来惩罚项目有关人员或减少项目经费； • 评价者在协助学习过程中所具备的技能； • 评价者发现对于项目有关人员的相关性、切实可行的对于如何取得进步的建议； • 对于判断项目是否已适合进行总结性评价的明确程度。

续表

目的	关键条件	优先问题	常用方法	影响应用效果的关键要素
3. 演进性评价 • 协助社会革新者探索解决社会重大问题和需求，以及识别创新方法和解决方案的可能性； • 发展预期前景良好的创新； • 支持在复杂、不确定的动态条件下的调整； • 记录社会革新者从事的活动，这些活动的短期结果，以及它们与社会革新者更宏观目标之间的关系； • 识别并主要创新过程并协助衍生的过程和测量结果，并协助了解它们对本项目的意义和启示； • 支持正在进行的发展和对变化条件的适应性调整； • 判定一个创新活动是否及何时适合作为一个（初步的）形成性评价的对象。	• 决心"带来变化（make a difference）"的社会革新者； • 有在不确定条件下行动和革新的意愿和能力； • 对使用数据反馈和快速反馈来理解和把握什么事物从探索和创新过程中衍生出来，并用这些衍生事物来引导后续步骤的承诺； • 出资者愿意尝试并信任创新过程和演进性评价可以作为监测项目发展的方法； • 评价者有能力在没有事先决定又良好的逻辑模型的基础上进行工作； • 对初始条件的敏感。	• 对当前情况（situation）的基本认识是什么？ • 引导创新者的视野和价值何在？ • 项目活动发展的初始环境条件的本质是什么？创新意味着什么？ • 对于"项目是否朝预期方向发展"这一问题的快速反馈和初步反映结果意味着什么？ • 随着探索和创新的不断进行，什么被认为"可行"？"不可行"？ • 随着项目发展，什么准则被用来区分什么"可行"和什么"不可行"？ • 什么过程和结果带来了项目团队对目标结果的热情？为什么？ • 随着项目开展，出现了什么不可接受的事情？ • 随着探索和创新的不断进行，在社会之间发生了从事的事情和其周围更大的社会如何与其周边环境中的更大的系统相联系？ • 那些更大的系统中在事物发展方面，存在何种趋势？ • 什么（不）可以被控制，预测和测度？社会革新者对那些不能被控制、预测和测度的事物如何反应？ • 评价者和社会革新者如何一起从噪声中剥离出有用信号，并用以指导其行动？ • 什么因素在正在进行中的革新值得我们正式地加以实施并将其作为形成性评价的对象？ • 哪些衍生出来的事物值得我们正式地加以实施并将其作为形成性评价的对象？	演进性评价； 基于系统及复杂性的交互设计； 快速评价，快速反馈； 实时评价； 实时环境监测及结果监测； 反思性实践，参与性研究； 网络分析； 系统变化映射。	• 社会革新者与评价者能够共事，相互尊重和信任； • 使活动繁忙的社会革新者花时间参与思考及解释数据，以理解和把握正在进行中的创新活动； • 对衍生化的新事物保持开放的心态； • 具备适应性调整的能力； • 容忍模棱两可和不确定的结果； • 在反馈质量和速度之间获得平衡； • 灵活地行动； • 整合多种来源的、甚至相互冲突的数据。

资料来源：Michael Quinn Patton, *Developmental Evaluation*, 2011。

11.2.3 开展演进性评价的十大要点

（1）项目领导层的支持是开展演进性评价必不可少的要素。首先，项目领导者对评价目的的理解（如为了最终达到改善受益者状态的目的，还是仅仅为了有一份评价报告来交差？）是能否开展演进性评价的先决条件。其次，领导者对于演进性评价的认识和理解，对于评价是否能够顺利、有效地开展至关重要，因为评价过程需要领导者调动多方资源、积极配合评价者的工作。正如帕顿在其《演进性评价》一书中所强调的，演进性评价中"人的要素至关重要（people matter）"，"领导因素至关重要（leadership matters）"。

（2）应该思考什么样的评价对于项目而言是有用/意义的。这有利于开启演进性评价的大门，并建立起评价的基础。有时，这可能要求重新概念化已有的评价框架，如将原先设定的中期/终期评价转化为贯穿全程的连续性评价。如前所述，演进性评价不是某种或一套一成不变的评价方法。相反，其根本出发点在于如何用数据来把握项目在动态、不确定的环境下不同元素间的衍生发展，进而对项目发展加以引导。具体评价方法的选择和评价时点因项目状况、环境、参与者而异。

（3）演进性评价可以而且应该同时包括内部和外部评价。评价者可由内部评价者和外部评价者共同组成，可以分工，也可合作。一般来说，外部评价者负责创造性地设计评价框架，保证评价的问责功能，以及满足出资者所提出的总结性评价的需要；内部评价者负责利用演进性评价的发现组织和管理项目活动，以促进项目发展。

（4）评价结果不仅应包括评价发现，还应包括可用于支持项目发展的材料。评价过程的发现，如案例研究和外部评价的结果，应被充分利用，例如作为项目下一步活动开展的计划蓝本。以旨在提高农民粮食生产技能的技术推广项目为例，针对农民需求和技能的信息所编制基线摸底案例研究，可以更有针对性编入下一步培训课程内容。而且，项目可能根据案例研究的发现，对当地农民的需求和困难有了更加现实的理解，决定采取新的培训方式和内容（例如从课堂单向展示到田间互动展示），这便促成项目的某种发展。

（5）留意项目未预期的衍化发展，并保持开放的态度，积极加以利用。例如，有的农业技术推广项目在评价过程中无意间发现技术推广人员的素质非常高，经验非常丰富，便充分利用他们的特长来辅助进行一系列计划外的高质量的案例研究。这些案例研究的结果可以被编到下一期的技术推广教材之中，促进项目在技术培训质量方面的发展。

（6）及时行动，快速反馈。例如，有些农业技术推广项目，需要进行田野调查以收集第一手数据，以了解具体地方（不成文）的畜牧管理规定，以判断项目原有的技术推广方式是否与当地规定和行为准则相冲突。这些调研工作应该在制定各地具体的技术推广方式前开展，并及时将信息和问题解决方案反馈给项目管理方。及时快速的信息收集和反馈还有利于保证评价的透明性，因为这使得人为修改数据以掩盖问题的做法更为困难。在各项目地点具体技术推广模式设计并加以实施之后，还须定期进行数据收集、加工和反馈，以便及时了解并解决问题。这在政策经常变化或环境要素经常变动的地方（例如游牧地区）尤为重要。

（7）使演进性评价成为项目发展的引擎。评价过程中与各利益相关方的反复互动，不仅可以使评价者和项目管理方及时把握情况，发现和纠正问题，还可以引起各方的重视与参与，使得潜在受益者更加了解项目的目的，对项目方更加信任。同时，评价过程中快速及时的信息收集和反馈活动给各实施单位形成压力，使之也更快速主动地开展活动。这些活动的开展，还可能引来一些计划外的政府或其他机构的资助，从而衍化发展出新的伙伴关系。

（8）项目的发展和（演进性）评价相辅相成，这既是一种开展项目的方式，又是一种思维方式。由于评价发现从项目伊始便被用来促进项目发展，项目相关人员对评价工作更加重视，促使他们将严谨的评价工作视为常规的工作要求，例如，注重数据的质量、注重案例的可信度和代表性、多方面考虑如何阐释数据所隐含的问题等。同时，由于内部评价人员要用到外部独立评价的结果，外部评价结果的高度严谨也会使内部评价人员工作的严谨程度有所提高。

（9）评价团队的能力至关重要。和其他任何类型的评价一样，演进性评价需要接触、了解各利益相关方，其中很多人可能根本不理解项目和评价活动的目的。因此，评价团队为了达到快速评价快速反馈的目的，必须能够采用有效的"外交"手段以获得信息，这包括，尊重和理解从不识字的农民到高素质的政府官员等一系列利益相关者，并能与之进行高效的信息沟通。

（10）演进性评价产生的不只是进步（improvement），而是支持项目发展。由于其"以评价促发展"的特点，演进性评价的结果往往会带来项目某方面的进步，但是，带来项目的进步并不是演进性评价的根本目的。进步是指在已有的活动方面做得更好，例如，帮助更多的受益者，提高培训活动出勤率，提高培训密度等；而发展则意味着促成在项目的活动、方法和影响方面的新的、持续的、根本性的改变。再以技术推广为例，将集中的课堂培训转变为田间交互式培训就是活动方式上的一种发展。随着受训农民种粮技能的提高，培训的内容可能要朝着如何选种、如何经营更大规模的农地等方向变化，这又促成了培训内容上的发展。

11.2.4 演进性评价的常用提问框架

与其他评价方法一样,演进性评价从提出评价问题开始,因此,有必要了解演进性评价中评价问题设计的一些基本原则。

1. 问题设计的六个原则

在《演进性评价》一书中,帕顿提出了6个简单的用以指导设计评价问题的原则。这些原则包括:

原则1:寻求共鸣。即所提问题应该和与你共事者所提出的想法、所使用的语言。所使用的框架相联系,并形成共鸣以促成更有效的沟通。

原则2:以少为多。与其他评价一样,开展演进性评价时,不宜询问过多的问题,否则容易使得评价工作失去重心。一般而言,询问3~10个评价问题为宜。

原则3:与评价框架保持统一。演进性评价可以使用的几种基本框架可参见下文。

原则4:注意区分切合评价框架的、高屋建瓴的评价问题和诸如"下一步做什么?"和"为什么这么做?"之类的具体、详细的项目操作层面的问题。

原则5:承认"愚蠢"问题的存在。演进性评价中不应像欧美课堂那样,以"没有问题是愚蠢的问题"为原则鼓励所有听众提出可能有的(包括不假思索而提出的)问题。由于项目发展的不确定性,愚蠢的问题是存在的,但是应该注意的是,甚至愚蠢的问题也具有相当的信息量,可以作为评价数据的一部分加以利用。

原则6:把问题设计的核心放在"什么正处于发展中?"这一问题上。在适合演进性评价的项目环境中,总有某事物(往往是某种创新手段)处在发展中。注意,这个问题问的不是什么事物被提高、被评价、被研究,或被用于问责,而是什么正处在发展中(being developed)。

2. 十个常用的问知框架

如前所述,演进性评价使用于复杂性环境下的社会革新项目,而复杂性环境本身不是一成不变的,因此,演进性评价问题设计需要结合不同的复杂性环境开发相应的评价问知框架(inquiry framework),以提出合适的评价问题。在《演进性评价》一书中,帕顿针对不同的项目场合,提出十个常用的评价问知框架[1],分别对应于十种复杂性情况(complexity situation)。表11-4总结了这些情况和所对应的问知框架。

---

[1] 详见帕顿:《演进性评价》(Michael Quinn Patton, *Developmental Evaluation*)的第八章。

表 11-4 十种复杂性情况和对应的问知框架

问知框架	说　明	对应的复杂性情况
框架1. 基本描述性问题（或称"5W 1H"问题）：What? Why? When? How? Where? Who?	问知问题： "谁正在做什么（Who's doing what）？" "在哪儿做（Where）？" "何时做的（When）？" "做得如何（How）？" "为何这样做（Why）？" 有时，"用什么方法做的（by What means）？"也可以被加入到这一清单中来。	• 适用于危机管理情形，即紧要任务是尽快对所处状态有一个基本了解，而且使大家处在同一个认识水平上。基本描述性问题在在开始进入一个复杂性环境时非常有用。 • 简单的例子如全球经济危机的冲击下，对项目的需求突然增加，某种投入不能及时到位、出资方突然决定撤资、项目管理者离职等，这些场合下，一旦找出问题的根源，任何可以快速得到解决问题的方案。
框架2. 基本评价思维：What? So What? Now What?	• What？即分析：我们观察到什么（问题、现象）？数据告诉我们什么信息？这些信息在当前和未来意味着什么？我们可以从中理解到什么？这些信息在当前和未来意味着什么？目前这些变化对评价者、客户，我们所处的关系网络，以及我们所提出的问题和行动等方面会产生什么影响？ • So What？即解释：给定所观察到的（问题和现象），什么线索可以被用来捕捉稳定的指标定什么？什么线索可以被用来捕捉化的模式？ • Now What？即提出下一步行动计划：我们对下一步行动——独立行动还是集体行动——以便最好地把握利用（目前和未来的）机会？ 简而言之，该框架对下一步的活动有何启示？这些创新的结果意味着什么？这些是我们所关注的创新？评价者使用这些问题未获得信息数据。 演进性评价在询问这些问题时应体现出一种紧迫感：目前、现在。我们应该采取什么步骤？据目前情况看，下一步的发展会怎样？但应注意，紧迫感不代表操之过急，要允许项目人员的学习曲线发挥作用。在他们对评价及结果有了新的了解之后，再询问更加具体的问题。	这一框架可以用来把基本的评价思想介绍给新接触到评价的人。例如，项目团队的其他人可能是给定领域的专家，但并不了解评价，这时需要快速地使他们对基本的评价思维有所把握。此时可以采用此问知框架。 在介绍基本评价思维的同时，应强调分析（What?）、解释（So What?）和下一步行动（Now What?）之间的联系。 该框架适合的场合包括：面临急剧变化的公共政策的社会服务机构，这些变化将对他们的客户和资源带来巨大变化：一个专注于质量控制和资源调配过程的医药技术企业；一个正在解决工人总工问题，而正处于内部转型的组织；等等。

续表

问知框架	说　　明	对应的复杂性情况
框架3. 三角学习框架：信念（belief）、知识（knowledge）、行动（action）	• 该框架从区分信念和知识开始。由于行动来源于我们所信和所知的组合，对信念和知识的混淆（特别是过分依赖于未在客观知识之上的信念）便会产生问题。一个学习型组织，应更多地把其行动所依赖的基础从信念转移到知识上。同样，发展性评价利用这一框架来捕捉那些过去学到的知识，并用这些知识和累来把握当前项目的发展，并提出建议。 • 判断行动是否建立在坚实的证据和知识支撑上，可以问一系列问题，例如：你的信念建立在何种客观知识之上？这种知识是否具有时效性？在多大程度上这些知识和当前的环境相匹配？你用了何种评价方法来检验你的干预效果？你采用什么样的系统性方法来审视项目的过程和结果？	这一框架适用于评价焦点是"学习"（learning）的场合。如果相关的社会革新者在评价中关注的焦点是学习，使用的是学习的语言，对比越来越大的兴趣，那么应将学习作为演进性评价的焦点。 一个非常适合的场合是由学习型组织所开展的项目。由于学习型组织的特点，占比越来越大的活动资源会逐渐投入到将学习知识（证据）上来，因此这一问知框架非常适用。
框架4. 聚焦优势（strengths）和资源（assets）：正面提问（appreciative inquiry）及相关的方法	正面提问法强调一个组织或社区所拥有的资源和优势，而非项目发展中存在的问题或问题的解决方案。在对项目参与者的座谈中，往往会提出以下问题："在项目开展过程中，你能识别出哪些创新和发展的结果？"类似的问题参与者总结关于组织未来成功的具体案例，进而向项目参与者提供可能的未来发展图景。注意，尽管该框架从项目的乐观之处出发开展评价，但同时应注意提出严肃性的评价问题。 所涉及的具体方法包括： • 基于资源的社区发展方法（asset-based community development），由美国西北大学基于资源社区发展研究所的John Kretzmann 和 John McKnight 于 1993 年提出； • 正面典型案例（positive deviance），由社会革新者 Jerry Sternin 和 Monique Sternin 提出； • 成功个案方法（success case method），由 Robert Brinkerhoff 于 2003 年提出； • 最显著变化（most significant changes），由澳大利亚墨尔本大学的土地和食品资源研究所开发； 限于篇幅，这些具体方法的内容不在此赘述。更详细的介绍可参见 Patton 所著《演进性评价》一书第八章的相关内容。	这个框架在项目人员经历过一系列负面的项目经验或业绩受挫不公正评价，士气受挫时，非常有用。

续表

问知框架	说　明	对应的复杂性情况
框架5. 系统变化（systems change）：视角（perspectives）、边界（boundaries）、交互关系（interrelationships）	视角、边界、交互关系三者构成了对系统革新的理解框架： 视角： • 当前状况可以通过哪些不同的方法来认识和理解？ • 这些不同的理解会对人们判断项目活动的成功与否带来怎样的影响？ • 这些不同理解将如何影响他们的行为，进而影响系统的行为，特别是当人们对项目产生错误的理解时？ 边界： • 上述哪些视角上的区别使得人们理解当前状态和行为的方式产生不同？ • 谁，或者什么被排除在项目范围以外？谁被边缘化了？ • 当前情况下，这种排除对于项目的"价值"带来何种影响？这种价值是谁定义的？ • 设立边界的后果是什么？ 交互关系： • 当前状况下交互关系的本质是什么？ • 当前状况下交互关系的结构是什么？ • 交互过程如何？ • 从这些交互过程中衍生出了一些什么模式和规律？对谁产生了什么后果？这些后果为何重要？对谁而言重要？在什么情况下重要？	社会革新者清楚地提出一个打破他们所认为不可接收的现存系统的愿景，并决心通过持续的变化带来社会革新。当他们用系统的语言来描述项目目标，用系统变化的语言来描述项目的结果，演进评价可以使用系统变化问知框架。
框架6. 以共事（collaboration）促革新：共事的本质和程度？关系网络？合作？协调？建立伙伴关系？	视角、边界、交互关系三者构成了对系统革新的理解框架，但是，演进性评价时仍需提出评价性问题，如：框架2中的What? So What? Now What? 又如提问：系统变化的证据是什么？在什么程度上产生了变化？产生了何种结果？预期中的还是非预期的？通过提出和解答这一系列的相互联系相互交织的问题，系统思维（systems thinking）和评价思维被整合到一起。 "以共事促革新"的核心在于整体大于局部之和的效果：共事合作可能可以带来革新行动无法带来的创造性的变化。那么，演进性评价的核心在于评价共事模式和程度，以及这种"带来创造性变化"的预期是否真正实现了。	当社会革新采用"以共事促革新"作为框架时，该框架的基本理念为：如果能把好的、有决心的、有意识的志同道合者带到一起（长期）共事，那么你能为世界带来改变一起（长期）共事，那么你能为世界带来改变。但

第11章 绩效评价发展的两个趋势 | 307

续表

问知框架	说　　明	对应的复杂性情况
框架6. 以共事（collaboration）促革新：共事的本质和程度？关系网络？合作？协调？建立伙伴关系？	共事的本质和程度从低到高包括： —关系网络（networking），分享信息和想法； —合作（cooperating），帮助不同的成员实现各自的目标； —协调（coordinating），为了实现共同目标的分工； —共事（collaborating），为了实现共同目标也存有的资源和责任的独立性； —建立伙伴关系（partnering），共同的目标、共同的决策、分享资源、成为统一的实体。 注意，这些关系可能随着项目的发展不断产生变化，演进性评价应该捕捉并汇报这些变化和发展，记录项目经历了何种衍化过程，以及这些衍化转变对于共事者和项目的启示是什么？	是，当共事者之间对同一问题存在不同观点时，复杂性环境便形成了。 针对采用这一行动框架的社会革新项目，演进性评价应该强调对这种共事的本质和结果的问知和探究。
框架7. 价值驱动的问知框架	提问： ● 引导我们行动的首要价值是什么？ ● 如何跟踪和判断我们是否忠于这些价值（"walking our talk"）？ ● 如何从那些与我们共享价值的人们那里获得（关于这些价值）反馈？ ● 如果我们不按照我们既有的价值观来开展项目，项目会朝什么方向发展？会产生什么后果？	对于社会革新者而言，取得项目成就的过程和项目所取得的成就同样重要。社会革新者所具备的强烈使命感和价值观是引导项目在困难和挫折中继续前进的动力。在此环境下，演进性评价聚焦于：在多大程度上，社会革新者开展的活动是忠于他们的价值观的，即"言行一致"的？
框架8. 复杂性框架：区分简单、复杂和错综	事物从简单到复杂的分类包括： ● 简单（simple），指菜谱，最佳实践和线性模型等可以通过已知的、可预测的、可控制的因果关系而获得的清楚、具体、可测度、可控制和可知的结果； ● 复杂（complicated），指需要通过协调和整合许多部分和背景不同的人。行动在任要要面对不确定的因素，但在一个对问题和环境有明确定义的框架下，采取何种行动是可知并可行的，例如，找到治疗感冒的疫苗及对足够多的人进行免疫从而避免世界性感冒大流行；	当用有关复杂性的语言、概念、想法、思维和理论来建立社会革新的发展框架时，辨别项目涉及复杂程度的高低可以作为演进性评价的指导； 对状态的敏感反应要求评价人员能够有意地区分什么是简单的（已知因素），并已在相关人员中达成共识，什么是复杂（因和果在一开始时未知，

续表

问知框架	说 明	对应的复杂性情况
框架8. 复杂性框架：区分简单、复杂和错综	• 错综（complex），指高度不确定，充满矛盾冲突，低可控度的环境，其中，事物的因果关系未知，甚至在结果出现之前不可能被感知，反应和交互作用是动态的、衍化的、不可测的，甚至有时是循环反复的。在错综的环境下运行需要进行实时的适应性调整。例子包括，学习成为父母养育子女的过程或发展一段感情经历，其中，很少有可以参照既有公式的时候，但是在复杂的原则可以遵从。 把事情看得更复杂并不一定比把事情看简单化更好。因此，基于上述分类，演进性评价应通过下列问题来区分复杂系统中的简单、复杂和错综： • 这里什么是简单的？ • 这里什么是复杂的？ • 这里什么是错综的？ • 这些区别的含义是什么？	可以通过系统的探究得知）和什么是错综的（因和果本身是矛盾和未知的来源之一，在结果衍化出来之前不可知）。使用这些区别来指导开发提问框架并选择评价方法。
框架9. 提问"抗解"问题（wicked questions）	抗解问题（亦称棘手问题）是难以被回答，不存在标准答案的问题。其特征包括： • 没有固定的格式，问题和潜在的答案相互交织，以至于某个答案一旦被提出，就会改变问题的本质（想象一下海森堡的"测不准原理"）； • 不存在标准的解决方法和问题终点，在理解的解决这些问题时强制性地增加清晰、具体、可测的结果可能使效果适得其反； • 不存在最终的检验问题解决方法，所提出的解决方案往往会带来未预期的问题，使得问题更加复杂化； • 问题和其他问题相互交织，产生更多方向的不同（甚至相互矛盾的）观点加剧了问题之间的交织。 常见的项目层面的"抗解"问题包括： • 如何在集中力量实现既有目标时，抓住新出现的机会？ • 如何在不损害过去所取得成就的同时解决眼前的缺点问题？ • 如何集中项目人员的力量以取得成功，又激励他们采用新的方式开展活动？	有时项目并非处于危机状态，很多常规性的问题（包括效率、效果等方面）良好，但是整体运行情况（包括效率、效果等方面）良好，但是有经验和智慧的、追求优越的社会革新者希望理解和解决更困难的问题（如自相矛盾，模棱两可，甚至捉摸不定的关于系统演化的问题）。他们试图从更好走向更好，使项目上升到另一个高度，但是并不充满未知、很多被提到这一点。由于下一步总是所谓的"抗解"问题并不能被解答，这便是所谓的"抗解"问题。 公共政策领域的例子包括气候变化、医疗系统改革，在经济增长中保护环境、控制人口、改革教育体系、城市发展等。

续表

问知框架	说　　明	对应的复杂性情况
框架9. 提问"缺德"问题（wicked questions）	• 如何在大家都已经必须通过加班加点来满足当前需要时找到时间来更新技术和培训员工？ 这些问题可能没有一成不变的答案，但是提出、思考和讨论这些问题，可能会带来项目创新和发展的新机会。	
框架10.（具备衍化及回顾性基线数据的）现实—理想比较框架	问知问题： 我们从哪里开始？ 我们现在何处？ 我们要去何处？ 我们要去的地方和我们现在所在之处相比如何？ 下一步做什么？ 出发点是最基本的评价思维：即在基线和结果之间进行比较。但值得注意的是，在社会革新领域，"基线"也具有很大程度上的动态含义。例如，有些潜在受益者为了获得项目参与资格而伪造自己的背景数据（如是否有酗酒、吸毒史），但是随着项目的开展，他们可能逐步把之前隐瞒的信息暴露出来。那么，演进性评价应该根据更新的信息调整项目的基线数据，重新进行评价。	有些社会革新者对于监测项目过程抱有极大的兴趣。他们可能与下列一系列比较性问题对产生共鸣：我们从哪里开始？我们本来打算去哪儿？我们要去的地方和我们现在所在之处相比如何？下一步做什么？ 给定创新和衍化过程的复杂性，这一系列知可能还将包括不断更新的基线数据和理想目标的对比分析，回顾性动态性评价方法。还将通过监测活动获得数据对这些问题不断更新。
框架11. 上述提问框架的综合		随着时间的推移，演进性评价可能会把不同评价提问框架纳入评价活动中来，有时甚至同时使用多个框架。

资料来源：作者根据Michael Quinn Patton. *Developmental Evaluation*. New York: The Guilford Press, 2010. 的相关内容整理。

11.3 结　语

在国际上，绩效评价实践在两个方向上产生了方法论的新发展，一个是基于因果分析的影响评价，另一个是面对复杂性环境的针对"社会革新"项目的演进性评价。

由于影响评价试图衡量特定项目或政策对潜在受益群体的福利所带来的改变，即要在项目或政策与受益人群福利之间进行因果推断，因此，影响评价是一种最为严谨的（rigorous）绩效评价。为了能够顺利地开展影响评价，最好是在政策和项目设计时，就做出影响评价的规划和安排。也就是说，一个好的影响评价设计往往需要与政策设计同步进行。

很多时候，公共政策和项目所运行的环境充满复杂性和动态性，特别是社会革新（如全球环境变化对策、医疗体系改革等）领域的政策和项目，发展方向并不明确，如何通过及时、周期性评价来促进项目朝好的方向发展，对评价方法提出了新的要求。与传统的评价方法不同，演进性评价的根本目的不是评价一个项目的表现，而是"以评价促发展"（如从原有政策活动中衍化发展出新的课题、新的项目活动、新产品等），以引导评价工作适应衍化发展的（emergent）、动态的（dynamic）、复杂性环境（complexity），并通过评价工作的发现，促进公共政策和项目的新发展。

影响评价和演进性评价体现了国际上绩效评价发展的两个重要趋势。它们对于我国政府绩效评价的发展有两个重要启示：其一，开展绩效评价既要了解政府活动的结果，又要分析和了解造成这种结果的原因（进行归因分析）。就是说，绩效评价既要知其然，又要知其所以然。其二，在复杂的、动态的和不确定性的社会发展环境下，我们需要开发新的绩效评价形式。演进性评价就是为了适应这一需要而产生的一种新的绩效评价的形式。我国当前正处于全面深化改革的重要时期，经济和社会发展既充满了复杂性，又充满了各种不确定性，因此，我国的政府绩效评价也需要探讨演进性评价这种新的绩效评价形式。

复习思考题

1. 什么是影响评价？它与传统的绩效评价有何区别？
2. 什么是评价难题和选择偏差？选择偏差是如何产生的？
3. 一些评价学者提出，由于实施实验设计或者准实验设计是有限制的，那种认为政策评价中应以实验为范式来检验项目评价中的因果关系的观点是有误导性的。你如何看待这一观点？
4. 什么是演进性评价？它与传统的绩效评价有何不同？
5. 在我国，是否应当针对一些重要的改革（如统一大市场建设），研究和开展演进性评价？

第 4 篇
评价结果与应用

绩效评价结果及其运用

第 12 章 绩效评价结果及其运用

12.1 绩效评价结果与报告形式

> 传递评价结果与实施评价本身一样重要：如果评价的结果没有传递出去，那么之前所进行的评价工作也就失去了意义。
>
> ——［美］琳达·伊玛斯，2009

绩效评价活动的产出就是某种形式的绩效评价报告。绩效评价活动过程中经过调研、数据收集以及分析工作之后，需要将绩效评价结果以绩效评价报告的形式展现给利益相关方。评价报告有四种形式：书面总结、执行摘要、口头陈述及视觉演示。[①] 评价报告的主要目的是"传递信息"——告知信息使用者通过收集、分析和解释评价信息得出的发现和结论。因此，评价报告的呈现形式需要根据信息使用者的特点，选择信息使用者可以清晰理解的表达方式进行，以便信息的使用者能充分有效地利用绩效评价报告中的信息。

12.1.1 书面总结

书面总结报告是信息使用者获悉绩效评价结果的最主要的形式，其内容一般包括三个部分：（1）政策（项目）简介；（2）评价描述；（3）评价发现、结论、经验教训与建议。

（1）**政策（项目）简介**。主要描述政策或项目的背景、目标、投入情况、活动内容和实施情况等，目的是使受众能了解评价项目的基本情况。

（2）**评价描述**。主要介绍评价的目的，评价问题与内容，评价的设计、实施及复核情况，利益相关者参与情况，评价方法以及局限性等，目的是使受众能更好地了解后面的评价发现与结论。

（3）**评价发现、结论、经验教训与建议**。该部分是评价报告的重点。其中，**评**

---

① 库赛克、瑞斯特. 十步法：以结果为导向的监测与评价体系 [M]. 梁素萍，等. 译. 北京：中国财政经济出版社，2011：144.

价发现描述的是评价工作中发现的事实,通常描述有没有达到某项准则,并且有相应证据来支持。**评价结论**是对评价结果的专业评估。它应该紧紧围绕评价的每个子项目以及政策或项目的整体目标。**经验与教训**需要分析其原因,并且指出将来在哪些方面有参考价值。**评价建议**应当清晰并足够具体,明确地写出应该做些什么,谁(哪些机构和单位)负责采取行动,以及应该在何时完成。①

为了使绩效评价产生效果,评价报告所提供的信息必须清楚,并要有有说服力的数据作支撑。评价报告应采取易于理解的形式有选择性地呈现数据,围绕所研究的问题、主旨或项目要素组织数据,并且在必要时使用统计工具,在展示结果时则纳入视觉化的图表等形式。评价发现与评价结论要有证据为支撑,经验教训和评价建议应与评价结论在逻辑上相互关联,而证据应能够支持所提出的评价建议。此外,评价报告在形成初稿后,评价人员要与各利益相关方进行沟通,听取他们的意见和建议。

12.1.2 执行摘要

为了使各利益相关者能够迅速了解绩效评价结果,需要编写绩效评价的执行摘要,提炼评价报告的主要信息。报告的执行摘要应当明确所涉及的评价问题、描述所用的评价方法,并概括报告评价发现、结论和建议。执行摘要既可以作为上面书面报告的一部分,也可以作为一个独立的评价文件,以便满足那些太忙而没有时间阅读书面报告全文的利益相关者的需要。

执行摘要一般包含三个方面内容:概述;评价发现和评价结论;经验教训和建议。概述主要说明评价项目的背景、目标、投入情况、活动内容,以及绩效评价的目的、方法和实施过程。评价发现和评价结论、经验教训和建议部分,以简练的语言提炼绩效评价报告的主要信息,帮助受众迅速地了解评价的主要结论与建议。执行摘要应简明扼要,通常应为2~4页。

上述内容也可以根据需要做出一些改变。比如财政部《国际金融组织贷款项目绩效评价操作指南》(2010)就根据其评价需要将执行摘要划分为概述、评价结论与绩效分析、经验教训与建议三个部分。② 概述部分包括项目简介与评价描述;评价结论是对项目绩效的综合评级,绩效分析是对项目绩效按照四个准则进行的细化说明;经验教训和建议主要是为有需要的受众(如上级管理部门)提供经验参考。专栏12-1 为依据上述《操作指南》(2010)编写的一个世界银行贷款项目绩效评价报告的执行摘要。

---

① 琳达、雷:《通向结果之路》(2011年中文版),第350-351页。
② 财政部《国际金融组织贷款项目绩效评价操作指南》2013修订版又将执行摘要修改为项目概要、绩效评价概述、评价分析及结论、经验教训及建议四个部分。

专栏 12-1　执行摘要[①]

1. 概述

1.1 项目概述

世行贷款上海市污水治理二期工程是上海市为实现可持续发展而建设的一项重大市政工程。其项目目的是改善环境状况和管理，主要目标是为上海的长期发展提供一个安全的环境，以保证经济和工业的稳定增长。通过改善污水治理和卫生、建设污水处理和排放系统、加强机构发展和培训，最终实现增强污水和雨水的管理、促进污染控制、改善污水设施的财务和运行管理、加强排水机构建设四大目标。项目由上海市城市排水有限公司于1997年6月实施，2004年6月完工。项目总服务人口355.76万，总服务面积271.7 km^2。完成总投资额5.95亿美元，其中世行贷款2.41亿美元。

1.2 评价目的与实施过程

对世行贷款上海污水项目二期进行绩效评价，目的是根据《国际金融组织贷款项目绩效评价操作指南》（以下简称《指南》），对项目的相关性、效率、效果、可持续性以及综合绩效进行客观公正地评价，以为将来开展城市污水治理领域项目提供借鉴和参考，同时推动绩效评价理论、框架和方法的"本土化"，提高财政部门科学化、精细化管理水平。

上海市财政局依托自身力量，成立绩效评价工作小组，编制评价任务大纲，设计绩效评价框架，形成评价实施方案；评价小组通过案卷研究、座谈会、面访、互联网检索的方式收集相关证据，并对证据进行整理和分析，最后形成绩效评价报告。

2. 评价结论与绩效分析

2.1 评价结论

项目被评为"成功"。项目与设计和评价时的发展需求、中国政府和世行发展战略的相关性很高。总体上，项目取得了预期产出并实现了预期成效。项目具有良好的可持续性。

上海污水项目二期绩效评价等级表

评价准则	权　重	绩效等级	评级分值	加权平均得分
相关性	20%	高度相关	3	0.6
效率	20%	效率高	2	0.4
效果	40%	满意	2	0.8
可持续性	20%	很可能	3	0.6
综合绩效	100%	成功	/	2.4

2.2 绩效分析

2.2.1 相关性

评价小组认为，项目的前期准备相当充分，项目的目标均符合设计时和评价时的世行、中国以及上海的发展战略和重点，项目的实施与当时正在实施的项目关联度很高。鉴于3个关键评价问题都得到了肯定回答，6个评价指标均显示为"相符"，因此，给予"相关性"的

[①] 财政部国际司. 国际金融组织贷款项目绩效评价典型案例[M]. 北京：中国财经出版社，2010.

绩效等级为"高度相关"。

2.2.2 效率

评价小组认为,本项目85%以上的产出得到了实现,尽管由于审批程序和新增项目原因使项目实际开工和实施延期超过1年,但这并未影响项目的产出和总体目标的实现。因此,给予"效率"的绩效等级为"效率高"。项目没有达到"效率非常高",主要原因是项目机构发展和培训中的"规划研究和法规研究"没有完成。

2.2.3 效果

评价小组认为,本项目85%以上的项目目标得到实现,并且项目的受益群体与目标受益群体完全一致。因此,给予"效果"的绩效等级为"满意"。项目没有达到"非常满意"的主要原因,一是有些设定好的定量指标由于数据采集困难最终被定性化(如一些指标的基线数据、监测数据等);二是"规划和规章研究"的效果在本项目中未能体现。

2.2.4 可持续性

评价小组认为,项目完工后,其管理和运行机构的设置、人力资源能够满足项目持续运行的需要,项目的大部分产出得到持续提供、维护和利用,项目制定的收费机制具有持续性,项目的还贷及时足额,机制有保障,措施得力,因此,给予"可持续性"绩效等级为"很可能"。

3. 经验教训与建议

3.1 经验教训

在项目管理方面,充分的项目前期准备、持续的项目监测、受监管的财务管理体制等在污水二期项目管理中的特点,保证了项目立项的准确性和实施不偏离正确目标,也确保了项目资金及时有效地运用到工程建设,为项目的顺利实施提供了保障。但污水二期项目中跨部门多头协作的项目活动实施比较薄弱。有些需要跨部门实施的项目活动,由于体制原因,较难在本项目中予以充分体现。

在政策理念方面,与世行的政策对话有效促进了项目可持续发展。正是世界银行在建设污水项目中的强力推动,促使上海首次建立起了污水收费机制,在当时非常困难的形势下取得了突破,促进了公用事业的可持续发展。

在制度建设方面,污水二期项目继续完善市场竞争机制,实行竞争性招标采购方式,在选择具有良好资质的承包商的同时,也锻炼造就了一支队伍。同时,通过FIDIC条款的应用,引入了项目施工监理制度,在污水二期项目中达到了提高工程质量、控制工程造价和工期、提高建设水平的目的,同时培养了大量熟悉FIDIC条款的工程技术人员和管理人员。

在技术应用方面,项目坚持科技进步领先,加大科技投入,充分地应用"四新技术"(新工艺、新材料、新结构、新设备),进一步推进了工程的现代化水平。

3.2 建议

重视和加强基线数据、监测指标的收集和使用工作。项目主管部门和审批部门应当重视和加强基线数据、监测指标的收集和使用工作,进一步加强项目监测,及时发现问题和偏差,及时调整,保证项目目标的实现。

减少跨部门多头实施的世行项目活动。跨部门多头实施的项目活动,执行力度比较薄弱。建议立项审批部门减少这类活动内容，保证所有活动的全面实施，提高项目绩效。

对完工项目开展绩效评价工作的时间选择。被选作绩效评价的完工项目，完工时间最好不是太长。据世行专家建议，一般在项目完工后 3 年左右时开展绩效评价工作比较适宜。

资料来源：财政部国际司《国际金融组织贷款项目绩效评价典型案例》，2010。

12.1.3 口头陈述

评价结果也可以以口头简要介绍和汇报的形式向受众呈现。由于是面对面的汇报，评价结果的呈现可以更具针对性。为了使口头汇报的效果更好，汇报人在向受众汇报时需要注意以下三个方面：第一，了解听众需求。就是说，必须了解听众是谁，他们需要了解哪方面的信息，这些信息以什么样的方式展示更容易被受众理解和接受。第二，汇报重点突出。根据听众的需求组织口头汇报内容，突出重点，有效地将最希望听众了解的信息传递给听众。第三，运用工具辅助汇报。口头陈述时，可以利用幻灯片、投影仪、黑板、讲义等可视化工具对汇报内容进行演示，以帮助听众更好地了解汇报的重点。

12.1.4 视觉演示

视觉演示主要通过图表、图形和地图等演示绩效评价结果，它有助于强调关键点和绩效结果，人们一看就知道方向和趋势。在向信息使用者展示数据时，可以考虑采用各种各样的图表，包括饼状图、流程图、条状图、散布图、柱状图、全距图、线状图、地面气象图、等值线图、直方图、面积图、原型图、条状图和时间数列表等。这些可视化的图表信息可以使评价报告更加形象和有趣，并且比文本更加清楚地传递报告信息，同时也容易将读者的目光吸引到特定的重点上。图形和表格的目的主要是描述、研究和比较，它们能说明影响，唤起视觉兴趣，帮助信息的使用者接受和记忆信息，并展示大体情况。它们能简单而精确地呈现数据，并使数据保持连贯性，它们更能吸引信息使用者。表格最适合展示数据，强调变化、比较及关系。图形更适合展示信息，它们适合描述组织结构、说明流程、展示符号等数据、介绍概念与思路、将数据以视觉形式表现出来。有效的图形能帮助政策制定者和决策者快速掌握某个项目、计划或政策的现状，包括其发展趋势、方向、延期、存在问题、成功之处和前景。[①]因此，在书面总结的基础上采用视觉演示可以使绩效评价结果得到更有效的传递和沟通，并能够加强评价报告的影响力。

评价报告的目的是与利益相关者进行沟通，并将结果向社会各界传播。绩效评

[①] 库赛克、瑞斯特.十步法：以结果为导向的监测与评价体系 [M].梁素萍，等，译.北京：中国财政经济出版社，145-147.

价结果可以通过各种不同的方式向各方进行传播。例如，可以向投资方提交一份深入分析评价发现的报告摘要，并附上正式的最终报告。对最终报告，评价者可以通过摘要、口头报告及书面报告等形式进行传播。此外，通过新闻发布的形式，可以将评价信息向更大范围的受众传播。当今时代，电子政务作为一种工具正越来越多地被世界各国所采用，它提供了一个全新的电子环境，在这种环境下，利益相关者能够与政府直接互动，从政府获取信息，甚至还可以在线完成业务办理。因此，通过内部（机构或政府）和外部网站发布绩效评价报告也是传播评价结果的一个有效的途径。

由上可以看出，绩效评价报告的形式多种多样，包括了书面总结、执行摘要、口头陈述和视觉演示。但在我国，绩效评价工作通常强调的只是书面的总结报告，其他的报告形式则常常被忽视。不仅如此，我国绩效评价工作常常是随着书面评价报告的归档而宣告结束，忽视了绩效评价结果向各利益相关者的传播与应用。应该说，这一问题是我国绩效评价工作的一个比较大的缺陷。下面，我们将讨论绩效评价结果的主要应用，需要注意的是，评价结果应用必须建立在评价报告向利益相关者有效传播的基础之上，二者是密切联系的。

12.2 评价结果应用与管理改进

对监测和评价系统所产生的信息的利用是衡量一个监测和评价系统"成功"与否的基本的尺度。

——［美］凯斯·麦基，2007

12.2.1 评价结果的主要应用

无论是总结性评价、形成性评价还是前瞻性评价，都必须要通过评价结果的应用才能发挥其作用。绩效评价结果应用既是绩效评价的延续，也是绩效评价的目的所在。根据经合组织发展援助委员会（OECD/DAC）制定的评价规范与标准，绩效评价主要目的有二：一是通过对经验教训的反馈来改进未来的援助政策、计划和项目；二是提供"问责"的基础，包括向援助者、利益相关者和公众提供政府绩效信息。[1] 前者旨在促进学习，后者旨在促进问责。"**学习**"（learning）的目的在于，分析与总结项目成功经验或失败教训，以便改进项目的决策与管理，并促进相互的学

---

[1] 琳达、雷：《通向结果之路》（2011年中文版），第397页。

习与交流。"问责"（accountability）是一种向政治领导人或公众报告某项政策或项目的执行情况及结果达成状况的义务，其主要目的是使政府对政治领导人和公众更具有责任性与回应性。与两个评价目的相对应，绩效评价结果应用也主要体现于促进问责和学习两个方面。在评价实践中，它们有多种的具体表现形式，如哈维·哈特里在《绩效测量》中列出了绩效信息应用的 10 个方面（专栏 12-2）。

专栏 12-2 绩效信息的主要应用[①]

- 对官员和公众要求提高责任的呼声进行回应。
- 帮助制定和调整预算申请。
- 帮助做出运营资源分配决策。
- 有助于对存在的绩效问题及必要的修正调整进行深入调查。
- 调动员工积极性，从而有利于计划的不断改进。
- 帮助了解和监控受托人的绩效表现。
- 为专门、深入的绩效评价提供数据。
- 有助于更高效地提供服务。
- 对战略规划和其他长期计划提供支持（通过提供基准信息及跟踪后续进展）。
- 有助于加强与公众的沟通，建立公众信任。

资料来源：哈维·哈特里《绩效测量》，P158.

可以看出，专栏中第一个与最后一个用途（"对官员和公众要求提高责任的呼声进行回应""加强与公众的沟通，建立公众信任"）与促进问责相关。第二个至第九个应用均属于促进学习方面的应用。其中，"帮助制定和调整预算申请""帮助做出运营资源分配决策"和"对战略规划和其他长期计划提供支持"旨在改进和完善政府决策；其他则主要在加强和完善政府管理。

不过，大多数 OECD 成员国的政府都非常强调绩效评价的四种应用——支持基于证据的政策制定（尤其是预算决策）、发展和完善政策、完善管理以及强化问责。[②] 凯斯·麦基认为，"这四种应用方式将监测与评价置于良好治理的核心地位，亦即把监测与评价当作为经济发展和减少贫困而有效管理公共支出的一个必要条件。"[③] 不难看出，四种方式中前三者旨在促进学习（完善决策和管理），最后一个旨在促进问责。

1. 支持基于证据的政策制定

这一应用主要有两个方面：

[①] Harry Hatry. *Performance Measurement*, p.158.
[②] Keith Mackay, *How to Build M&E Systems to Support Better Government*, p. 11.
[③] Ibid. p. 89.

一是对新方案进行决策，这一决策主要关注的是社会公众和群体之间竞争性需求的优先排序。在政策方案抉择中，决策者需要根据预测的结果，对备选方案进行比较和分析。在这一过程中，前瞻性评价（事前评价）能够通过预测提供政策或项目未来的结果，帮助决策者弄清楚项目到底有没有必要做、通过什么方式做得最好，从而帮助决策者对一些重要的竞争性方案做出选择，决定投入政策资源的优先顺序和比例。

二是对现有政策（或项目）是否延续、扩大或终结等前途问题进行决策。在这一过程中，总结性评价可以告知决策者，就效果而言，哪些政策或计划更加成功或不太成功，哪些资源更有价值，从而帮助决策者就政策或项目是否延续、扩大或终结等进行决策。在预算方面，立法机构可以根据部门绩效评价结果决定是否增加或减少下年度的预算额，即所谓绩效预算。绩效预算还有助于政府对竞争性支出建议进行先后排序。这样，它就是一种有助于政府以其支出实现更大货币价值的工具。

基于证据的政策制定（evidence-based policy）最先出现于英国。1999 年，英国政府（布莱尔）在《政府现代化》白皮书中，明确提出将"基于证据的政策"作为政府制定政策的基本理念之一："本届政府对政策制定者有更多的期望。期望有更多的新思维，更主动地质疑传统的行为方式，更好地利用证据和研究的方法来制定政策，更多地专注于能产生长期影响的政策。"[1] 那一年，英国内阁的战略决策小组发表了一份指导性文件，名为《面向 21 世纪的专业决策》。在这本书里给出了优化决策的 9 项核心竞争力（通常称为"九条原则"）。基于证据的政策这种对政策研究和评估的推崇，受到政策研究者的普遍欢迎。这也导致了政府对与政策相关的研究增加了综合投资，以及对项目评价的强力恪守。由于英国政府的示范作用，其他西方国家也都开始接受这种基于证据的政策制定方法，如 2008 年澳大利亚时任总理陆克文宣称，政府公共服务的第三要素是确保这是一个坚实的基于证据的政策决策过程。

2. 发展和完善政府政策

绩效评价不仅有助于使人们了解政策的结果，支持基于证据的政策制定，而且还可以影响政策过程的变化与发展，促使政策实施组织重新思考政策，并为组织的行动提供指导。例如，各国现有的能源补贴政策不仅补贴数量巨大，而且政策效果不佳，因为大量的能源补贴都被较富裕的消费者所获得。世界银行通过绩效评价发现，降低能源补贴并将其用于贫困人口所制定的战略可以带来三赢的局面，即减少政府预算的压力、腾出资源支援贫困人口和推动更有效率的能源使用。应用这一评价结果，就会制定出明智而完善的环境政策，在促进发展同时又缓解气候变化

---

[1] William Solesbury. Evidence Based Policy: Whence it Came and Where it is Going [DB/OL]. http://www.kcl.ac.uk/schools/sspp/interdisciplinary/evidence/publications/wp1.html. 2001-09-24.

问题。①

在多数情况下，绩效评价主要是证实已有知识，并为验证预期的结果提供定量的支持。但是有些时候，评价也能够揭示出发展链中的一些被忽视的环节，这些环节在决策中没有得到应有的重视。比如，现有的能源补贴政策就忽略了瞄准政策目标——低收入人群。在这种情况下，绩效评价能够帮助我们发展和完善政府政策。在实际工作中，绩效评价识别错失机会的作用常被低估，因此，充分利用绩效评价的这一作用，能够给我们带来更大的价值。

3. 加强和完善政府管理

这方面的应用主要有五个层面：一是应用于组织的优化；二是应用于组织的标杆管理；三是应用于政府的预算管理；四是应用于政府的人事改革；五是应用于政府的项目管理。

第一，应用于组织的优化。西方主要国家都把绩效评价结果作为推进政府管理体制改革，尤其是优化组织的重要依据。针对绩效评价中出现的问题，简化冗余的政府机构及部门人员，下放行政财权和事权，限制并削弱官僚机构的权力，改变对规则负责的旧体制，转向基于产出和结果的管理，实现了组织在管理体制和管理方法上的优化。如英、美、新西兰及加拿大都根据绩效评价的结果广泛开展机构改革，理顺了组织的运行和管理机制。②

第二，应用于组织的标杆管理。绩效评价结果除了用于组织内部的管理外，还应用于相似部门间的标杆管理。西方发达国家（如美国）许多公共部门和非营利性机构采用绩效标杆来制定组织的绩效目标。如美国佐治亚州儿童抚养执行办公室通过 107 个地方办公室来向社会提供服务。州办公室定期从地方办公室中收集绩效数据，应用这些绩效评价结果之间的比较来建立一组内部绩效标杆。而从地方办公室的角度，这些共同的绩效标准也给它们提供了一个外部标杆。③

第三，应用于政府的预算管理。将评价结果与政府预算联系起来，以实现公共支出效益的最大化。20 世纪 80 年代的预算危机使绩效预算在西方发达国家得到提倡。美国、英国、澳大利亚、新西兰等先后建立了绩效预算制度，将绩效评价结果用于政府预算管理。如美国的《政府绩效与成果法案》要求各联邦机构在预算管理中应用绩效评价结果，大部分的州、地方政府、市和县也要求在预算管理中应用绩效评

---

① 维诺德·托马斯、骆许蓓. 公共项目与绩效评估：国际经验 [M]. 施青军，等，译. 北京：中国劳动社会保障出版社，2015：11-12.
② 包国宪，董静. 政府绩效评价结果管理问题的几点思考 [J]. 中国行政管理，2006（8）.
③ 西奥多·H. 波伊斯特. 公共与非营利组织绩效考评：方法与应用 [M]. 肖鸣政，等，译. 北京：中国人民大学出版社，2005：233.

价的结果。①1987—1996 年，澳大利亚政府建立了基于证据的决策和基于绩效的预算（performance-based budgeting）制度。

第四，应用于政府部门的人事改革。将绩效评价结果作为公务员薪酬确定和职位变动的主要因素。20 世纪末英美等国的公务员制度已经发生重大变革，逐渐废除了公务员的终身制和资历工资制，把公务员的雇佣、晋升、工资与绩效直接联系。如美国联邦政府根据公务员或工作团队在绩效计划阶段或组织分配的绩效指标和绩效标准来对公务员进行评价，以此对公务员进行薪酬、培训、职位变动等方面的管理。②

第五，应用于政府的项目管理。绩效评价报告总结了项目实施管理中的经验与问题，提出了改进项目管理的意见和建议。项目单位根据评价报告中发现的问题及时提出整改措施，有助于加强项目管理，完善和提高项目管理水平。特别是形成性评价，其主要职能就是通过检查项目的过程与实施，促进项目的绩效改进。其主要的途径有二：一是对已经出现的问题进行原因分析，以此针对性地寻求项目绩效改进。二是发现潜在的问题和风险，并分析潜在问题和风险发生的条件，制定针对性的防范措施，为项目绩效目标的实现提供保障。例如在金融危机时期，美国政府问责办公室（GAO）对美国《复兴和再投资法案》2009 年实施的一揽子经济刺激方案进行了评价。评价报告指出了一揽子经济刺激方案需要改正的地方，许多的建议很快付诸实施。英国的国家审计办公室也在一系列报告中检查其金融危机的应对问题，至少是在最初阶段主要关注了执行的问题。我国 2014 年针对部分出台政策措施落实情况进行的第三方评估也发现了不少的"真问题"，这些问题都很快得到了纠正。

4. 强化政府问责关系

绩效评价通过揭示政府活动的绩效来增强透明度，并支持问责关系。绩效评价不但有助于使公众和利益相关者了解政府活动的结果，而且还能够提供有关问题成因的证据，帮助对已经出现的问题进行原因分析。因此，它能够支持和强化政府问责。它可以为巩固牢固的问责关系——例如，政府与国会（人大）的问责关系，政府与公民的问责关系以及政府与捐赠者的问责关系——提供必要的证据。它还可以支持政府内部——例如地方部门与中央部门之间，政府机构与地方部门机构之间以及部长、经理与职员之间——的问责关系。③ 当然，在政府问责中，政府也可以利用绩效评价结果向公众和利益相关者展示责任、兑现承诺和说明政策情况。

---

① 西奥多·H. 波伊斯特. 公共与非营利组织绩效考评：方法与应用 [M]. 肖鸣政，等，译. 北京：中国人民大学出版社，2005：180.
② 胡晓东，刘兰华. 美国联邦政府公务员绩效评价及其启示 [J]. 中国行政管理，2012（2）.
③ Keith Mackay, *How to Build M&E Systems to Support Better Government*, p. 10.

政府问责的内容主要有二：一是制度问责，专注于强调制度规则，以防止政府官员腐败和违法；二是绩效问责，专注于强调工作结果，旨在提高政府行为效率和效果。政府绩效评价是对政府行为和结果的一个绩效反馈系统，因此，它主要用于支持和强化政府的绩效问责。在绩效问责制下，"无过"并不能成为逃避责任的借口，政府官员往往会因为没有达到应有的绩效水平而被追究责任。从这个意义上看，绩效问责对政府及官员提出了更高的要求，是制度问责的进一步深化和发展（专栏12-3）。

专栏 12-3　完善用人制度需绩效问责[①]

日前，中央政治局审议通过了《关于推进领导干部能上能下的若干规定（试行）》。规定指出，推进干部能上能下，最根本的是健全完善制度机制。要坚持推进制度改革，通过激励、奖惩、问责等一整套制度安排，保证能者上、庸者下、劣者汰，形成良好的用人导向和制度环境。

国以人兴、政以才治，是我们党治党兴国的经验昭示。"用什么人，不用什么人"，始终都被我们党视为关乎千秋基业的核心问题。此次规定的出台无疑是个重大利好，但建立起完善的用人导向和制度环境并非易事。比如，如何认定"能者""庸者""劣者"，标准就需要进一步细化。在笔者看来，当务之急是建立起政府问责制，尤其是绩效问责制。

所谓政府问责，是一种向政治领导人或公众报告某项政策或计划执行情况及结果达成状况的义务，主要内容有二：一是制度问责，专注于强调制度和规则，要求行政官员及当政者的行为必须遵守制度和法律，不能滥用职权；二是绩效问责，专注于强调工作结果，要求行政官员及当政者的行为必须服务于公共利益，并且表现出良好的效率与效果。依据这样的标准，官员只有严格依法依规办事，且表现出良好的工作效率和效果，才能被认定为"能者"，否则就为"庸者"，甚至"劣者"。基于此，"能者上、庸者下、劣者汰"的用人导向和制度环境才有可能实现。

当下，党规党纪、法律制度日臻完善，有法可依、有法必依的氛围正在形成，制度问责的实现并不难。这就是说，绩效问责是完善用人制度的重要着力点。那么，究竟如何才能建立起有效的绩效问责制？科学的政府绩效评价制度必不可少。作为政府行为和结果的反馈系统，政府绩效评价可以向人大、政治领导人和公众提供客观、可靠的政府绩效信息，从而支持和促进政府的绩效问责。此外，公众及媒体的参与也是必需因素。谢德勒认为，仅仅依靠政府内部成员相互之间的交流并不能实现有效的问责，需要来自外部的"眼睛"。事实证明，市民报告卡、社区报告卡、媒体评论等，均是行之有效的外部监督方式。倘若这些方式能够有效落地，让政府问责升级为社会问责，那将是善莫大焉。

习近平总书记曾说，马克思主义政党的力量和作用，既取决于党员的数量，更取决于党员的质量。"好干部"是决定执政党力量的核心竞争力，也是决定执政党作用的核心战斗力。以科学的政府绩效评价为标尺，才能把"好干部"看清、选准、用好；以干部能上能下的机

[①] 施青军. 完善用人制度需绩效问责［N］. 北京日报，2015-07-03.

制改革为契机,打出一套组合拳,才能切实增强干部队伍活力,最终形成优胜劣汰、积极进取、高效、廉洁的政治生态。

资料来源:施青军.完善用人制度需绩效问责[N].北京日报,2015-07-03.

OECD 国家高度重视绩效评价信息在政府问责中的应用。比如,2010 年,美国国会通过的《政府绩效与结果修正法案》要求部门领导及时有效地更新绩效报告和绩效指标的相关信息,提高政府绩效信息及评价结果的运用;同时,奥巴马政府以"构建高绩效政府"为标题编制了 2011 财年预算报告,就绩效信息的运用、沟通和问题解决机制制定了三大"相互强化型"绩效管理战略。[①]

12.2.2 评价结果应用的管理改进

随着绩效评价在政府部门的广泛推广,许多国家都在积极地探索绩效评价结果的应用与管理。在这一方面,人们非常关心两个问题:在什么情况下,评价更能发挥作用?又如何才能使花费在评价及结果运用上的资源产生最大效果?[②]这是两个宏大的理论与实践问题。回答这两个问题并非本书的任务,本书在此主要针对我国绩效评价结果应用中存在的突出的问题,提出若干管理改进的建议。[③]

建立绩效评价结果运用机制,是绩效评价工作发展的必然要求。目前,我国开展绩效评价结果运用工作还受到许多因素的制约,诸如:绩效评价报告质量不高、领导重视不够、利益相关者参与水平较低、政府各部门之间协调不充分、激励与问责机制不完善、法律制度不健全、缺乏有效的组织保障等。为强化我国绩效评价结果的应用与管理,我们从评价者的技术与能力、利益相关者的参与、国家的法律与制度保障、评价的组织管理、评价信息的传播等几个方面提出以下改进的建议:

1. 提高绩效评价报告的质量

由于评价者的技术与能力较低,由此造成绩效评价报告的质量不高,是我国当前许多地方对绩效评价结果运用不够重视的一个重要原因。为此,加强绩效评价结果的应用工作,首先要从绩效评价的制度建设、评价机构能力和干部队伍能力建设等方面,做好各项基础工作,以切实提高绩效评价报告的质量。在评价能力建设方面,应当充分发挥"上海国际发展评价培训项目"(SHIPDET)的作用,制订绩效评价培训计划,将 SHIPDET 建设成全国评价机构能力和干部队伍能力建设的重要基

---

① Budget of the U. S. Government, Fiscal Year 2011, pp73-90. http://www.Whitehouse.gov/omb/.
② 维诺德·托马斯、骆许蓓.公共项目与绩效评估:国际经验[M].施青军,等,译.北京:中国劳动社会保障出版社,2015:4.
③ 此处引用了作者 2010 年主持的财政部课题"国际金融组织贷款项目绩效评价结果运用研究"的部分成果。

地。做好这些基础性的工作，是提高绩效评价报告质量，推动绩效评价结果运用的一个重要前提。因为评价报告的质量高低严重影响评价结果的运用和实施，低质量的评价报告，不仅无助于决策者和管理者改进政府决策和管理，而且会给政府管理带来干扰和误导。

2. 提高利益相关者的参与水平

绩效评价的结果应用，不仅仅反映了对评价者的技术性需求，还反映了对利益相关者的参与性需求，因为利益相关者最终决定了一项绩效评价的结果应用以及应用的效果。为了使评价结果发挥其作用，应当使主要的利益相关者参与绩效评价的全过程，包括评价设计、实施、建议以及后续的跟踪等。让利益相关者参与绩效评价的整个过程，不仅可以为评价者提供所需的信息，而且可使利益相关者更容易接受绩效评价的结果并做出积极的回应。有些评价者认为，利益相关者的参与会降低评价的独立性，实际上并非如此。使利益相关者参与绩效评价，是为了使评价者深刻地认识利益相关者在绩效评价中的利益和价值。另外，这样做也有助于利益相关者对绩效评价的期望趋于现实，从而更好地理解绩效评价工作。还有的人认为，利益相关者的参与仅仅发生在评价报告的完成与扩散阶段。这也是一个认识的误区。提高绩效评价结果的运用是一个过程，因此，利益相关者的评价参与不仅仅发生在评价报告的完成与扩散阶段，在评价设计阶段与主要客户、利益相关者的沟通交流之时该过程就已开始。对于一些重要的绩效评价来说，与主要利益相关者的沟通交流应当定期举行，甚至还应建立一个更为正式的制度安排，以便使利益相关者的评价参与制度化，从而提高利益相关者的参与水平。

3. 建立和健全评价法律制度

建立和健全绩效评价法律制度，是实施绩效评价及结果运用的关键。总结国外经验，要把绩效评价及结果运用持之以恒地开展下去，必须要有强有力的法律和制度保证。美国、英国、澳大利亚、新西兰等国家从一开始就高度重视法制建设，通常是出台一部比较系统的法律文件，为评价结果的应用提供法律依据，再加上一系列操作性强的配套法规，使绩效评价工作在一个比较规范的框架下开展，同时也保证了这项工作的权威性和严肃性。

绩效评价结果运用是一项复杂的系统工程，必须与其他配套措施有机地融为一体，形成一种"制度合力"，才能保障评价结果的科学和有效利用。为了推动建立绩效评价的结果运用机制，除了建立健全法规体系，还必须要建立强有力的评价结果运用监督机制。结合我国实际情况，建议将绩效评价结果运用与行政问责制联系起来，建立严格的人员奖惩机制。这样，政府机关和项目单位都会严格约束自己的行为，主动根据绩效评价的结果改善项目决策和管理，保障绩效评价结果的运用真正落到实处。同时，在监督机制中，要畅通评价对象的申诉机制，对认为评价结果不客观、奖惩不合理、奖励强度不够或惩罚过重的评价对象，提供维护他们权利的机会，从而促进评价双方的良性互动以及评价结果的公平和公正，提高评价结果的效用。

4. 建立统一的评价组织管理体系

为了实现对全国绩效评价工作的统一管理，国外一般均设有统一的中央绩效评价机构。比如美国设有美国会计总署，直接在国会领导下开展评价工作；澳大利亚由财政部门负责全国绩效评价工作；韩国在政府的经济计划委员会下设有业绩评价局。我国的绩效评价机构则比较分散，并且相互之间缺乏统一的协调，有关行业部门虽然设立了自己的评价机构，但没有一个权威的中央评价机构对绩效评价工作进行统一的领导和管理。由于缺乏统一的监督和管理，绩效评价成果缺乏准确性，零散分布于各部门，评价成果的反馈流程难以形成，直接影响绩效评价结果的有效运用。为此，建议借鉴澳大利亚的模式，成立一个由财政部统一领导的中央评价机构对政府绩效评价工作进行领导和管理，同时建立分工明确和相互制衡的绩效评价组织体系，明确绩效评价实施和监督的主体，以及各自的职责。由于财政部门是财政资金监督的主体，因此，可以由财政部门负责组织全国的政府绩效评价，其他部门则主要进行参与和监督。也可以尝试设立专门部门，直接向各级人民代表大会及其常务委员会负责，对各级政府部门进行绩效评价。

建议成立绩效评价专业协会，推进绩效评价工作的专业化和职业化发展。目前，国际上绩效评价已经成为非常职业化、独立化和专业化的行业，无论是国际范围内的国际发展评价协会（IDEAS），还是区域性的各种协会，都为绩效评价的知识和经验共享搭建了平台，十分有利于促进评价结果的应用。我国当前在财政部领导下也有中国注册会计师协会，该协会为加强会计人才的培养和会计准则的应用发挥了巨大的领导作用。因此，建议在未来由财政部成立绩效评价协会，加强评价人才的监督、管理和协调，用准政府机构的形式在各部门、各行业中发挥更好的协调作用，同时也可进一步推动我国评价人员的职业化建设，建立行业标准，开展业务监管和法制建设。同时，也可利用协会这一组织加大沟通协调和对外交流，将我国绩效评价的成果不仅向中国国内，同时也向国际社会进行扩散。

5. 制订绩效评价结果运用计划

为建立绩效评价结果运用机制，还应根据政府的绩效评价战略规划，制订相应的评价结果运用计划。评价结果运用计划是绩效评价战略规划的一部分，应在评价正式执行前做出。在计划设计阶段，要考虑的因素主要包括：评价结果运用的目的（决策、改进项目管理、责任性），谁（哪个部门）来使用评价结果，何时使用评价结果，是谁影响评价结果的使用，谁将受到评价结果的影响，由谁提出改进管理的建议，等等。以上各方面密切相关，均要在评价结果运用计划中明确规定。我国长期以来一直很重视编制各种国家发展计划（如国民经济和社会发展的五年规划和年度计划），但不太重视编制绩效评价战略规划和结果运用计划。为此，建议配合国家"十五五"规划的编制，同时制订或编制绩效评价的五年计划、三年滚动计划和年度计划，并依据上述绩效评价计划，制订出相应的评价结果运用计划（包括五年计划、三年滚动计划和年度计划等），以有序地推进我国绩效评价结果运用的发展。

6. 建立绩效评价成果的扩散机制

为了将绩效评价结果传递给各个利益相关者，应当建立绩效评价成果的扩散机制。借鉴世界银行的评价成果反馈形式，我国绩效评价成果的扩散机制可以如下几种形式进行：

（1）出版物。世界银行针对不同性质的项目每年都会发行项目评价报告书，这使得评价成果能够及时汇总并发布。目前我国在发行物方面仍然没有形成系统性和规律性。有鉴于此，建议我国每隔一年或者两年对外公布该时期的绩效评价报告。为了使绩效评价能够产生预期的结果，评价提供的信息必须满足目标受众的需求，并且应该有切实的和可信的证据。此外，可以借鉴我国审计机关审计信息利用的经验，将绩效评价报告编发成各种的评价信息，如综合评价报告和绩效评价简报等，向全国人大、政协、国务院以及中央部门报送，以及时地为其提供决策参考。

（2）评价信息网络。绩效评价信息系统的建立可以包括项目评价数据库系统、评价网站和论坛。数据库系统是一个动态系统，可以由财政部设立评价最高管理机构建立和操作，不断地更新政府投资项目评价的相关信息，并将历年的评价成果进行汇总。评价网站主要是一个对外公开的交流平台，将评价相关信息与资源在该网站上展示给公众和相关机构，从而促进评价成果的扩散。评价论坛可以设立于各部门网站之中，论坛最突出的特点是自由空间大，在其中可以自由探讨评价的相关课题和研究，促进资源共享。

（3）内部研讨会、行业交流会或培训。内部研讨会可以由绩效评价成果委员会举办，分为高层讨论会和基层研讨会。高层讨论会主要由高层管理人员及部委以上领导参加，目的是加强我国评价工作与高层管理之间的密切联系，充分考虑报告中提到的建议和结论，从而对于投资政策和计划的制订等达成一致看法，最终反馈给绩效评价成果管理委员会。同时可以组织业内人士召开成果反馈讨论会。通过这种讨论会，有利于评价成果的理解，使之更容易被接受和采纳。

12.3 建立责任型政府与评价结果应用

腐败、特殊利益团体和对政府的俘获是发展中国家良政治理和法制建设之路上的三只"拦路虎"。目前形成的共识是，解决以上问题和保护公众利益的最佳方法是加强政府的问责（accountability）。

——世界银行，2005

在第 1 章中，我们论述了一个好的和有效的政府，对于一个国家或地区社会经济发展的作用是至关重要的。还分析了好的政府就是一个公平、高效和负责任的政府，简单来说，也就是"责任型政府"。本节我们主要研究"责任型政府"的含义与特点，以及如何通过评价结果运用来促进建立"责任型政府"。

12.3.1 "责任型政府"的含义与特点

"责任型政府"是近代民主政治发展的产物，产生于英国而发展于美国，目前已成为世界各国现代政府治理的普遍理念和制度。近年来，世界范围内掀起的持续性公共部门改革浪潮中的一个重要趋势，就是在改革传统文官制度同时，建立和健全责任政府制度，强化政府官员的责任意识。[1]

"责任型政府"这一概念，最初是作为应对公共危机的应急措施步入我国政治生活的，随着我国政治文明的不断向前发展，责任政府建设正逐步成为政治体制改革的一部分，从政府管理中的一种应急的措施变成了政治现代化中现代政府管理的一个重要目标。党的十八大报告提出，要"建设廉洁高效、人民满意的服务型政府"。笔者认为，这里的"服务型政府"实际上就是"责任型政府"。建设责任型政府不仅能创造和维护有效的市场机制，而且能够更好地发挥政府职能，提高政府效能，促进经济社会的快速发展。因此，在我国建设责任型政府有着非常重要的意义。那么，何为"责任型政府"？它都有哪些基本特点呢？

对于这两个问题，中外的学者有着很多的研究。例如，史密斯等认为，所谓责任政府，是在国家权力机关的授权范围内，对政府部门的职权和责任进行限定，并要求政府能够及时有效地回应公众需求和社会中出现的各种问题，一旦这些问题无法得到有效解决就会对政府进行必要的责任认定。[2] 我国学者张成福认为，责任政

---

[1] R. Gregory Michel. *Cost Analysis and Activity-Based Costing for Government*（*GFOA Budgeting Series*）.1st edition, Government Finance Officers Association; 2004, pp. 97-103.
[2] Smith, Bruce L. R; Carroll, James D; Staats, Elmer B. *Improving the accountability and performance of government*, Brookings InstPr, 1982. pp.21-30.

府指的是政府能够积极地对社会民众的需求做出回应，并采取积极的措施，公正、有效率地实现公共利益的需求和利益。① 这体现了责任政府的核心为公共利益，即政府积极地响应公众需求，并为公共利益的实现而努力。国内另一位学者陈国权认为，对公民负责的政府是责任政府，责任政府作为现代民主社会的基本诉求，意味着宪法和法律是政府以及官员的施政准绳；公民的权利和义务受政府切实保障；政府的渎职、失职与违法行为必须承担法律责任；受政府及其官员公务行为损害的公民，有权提出诉讼并获得赔偿。② 该观点更加侧重"公民"在责任型政府模式下的影响和作用，他强调指出"政府要对其负责的最终权力主体是公民"，这表明，政府作为行政机关，是受公民委托行使权力，是公民的代理者，所以政府理应对公民负责。中国人民大学教授毛寿龙认为，责任政府包含个体、集体、制度三个层面上的含义：个体意义上的责任，政府要求公务员从自身的行为准则出发，强调个体行为的责任；集体意义上的责任，政府要求根据不同的权力、角色、定位等对其责任进行区分，从而明确责任的边界；制度意义上的责任，政府则强调制度的规范性，将政府的权力与责任明确规定下来，使得政府部门在行政管理过程中具有明确的法规依据。③

综合以上分析，**责任型政府**的基本特点可以概括如下：

第一，公众利益是责任政府的出发点。这意味着行政官员及当政者的行为必须服务于公共利益，并且表现出良好的效率、效果和公正的结果。责任政府要以保障人民的基本权力、促进公民利益的实现为要务。它应时时关注人民的需要，积极地对社会民众的需求做出回应，并采取积极的措施，有效地履行对人民、对社会的应尽义务和责任。责任政府的权力来自人民，因此它还必须主动接受人民的监督，同时做到对人民负责。

第二，责任政府的职责和活动必须在法律范围内。这意味着行政官员及当政者必须遵守法律，不能滥用其职权。责任政府以宪法和法律为基本活动准则，政府以及政府官员的任何公职活动必须在宪法和法律的框架内来进行，而不能超越宪法和法律。政府及其行政人员的公务行为一旦超出了宪法和法律规定的限制和要求，危害了人民群众的利益，必须进行责任追究。

第三，责任政府实现公众利益的方式应当是公正的和高效率的。公正性强调政府的服务应该兼顾不同的利益群体，尤其是弱势群体的利益和诉求；高效率强调政府的服务必须是迅捷的，并且是符合成本效益的。如果违背了公正和效率性两个原则，政府人员也要承担相应的责任。

---

① 张成福. 责任政府论 [J]. 中国人民大学学报，2000（2）.
② 陈国权，徐露辉. 责任政府：思想渊源于政制发展 [J]. 政法论坛，2008（2）.
③ 毛寿龙. 责任政府的理论及其政策意义 [J]. 行政论坛，2007（2）.

12.3.2 建立责任型政府需要实施政府问责制

从上述分析可以看出，建立责任型政府不仅能够最大限度地提升公共利益，而且能够有效规范政府管理，提升政府部门的办事效率，从而有助于提升政府治理能力，推进国家治理能力的现代化。推进国家治理体系和治理能力现代化，是党的十八届三中全会通过的《中共中央关于全面深化改革若干重大问题的决定》提出的全面深化改革的总目标。因此，建立责任型政府是全面深化改革的一个重要内容，也是主要动力，对促进我国的全面深化改革和经济社会发展意义重大。当前，我国正处于经济改革和社会转型的关键时期，需要连续逾越"中等收入陷阱""西班牙幻影""高等收入陷阱"以及"塔西佗陷阱"，① 以平稳实现中国现代化。为了实现这些目标，政府需要把自身建设成为一个有限、廉洁、高效、负责任和基于法治运行的现代政府，亦即"责任型政府"。要建立这样一个好政府，如前所述，不仅需要完善的人力资源体系和财政体系，还需要完善的问责体系和绩效反馈体系。② 其中，建立完善的问责体系（政府问责制）最为关键，它不仅在一定程度上决定着人力资源体系和财政体系的建设，而且与绩效反馈体系密切相关。

政府问责制是明确规定政府及其行政人员职责和义务，并对此进行监督，对于行政人员的失责情况进行责任追究的一种制度，其重点在于对政府及其行政人员的消极责任的追究。③ 如果没有消极责任的规定及其追究机制，虽然大多数公共行政人员可以自觉地履行积极的行政责任，但由于没有制度上的强制保障和规范，社会就无法借助于制度上的强制力，追究那些不履行或者没有很好地履行积极的行政责任者的行政责任。建立消极责任追究制度，完善消极责任追究机制，是公共行政责任实现的重要保障。为此，建立政府问责制是责任型政府构建的一个重要内容。

那么，如何建立政府问责制呢？

从我国情况来看，建立政府问责制，首先，需要制定与问责相关的法律规范。问责制的关键在于建立健全法律制度和程序，而不是仅仅提出口号与原则。在法律法规方面，与政府问责制密切相关的《中华人民共和国公务员法》《中华人民共和国行政许可法》已经出台，但是还缺少一部《行政问责法》。因此，当条件成熟时，我们应当制定一部全国性的《行政问责法》，对问责的主体及权力、问责的客体及职

---

① "塔西佗陷阱"得名于古罗马时代的历史学家塔西佗，通俗地讲就是指当政府部门失去公信力时，无论说真话还是假话，做好事还是坏事，都会被认为是说假话、做坏事，这一定律在近年来的社会群体突发事件中有充分的体现。网络时代，对公共事件的处理稍有不慎，或者日常工作中出现疏漏，都有可能陷入此种恶性循环。
② 见本书第 1 章 1.2 节。
③ British Columbia. Office of the Auditor General. *Auditing for better public sector accountability and performance*, Victoria the Office, 2001. p.4.

责、问责的事由、问责的程序和标准等进行规范。在具体制度方面，需要以制度的方式具体规定：行政官员应负何责，谁来问责，是何人以何种程序来判定官员失责，失责官员当受何种处分等。总之，只有做到问责的合法化、制度化，才可能实施有效的政府问责。

其次，建立和加强**异体问责**。政府问责包括同体问责和异体问责两种形式。就我国的情况来说，同体问责主要指执政党系统对其党员干部的问责或者行政系统对其行政干部的问责。异体问责主要指的是五大涉宪主体之间的问责，包括：人大对政府的问责制，司法机关对执政党和政府的问责制，民主党派对执政党的问责制，新闻媒体对执政党和政府的问责制。由于同体问责的形式程序是上级对下级的问责，很容易使官员产生"仅仅对上级负责"的心理和责任心态。因此，在政府问责制建设中，应当更为重视异体问责制的建设。

具体地讲，异体问责制的构建应当从以下几个方面开展：

（1）完善人民代表大会问责制度。人民代表大会是我国的权力机关，其颁布的法律是我国政府职能的法律依据。政府应当对人民代表大会负责，充分体现民主、民权的执政理念。人民代表大会及其常设组织应当对政府官员的行政活动的合法性和合理性进行充分审查，如果出现违反宪法和法律的行为、危害公众利益的行为，第一时间对官员进行问责。可以通过弹劾、罢免等措施对政府和官员的活动进行有效监督。

（2）加强司法机关问责体系的建设。司法机关问责是政府异体问责的重要构成，也是体现行政活动过程中的法治精神的重要环节。司法机关依法对政府行政活动的合法性进行审查。司法问责制度也是责任型政府建设过程中的刚性问责机制，一旦行政活动出现不合法的情况，就必须加以纠正。

（3）开展媒体和公众问责活动。这一问责机制可以被视为**社会问责**。人民代表大会问责、司法问责均是国家和政府层面的问责机制，体现国家治理中的法治建设。这两种问责方式虽然具有较强的保障力度，但是难免存在疏漏。因此，通过社会问责对政府问责加以补充就十分必要。社会问责可以通过互联网、社交媒体等多种渠道对政府行政活动进行监督，不仅监督范围较广，监督方式也十分灵活。世界银行认为，社会问责机制拥有巨大的潜力，改进政府官员和其他当权者对自然的回应状况，提高那些低阶层群体，特别是缺少"话语权"的社会群体的公共诉求效果。[①]越来越多研究者和实际工作者也认为，扩大公民参与是改进公共部门和行政官员责任回应状况的有效途径。[②]当然，社会问责也不可避免地存在一定缺陷，如在互联网环

---

① 世界银行专家组.公共部门的社会问责：理念探讨及模式分析［M］.宋涛，译.北京：中国人民大学出版社，2008：127.
② 同上书，第5页。

境下不适当的媒体和公众问责有可能会侵犯官员的个人隐私,出现过度追责的情况。因此,必须及时出台相应法律和政策,对社会问责加以规范和监督,以引导这种问责方式朝着积极、健康、有序的方向发展。

如何将公民的话语权以制度化方式体现在政府中心工作之中是社会问责建设中的重要任务,一些国家已经寻找到了合适的途径,就是以行政程序法案的通过来实现这一目标。通过行政程序法案中相关的内容,能够要求政府部门向公众通报情况,在新的规章付诸实施之前对其进行解释或合法性的辩护。在这方面,美国的《行政程序法案》就是一个很好的例子(专栏11-4)。从国际经验来看,在一个国家,社会问责的制度化建设有三个层级:第一层级,社会问责的参与机制能够纳入政府部门的战略计划中,通过制定和行政程序,要求"基层行政官员"与社会行为体进行协商沟通。第二层级,建立专门的政府机构,其任务是确保公民对行政事务和行政行为的参与,并且成为政府部门和公民之间的协调者。第三层级,对社会问责的参与机制进行立法,要求政府及其部门在公共政策及执行过程中接受社会问责。从世界范围的社会问责制度化建设的现有情况来看,虽然第一层级在许多国家已经广泛存在,达到了第二层级要求的国家也较为普遍,但是实现第三层级要求的国家却十分稀少。[①] 美国是这些极少数已经实现了第三层级要求的国家之一。与之相比,我国的社会问责情况尚处于第一层级。

专栏12-4　美国的行政程序法案

1946年通过的美国《行政程序法案》要求联邦政府部门在一项法规和决策正式出台之前,要向社会公示至少30天,以征求"公众意见"。在公示期间,公众和各种社会团体可以根据宪法原则或法律授予政府部门的权限对公示内容进行质询。在公众或社会团体质询之后,政府部门必须对社会质询给予回应,证明其出台的规章是合法和"合理"(reasonable)的,符合宪法的要求。在政府部门辩护之后,受质询的规章、决策和辩护内容被提交到联邦上诉法庭(Federal Appeals Court),争议的内容最终由高级法院(Supreme Court)进行裁决。

行政法专家杰里·马萨奥(Jerry Mashaw)曾指出,根据《行政程序法案》,我们要求官僚们"不仅要给出理由,而且必须要做出完整的说明。我们坚持整个过程既要透明,又要能及时得到最新信息,并且要求官僚们所做出的说明是真实可信的。在政府部门的辩护过程中,'专家'不再是其保护伞和用以搪塞的挡箭牌,政府部门只有给出强有力的理由才能得到公众的支持"(Mashaw,2001:26)。《行政程序法案》将公众带入了政府部门的议事过程之中,并且迫使官僚们在面对公众时进行自省。

《行政程序法案》已经在官僚决策和规章制定体系中掀起了一场革命,在此之前,只有国会才是唯一的高成本、低效率的"巡警"式的监督执行机构,而现在,普通公民、非营利

---

① 世界银行专家组. 公共部门的社会问责:理念探讨及模式分析 [M]. 宋涛,译. 北京:中国人民大学出版社,2008:30.

组织和一般的企业都被赋予了质询政府部门的权力,并且要求政府部门必须给予回应。通过《行政程序法案》,美国国会也已经"通过给予社会接近行政官僚和法庭的机会,弥补了自身的不足"(Rose-Ackerman,1995:16)。

资料来源:世界银行专家组. 公共部门的社会问责[M]. 宋涛,等,译. 北京:中国人民大学出版社,2007:31-32.

随着我国全面深化改革的不断深入,以公民参与为主的社会问责也变得越来越重要。国务院发展研究中心和世界银行(2014)在一份题为《中国:推进高效、包容、可持续的城镇化》的报告中明确提出,"要落实最低标准的公共服务,需通过三种方式建立问责体系:政府体系内的问责,人民群众问责和基于选择的问责"。[①] 其中,人民群众问责和基于选择的问责就属于以公民(或用户)为基础的社会问责。与大部分国家相比,中国历来很少在社会领域提供公众途径或者选择途径来加强政府问责。很少使用公众途径(人民群众问责),是因为一直以来在公共服务提供中就缺少用户的声音。很少使用选择途径,是因为主要是公共部门提供服务,用户无法选择,服务的提供机构也缺乏竞争。[②] 为了推进我国的社会问责,这两种情况都亟须改变。

最后,建立和加强**绩效问责**。如前所述,政府问责内容主要有二:一是制度问责,专注于强调制度规则,以防止政府官员腐败和违法;二是绩效问责,专注于强调工作结果,旨在提高政府行为效率和效果。其中,制度问责是一种传统的政府问责方式。在制度问责制下,政府只需要合法地行动,依法行政而不得滥用职权。但是这种被动而消极的依法行政是远远不够的,它不能有效满足以结果为导向的基本价值追求,也难以有效地避免官僚作风、隐性失职、决策失误、用人失察、领导不力等问题。因此,除了实施制度问责,我们还需实施绩效问责。绩效问责对政府部门及其公务人员提出了更高的要求和期望。它要求政府及其公务人员不仅要合法地行动并避免不良后果的产生,还要求其活动要有良好的效果,以实现政府的绩效目标。制度问责通常关注的是政府的过错或过失,而绩效问责关注于政府的工作业绩和贡献。在绩效问责制下,"无过"并不能成为逃避其责任的借口,政府官员还会因为未达到应有的绩效水平而被追究责任。从这个意义上来看,绩效问责对政府及公务人员提出了更高的要求,是制度问责的进一步深化和发展。

绩效问责是在考核政府绩效水平的基础上启动问责程序的一种行政问责形式。它通过政府绩效评估(评价)活动来考察政府的绩效水平,并依据政府绩效目标

---

① 国务院发展研究中心和世界银行. 中国:推进高效、包容、可持续的城镇化[M]. 北京:中国发展出版社,2014:50.
② 同上书,第253页。

政府及其公务人员进行问责。① 因此，绩效问责实质上是绩效评价与政府问责的有机结合，换句话说，实施绩效问责有赖于绩效评价。接下来，我们将详细分析绩效评价与绩效问责之间的这种联系。

12.3.3 实施绩效问责制有赖于绩效评价结果应用

前已述及，绩效问责是绩效评价与政府问责的有机结合。那么，它们是如何有机结合的呢？答案是，通过绩效评价结果的应用。实施政府问责制，客观上需要一个政府信息的提供机制，而政府绩效评价则可以向问责部门提供客观、可靠的政府绩效信息，支持政府的绩效问责。在这一过程中，绩效评价结果运用扮演了一个重要的"桥梁"角色。

首先，绩效评价通过揭示政府活动的绩效来增强透明度，并通过绩效评价结果应用支持多种的问责关系。它可以为巩固异体问责关系——例如，人大与政府的问责关系，司法机关与政府的问责关系以及社会（公民、媒体）与政府的问责关系——提供必要的证据。还可以支持政府内部——例如地方部门与中央部门之间，政府机构与地方部门机构之间以及部长、经理与职员之间——的同体问责关系。绩效评价是对政府行为和结果的一个有效的绩效反馈系统，因此，无论是异体问责还是同体问责，绩效评价主要支持的都是政府的绩效问责。在这一过程中，如果没有绩效评价结果运用，那么就不可能实施绩效问责。

其次，绩效评价通过构建绩效评价指标，并借助于绩效评价结果应用促进问责内容的具体化。依据绩效指标对政府绩效水平进行考察是开展绩效问责的前提，借助于绩效指标，绩效问责明确了政府组织及其人员的职能和职能的履行情况（专栏11-5）。换句话说，绩效评价指标实际上即绩效问责内容的具体化。确立科学的绩效指标，不仅强化绩效问责的性质，还丰富了绩效问责的内容，使问责的指向更加明确、有力。为此，对于绩效评价指标体系的设计应当注重目标取向，也就是说，其指标主要来自于政府制定的发展战略目标的细化和具体化。指标设计的过程取向主要强调那些能保证最终结果出现的管理制度、程序和要素，与绩效问责的结果性内容不相符合，因此不宜过多。依据绩效指标评价所得出的评价发现、结论和建议，就是绩效评价的结果。利用绩效评价的结果，可以为人大与政府的问责关系以及社会（公民、媒体）与政府的问责关系提供必要的证据。尤其是在问责主体（社会公众）与问责对象（政府）之间信息存在着严重的不对称的情况下，绩效评价结果的这一应用就显得更为重要。可以说，没有绩效评价结果应用，公众就不可能

---

① 李文彬、郑方辉. 公共部门绩效评价［M］. 武汉：武汉大学出版社，2010：130.

对政府实施绩效问责。

专栏 12-5　英国的绩效问责制度

　　1982年英国国会通过了《地方政府财政法案》，成立了"审计委员会"。审计委员会能检查地方政府所提供服务的成本、效率和效益，并评估中央政策对地方政府提供的各项服务的影响。1999年的《地方政府法案》赋予中央政府权力确定所有"最优价值当局"都须达到的绩效标准和目标，检查和评估其绩效完成情况以及确定检查和评估的方式。该法案规定，公布绩效指标是审计委员会的法定职责。英国中央政府与审计委员会合作建立了一整套被称为"最优价值绩效指标"体系的绩效评估指标体系。该指标体系包括四个部分：(1)审计委员会绩效指标，主要作为最优价值绩效指标的补充。(2)"最优价值绩效指标"，它是该指标体系的核心。内容基本上都是具体的硬性指标，如地方政府的税收增长率。2002年英国中央政府和审计委员会引入了一系列如"战略抱负""改进能力"等绩效评估软指标，结合"最优价值绩效指标"中的部分硬性指标形成了并行的"全面绩效评估"体系。前者主要对地方政府的业绩本身进行静态评估；后者对地方政府的发展战略与计划、效率与效益、改进与创新能力以及服务能力与质量等进行动态评估。(3)地方政府绩效指标，主要反映各地区的特殊性和特殊需求。(4)其他绩效指标，中央各部委与其特定职能有关的绩效指标，用于计划和资源的分配。

　　"最优价值绩效指标"体系中的指标包括两方面：一是一般性指标，二是所提供服务的分类指标，涉及地方政府和公共机构的主要职能。前者旨在为地方政府及公共机构的绩效与能力进行基本定位并提供总体形象。评估内容包括平等服务原则、平等服务标准的制定和落实、准时支付状况、税收状况、电子政府的建设。后者主要反映中央政府对地方政府及公共机构所提供服务的关注，是涉及国家利益的指标。评估内容包括教育、住房、环境、公共安全与社会服务、文化与相关服务、消防与救助等方面。

　　"全面绩效评估"体系有四个评价维度：(1)服务维度。主要评估内容是对青少年和成年人的社会服务、文化、住房、环境和对社保基金的使用及消防和救助。(2)资源使用维度。主要评估内容是财政状况、财务管理和资金等的使用收益，旨在检查地方政府的行政成本及资源使用效益。(3)整体评估维度。主要是战略抱负、政府能力、绩效管理、优先领域及工作成就。(4)地方政府绩效的改进状况。同时，在绩效指标中包含许多定量化的绩效评估数据，反映出英国政府职责的具体化，以促使政府部门清晰地履行自身职责。

　　资料来源：汪德明，2014

　　最后，通过绩效评价制度建设，并借助于评价结果应用促进绩效问责的制度化。如上所述，只有做到问责的合法化、制度化，才可能实施有效的政府问责。绩效问责是在考核政府绩效水平的基础上启动问责程序的一种政府问责形式，因此绩效问责的制度化也建立在绩效评价及其应用制度化的基础之上。国外经验显示，绩效评价立法具有非常重要的作用，它能最大效度地保障政府绩效评价及其应用的合法化、制度化。例如，美国的《政府绩效与结果法》（1993）从法律高度规定了政府绩效评价基本要求，许多的州都参照该法制定了相关的法案，如伊利诺伊州的《机构绩效评审法案》和路易斯安那州的《1997年路易斯安那政府绩效责任法案》等。这些立法使得美国绩效评价的程序与方法以及结果运用都实现了规范化，有效地促进了其绩效评价和绩效问责的制度化发展。

与之相比，我国在绩效评价的制度建设方面就缺少类似美国这样的专项法律制度。虽然有些部委和地方也制定了绩效评价的办法或条例，但是这些立法层次不高，加之部门色彩浓厚和存在着不少缺陷，因而制约了我国绩效评价和问责的制度化、规范化发展。比如财政部制定的《财政支出绩效评价管理暂行办法》（2011），确定了财政支出绩效评价的范围、内容、组织管理、评价体系和方法等，在指导和规范全国财政支出绩效评价中发挥了一定作用。但这些制度重点规范的是项目或部门整体财政的支出绩效评价，没有从支出政策（含制度和管理）的视角在制度上予以规范，因而难以发挥美国《政府绩效与结果法》那样的作用。为此，制度建设是我们亟须加强的一个地方。

12.3.4 结语

本节我们主要研究了责任型政府的含义与特点，以及如何通过评价结果运用来促进建立责任型的政府。责任型政府是指，政府能够积极地对社会民众的需求做出回应，并采取积极的措施，公正、有效率地实现公共利益的需求和利益。它有三个特点：第一，行政官员的行为必须服务于公共利益，并且表现出良好的效率、效果和公正的结果。第二，政府的职责和活动必须在法律范围内，这意味着行政官员必须遵守法律，不能滥用其职权。第三，责任政府实现公众利益的方式应当是公正的和高效率的。简言之，责任型政府就是一个廉洁、公平、高效和负责任的政府。

要建立责任型的政府，就需要实施政府问责制。具体来说，就是要明确规定政府及其行政人员职责和义务，并对此进行监督，对于行政人员的失责情况进行责任追究。政府问责内容主要有二：一是制度问责，专注于强调制度规则，以防止政府官员腐败和违法；二是绩效问责，专注于强调工作结果，旨在提高政府行为效率和效果。相对于制度问责，绩效问责对政府部门及公务人员提出了更高的要求和期望。它要求政府及公务人员不仅要合法地行动，还要求活动要有良好的效果。实施绩效问责有赖于绩效评价及其结果运用。绩效评价通过揭示政府活动的绩效来增强透明度，并通过绩效评价结果应用支持绩效问责，尤其是人大、司法机关、媒体和社会公众对政府的异体问责。媒体和公众的问责也被称为社会问责。世界银行认为，社会问责拥有巨大的潜力，改进政府官员和其他当权者对责任的回应状况，提高那些低阶层群体,特别是缺少"话语权"的社会群体的公共诉求效果。越来越多研究者和实际工作者也认为,扩大公民参与是改进公共部门和行政官员责任回应状况的有效途径。

12.4 建设学习型政府与评价结果运用

> 一个带来知识、促进学习和指导实践的监测和评价体系,是一个国家发展能力和保持结果持续性的一种重要手段。
>
> ——联合国开发计划署(UNDP),2002

12.4.1 学习型政府及其两个特性

"学习型政府"的概念来源于学习型组织理论。20 世纪 70 年代初,联合国教科文组织(UNESCO)在"学会生存"的报告中提出,未来社会将走向学习化社会;同样的观点也出现在了著名的罗马俱乐部[①],1979 年该组织发表了"学无止境"的报告,提出了"创造性学习"的概念并倡导"开展对学习的研究"。最具影响力的学习理论是美国麻省理工学院彼得·圣吉(Peter Senge)所著《第五项修炼——学习型组织的艺术与实务》一书中提出的"学习型组织"理论。在这本书中,彼得·圣吉将学习型组织的学习内容和学习模式分为了以下五个部分:自我超越、改善心智模式、建立共同愿景、团体学习、系统思考(如图 12-1 所示)。

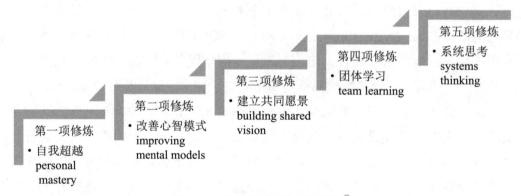

图 12-1 学习型组织的五项修炼[②]

随着学习型组织理论在企业模式改造中的成功应用,人们认识到了该理论对国家和社会的重要性。从 20 世纪 90 年代开始,很多国家和政府提出了建设学习型社

---

① 罗马俱乐部成立于 1968 年,位于瑞士第六大城市 Winterthur,汇集了世界各国的科学家、企业家、经济学家、国际组织高级公务员和政治家,它曾成功预测 20 世纪 70 年代的石油危机,与美国兰德公司(RAND Corporation)和日本野村综合研究所(Nomura Research Institute)并称"世界三大智囊集团"。

② 彼得·圣吉. 第五项修炼:学习型组织的艺术与实践 [M]. 张成林,译. 北京:中信出版社,2009.

会的发展目标，例如日本大阪、新加坡分别提出了建设学习型城市、学习型政府，美国提出了"要把美国变成人人学习的国家，把社区变成大课堂"等。[①] 我国也将学习型政府和学习型社会的建设确立为重要的目标和任务之一。人社部、共青团中央等提出了建设学习型机关，北京、上海、青岛等提出了建设学习型城市。党的十八大把建设服务型、学习型、创新型的"三型政府"写入党章，可以看出，在经济发展新常态和改革进入深水区的新形势下，建设"学习型政府"已经成为时代发展的客观要求。当今世界，全球化发展已经进入 3.0 版时代，社会发展进程和信息传播速度正在不断加快，公众以更为灵活、方便、高效的方式获取各种资讯，对于政府提供的公共服务要求更高。因此，这就要求政府必须是个学习型的政府，必须提高政府治理能力，以便能够在更为复杂和更为开放的环境中做出科学的决策和进行良好的管理。

学习型政府的学习主体既包括作为个体的政府公务人员，又包括作为整体的政府组织。在学习型政府的学习过程中，尤其是在当前新的时期，政府的学习对象和学习目的呈现出了不同于一般组织的两个特性：学习对象的开放性与学习目的的实效性。

1. 学习型政府的特性之一：开放性

政府组织系统是社会全系统中的一个子系统。在社会大系统中，政府与公众个人、非政府组织等子系统相互关联、相互影响。学习型政府的建设不仅仅是政府系统内部个人和组织的学习，更为重要的是向社会公众、向非政府组织的学习。政府组织向系统外的主体开展学习是政府系统与外部环境进行物质、信息和能量交换的重要手段，因此，学习型政府需要的是一个多主体参与的、开放的、正向回馈的学习系统。政府在学习的过程中，一方面从外部环境中吸收和借鉴新的观念、新的知识、新的技能，以提升政府工作人员的综合素质和政府治理能力；另一方面，政府将政府内部创新的思想和信息向社会开放、推广和传播，促进学习型社会的建设和发展。就是说，这种学习不仅是开放的，而且是相互的。

社会公民参与政府决策、政府信息公开等都是开放性的学习型政府的重要表征。在这方面，国外已经开发了不少有效的公共审议方法，如协商式民调、公民陪审团等，并经过了大量的实践检验。[②] 以美国为例，奥巴马政府自 2009 年 1 月成立以后逐渐转向"开放政府"，将"政府信息公开"与"基于新 Web 技术促进市民参与政府各项决策过程"等视为重点，并积极加以推进。[③] 美国政府制定了很多政府信息公

---

① 张声雄. 学习型组织的时代意义及在中国的发展 [J]. 未来与发展，1999（05）：4-7.
② 李亚，李习彬. 从专家公众参与缺陷看公共决策失灵 [N]. 学习时报，2013-07-29006.
③ 张成福. 开放政府论 [J]. 中国人民大学学报，2014，03：79-89.

开计划，包括开设面向市民的公共服务和自然灾害应对网站等。

我国自改革开放以来，民众的法治观念和权力意识不断加强，知晓政府信息、参与公共生活、参与政府决策的意识逐步形成。[①] 伴随着经济和政治体制改革的推进，我国政府在公民参与决策、政府信息公开方面也取得了很大的进展。例如在《国家中长期科学和技术发展规划纲要》的研究编制工作过程中，政府在《人民日报》《光明日报》《经济日报》《科技日报》以及《瞭望周刊》等几个主要报刊上开辟专栏，集中宣传报道国家中长期科技发展规划工作；积极开展公众调查，利用互联网收集信息，召开企业和高校座谈会和专家专访等，全面开展公众调查工作；[②] 在规划工作网站中建立规划工作与公众之间的互动界面，收集公众意见和建议 800 多条。[③] 公众参与决策、政府信息公开的过程，不仅有利于政府向社会公众的学习和咨询，而且也有利于加强社会公众对政府决策的信心和支持，从而促进公共政策的执行和实施。

2. 学习型政府的特性之二：实效性

政府行使公共管理权力，其实质是为社会公众提供公共服务。社会公众是提供政府税收的纳税人，是享受政府提供公共服务的顾客，其需求是政府行为的直接导向。在美国公共行政学者戴维·奥斯本（David Osborne）和特德·盖布勒（Ted Gaebler）合著的《企业家精神如何改革着公共部门：改革政府》一书中提出，政府必须用企业家精神开展改革，提供顾客满意的服务才能受到公众的欢迎。[④] 从公共治理角度来看，政府满足社会公众需求实际上就是社会公众"自下而上"对政府绩效的问责。因此，学习型政府更加强调学习的目的性和实效性，通过新知识、新信息和新技能的学习为社会公众提供更好的公共服务，最终的目标是提高政府治理能力和改善政府绩效。

从个体方面来说，政府工作人员的个人学习要突破自身的能力上限，以实际工作需求为导向，通过新知识和新技能的学习提高处理职业工作的能力。从整体方面来说，在个人学习的基础上政府组织要通过多种形式和途径开展学习，这种学习带有明显的时代特色，以发展实践和实际问题为导向，在不同的时期、不同的发展阶段、不同的业务领域开展和采用有针对性的学习内容、学习形式，在动态变化的经济社会发展中获取知识、扩散知识、创造知识、应用知识，并据此转变治理理念、转变政府职能、转变行政行为，从而提高整体的政府绩效。

---

① 董江爱，陈晓燕. 公众参与公共决策的制度化路径分析 [J]. 领导科学，2012，28：8-10.
② 面向世界、面向未来、凝练重点、民主决策、精心制定——发展规划领导小组办公室成员、战略研究组组长石定环访谈录：http://www.93.gov.cn/kjxg/ghdt/ghdt16.htm.2007.
③ 以天下为己任：http://www.sciencehuman.com/party/focus/focus2005/focus200508o.htm.2005.
④ 戴维·奥斯本，特德·盖布勒. 企业家精神如何改革着公共部门：改革政府 [M]. 周敦仁译. 上海：上海译文出版社，2006.

学习型政府是学习型组织理论的延伸，通过不断改善知识和信息管理方法，创新管理体制，提高政府的组织学习能力和组织智商，以提高政府治理能力和改善政府绩效。学习型政府的建立是为了适应经济社会发展要求，倾听政府组织内部自上而下、自下而上，以及组织外部多个方面的意见，了解组织内外部环境的变化趋势和动因，以更为主动、更为积极、更为有效的方式应对不断变化的复杂环境。因此，通过学习型政府的建设，政府能够综合全面地了解公众与社会发展的实际问题和需求，了解政府行为带来的综合影响效应，提高政府治理能力和改善政府绩效。

12.4.2 评价结果运用是建设学习型政府的有效途径

通过上文分析，我们可以看出，学习型政府的建设是为了通过不断学习来适应经济社会的发展与变革。在学习型政府的建设过程中，政府的学习呈现出两个特性：学习对象的开放性与学习目的的实效性。学习对象的开放性意味着，政府在学习的过程中，必须与外界进行信息交流：一方面从外部环境中吸收新的观念、新的知识和新的技能；另一方面将政府内部创新的思想和信息向社会开放、推广和传播，促进学习型社会的建设和发展。学习目的的实效性则强调，政府及其公务人员要在工作实践中不断总结经验、吸取教训，完善理论认知，并通过新知识、新信息和新技能的学习不断提高政府治理能力，以为社会公众提供更好的公共服务。那么，应通过什么样的方式来建设学习型政府呢？国际的经验表明，绩效评价结果运用不仅能够促进政府学习及增长知识，而且能够体现学习型政府学习对象的开放性与学习目的的实效性，是建设学习型政府的一个有效途径。下面，我们分三个方面来对此进行分析。

1. 评价结果运用如何促进和引导学习？

1）通过反馈来引导学习

绩效评价是对政府行为和结果的一个有效的信息反馈系统。通过信息反馈，绩效评价能够促进和引导政府（组织）学习及增长知识。在这里，根据 OECD 的定义，反馈应当理解为一个呈现和传播评价信息的动态过程，确保评价信息运用于现有的和新的发展（或项目）活动。区别于评价结果的传播，反馈的过程则是确保将所学到的经验与教训借鉴用于新的项目运营活动中。[①] 联合国开发计划署（UNDP）也持该观点，并认为，"通过一个有效的反馈系统，学习应当融入整个计划过程。信息必须传播给潜在的使用者之后才能成为实用知识。"[②] 这就是说，评价信息反馈包含评价

---

① 引自库赛克、瑞斯特：《十步法：以结果为导向的监测与评价体系》，第 154 页。
② 库赛克，瑞斯特.十步法：以结果为导向的监测与评价体系［M］.梁素萍，韦兵项，译.北京：中国财政经济出版社，2011：154.

信息传播和结果运用，评价结果运用正是通过评价的信息反馈来促进和引导政府学习。一般而言，绩效评价的结果提供了三个层次的绩效信息：战略、操作和学习。

- 战略层次：是否在做正确的事，项目选择和设计是否清晰并符合逻辑？
- 操作层次：是否在正确地做事，包括政策的目标是否实现、资源是否得到优化利用、用户满意度如何。
- 学习层次：是否有更好的方法来实施项目，包括是否有其他方法、最佳实践、经验教训等。

通过这些信息反馈，政府不仅可以知道是否在做正确的事，还可以知道是否在正确地做事，政策的目标是否实现，实现的程度如何，资源是否得到优化利用。从学习的角度来看，绩效反馈主要通过绩效目标（政策目标的具体化）来激发和引导行政人员学习，通过奖励来促使他们更愿意学习，通过经验与教训的反馈来引导他们学习。绩效反馈不仅是一个鼓励个人学习的系统，实际上也是政府学习的一部分——政府可以通过绩效信息的反馈来学习。在这一学习过程中，绩效反馈至关重要。如果没有绩效反馈，政府就无法确定其目标是否实现以及实现的程度，也无法确定是否需要为实现目标而做出改变，以及如何改变，从而无法提高政府绩效。

克里斯汀认为，关于反馈有两件事必须牢记：何时反馈？反馈的频率应该多高？如果变化和反馈之间隔得太久，那么行政人员就无法理解两者之间的关联。[①] 这就是说，信息反馈的时机和频率也很重要，不仅决定着评价作用的大小，而且决定着评价结果应用的有效性——政府学习的有效性。为了有效地促进和引导政府的学习，需要使反馈和学习制度化。

2）让反馈和学习制度化

如上所述，绩效反馈包括着绩效评价结果的传播和运用。因此，绩效反馈的制度化也就意味着使评价结果的传播和结果运用制度化。为了使绩效反馈和学习制度化，首先，需要制定相关的法律法规，对评价绩效反馈与学习的程序、方式、时间以及责任人等进行规范。其次，应当建立评价知识库，进行知识管理。通过对项目和机构不断的评价，可以不断获得经验与知识，而这些知识经过识别之后，可以创建相应的评价知识库。知识库与知识管理也是使用绩效评价结果的重要组成部分，持续地使用绩效结果能学到新知识。知识管理是指，获取绩效结果，让学习制度化，并对通过监测与评价体系持续获取的评价信息进行组织。[②] 最后，应建立以结果为导

[①] 参见詹姆斯·史密斯、曼纽尔·伦敦．绩效管理：从研究到实践［M］．汪群，等，译．北京：机械工业出版社，2011：115.

[②] 库赛克，瑞斯特．十步法：以结果为导向的监测与评价体系［M］．梁素萍，韦兵项，译．北京：中国财政经济出版社，2011：154.

向的监测与评价体系（M&E）。库赛克和雷斯特认为，"以结果为导向的监测与评价体系也特别有利于学习和获取知识。在得到有效使用的情况下，监测与评价体系可以作为一种学习和获取知识的制度化形式。"[1]为此，我们需要改变传统的以过程为导向的监测与评价体系，建立以结果为导向的监测与评价体系。

通过评价结果传播和运用的制度化，让学习制度化，对促进政府学习而言非常重要。在政府学习过程中，还应设立一个独立评价机构，其主要职能就是实施独立评价并且积累相关知识。同时，也有必要在政府内营造一个评价结果运用的政治环境。这样，才能真正实现政府组织学习的制度化。

3）使学习成为一种组织文化

对建设学习型政府而言，仅仅是让学习制度化是不够的，还需要使学习成为一种组织文化。为此，就需要改变政府机构一些不合时宜的旧的观念。在一些政府机构，人们往往将评价与责备、惩罚联系了起来，这在很大程度上阻碍了人们积极、主动地学习。事实上，绩效评价最主要的目的不是责备和惩罚，而是促进学习和提高，既包括从成功的项目中学习，又包括从业绩不佳的项目中学习。应该看到，无论是从成功中还是从失败中，都能学到很多东西。在绩效评价结果中，既有成功的经验，也有失败的教训。通过失败教训的学习，往往更能促使人们进步。因此，如果犯了错误，应当将之视为学习的机会。政府在工作中也应该多行奖励，少予处罚，以此来培育和塑造学习型的文化。

还有一种现象是，许多机构和部门既不太愿意学习别人的经验，也不太愿意与其他的机构或部门一起学习、消化和分享自己的经验。这是一种封闭型的组织文化。建设学习型政府，既要注意吸取自己的经验，又要注意吸取他人的经验。对于自己过去的经验，要进行系统的总结和分析，并且应当在组织内传播交流；对于别人的成功经验，要研究他们为什么做得好，并且将他们的一些好的做法引进到自己的组织里——这实际上也是评价结果传播和运用的过程。

除了上述两个问题，政府在学习中还存在其他一些障碍，如面临开支压力，视野狭隘，缺少学习动机等（见专栏11-6）。克服这些学习障碍，是建设学习型政府的基本前提。库赛克和雷斯特认为，建立一个好的监测与评价体系（M&E）有助于克服这些学习的障碍。在《十步法：以结果为导向的监测与评价体系》一书中，他们写道，"通过持续地提供反馈和数据信息，监测与评价体系能帮助决策者们更有效地进行管理。在使用监测与评价体系的过程中，组织文化也会发生改变。随着政府获取更多的信息帮助它们对资金流动进行管理，他们面临的开支压力可能也会减少。

---

[1] 同上书，第154页。

监测与评价体系还能提供学习的内在动力,指明方向和趋势,发现成功以及存在的问题……对于之前不了解或不充分了解的领域,随着有关结果的数据不断呈现,人们的视野也不再那么狭隘……最后,持续的反馈还能更有利于对变化进行管理。"[1] 很显然,建立一个好的监测与评价体系是关键。这里,好的监测与评价体系有三个特征:监测与评价信息的运用、高质量的监测与评价信息、可持续性。[2] 其中,监测与评价信息的运用就是我们所讲的绩效评价结果运用。这就是说,克服上述的学习障碍,评价结果运用也至关重要。可以说,没有绩效评价结果运用,就不会真正转变旧的组织文化,培育和塑造新的组织文化。

专栏 12-6　学习的障碍

经合组织指出了影响学习的几大障碍:

- **组织文化**:一些机构的组织文化往往将责任和责备联系起来,这在很大程度上阻碍了学习。而在其他机构,大家都承认错误并将之视为学习的机会,认为从业绩不佳和成功的项目中都能学到很多东西。
- **开支压力**:学习需要时间,如果不善于借鉴过往经验教训或者只是部分地借鉴而匆忙进行决策,或迫于压力而完成支出目标,可能会导致项目规划和审批之间的时间过短。
- **缺少学习动机**:除非在项目周期中融入适当的问责……否则学习的动机会不足。当员工或咨询专家在不同任务之间出现变动,或者离失败还很远时,表现得尤为明显。
- **视野狭隘**:一些员工或运营部门倾向于墨守成规,即使意识到他们常用的旧方法存在缺陷,他们依然会按照自己的思维方式行事。
- **信息的流失**:由于员工频繁轮岗,过于依赖临时顾问,弱化或解散一些咨询部门而导致信息流失。
- **缺乏安全感和频繁变化**:如果员工缺乏安全感或不清楚他们的目标是什么,或者部门工作重心频繁发生变化,也会对学习产生不利影响。
- **援助关系的不平等性**:捐助方往往具有主动权,这不利于形成真正意义上的伙伴关系和知识的相互共享。

资料来源:[美]乔迪·扎尔·库赛克、雷·C.瑞斯特.十步法:以结果为导向的监测与评价体系[M].梁素萍,韦兵项,译.北京:中国财政经济出版社,2011:156.

相对于让学习制度化,使学习成为一种组织文化的任务更为艰巨,也更为重要。只有使学习成为一种组织文化,才能真正建设好学习型政府。

---

[1] 库赛克、瑞斯特.十步法:以结果为导向的监测与评价体系[M].梁素萍,韦兵项,译.北京:中国财政经济出版社,2011:156-157.
[2] Keith Mackay, *How to Build M&E Systems to Support Better Government*, pp.23-24.

2. 评价结果运用如何体现学习的开放性？

1）参与性

如上所述，社会公民参与政府决策、政府信息公开等都是开放性的学习型政府的重要表征。而公民参与也是现代绩效评价的一个重要原则。参与性要求利益相关者参与包括评价计划、设计、实施、报告以及结果运用的整个过程。因此，绩效评价结果不仅反映了对评价者的技术需求，还反映了利益相关者的需求，因为利益相关者最终决定了绩效评价的成果、结论及建议的运用。所以，从公民参与上看，绩效评价结果及其应用是一个多主体参与的、开放性的系统，体现了学习的开放性特性。

2）信息传播与共享

评价结果必须得到应用，仅仅为政府内部的管理人员和监督部门等潜在使用者提供信息是不够的，即使通过公布绩效信息来提高透明度也是不够的，它应当得到更广泛的扩散，并为所有的内、外部利益相关者和当事人共享。为此，就需要建立绩效评价成果的扩散机制。比如，世界银行就通过出版物、评价信息网络、成果反馈讨论会、内部研讨会及培训内部研讨会、合作伙伴关系等多种形式进行信息扩散（专栏 12-7）。另外，信息自由法案作为一种有效的工具，也可用于和利益相关者共享信息。显而易见，评价信息的广泛传播和信息共享也体现了学习的开放性特性。

专栏 12-7　世界银行的评价信息扩散方式

世界银行的绩效评价结果主要通过以下几种方式进行扩散：

（1）出版物——每年世界银行独立评估局（IEG）都会将评价成果以各种报告的形式进行上报和公开发行。世行评价成果按项目规模、区域、国家和行业等进行分类均有相应的评价报告，这些报告在吸取评价项目相关的部门和机构的意见后上报世行董事会和相关管理部门，用以调整相关部门的决策行为，同时银行职员和银行外部人员也可要求获取上述各种报告。

（2）评价信息管理系统——IEG 建立了与行内联网的评价信息管理系统，储存了世行大量的评价资料信息。世行的评价信息管理系统主要起到交流平台的作用，包括了世行项目评价的评价方法、已评价项目的产出结果和正在评价中的项目信息等。已完成的评价信息主要按国家、地区、行业、报告类型和语言类别进行分类，包括评价办公室的所有报告及其项目相关的所有文件，在项目信息摘要中显示了通过对该项目进行评价所获得的经验教训。正在评价中的项目信息包括评价目的、评价小组、评价进度等，评价过程高度透明化，加强监督管理作用。信息系统还存储了其他国际多边和双边援助机构的评价成果，可供银行职员参考。此外，该信息管理系统设有银行职员界面和执行理事界面，分别设有一定权限，方便银行内部运作和交流。

（3）成果反馈讨论会、内部研讨会及培训——IEG十分注重参与式的管理方式，即要求所有IEG职员都能参与到评价成果的扩散过程中。通常采取的方式有研讨会、讲座和培训。研讨会参与者主要是评价成员和业务部门的官员，共同讨论评价成果。此外，IEG还经常在银行内部举行各种培训和讲座，逐步发展了一系列有关评价的课程，保持与学术研究人员的交流，在内部宣传评价的成果，加强与其他部门的联系和交流，扩大评价成果的影响和应用。

（4）合作伙伴关系——世行不仅在内部宣传其评价成果，还与其他国家和各种国际机构（国际货币基金组织、证券交易组织、外交部门、联合国评价组织等）建立双边协作组织和多边组织等合作关系来推广其评价成果和经验，同时通过该形式获得更多专业技术、方法以及加强对对方机构或国家的了解，加强了借款国和项目主要参与方的参与力度，扩大了评价成果的扩散和使用范围。同时，这种合作关系还体现在评价能力的发展和培训等方面，通过建立合作伙伴关系来加强借款国监管和评价能力。为了满足对专业评价人员的需求，IEG与卡尔顿大学合作组织了评价国际培训项目，帮助国际上的评价人员获得更多专业评价技术和经验。

资料来源：财政部国际司《国际金融组织贷款项目绩效评价结果应用研究》，2010.

3. 评价结果运用如何体现学习的实效性？

学习实效性的一个重要体现是，以发展实践和实际问题为导向。它强调政府及其公务人员要在工作实践中不断总结经验、吸取教训，完善理论认知。而绩效评价结果运用正是这样一个过程，它通过总结经验与教训，不断适应环境、完善决策、改进管理和学习提高。毛泽东同志说过，"读书是学习，使用也是学习，而且是更重要的学习"。① 显然，绩效评价结果的运用不仅是学习，而且是更重要、更具实效性的学习。在这里，"学习被看作是一个持续动态的调查过程，其关键的部分包括经验、知识、覆盖面及相关性。它需要不断地质询和调查，而不是回应和报告"。（UNDP）②

从评价结果运用的目的来看，也体现了"学习型政府"的实效性特点。使用评价结果提高政府绩效，是建立绩效评价体系的主要目的。因此，绩效评价不仅局限于持续地提供政府绩效信息，而是要将这些信息及时地提供给合适的使用者，使之更好地为社会服务。换句话说，就是要通过评价结果的运用，完善项目决策和管理，促进项目绩效的实现。由此可见，评价结果运用的主要目的与前述"学习型政府"的实效性目的是完全一致的。实践中有许多例子可以说明这一点。下面，以广东世行贷款内河航道二期项目评价为例来进行具体说明。

---

① 毛泽东. 毛泽东选集[M]. 第一卷. 北京：人民出版社，1991：181.
② 库赛克、瑞斯特. 十步法：以结果为导向的监测与评价体系[M]. 梁素萍，韦兵项，译. 北京：中国财政经济出版社，2011：154.

2009年，世行贷款广东省内河航道二期项目被财政部选作绩效评价试点项目。通过绩效评价，他们从理念、体制、管理、政策等层面全面总结了世行项目的成功经验，并将这些经验运用于广东省航道局所有的航道项目管理中，推动了其项目管理的制度创新和政策创新，建立了系统的利用世行贷款项目内部管理制度和监督机制。比如，他们引进了FIDIC（国际工程师协会）条款实施项目管理模式，实行合同管理和工程师监理制度，使得项目的执行责任明确，管理严格，效率提高，作用明显。目前，广东省航道局所有航道基建项目都借鉴这一管理模式，采取规范的合同管理和工程师监理制度，较好地提高了项目管理水平。

再如，他们借鉴世行的经验，在项目资金支付方式上采用了报账制，即对于建设完成的项目内容，通过监理检查验收合格后，根据实际数量和规定的支付方式向项目专用账户申请支付。与传统的资金管理办法相比，报账制是按实际进度，据实支付，保证了资金能够全部用于项目和工程，杜绝了资金的截留、挪用和浪费等现象，增强了资金使用的效率及效果。目前，广东省航道基建项目都采取报账制和定期财务审计制度，保证了其项目建设资金的合理有效使用。

此外，他们还引入了规范化的国内（NCB）和国际（ICB）竞争性招标机制，有力地推动了航道建设项目招标采购工作朝着公开化、规范化方向迈进。针对世行的最低招标采购法在我国应用中出现的一系列问题，在推行世行规范的招标采购与项目管理体系的同时，引入一些符合中国国情的管理手段，以避免和适度控制最低评标价所带来的风险。如公布项目的预算价格，引导投标人合理报价。履约保证金采用银行转账汇款形式以增加投标人履行合同的驱动力和违约成本。这些措施的应用均极大地改进和完善了广东省航道局项目的管理水平。

12.4.3 结论与建议

学习型政府的建设是为了通过不断学习来适应经济社会的发展与变革，提高政府治理能力和改善政府绩效。党的十八大把建设服务型、学习型、创新型的"三型政府"写入新党章，可以看出，在经济发展新常态和改革进入深水区的新形势下，建设"学习型政府"已经成为时代发展的客观要求。

那么，应通过什么样的方式来建设学习型政府呢？或者说，如何才能更好地建设学习型政府呢？国际经验表明，绩效评价的结果运用能够促进政府学习及增长知识，是建设学习型政府的一个有效途径。学习型政府的一个重要特征是，以发展实践和实际问题为导向。它强调政府及其公务人员要在工作实践中不断总结经验、吸取教训，完善理论认知，并通过新知识、新信息和新技能的学习不断提高政府治理能力，以为社会公众提供更好的公共服务。而绩效评价结果运用正是这样一个过程，它通过总结经验与教训，不断适应环境、完善决策、改进管理，不断提高政府治理能力。绩效评价是对政府行为和结果的一个有效的信息反馈系统。通过信息反馈，也就是通过信息传播和结果运用，绩效评价能够促进和引导政府（组织）学习及增长知识。不仅如此，它还能够通过结果运用的制度化，通过创建评价知识库和知识管理，推进政府（组织）学习的制度化，并培育和塑造学习型的组织文化。让学习制度化和使学习成为一种组织文化，对建设学习型的政府而言至关重要。为此，建立科学的绩效评价和结果运用制度，积极地推进评价结果的运用，是建设学习型政府的一个有效途径。

目前，我国尚未形成规范的评价学习制度，学习过程仍带有较大的随意性，这在很大程度上降低了评价结果运用和学习的效果。为了推进我国评价结果运用和学习的制度化，建议借鉴国际经验，在政府内设立一个独立的评价机构，其主要职能就是实施独立评价并且积累相关知识，同时进行评价知识管理，促进各部门的评价学习与交流。此外，在政府内还应营造一个评价结果运用和学习的政治环境。这样，才能快速、高效地推进我国的"学习型政府"建设。

复习思考题

1. 绩效评价报告的主要目的是什么？
2. 英国财政部 2011 年红皮书中有这样一段话："评价汇报不仅仅是撰写完成一份报告，重要的是要将评价结果反馈给评价的各利益相关方，并将评价结果运用于新的政策决策之中。"谈谈你对这段话的理解。
3. 撰写绩效评价报告都有哪些基本要求？
4. 什么是政府绩效问责？它与制度问责是何关系？
5. 绩效评价结果运用如何促进和引导"学习"？

附录：OECD 关于评价和结果为导向管理的术语表

问责/负责任（accountability）：证明业已开展的工作遵守了既定规则和标准的一种义务，或者是按照规定公正、准确地汇报工作结果的一种义务。它要求提供详细的，甚至是法律上的依据，来说明工作遵循了合同规定。

注：发展责任是指合作伙伴根据规定的责任、角色和绩效预期开展工作的一种义务，这通常涉及谨慎地使用各种资源。对评价人员而言，责任意味着在监测和绩效评价中提供准确、公正而可靠的信息。对公共部门的管理人员和政策制定者而言，责任意味着要对纳税人或公众负责。

活动（activity）：指通过调动资金、技术援助及其他资源投入来开展活动或工作，以获得某种特定产出。

相关术语：发展干预（development intervention）

分析工具（analytical tools）：指在评价过程中用来对信息进行处理与解释的方法。

评估（appraisal）：指在决定投资之前，对某一发展干预活动的相关性、可行性和潜在可持续性进行的全面评估。

注：对于发展机构而言，例如银行等，评估的目的在于帮助决策者决定该项活动是否会使其资源得到合理的运用。

相关术语：事前评估（ex-ante evaluation）

假设（assumptions）：指可能会影响到发展干预活动进展或成败的各种假设因素或风险。

注：假设也可以理解为一种假设条件，它和评价本身的有效性相关，例如在抽样调查设计时关于人口特点进行的假设。理论上，评价应该清楚阐明各种假设条件，以便在评价中能对预期的结果链进行系统的追踪。

归因（attribution）：指所观察到的变化（或预期将观察到的变化）和某一特定干预活动之间的因果关系。

注：归因指的是导致所观察到的变化或所取得结果的原因，它可说明所观察到的发展效果在多大程度上归因于某一特定干预活动、相关干预活动参与方的绩效、综合因素（不管之前有没有想到）或者外部冲击等。

审计（audit）：审计作为一项独立而客观的保证性活动，其目的在于增加价值和完善某一组织的运行。通过系统而有约束力的方式来对风险管理、控制和治理过程进行评估并提出改进建议，从而帮助该机构实现其目标。

注：合规性（财务）审计和绩效审计是有区别的，前者侧重于对适用法规的遵守情况，后者则关注相关性、经济性、效率和效果。内部审计作为内部控制的一种形式，由机构内部的一个部门负责执行并报告给管理

层，而外部审计则是有独立的机构来执行。

基线研究（base-line study）：在发展干预活动之前对实际情况的研究分析，根据基线情况可以对所取得的进步进行评估或比较。

基准（benchmark）：开展绩效或结果评价的参照点或参照标准。

注：基准是指其他类似机构过去一段时间内所取得的绩效，或者根据实际情况通过合理推断得出的绩效。

受益人（beneficiaries）：不管发展干预活动是否专门针对他们，所有直接或间接从中受益的个人、群众或组织都是受益人。

相关术语：能及的范围（reach），目标群体（target group）

集群评价（cluster evaluation）：指对一系列相关活动、项目以及/或者计划进行的评价。

结论（conclusions）：结论指出所评价干预活动成功和失败的原因，特别关注预期的和非预期的结果和影响，也会关注其他的优势或劣势。结论是在数据收集和分析的基础上并经过一系列客观透明的论证之后得出的。

反事实（counterfactual）：指假设在没有发展干预的情况下，个人、机构或群体所普遍面临的情况或条件。

国家计划评价/国家援助评价（country program evaluation/country assistance evaluation）：是指对一个或多个捐赠人或机构在一个国家所开展的各项发展干预活动及其背后的援助战略进行评价。

数据收集工具（data collection tools）：在评价中用来确定信息来源和采集信息的工具与方法。

注：例如正式调查、非正式调查、直接观察、参与式观察、社区访谈、小组讨论、征求专家意见、案例分析和文献研究等。

发展干预（development intervention）：由合作伙伴（捐赠人及非捐赠人）支持的旨在促进发展的一种手段。

注：例如政策建议、项目、计划等。

发展目标（development objective）：一项或多项发展干预活动的预期影响，包括给社会、社区或某一群体带来的物质、资金、体制、社会、环境或其他方面的利益等。

经济性（economy）：指在实现某个特定产出时没有造成浪费。

注：当一项活动所使用的资源成本与要达到计划目标的最低资源需求接近时，可以说明该活动达到了经济性。

效应（effect）：某一干预活动带来的直接或间接的变化，不管这种变化是否是预期的。

相关术语：结果（results），成效（outcome）

效果（effectiveness）：指发展干预活动的目标在多大程度上实现了，或者根据其重要性预计这些目标会在多大程度上可以实现。

注：也可用来综合衡量（或判断）一项活动多大程度上实现了或预计会实现其目标，其主要相关目标是否具有可持续性，是否会给机构的发展带来积极影响。

相关术语：效力（efficacy）

效率（efficiency）：指对资源或投入（包括资金、专业知识和时间等）转化成结果的经济性进行衡量。

可评性（evaluability）：指在多大程度上可以对某一活动或计划进行客观、可靠的评价。

注：可评性要求对所提议活动进行早期检查，以便确定其目标是否得到了清晰界定，其结果是否可以进行考核。

评价（evaluation）：是指系统而客观地评价一个正在实施的或已完成的项目、计划或政策，包括其设计、实施和结果。其目的是确定目标的相关性和相应的完成情况、效率、效果、影响和可持续性。评价应提供可靠、有用的信息，使以往经验教训融入援助者和受援者的决策过程当中。

评价还指决定某一活动、政策或计划的意义或重要性的过程。例如，对某一计划中、正在实施中或者已完成的发展干预活动进行尽可能系统而客观的评价。

注：在某些情况下，评价涉及制定适用标准，根据这些标准进行绩效考核，对所取得的和预期的结果进行评估，并确认都有哪些相关经验和教训。

相关术语：审查（review）

事前评价（ex-ante evaluation）：指在发展干预活动实施前开展的评价活动。

相关术语：评估（appraisal），基准情况（quality at entry）

事后评价（ex-post evaluation）：指在发展干预活动完成实施后开展的评价活动。

注：事后评价可以在干预活动完成之后马上进行，也可以在活动完成较长时间之后才进行。其目的是确定活动成功或失败的原因，评价结果和影响的可持续性，并得出结论，以便为其他干预活动提供参考。

外部评价（external evaluation）：由捐赠人及实施机构以外的其他机构以及/或者个人对发展干预活动进行的评价。

反馈（feedback）：将评价过程中得到的发现告诉那些相关的或对它们有用的各方，以方便它们进行学习。这还涉及对评价发现、结论、建议和经验教训进行收集和传播。

发现（finding）：基于一个或多个评价中所得证据得出的事实陈述。

形成性评价（formative evaluation）：旨在改善绩效，通常在项目或计划的实施阶段进行。

注：开展形成性评价可能还出于其他方面的原因，包括合规性要求、法律要求或者作为一个大规模评价计划的一部分等。

相关术语：过程评价（process evaluation）

目标（goal）：某一发展干预活动希望达到的最终目标。

相关术语：发展目标（development objective）

影响（impacts）：某一发展干预活动所带来的长期影响，包括正面和负面的、主要和次要的、直接或间接的、预期或非预期的影响。

独立评价（independent evaluation）：指由其他机构和个人开展的评价，而不受到发展干预活动设计方和实施方的影响。

注：评价的可信度在某种程度上取决于该评价是否是独立进行的。独立意味着不受到政治方面的影响以及没有来自组织上的压力，在开展调查研究时能充分获取信息，报告发现时能充分保持自主。

指标（indicator）：一种定量或定性的因素或变量，为衡量结果、反映干预活动的变化情况以及评价发展实施方的绩效提供一种简单而可靠的方法。

投入（inputs）：指用于发展干预活动所进行的资金、人力和物质方面的投入。

制度建设的影响（institutional development impact）：指干预活动在多大程度上提高或削弱一个国家或地区在高效、公平和可持续地利用其人力、资金和自然资源方面的能力。例如，可以通过以下途径产生影响：（1）让制度安排更加清晰，保持稳定和透明，具有可执行性和预见性；（2）让一个组织的使命和能力与其根据制度安排的授权更加紧密地联系起来。这种包括预期的和非预期的影响。

内部评价（internal evaluation）：有机构以及/或者个人对发展干预活动进行的评价，并向捐赠者、合作伙伴或实施机构的管理层进行报告。

相关术语：自评价（self-evaluation）

联合评价（joint evaluation）：由不同援助机构以及/或者合作伙伴共同参与进行的评价。

注：根据合作伙伴在评价过程中的合作程度，共享评价资源以及共同编制评价报告等不同的方式，"联合"的程度也是不同的。开展联合评价有助于克服在评估项目和战略效果、不同合作伙伴资助活动之间的互补性以及援助协调中出现的归属问题。

经验教训（lessons learned）：指基于项目、计划或政策的评价经验，从具体情况和大环境当中提炼得出的具有普遍借鉴意义的东西。通常情况下，经验教训都会提到项目、计划或政策在准备、设计和实施过程中存在的优点或不足，从而对其绩效和成效都产生影响。

逻辑框架（logical framework）：用于对干预活动进行设计改进的一种管理工具，通常运用于项目层面上。它包括确定关键要素（投入、产出、成效和影响）及其因果关系、各项指标，以及对其成功和失败产生影响的假设或风险等。因此，逻辑框架对发展干预活动的规划、实施和评价起到促进作用。

相关术语：结果为导向的管理（results based management）

元评价（meta-evaluation）：指的是将其他一系列评价发现进行汇总的一种评价。它还表示对评价本身进行的评价，以判断评价的质量以及/或者对评价人员的绩效进行评价。

中期评价（mid-term evaluation）：指在发展干预活动实施过程中开展的评价活动。

相关术语：形成性评价（formative evaluation）

监测（monitoring）：监测是指针对特定指标持续而系统地收集数据，为正在进行中的发展干预活动的管理者和主要利益相关者提供信息，帮助他们了解目标的实施进展及资金使用情况。

相关术语：绩效监测（performance monitoring），指标（indicator）

成效（outcome）：指某一干预活动可能实现或已经实现的短期和中期效应。

相关术语：结果（result），产出（outputs），影响（impacts），效应（effect）

产出（outputs）：指由于发展干预活动所带来的产品、资本货物和服务等，也可以包括干预活动引起的与实现成效相关的变化。

参与式评价（participatory evaluation）：由援助机构和利益相关者（包括受益人）代表共同参与设计、实施和解释评价的一种评价方法。

合作伙伴（partners）：为了实现共同的目标而开展合作的个人以及/或者机构。

注：合作伙伴关系意味着共同的目标，为了成效、各自责任和互惠义务而共同分担责任。合伙伙伴可以包括政府、民间团体、非政府组织、大学、专业协会、商业协会、多边组织和私营公司等。

绩效（performance）：指发展干预活动或者合作伙伴在多大程度上按照具体的标准或指南实施或运行，或者在多大程度上达成了结果。

绩效测量（performance measurement）：按照发展干预活动的目标对其绩效进行评估的一种体系（系统）。

相关术语：绩效监测（performance monitoring），指标（indicator）

绩效监测（performance monitoring）：指一种持续的数据收集与分析过程，以了解实施中的项目、计划或政策是否按照预期的结果在实施。

过程评价（process evaluation）：指对实施机构的内在动力、政策工具、提供服务的机制、管理实践及他们之间的关系进行评价。

相关术语：形成性评价（formative evaluation）

计划/项目评价（program evaluation）：指对一系列干预活动进行评价，进而得出全球、地区、全国或行业的具体发展目标。

注：发展计划是一种有时间限制的干预活动，可能涉及跨行业、跨领域以及/或者跨地区的多项活动。

相关术语：国家计划（country program）/战略评价（strategy evaluation）

项目评价（project evaluation）：指对某一个发展干预活动进行的评估，活动往往规定使用特定资源并在规定的实施时间内实现具体目标，单个活动通常是一个更大计划中的一部分。

注：对于那些结果可以衡量的项目而言，成本－效益分析应是一种主要的项目评价方式。当效益无法进行量化衡量时，最好通过成本－效果的方法进行评价。

项目或计划目标（project or program objective）：指一个项目或计划预计达到的物质、资金、制度、社会、环境或其他方面的结果。

目的（purpose）：发展计划或项目的公开具体目标。

质量保证（quality assurance）：所有有利于评估和改进发展干预活动或使其更加符合所规定标准的活动都可以称为质量保证活动。

注：质量保证活动的例子包括评估、以结果为导向的管理、实施评估和评价等。它还指对发展干预活动的质量及其发展效果进行评估。

以结果为导向的管理（results-based management）：一种关注绩效、实现产出、成效和影响的管理方法。

相关术语：逻辑框架（logical framework）

检查（review）：定期或专门对一项干预活动的绩效进行评估。

注：通常来说，和"检查"相比，"评价"是一种更加全面而深入的评估。检查侧重于强调运营方面。有时，"检查"和"评价"作为同义词使用。

相关术语：评价（evaluation）

风险分析（risk analysis）：指对影响到或者可能影响干预活动目标成功实施的因素（在逻辑框架中称为假设）进行分析或评估。对发展干预活动给人们生活、健康、财产或环境带来的负面影响进行仔细分析。系统地提供有关人们不希望看到的后果的各种信息。以及对已确定风险进行量化、预测其可能性和影响的过程。

部门计划评价（sector program evaluation）：旨在一个或多个国家中对相同行业的一系列发展干预活动进行评价，所有这些活动都有助于实现具体发展目标。

注：包括多个发展活动的行业通常是和公共利益相关，例如卫生、教育、农业和交通等行业。

自评价（self-evaluation）：由负责设计和实施发展干预活动的机构自行开展的评价。

利益相关者（stakeholders）：直接或间接与发展干预活动及其评价有利益关系的机构、组织、群体或个人。

总结性评价（summative evaluation）：在干预活动结束时（或在其某一实施阶段结束时）进行的研究，以确定在多大程度上达成了预期成效。总结性评价旨在提供有关该计划价值（即该计划是否值得实施）的信息。

相关术语：影响评价（impact evaluation）

可持续性（sustainability）：在主要的发展援助结束之后，发展干预活动所带来收益的延续性。

这可能会持续长期收益，也可能会面临着净收益的风险。

目标群体（target group）：发展干预活动主要针对的受益个人或机构。

工作任务大纲（terms of reference）：规定了评价目的、范围、方法、绩效评价或分析的参照标准、配备的资源与时间等内容的书面文件。有时，"工作范围"和"评价授权"这两个术语的意思相同。

主题评价（thematic evaluation）：对多个国家、地区和行业涉及相同领域的很多发展干预活动进行的评价。

三元法（triangulation）：使用三种或更多的理论、信息来源或种类、分析方法来核实某一项评价。

注：评估者通过结合使用不同的信息来源、方法、理论或分析，评价人员需要克服对通过单一信息提供者、单一方法、单一理论研究得出信息造成的偏见。

有效性（validity）：所使用的数据收集方法和手段在多大程度上达到了它们预期的衡量目的。

（来源：www.oecd.org/dac/evaluation）

主要参考文献

[1] [美] 阿瑟·奥肯. 平等与效率 [M]. 北京：华夏出版社，1999.
[2] [美] 阿里·哈拉契米. 政府业绩与质量测评：问题与经验 [M]. 广州：中山大学出版社，2003.
[3] [美] 阿瓦·沙. 公共支出分析 [M]. 北京：清华大学出版社，2009.
[4] [美] 埃莉诺·奥斯特罗姆等. 制度激励与可持续发展 [M]. 上海：上海三联书店，2000.
[5] [美] 艾贡·G. 古贝、伊冯娜·林肯. 第四代评估 [M]. 秦霖，译. 北京：中国人民大学出版社，2008.
[6] [美] 彼得·德鲁克. 为成果而管理 [M]. 北京：机械工业出版社，2022.
[7] [美] 彼得·德鲁克. 非营利组织的管理 [M]. 北京：机械工业出版社，2023.
[8] [美] 彼得·德鲁克. 管理的实践 [M]. 北京：机械工业出版社，2015.
[9] [美] 彼得·罗希等. 评估：方法与技术 [M]. 第7版. 邱泽奇，等，译. 重庆：重庆大学出版社，2007.
[10] [美] 马克·穆尔. 创造公共价值：政府战略管理 [M]. 北京：商务印书馆，2016.
[11] [美] 彼得·圣吉等. 第五项修炼：学习型组织的艺术与实践 [M]. 北京：中信出版社，2009.
[12] [美] 戴维·奥斯本、特德·盖布勒. 改革政府：企业家精神如何改革着公共部门 [M]. 周敦仁，译. 上海：上海译文出版社，2006.
[13] [美] 戴维·奥斯本、彼德·普拉斯特里克. 政府改革手册：战略与工具 [M]. 谭功荣，译. 北京：中国人民大学出版社，2004.
[14] [美] 戴维·罗伊斯、布鲁斯·赛义等. 公共项目评估导论 [M]. 第3版. 王军霞、涂晓芳，译. 北京：中国人民大学出版社，2007.
[15] [美] 德博拉·斯通. 政策悖论 [M]. 顾建光，译. 北京：中国人民大学出版社，2006.
[16] [美] 弗兰克·费希尔. 公共政策评估 [M]. 吴爱明，译. 北京：中国人民大学出版社，2003.
[17] [美] 弗兰克·古德诺. 政治与行政——政府之研究 [M]. 丰俊功，译. 北京：北京大学出版社，2012.
[18] [美] 哈罗德·孔茨、海因茨·韦里克. 管理学（第10版）[M]. 张晓君，译. 北京：经济科学出版社，1998.
[19] [美] 杰伊·沙夫里茨等. 公共政策经典 [M]. 北京：北京大学出版社，2008.
[20] [美] 凯瑟琳·纽科默等. 迎接业绩型政府的挑战 [M]. 广州：中山大学出版社，2003.
[21] [美] 劳伦斯·纽曼. 社会研究方法——定性和定量的取向 [M]. 第五版. 郝大海，译. 北京：中国人民大学出版社，2007.
[22] [美] 罗纳德·哈里·科斯. 论生产的结构 [M]. 盛洪，译. 上海：上海三联出版社，1994.
[23] [美] 罗纳德·哈里·科斯、A. 阿尔钦、D. 诺斯. 财产权利与制度变迁 [M]. 上海：上海三联出版社，1994.
[24] [美] 罗杰·米勒、丹尼尔·本杰明、道格拉斯·诺斯. 公共问题经济学 [M]. 北京：中国人民大学出版社，2014.
[25] [美] 琳达·G. 莫拉 伊马斯、雷·C. 瑞斯特. 通向结果之路：有效发展评价的设计与实施 [M]. 李扣庆，等，译. 北京：经济科学出版社，2011.
[26] [美] 里查德·阿兰等. 公共开支管理 [M]. 章彤，译. 北京：中国财政经济出版社，2009.

[27] [美]罗伯特·卡普兰、大卫·诺顿. 平衡计分卡——化战略为行动[M]. 刘俊勇、孙薇,译. 广州:广东省出版集团、广东经济出版社,2004.

[28] [美]马克·波波维奇. 创建高绩效政府组织[M]. 孔宪遂,译. 北京:中国人民大学出版社,2002.

[29] [美]迈克尔·麦金尼斯. 多中心治道与发展[M]. 毛寿龙,译. 北京:中国人民大学出版社,2000.

[30] [美]尼古拉斯·亨利. 公共行政与公共事务[M]. 第10版. 孙迎春,译. 北京:中国人民大学出版社,2011.

[31] [美]乔迪·扎尔·库赛克、雷·C. 瑞斯特. 十步法:以结果为导向的监测与评价体系[M]. 梁素萍,等,译. 北京:中国财政经济出版社,2011.

[32] [美]史蒂文·科恩、威廉·埃米克. 新有效的公共管理者[M]. 王巧玲,译. 北京:中国人民大学出版社,2001.

[33] [加]詹姆斯·麦克戴维、劳拉·霍索恩. 项目评价与绩效测量:实践入门[M]. 李凌艳,等,译. 北京:教育科学出版社,2011.

[34] 世界银行. 变革世界中的政府[M]. 蔡秋生,等,译. 北京:中国财政经济出版社,1997.

[35] 世界银行. 超越年度预算:中期支出框架的全球经验[M]. 财政部综合司,组译. 北京:中国财政经济出版社,2013.

[36] 世界银行专家组. 公共部门的社会问责:理念探讨和模式分析[M]. 宋涛,译. 北京:中国人民大学出版社,2008.

[37] 世界银行、哥德堡大学等. 政策和部门改革的战略环境评价[M]. 李天威,等,译. 北京:中国环境出版社,2014.

[38] [美]苏珊·韦尔奇等. 公共管理中的量化方法:技术与应用[M]. 第3版. 王国勤,等,译. 北京:中国人民大学出版社,2014.

[39] [美]托马斯·戴伊. 政府绩效管理:创建政府改革的持续动力机制[M]. 尚虎平,译. 北京:中国人民大学出版社,2020.

[40] [美]唐纳德·P. 莫伊尼汉. 自上而下的政策制定[M]. 鞠方安,译. 北京:中国人民大学出版社,2002.

[41] [美]威廉·邓恩. 公共政策分析导论[M]. 第4版. 谢明,等,译. 北京:中国人民大学出版社,2011.

[42] [美]西奥多·H. 波伊斯特. 公共与非营利组织绩效考评:方法与应用[M]. 萧鸣政,等,译. 北京:中国人民大学出版社,2005.

[43] [美]约翰·布赖森. 公共与非营利组织战略规划[M]. 第3版. 孙春霞,译. 北京:北京大学出版社,2010.

[44] [美]达莱尔·哈夫. 统计数据会说谎[M]. 靳琰、武钰璟,译. 北京:中信出版集团,2018.

[45] [美]约瑟夫·斯蒂格利茨. 公共部门经济学[M]. 第4版. 郭庆旺,等,译. 北京:中国人民大学出版社,2020.

[46] [美]詹姆森·E. 安德森. 公共政策制定[M]. 第5版. 谢明,译. 北京:中国人民大学出版社,2009.

[47] [美]詹姆斯·史密斯、曼纽尔·伦敦. 绩效管理:从研究到实践[M]. 汪群,等,译. 北京:机械工业出版社,2011.

[48] [印]维诺德·托马斯、骆许蓓. 公共项目与绩效评估:国际经验[M]. 施青军,等,译. 北京:中国劳动社会保障出版社,2015.

[49] [美]赫伯特·西蒙. 管理行为[M]. 第4版. 詹正茂,译. 北京:机械工业出版社,2004.

[50] [美]伊丽莎白森·奥利沙文等. 公共管理研究方法[M]. 第5版. 郝大海,等,译. 北京:中国人民大学出版社,2003.

[51] 包国宪、道格拉斯·摩根. 政府绩效管理学:以公共价值为基础的政府绩效治理理论与方法[M]. 北京:高等教育出版社,2015.

[52] 中共中央宣传部. 习近平总书记系列重要讲话读本[M]. 北京:人民出版社,2016.

[53] 陈晓萍、徐淑英、樊景立.组织与管理研究的实证方法［M］.北京：北京大学出版社，2008.
[54] 薄贵利等.创新服务型政府运行机制［M］.北京：人民出版社，2014.
[55] 蔡立辉.政府绩效评估［M］.北京：中国人民大学出版社，2012.
[56] 宁骚.公共政策学［M］.北京：高等教育出版社，2018.
[57] 马国贤等.政府绩效管理与绩效指标研究［M］.北京：经济科学出版社，2017.
[58] 郑涌、郭灵康.全面实施预算绩效管理［M］.北京：中国财政经济出版社，2021.
[59] 财政部财政科学研究所课题组.美国政府绩效评价体系［M］.北京：经济管理出版社，2004.
[60] 财政部国际司.国际金融组织贷款项目绩效评价操作指南［M］.北京：经济科学出版社，2010.
[61] 财政部国际司.国际金融组织贷款项目绩效评价典型案例［M］.北京：中国财政经济出版社，2010.
[62] 财政部预算司.中国预算绩效管理探索与实践［M］.北京：经济科学出版社，2013.
[63] 陈振明.公共管理学［M］.第二版.北京：中国人民大学出版社，2003.
[64] 方振邦、罗海元.战略性绩效管理［M］.第三版.北京：中国人民大学出版社，2010.
[65] 付亚和、许玉林.绩效管理［M］.第二版.上海：复旦大学出版社，2008.
[66] 国务院发展研究中心、世界银行.中国：推进高效、包容、可持续的城镇化［M］.北京：中国发展出版社，2014.
[67] 环保部对外合作中心.绩效评价：国际经验与实践研究［M］.北京：中国环境出版社，2014.
[68] 赖先进.论政府跨部门协同治理［M］.北京：北京大学出版社，2015.
[69] 蓝志勇.现代公共管理的理性思考［M］.北京：北京大学出版社，2014.
[70] 李克强.政府工作报告——2015年3月5日在第十二届全国人民代表大会第三次会议上［M］.北京：人民出版社，2015.
[71] 李志军.国外公共政策评估手册与范本选编［M］.北京：中国发展出版社，2015.
[72] 李志军.公共政策评估［M］.北京：经济管理出版社，2022.
[73] 李志军、尚增健.公共政策评估前沿问题研究［M］.第一卷.北京：中国发展出版社，2021.
[74] 李志军、尚增健.公共政策评估前沿问题研究［M］.第二卷.北京：中国发展出版社，2021.
[75] 王志锋、高兵、梁鹤年.农村土地制度改革三项试点政策评估：地方实践与影响评价［M］.北京：科学出版社，2022.
[76] 钮先钟.战略研究入门［M］.上海：文汇出版社，2019.
[77] 施青军.财政支出政策绩效评价［M］.北京：清华大学出版社，2022.
[78] 李文彬、郑方辉.公共部门绩效评价［M］.武汉：武汉大学出版社，2010.
[79] 梁鹤年.政策规划与评估方法［M］.北京：中国人民大学出版社，2009.
[80] 刘尚希.公共风险视角下的公共财政［M］.北京：经济科学出版社，2010.
[81] 刘昆.绩效预算：国外经验与借鉴［M］.北京：中国财政经济出版社，2007.
[82] 楼继伟，王水林.中国公共财政：推动改革增长　构建和谐社会［M］.北京：中国财政经济出版社，2009.
[83] 罗美富等.英国绩效审计［M］.北京：中国时代经济出版社，2005.
[84] 毛泽东.毛泽东选集［M］.第一、二、三卷.北京：人民出版社，1991.
[85] 习近平.习近平谈治国理政［M］.第三、四卷.北京：外文出版社，2020.
[86] 毛太田.地方政府公共财政支出绩效评价研究［M］.北京：光明日报出版社，2013.
[87] 尚虎平.基于数据挖掘的我国地方政府绩效评估指标设计——面向江苏四市的探索性研究［J］.软科学，2011年第12期.
[88] 审计署外资司.国外效益审计简介［M］.北京：中国时代经济出版社，2003.
[89] 世界银行、国务院发展研究中心联合课题组.2030年的中国：建设现代、和谐、有创造力的社会［M］.中国财政经济出版社，2013.
[90] 施青军.政府绩效评价与绩效审计差异比较［J］.中国行政管理，2012（4）.
[91] 施青军、扈剑辉.政府投资项目形成性评价研究［J］.中国行政管理，2014（4）.
[92] 施青军.完善用人制度需绩效问责［N］.北京日报，2015-07-03.

[93] 习近平．习近平谈治国理政［M］．北京：外文出版社，2014．
[94] 夏书章．行政管理学［M］．第四版．北京：高等教育出版社，广州：中山大学出版社，2008．
[95] 唐钧．社会稳定风险评估与管理［M］．北京：北京大学出版社，2015．
[96] 徐绍史．加快转变经济发展方式［M］．北京：人民出版社，2015．
[97] 许正中等．绩效预算与政府生产力［M］．北京：中国财政经济出版社，2014．
[98] 燕继荣．社会资本与国家治理［M］．北京：北京大学出版社，2015．
[99] 张泰峰、Eric Reader．公共部门绩效管理［M］．郑州：郑州大学出版社，2004．
[100] 张五常．经济解释：收入与成本［M］．北京：中信出版社，2011．
[101] 张成福．开放政府论［J］．中国人民大学学报，2014（3）．
[102] 张声雄．学习型组织的时代意义及在中国的发展［J］．未来与发展，1999（5）．
[103] 张国庆．公共行政学［M］．第三版．北京：北京大学出版社，2013．
[104] 赵景华、沈志渔．中国公共管理发展报告2012—2013［M］．北京：经济管理出版社，2013．
[105] 赵敏，彭润中．国际组织绩效评价的比较研究及启示［J］．财政研究，2010（8）．
[106] 胡晓东、刘兰华．美国联邦政府公务员绩效评价及启示［J］．中国行政管理，2012（2）．
[107] 中共中央关于全面深化改革若干重大问题的决定［M］．北京：人民出版社，2013．
[108] 卓越．公共部门绩效评估［M］．北京：中国人民大学出版社，2004．
[109] 周志忍．行政管理的行与知［M］．北京：北京大学出版社，2008．
[110] 周志忍．政府绩效评估中的公民参与［M］．北京：人民出版社，2015．
[111] Asian Development Bank（ADB）：*Project Performance Management System:Guidelines for Preparing a Design and Monitoring Framework*，2006．
[112] Angrist，Joshua，Eric Bettinger，Erik Bloom，Elizabeth King & Michael Kremer，2002. "Vouchers for Private Schooling in Colombia: Evidence from a Randomized Natural Experiment," *American Economic Review* 92（5），1535-1558．
[113] Angrist，Joshua D. & Victor Lavy，1999. "Using Maimonides' Rule To Estimate The Effect Of Class Size On Scholastic Achievement," *Quarterly Journal of Economics*，114（2），533-575．
[114] Banerjee，A.V. and E. Duflo. *Poor Economics—A Radical Rethinking of the Way to Fight Global Poverty*. New York: Publicaffairs. 2011．
[115] Banerjee，A.V.，E. Duflo，R. Gleennerster，and D. Kothari, "Improving Immunisation Coverage in Rural India: Clustered Randomised Controlled Immunisaion Campaigns With and Without Incentives," *British Medical Journal*，340（2010）．
[116] Banerjee，A.V. and E. Duflo. *Poor Economics—A Radical Rethinking of the Way to Fight Global Poverty*. New York: Publicaffairs，2011．
[117] Beck，Tony，*The Experience of Poverty:Fighting for Respect and Resources in Village*，India Intermediate Technology Publications，London，1994．
[118] Breul，Jonathan D. and Carl Moravitz Ed.，*Integrating Performance and Budgets*，NY: Rowman & Littlefield Publishers，Inc. 2007．
[119] Buddelmeyer，Hielke & Skoufias，Emmanuel. "An Evaluation of the Performance of Regression Discontinuity Design on PROGRESA," IZA Discussion Papers 827，Institute for the Study of Labor（IZA），2008．
[120] Cooney，Kate and Trina R.Williams Shanks, "New Approaches to Old Problems: Market‐Based Strategies for Poverty Alleviation," *Social Service Review*，Vol. 84，No. 1，2010，pp.29-55．
[121] Development assistance Committee. *Glossary of key terms in evaluation and results based management*. www.oecd.org/dac/evaluationnetwork，2002．
[122] Duflo，Esther, "Schooling and Labor Market Consequences of School Construction in Indonesia: Evidence from an Unusual Policy Experiment," *American Economic Review* 2001. 91（4），pp. 795-813．

[123] Duflo, Esther, et al. "Using Randomization in Development Economics Research: A Toolkit". pp.3895-3962, in T. Paul Schultz and John Strauss eds.: *Handbook of Development Economics*. Vol. 4, 2008.

[124] Dye, Thomas R., *Understanding Public Policy* (Tenth Edition). Beijing: Chinese Renmin University Press, 2004.

[125] Gertler, Paul, "Do Conditional Cash Transfers Improve Child Health? Evidence from PROGRESA's Control Randomized Experiment," *American Economic Review*, 94 (2), 2004, pp.336-41.

[126] Gertler, Paul & John Molyneaux, "How economic development and family planning programs combined to reduce indonesian fertility," *Demography*, 31 (1), 1994, pp. 33-63.

[127] Gertler, Paul, Sebastian Martinez, Patrick Premand, Laura B. Rawlings, Christel M. J. Vermeersh. *Impact Evaluation in Practice*. Washington DC: The World Bank, 2011.

[128] Gertler, Paul J., and John W. Molyneaux, "The Impact of Targeted Family Planning Programs in Indonesia." *Population and Development Review*, 2000. 26: 61–85.

[129] Glewwe, Paul, Albert Park, and Meng Zhao, "The Impact of Eyeglasses on the Academic Performance of Primary School Students: Evidence from a Randomized Trial in Rural China," Working Paper, Department of Applied Economics, University of Minnesota, 2014.

[130] Garyr. Watmouch et al., "Understanding the Evidence Base for Poverty–Environment Relationships Using Remotely Sensed Satellite Data: An Example from Assam, India," World Development Vol. 78, 2016, pp. 188–203.

[131] Hatry, Harry. *Performance Measurement: Getting Results*, Washington, D.C.: The Urban Institute Press, 1999.

[132] HM Treasury. The Green Book--Central Government Guidance on Appraisal and Evaluation, 2018.

[133] HM Treasury. The Magenta Book-- Guidance for Evaluation, 2011.

[134] Henry, Nicolas. *Public Administration and Public Affairs* (10th Ed.). Beijing: Chinese Renmin University Press, 2011.

[135] Imas, Linda G. Morra & Ray C. Rist: *The Road to Results: Designing and Conducting Effective Development Evaluation*, Washington, D.C.: The World Bank, 2009.

[136] IEG (the World Bank), *Designing A Results Framework for Achieving Results: A How-to Guide*, the World Bank IEG Working Paper 2012/1, http://ieg.worldbankgroup.org.

[137] IEG(World Bank), *Sourcebook for Evaluating Global and Regional Partnership Programs*, 2007. http://www. World Bank.org/ieg/grpp.

[138] Imbens, Guido W. & Lemieux, Thomas, "Regression discontinuity designs: A guide to practice," *Journal of Econometrics* 142 (2), 2008, pp.615-635.

[139] Indranil Dutta, James Foster and Ajit Mishra, "On Measuring Vulnerability to Poverty," *Social Choice and Welfare*, Vol. 37, No. 4, 2011, pp. 743-776.

[140] Kakwani, Nanak, On a Class of Poverty Measures, *Econometrical*, Vol. 48, No. 2, 1980, pp. 437-446.

[141] Keehey, P., Medlin, S., MacBride, S., and Longmire, L., *Benchmarking for best practices in the Public Sector*, San Francisco: Jossey-Bassy, 1997.

[142] Kusek, Jody Zall, Ray C. Rist. *A hand book for development Practitioners: Ten steps to a Results-based Monitoring and Evaluation System*, Washington, DC:, The World Bank, 2004.

[143] Lee, David S. and Thomas Lemieux, "Regression Discontinuity Designs in Economics," *Journal of Economic Literature*, 48 (2), 2010, pp.281-355.

[144] Li, Hongbin & Junjian Yi and Junsen Zhang, "Estimating the Effect of the One-Child Policy on the Sex Ratio Imbalance in China: Identification Based on the Difference-in-Differences," *Demography* 48 (4), 2011, pp.1535-1557.

[145] Leßmann, Ortrud, "Freedom of Choice and Poverty Alleviation," *Review of Social Economy*, Vol. 69, No. 4, 2011, pp. 439-463.

[146] Mackay, Keith. *How to Build M&E Systems to Support Better Government.* Washington, D.C.: The World Bank Press, 2007.

[147] Mackay, Keith, "The Australian Government's Performance Framework," No.25/April 2011. the World Bank IEG Working Paper.http://ieg.worldbankgroup.org.

[148] Mark, Katharine & John R. Pfeiffer, *Monitoring and Evaluation in the United States Government: An Overview*, No.26/ October 2011, the World Bank IEG Working Paper, http://ieg.worldbankgroup.org.

[149] Merchant, Kenneth A. and Wim A. Van der Stede. *Manage Control Systems: Performance Measurement, Evaluation and Incentives*（Third Edition）, Pearson Education Limited, 2012.

[150] Patton, Michael Quinn, *Developmental Evaluation: Applying Complexity Concepts to Enhance Innovation and Use*, New York London:The Guilford Press, 2011.

[151] Patton, Michael Quinn, "A World Larger than Formative and Summative". *American Journal of Evaluation*, Vol.17, 1996, pp. 131-143.

[152] Patton, Michael Quinn, *Qualitative Research & Evaluation Methods*（3 Edition）. London:International Educational and Professional Publisher, 2002.

[153] Qi, Di, Yichao Wu, "A multidimensional child poverty index in China," *Children and Youth Services Review*, 57, 2015, pp. 159-170.

[154] Rist, Ray C.. *Evaluation and Turbulent Times: Reflections on a Discipline in Disarray*（Comparative Policy Evaluation）.Transaction Publishers, August 8, 2013.

[155] Scriven, M, "Beyond Formative and Summative Evaluation," In M. W. Mclaughlin&D.D.Phillips(Eds.), *Evaluation and education: at quarter century.* Chicago: University of Chicago press, 1991, pp. 19-64.

[156] Scriven, Michael, "Evaluating Educational Programs," *The Urban Review*, No.4, 1969.

[157] Schultz, T. Paul, "School subsidies for the poor: evaluating the Mexican Progresa poverty program," *Journal of Development Economics*, 74（1）, 2004, pp.199-250.

[158] Skoufias, Emmanual. "PROGRESA and Its Impacts on the Welfare of Rural Households in Mexico," Research Report 139, Washington, DC: International Food PolicyResearch Institute, 2005.

[159] Sen, Amatya, "Poverty: An Ordinal Approach to Measurement," *Econometrica*, 44, 1976, pp. 219-231.

[160] Thomas, Vinod and Xubei Luo. *Multilateral Banks and the Development Process - Vital Links in the Results Chain.* New Brunswick（U.S.A）:Transaction Publishers, 2012.

[161] Talbot, Colin, "Performance in Government: The Evolving System of Performance and Evaluation Measurement, Monitoring, and Management in the United Kingdom," No.24/November 2010, World Bank IEG Working Paper, http://ieg.worldbankgroup.org.

[162] The world bank. Development Grant Facility（DGF）Technical note: Independent Evaluation: Principles, Guidelines and good practice, 2002, www.oecd.org/dac/evaluationnetwork.

[163] Wholey, J. S. "Assessing the feasibility and likely usefulness of evaluation," In J. S. Wholey, H.Harty, and K. Newcomer（Eds.）. *Handbook of practical program evaluation*, San Francisco : Jossey-Bass, 1994, pp. 15-39.

[164] Wagstaff, Adam, "Estimating health insurance impacts under unobserved heterogeneity: the case of Vietnam's health care fund for the poor," *Health Economics*, 19（2）, 2010, pp.189-208.

[165] Ward, Catherined D. and Charlie M. Shackleton, "Natural Resource Use, Incomes, and Poverty Along the Rural–Urban Continuum of Two Medium-Sized, South African Towns," World Development Vol. 78, 2016, pp. 80–93.

[166] Ward, Patrick S., "Transient Poverty, Poverty Dynamics, and Vulnerability to Poverty: A Empirical Analysis Using a Balanced Panel from Rural China," World Development, Vol.78, 2016, pp. 541-553.

[167] Wisler, Carl, ed. "Evaluation and Auditing: Prospects for Convergences." In *New Directions for Evaluation* 71 (Fall), 1-71.Jossey-Bass, 1996.

[168] World Bank, *The Poverty Focus on Country Programs: Lessons from World Bank Experience*, 2015.

[169] Wong, Christine, "Toward Building Performance-Oriented Management in China: The Critical Role of Monitoring and Evaluation and the Long Road Ahead," No.27/ September 2012. the World Bank IEG Working Paper, http://ieg.worldbankgroup.org.

[170] World Bank, "Dealing with governance and anticorruption risk in project lending", 2009, www.worldbank.org/ieg/.

[171] World Bank, "Country Financial Accountability Assessments and Country Procurement Assessment Reports: How Effective Are World Bank Fiduciary Diagnostics?" The World Bank Report, 4/25/2008.

[172] World Bank, "Development Grant Facility (DGF) Technical note: Independent Evaluation: Principles, Guidelines and good practice," www.oecd.org/dac/evaluationnetwork, 2002.